IMPORTANT

W9-BNO-909

HERE IS YOUR REGISTRATION CODE TO ACCESS MCGRAW-HILL PREMIUM CONTENT AND MCGRAW-HILL ONLINE RESOURCES

For key premium online resources you need THIS CODE to gain access. Once the code is entered, you will be able to use the web resources for the length of your course.

Access is provided only if you have purchased a new book.

If the registration code is missing from this book, the registration screen on our website, and within your WebCT or Blackboard course will tell you how to obtain your new code. Your registration code can be used only once to establish access. It is not transferable

To gain access to these online resources

1. **USE** your web browser to go to: **www.mhhe.com/pasajes6**

2. **CLICK** on "First Time User"

3. **ENTER** the Registration Code printed on the tear-off bookmark on the right

4. After you have entered your registration code, click on "Register"

5. **FOLLOW** the instructions to setup your personal UserID and Password

6. **WRITE** your UserID and Password down for future reference. Keep it in a safe place.

If your course is using WebCT or Blackboard, you'll be able to use this code to access the McGraw-Hill content within your instructor's online course.

To gain access to the McGraw-Hill content in your instructor's WebCT or Blackboard course simply log into the course with the user ID and Password provided by your instructor. Enter the registration code exactly as it appears to the right when prompted by the system. You will only need to use this code the first time you click on McGraw-Hill content.

These instructions are specifically for student access. Instructors are not required to register via the above instructions.

The McGraw-Hill Companies

McGraw Hill Higher Education

Thank you, and welcome to your McGraw-Hill Online Resources.

0-07-322830-3 t/a
Bretz
Pasajes, Lengua, 6/e

H8S2-07BN-U31R-ALTT-NZ4(

REGISTRATION CODE
REGISTRATION CODE

The McGraw-Hill Companies

McGraw Hill Higher Education

PASAJES

SEXTA EDICIÓN

LENGUA

PASAJES
SEXTA EDICIÓN

LENGUA

■■■ *Mary Lee Bretz*
Rutgers University,
Professor Emerita

■■■ *Trisha Dvorak*
University of Washington

■■■ *Carl Kirschner*
Rutgers University

■■■ *Rodney Bransdorfer*
Central Washington University

Contributing Writer
■■■ *Michael Morris*
Northern Illinois University

Boston   Burr Ridge, IL   Dubuque, IA   Madison, WI   New York   San Francisco   St. Louis
Bangkok   Bogotá   Caracas   Kuala Lumpur   Lisbon   London   Madrid   Mexico City
Milan   Montreal   New Delhi   Santiago   Seoul   Singapore   Sydney   Taipei   Toronto

Higher Education

This is an ⌐EBI⌐ book.

Published by McGraw-Hill, an imprint of The McGraw-Hill Companies, Inc., 1221 Avenue of the Americas, New York, NY 10020. Copyright © 2006 by The McGraw-Hill Companies, Inc. All rights reserved. No part of this publication may be reproduced or distributed in any form or by any means, or stored in a database or retrieval system, without the prior written consent of The McGraw-Hill Companies, Inc., including, but not limited to, in any network or other electronic storage or transmission, or broadcast for distance learning.
Some ancillaries, including electronic and print components, may not be available to customers outside the United States.

This book is printed on acid-free paper.

1 2 3 4 5 6 7 8 9 0 DOW/DOW 9 0 9 8 7 6 5

ISBN 0-07-297049-9 (Student Edition)
ISBN 0-07-305172-1 (Instructor's Edition)

Vice President/Editor-in-chief: *Emily G. Barrosse*
Publisher: *William R. Glass*
Director of development: *Scott Tinetti*
Development editor: *Allen J. Bernier*
Editorial coordinator: *Letizia Rossi*
Media producer: *Allison Hawco*
Media project manager: *Kathleen Boylan*
Marketing manager: *Nick Agnew*
Project manager: *Anne Fuzellier*
Production supervisor: *Randy L. Hurst*
Supplement coordinator: *Louis Swaim*
Design manager: *Violeta Díaz*
Interior and cover designer: *Anne Flanegan*
Photo research coordinator: *Nora Agbayani*
Photo researcher: *PhotoSearch Inc.*
Art editor: *Emma Ghiselli*
Compositor: *TechBooks/GTS, York, PA*
Printer: *R.R. Donnelly-Willard*
Cover art: *La historia sin fin* (oil on canvas, 1999), by Homero Aguilar

Because this page cannot legibly accommodate all the copyright notices, page A-53 constitutes an extension of the copyright page.

Library of Congress Cataloging-in-Publication Data
Pasajes. Lengua / Mary Lee Bretz . . . [et al.]. —6. ed.
    p. cm.
  Includes index.
  ISBN 0-07-297049-9 (softcover)
  1. Spanish language—Textbooks for foreign speakers—English. 2. Spanish language—
Grammar. I. Bretz, Mary Lee.
  PC4129.E5B76   2005
  468.2'421—dc22   2005052247

The Internet addresses listed in the text were accurate at the time of publication. The inclusion of a website does not indicate an endorsement by the authors or McGraw-Hill, and McGraw-Hill does not guarantee the accuracy of the information presented at these sites.

http://www.mhhe.com

CONTENTS

v

CAPÍTULO 4
La familia

CAPÍTULO 5
Geografía, demografía, tecnología

CAPÍTULO 6

El hombre y la mujer en el mundo actual   170

CAPÍTULO 7

El mundo de los negocios   196

CAPÍTULO 8
Creencias e ideologías   226

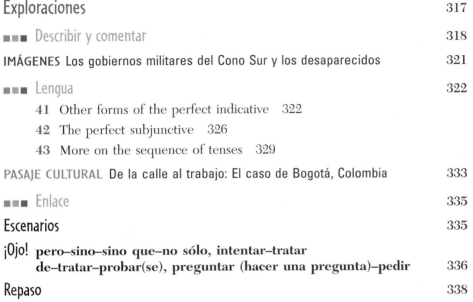

Appendices

Welcome to the Sixth Edition of *Pasajes*! To those of you who have used *Pasajes* in the past, we hope that you'll find this new edition even more exciting and interesting than the Fifth Edition. To those of you using *Pasajes* for the first time, we hope that you and your students will find teaching and learning Spanish with *Pasajes* to be a rewarding experience. We've been especially heartened by the enthusiasm of instructors who have told us that *Pasajes* has increased not only their satisfaction in teaching Spanish but also their students' enjoyment in learning Spanish.

■■■ THE *PASAJES* SERIES

The Sixth Edition of *Pasajes* consists of three main texts and a combined workbook and laboratory manual developed for second-year college Spanish programs. The three main texts of the series—*Lengua* (the core grammar text), *Literatura* (a literary reader), and *Cultura* (a cultural reader)—share a common thematic and grammatical organization. By emphasizing the same structures and similar vocabulary in a given chapter across all three components, the series offers instructors a program with greater cohesion and clarity. At the same time, it allows more flexibility and variety than are possible with a single text, even when a reader is used as a supplement. The design and organization of the series have been guided by the overall goal of developing *functional, communicative* language ability, and they are built around the three primary objectives of *reinforcement, expansion,* and *synthesis.*

Since publication of the First Edition of *Pasajes* in 1983, interest in communicative language ability has grown steadily. The focus on proficiency, articulated in the *ACTFL Proficiency Guidelines,* and the growing body of research on the processes involved in each of the language skills have supported the importance of communicative ability as a goal of classroom language study, while suggesting activities that enable learners to develop specific skills in each of the four traditional areas. At the same time, the growing interest in cultural compe-

tence, which has been a focus of the *Pasajes* program from the beginning, has confirmed that instructional materials need to be not merely contextualized but also content-rich. The revisions of *Pasajes* have been shaped by these factors, as well as by the combined expertise of those who have used earlier versions of the materials and offered suggestions based on their experiences.

■■■ CHANGES IN THE SIXTH EDITION

In response to extensive feedback from instructors, a number of changes to the Sixth Edition has been implemented without altering the essence of *Pasajes.*

- Colorful new drawings in the **Describir y comentar** vocabulary sections serve to keep the materials contemporary and culturally accurate for today's learners.

- **Imágenes,** a new, short reading with accompanying photo, has been added to each chapter to highlight a cultural point related to the chapter themes.

- **Autopruebas,** new, short self-quizzes, allow students to check their understanding of grammatical structures before proceeding to the communicative activities in **Intercambios.**

- Activities and photos have been updated and revised.

- The redesigned *Video to accompany Pasajes* is now available on CD as well as in VHS format.

- New Online Flash™ Interactivities, available as Premium Content on the *Online Learning Center,* replace the Fifth Edition's *Interactive CD-ROM* and offer students a variety of interactive activities and games to practice the grammar and vocabulary presented in each chapter.

- Finally, a brand new interior design improves the pedagogy of the materials through features such as special color coding in the grammar sections and within certain activity types.

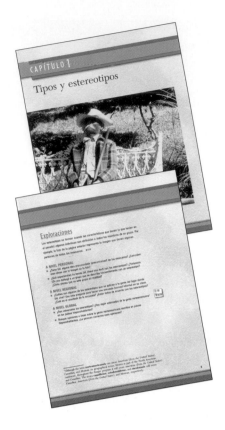

■■■ GUIDED TOUR

Although the look of *Pasajes* has been updated, the chapter organization of the Sixth Edition remains fundamentally the same as that of the Fifth Edition. To enhance the utility of *Pasajes: Lengua*, we have made changes in some sections and features and have renamed them to reflect the new look and fresh content. Please browse through the fully illustrated Guided Tour of the Sixth Edition of *Pasajes: Lengua* on the following pages.

Exploraciones

The chapter-opening section, **Exploraciones** (formerly **Reflexiones**), functions as an advance organizer for the chapter theme. Its photo and accompanying activities are designed to activate students' prior knowledge and to encourage them to discuss their associations with the chapter theme at three distinct levels: **A nivel personal, A nivel regional,** and **A nivel global.** Each

A nivel global section also includes an Internet-based activity to help students relate the focus of the section to the real world around them.

Describir y comentar

Describir y comentar opens with a new, large full-color drawing and concludes with a series of activities to help students practice the vocabulary in a more personalized manner. The vocabulary in **Vocabulario para conversar** is organized according to part of speech (verbs, nouns, adjectives, adverbs/expressions) for easier identification and reference.

Lengua

The core of each chapter, **Lengua** contains communicative activities developed around three to five grammar points. Each main grammar explanation opens with **De entrada,** a short activity tied to the chapter theme. Designed to preview the grammar point that follows, this activity stimulates students to use their inductive skills to arrive at an initial understanding of the grammar point. Each main grammar explanation is followed by **Práctica,** one or two form-focused activities that check students' comprehension of the grammar point, and by **Intercambios,** a set of communicative activities that provides meaningful contexts in which students use the grammatical structures and vocabulary they have just learned.

Each **Intercambios** section begins with **Autoprueba.** This discreet-point quiz, new for the Sixth Edition, allows students to check their understanding of the grammar point one last time before proceeding to the communicative activities.

Enlace

Each chapter culminates with **Enlace,** a section designed to review the chapter structures and vocabulary as well as to advance and develop critical thinking and linguistic skills. Each **Enlace** opens with one of the following pair or group activities: **Sondeo, Juego, Escenarios,** or **Pro y contra. Sondeo** invites students to explore aspects of the chapter theme through class polls and follow-up discussions. **Juego** and **Escenarios** include a variety of interactive activities designed to develop both critical thinking and linguistic ability. In **Pro y contra,** students are guided through the process of engaging in and managing a class debate.

The very popular **¡Ojo!** section practices word discrimination and teaches common and useful idiomatic expressions. Each **¡Ojo!** section also contains a **Volviendo al dibujo** activity in which students review chapter vocabulary and structures as they revisit part of the large color drawing first encountered in **Describir y comentar.**

The **Repaso** section consists of one activity that reviews material from previous lessons and another that focuses on the grammatical points presented in the current chapter. Answers to the first activity of each **Repaso** section are in Appendix 8 at the back of the book.

Several recurring features and special activities, described on the following page, appear in each chapter of *Pasajes: Lengua.*

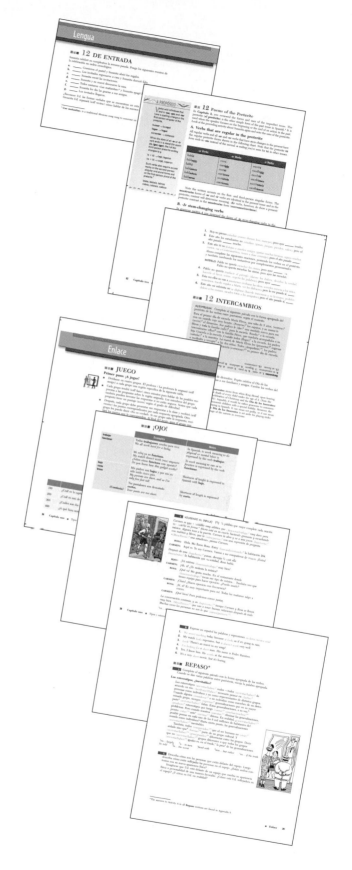

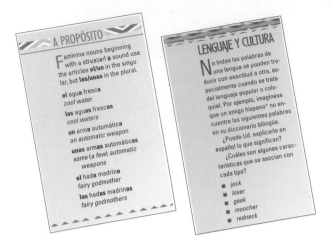

A propósito

A propósito boxes in the **Lengua** section point out important aspects of Spanish grammar that will be helpful to students not only as they work through the **Intercambios** activities but throughout their study of Spanish.

Lenguaje y cultura

Lenguaje y cultura emphasizes the interconnectedness of language and culture, thereby helping students develop their appreciation of the Spanish language.

Imágenes

Imágenes is a short reading that highlights a cultural point related to the chapter themes. In addition, this new feature provides additional opportunities to develop reading skills.

Pasaje cultural

The *Video to accompany Pasajes*, now also available on CD, provides additional opportunities for students to hear spoken Spanish in authentic contexts related to the chapter theme. **Pasaje cultural** includes **Antes de ver** activities that offer students advance organizers, **Vamos a ver** exercises that foster comprehension during viewing, and a **Después de ver** section that consists of communicative follow-up activities for pair and small-group work and an activity for individual research on the Internet. Overall, this feature is designed so that each video segment need be viewed only once for general understanding, thus allowing more time for the in-class **Después de ver** activities.

Special Activities

¡Necesito compañero! activities, identifiable by their icon, are specifically designed for partner or pair work.

Entre todos are activities designed for group or whole-class discussion.

Improvisaciones are role-playing activities that provide contextualized practice in grammatical structures and vocabulary as well as in conversational strategies.

Guiones activities allow students to create extended descriptions of drawings and narration for characters and stories.

■■■ PREMIUM CONTENT ON THE *ONLINE LEARNING CENTER*

If you have purchased a *new* copy of *Pasajes: Lengua* you have access free of charge to premium content on the *Online Learning Center* at **www.mhhe.com/pasajes6**. This includes, among other items, the new Online Flash™ Interactivities and the complete Audio Program that supports the *Cuaderno*. The card bound inside the front cover of this book provides a registration code to access the premium content. *This code is unique to each individual user.* Other study resources may be added to the premium content during the life of the edition of the book.

If you have purchased a *used* copy of *Pasajes: Lengua* but would like to have access to the premium content, you may purchase a registration code for a nominal fee. Please visit the *Online Learning Center* for more information.

If you are an instructor, you do not need a special registration code for premium content. Instructors have full access to all levels of content via the Instructor's Edition link on the homepage of the *Online Learning Center*. Please contact your local McGraw-Hill sales representative for your password to the Instructor's Edition.

■■■ COMPONENTS

As a full-service publisher of quality educational products, McGraw-Hill does much more than just sell textbooks to your students. We create and publish an extensive array of print, video, and digital supplements to support instruction on your campus. Orders of new (versus used) textbooks help us to defray the cost of developing such supplements, which is substantial. Please consult your local McGraw-Hill representative to learn about the availability of the supplements that accompany *Pasajes*, Sixth Edition.

For instructors *and* for students:

Lengua

The core grammar text for the *Pasajes* program consists of a comprehensive review and practice of basic vocabulary and grammatical structures, while introducing and practicing more advanced grammatical structures.

Cultura

Thematically coordinated with *Lengua* and *Literatura*, *Cultura* is a collection of cultural essays and authentic articles culled from contemporary Spanish-language magazines and newspapers. Each reading treats an aspect of the chapter topic and is accompanied by abundant prereading and postreading activities designed to develop reading and writing skills while furthering students' appreciation of the cultural diversity of the Spanish-speaking world. A new feature for this edition is the **Sociedad** box found in each chapter. Each **Sociedad** presents a short essay with accompanying photo, highlighting a contemporary cultural aspect of Hispanic society.

Literatura

Thematically coordinated with *Lengua* and *Cultura*, *Literatura* is a collection of more than 20 literary texts, including a variety of short stories and poetry, excerpts from longer works, and a legend. All texts have been selected both for their interest to students and for their literary value. Based on the valuable feedback from reviewers and users, the readings in the Sixth Edition reflect the return to some of the canonical selections that were reintroduced in the Fifth Edition yet also include representation of some contemporary writers. There are four new readings, with accompanying illustrations:

"La conciencia," Ana María Matute

"La Llorona," (anonymous)

"La IWM mil," Alicia Yanez Cossio

"Tiempo libre," Guillermo Samperio

Each text is accompanied by abundant prereading and postreading activities that develop reading and writing skills. New for this edition are sidebar literary terms and their accompanying definitions in Spanish that appear throughout the text in support of corresponding activities and literary selections. This new features provides students with key terms that are important to understanding literature and facilitate participation in classroom conversation.

Cuaderno de práctica

This combined workbook and laboratory manual is coordinated thematically with *Lengua*, *Literatura*, and *Cultura* and provides students with various controlled and open-ended opportunities to practice the vocabulary and grammatical structures presented in *Lengua*. The laboratory section promotes listening comprehension through many short narrative passages and speaking skills through a variety of activities, including pronunciation practice. The **Voces** section includes authentic interviews with men and women from different areas of the Hispanic world. The chapter organization of the *Cuaderno* follows that of *Lengua*. The workbook section provides guided writing practice to help students develop expository writing skills. The **Pasaje cultural** section contains video-based activities for individual viewing of the Video Program.

Online Cuaderno de práctica

 The updated *Online Cuaderno de práctica*, produced in collaboration with **Quia™**, offers the same outstanding practice as the printed *Cuaderno* with many additional advantages such as on-screen links to corresponding audio files, immediate feedback and scoring for students, and an easy-to-use gradebook and class roster system for instructors. To gain access, students purchase a unique Student Book Key (passcode). Instructors should contact their local McGraw-Hill sales representative for an Instructor Book Key.

Audio CD Program

 Corresponding to the laboratory portion of the *Cuaderno,* the *Audio CD Program* contains activities for review of vocabulary and grammatical structures, passages for extensive and intensive listening practice, guided pronunciation practice, and interviews with men and women from different areas of the Hispanic world.

Online Learning Center

 The *Online Learning Center* brings the Spanish-speaking world directly into students' lives and into their language-learning experience by means of vocabulary and grammar practice quizzes and cultural resources and activities. Many resources are also available for instructors. The *Online Learning Center* can be accessed at **www.mhhe.com/pasajes6**.

Online Flash™ Interactivities

 The *Online Learning Center* now includes Flash™-based activities that provide a new level of interactive review and practice for *Pasajes: Lengua*, in an online format. Presented as Premium Content on the *Online Learning Center,* these fun yet practical activities take the place of the Fifth Edition's *Interactive CD-ROM* and provide a unified language experience for students online, thus eliminating the need for multiple components. Diverse activity types (many that are art-based) and interactive games engage students as they review vocabulary and grammar.

Sin falta Writing Software

Sin falta, developed in partnership with UltraLingua, Inc., is a powerful Spanish writing program on CD-ROM that includes the following features: a word processor, a bilingual Spanish-English dictionary with more than 250,000 entries, an online Spanish grammar reference, basic grammar and spell-checking functions, and more!

For instructors only:

Lengua Instructor's Edition

This special edition of *Lengua,* specifically designed for instructors, contains a 32-page insert with helpful hints and suggestions for working with the many features and activities in *Lengua*.

Instructor's Resource CD

New for the Sixth Edition, the *Instructor's Resource CD* includes MSword files of the *Instructor's Manual* (with sample tests), Videoscript, and Tracklisting for Audio CD Program and Adobe PDF files of the *Audioscript*.

Instructor's Manual

This useful manual, now available electronically on the *Instructor's Resource CD* and in the Instructor's Edition of the *Online Learning Center,* includes suggestions for using all components of the *Pasajes* program, sample lesson plans and syllabi, and sample chapter tests.

Audioscript

This complete transcript of the material recorded in the *Audio CD Program* is now available electronically on the *Instructor's Resource CD* and in the Instructor's Edition of the *Online Learning Center.*

Video and Video on CD

 The Video Program, now available in VHS and on CD, consists of authentic footage from various Spanish-speaking countries. Topics are coordinated with the chapter themes, and accompanying activities can be found in the **Pasaje cultural** section of each chapter of *Lengua* and the *Cuaderno*.

ACKNOWLEDGMENTS

We are extremely grateful to be publishing the Sixth Edition of *Pasajes,* something we could not have predicted when we first began working on these materials many years ago. Over the years and throughout earlier editions, various people have helped shape the *Pasajes* program, keeping it contemporary and of interest to students and instructors. Michael Morris (Northern Illinois University), informed by his expertise in the field of second language acquisition and his classroom teaching experience, was instrumental in the revision of the Sixth Edition. His expertise and creativity can be found in the new **Imágenes** cultural readings throughout the book as well as in the new **autopruebas.** In addition, Dr. Morris brought a fresh perspective to the revision of many activities throughout, and we are grateful for his contributions.

We would also like to acknowledge the contributions of certain individuals who contributed in various ways to previous editions. These include Rodney Bransdorfer (Central Washington University), Javier Martínez de Velasco (Central Washington University), Carmen M. Nieto (Georgetown University), and Enrique Yepes (Bowdoin College).

Additionally, we wish to acknowledge all of the instructors who participated in the development of the previous editions of *Pasajes.* Their comments, both positive and critical, were instrumental in the shaping of those editions. We would also like to express our gratitude to the many instructors who completed surveys and user diaries indispensable to the development of the Sixth Edition. The appearance of their names does not necessarily constitute an endorsement of the texts or their methodology.

Elizabeth Aguilar, University of Illinois, Chicago
Rodolfo Aiello, New York University
Carlos C. Amaya, Eastern Illinois University
Ganesh Basdeo, University of Washington
Amanda Carey, Washington University in St. Louis
Mary Frances Castro, University of North Carolina, Charlotte
Louise Ciallella, Northern Illinois University
Colleen Coffey, Marquette University
Lourdes Dávila, New York University
Kit Decker, Piedmont Virginia Community College
Jeffrey Diamond, Western Oregon University
Maritza Fernández, Pellissippi State College
Anna J. Gemrich, University of Wisconsin, Madison
Carolyn L. Hansen, University of South Carolina
Juergen Kempff, University of California, Irvine
Darlene Lake, University of Wisconsin, LaCrosse
Alison Lamothe, Southern Illinois University, Edwardsville

Carlos López, Marshall University
Sonia López Blakely, Colorado State University
Mark J. Mascia, Sacred Heart University
Timothy McGovern, University of California, Santa Barbara
Monica Revak, Winona State University
Stanley L. Rose, University of Montana
Cristina Sánchez, University of California, Santa Barbara
Emily Scida, University of Virginia
Andrea Topash-Ríos, Notre Dame
Gheorghita Tres, Oakland University
Sharon Voros, U.S. Naval Academy
Thomas P. Waldemer, Iowa State University
Eugenia Wheelwright, Bowdoin College
Tamara Williams, Pacific Lutheran University
Magaly Zeibe, University of Wisconsin, Milwaukee

We are grateful to Thalia Dorwick for her preliminary review of the *Lengua* manuscript and her insightful suggestions for this edition. Thanks go to Laura Chastain for her careful review of the manuscript for matters of style, clarity, and linguistic and cultural authenticity. We thank Julie Sellers (University of Wyoming) for her editorial contributions to several ancillaries including the *Instructor's Manual, Online Learning Center,* and *Video on CD.* Many thanks are due to the entire production team at McGraw-Hill, especially Anne Fuzellier, Emma Ghiselli, Nora Agbayani, Randy L. Hurst, and Louis Swaim, as well as to Violeta Díaz for the wonderful new cover and interior designs for this Sixth Edition. We are grateful to our publisher William R. Glass for shaping the revision plan for this edition and to the rest of the editorial team at McGraw-Hill, especially Pennie Nichols, Jennifer Kirk, Letizia Rossi, Scott Tinetti, and Allen J. Bernier for guiding this edition on the path from manuscript to publication. Finally, we would like to thank Nick Agnew, Executive Marketing Manager, and the entire McGraw-Hill sales force who have so actively promoted *Pasajes* over the years.

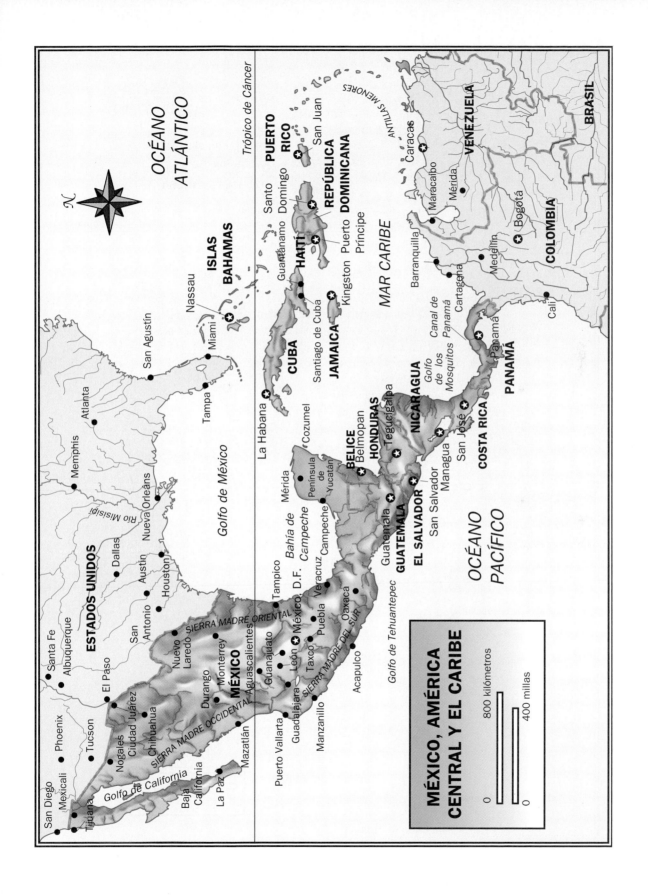

OCÉANO ATLÁNTICO

Trópico de Cáncer

N

OCÉANO PACÍFICO

ESTADOS UNIDOS

San Diego
Mexicali
Tijuana
Phoenix
Tucson
Nogales
Ciudad Juárez
Chihuahua
El Paso
Santa Fe
Albuquerque
San Antonio
Austin
Dallas
Houston
Memphis
Atlanta
Nueva Orleans
San Agustín
Tampa
Miami
Nassau

Río Misisipí

Golfo de México

ISLAS BAHAMAS

La Habana

CUBA
Santiago de Cuba

JAMAICA
Kingston

HAITÍ
Guantánamo
Puerto Príncipe

REPÚBLICA DOMINICANA
Santo Domingo

PUERTO RICO
San Juan

ANTILLAS MENORES

MAR CARIBE

Caracas

VENEZUELA

Maracaibo
Mérida

BRASIL

COLOMBIA
Bogotá
Medellín
Cali
Barranquilla
Cartagena

Canal de Panamá
Golfo de los Mosquitos

PANAMÁ
Panamá

COSTA RICA
San José

NICARAGUA
Managua
Tegucigalpa

HONDURAS

EL SALVADOR
San Salvador

GUATEMALA
Guatemala

BELICE
Belmopan

Cozumel
Mérida
Península de Yucatán
Campeche
Bahía de Campeche

Veracruz
Tampico

MÉXICO
México, D.F.
Puebla
Oaxaca
Acapulco
Taxco
León
Guanajuato
Aguascalientes
Guadalajara
Manzanillo
Puerto Vallarta
Durango
Monterrey
Nuevo Laredo
Mazatlán

SIERRA MADRE ORIENTAL
SIERRA MADRE DEL SUR
SIERRA MADRE OCCIDENTAL

Golfo de Tehuantepec

Golfo de California
Baja California
La Paz

La Paz

MÉXICO, AMÉRICA CENTRAL Y EL CARIBE

0   800 kilómetros
0   400 millas

MAR CARIBE

OCÉANO ATLÁNTICO

Maracaibo
Barranquilla
PANAMÁ
Caracas
GUYANA
VENEZUELA
Georgetown
Panamá
Medellín
Paramaribo
Bogotá
Río Orinoco
Cayena
Cali
SURINAME
GUYANA FRANCESA
COLOMBIA
Quito
Ecuador
ECUADOR
Río Amazonas
Belém
Guayaquil
Manaus
PERÚ
BRASIL
Recife
CORDILLERA DE LOS ANDES
Cuzco
Lima
La Paz
Brasília
Arequipa
BOLIVIA
Sucre
PARAGUAY
Antofagasta
Rio de Janeiro
Trópico de Capricornio
CHILE
Asunción
San Miguel de Tucumán
São Paulo
OCÉANO PACÍFICO
La Serena
Córdoba
Rosario
URUGUAY
OCÉANO ATLÁNTICO
Valparaíso
ARGENTINA
Santiago
Buenos Aires
Montevideo
Concepción
Río de la Plata
N
Bahía Blanca
Puerto Montt
Bariloche
Chiloé

Islas Malvinas

Estrecho de Magallanes
Punta Arenas
Tierra del Fuego
Cabo de Hornos

AMÉRICA DEL SUR

0   1500 kilómetros

0   1000 millas

xxii

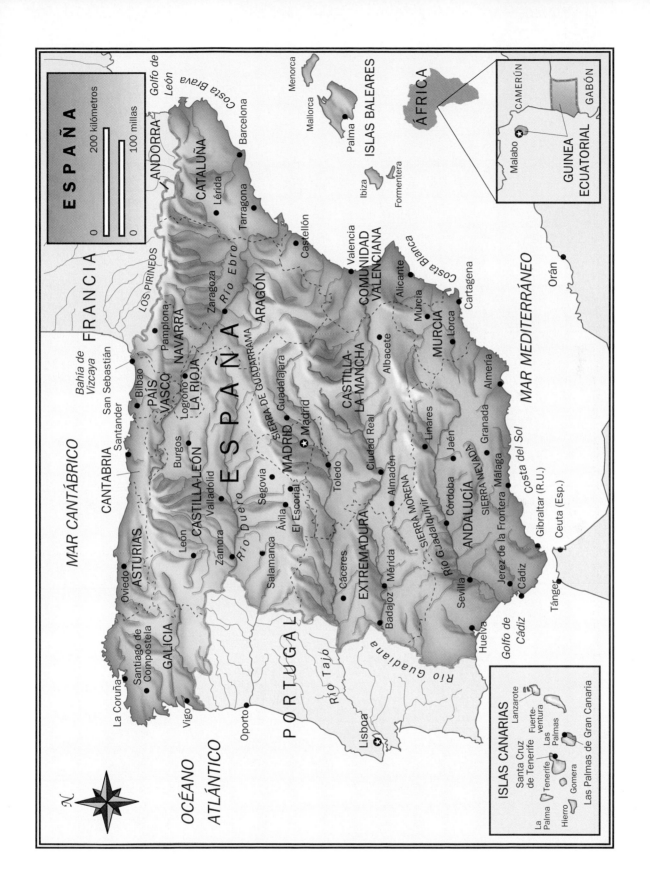

ESPAÑA

200 kilómetros

100 millas

Golfo de León

Menorca

ISLAS BALEARES

Mallorca

Palma

Ibiza

Formentera

ÁFRICA

CAMERÚN

GABÓN

Malabo

GUINEA ECUATORIAL

Costa Brava

ANDORRA

CATALUÑA

Barcelona

Lérida

Tarragona

Castellón

LOS PIRINEOS

FRANCIA

Río Ebro

Zaragoza

ARAGÓN

Valencia

COMUNIDAD VALENCIANA

Alicante

Costa Blanca

Orán

MAR MEDITERRÁNEO

Bahía de Vizcaya

San Sebastián

Santander

Pamplona

NAVARRA

PAÍS VASCO

Bilbao

Logroño

LA RIOJA

Guadalajara

SIERRA DE GUADARRAMA

Murcia

MURCIA

Lorca

Cartagena

Almería

MAR CANTÁBRICO

CANTABRIA

Burgos

CASTILLA-LEÓN

Valladolid

Segovia

Madrid

MADRID

Toledo

CASTILLA-LA MANCHA

Albacete

Ciudad Real

Linares

Jaén

Granada

SIERRA NEVADA

Costa del Sol

Málaga

ASTURIAS

Oviedo

León

Zamora

Río Duero

Ávila

Salamanca

El Escorial

Córdoba

ANDALUCÍA

Jerez de la Frontera

Cádiz

Gibraltar (R.U.)

Ceuta (Esp.)

GALICIA

Santiago de Compostela

La Coruña

Vigo

Oporto

PORTUGAL

Río Tajo

Lisboa

Río Guadiana

Cáceres

EXTREMADURA

Mérida

Badajoz

SIERRA MORENA

Río Guadalquivir

Almadén

Sevilla

Huelva

Golfo de Cádiz

Tánger

OCÉANO ATLÁNTICO

N

ISLAS CANARIAS

Lanzarote

Fuerte-ventura

Santa Cruz de Tenerife

Las Palmas

Tenerife

La Palma

Gomera

Hierro

Las Palmas de Gran Canaria

PASAJES

SEXTA EDICIÓN

LENGUA

Bienvenidos

San Miguel de Allende, México

At the beginning of an intermediate language course some of you may be intimidated by a grammar book—"You mean after all those tenses we learned the first year, there are still *more*?!" The Spanish language is indeed rich in verb forms, but one of the purposes of this book is to help you review what you have already learned and then expand on it, while at the same time helping you see that the numerous bits and pieces of grammar—the rules and the exceptions—do in fact form a single, coherent system. *Pasajes: Lengua* explains each grammar point carefully and gives numerous examples. **A propósito** boxes throughout each grammar section provide more information on various points. At the end of each chapter is an **¡Ojo!** section that will help you recognize and learn to avoid common vocabulary errors. It is unlikely that you will acquire a perfect or even near-perfect command of grammatical structures at this stage of language learning. Such command comes slowly. Over time, we hope that the exercises, explanations, and activities in this text and in the *Cuaderno de práctica* will help you attain greater grammatical accuracy.

Review, expand, synthesize: This threefold goal is the purpose of many intermediate textbooks. *Pasajes: Lengua* wants this and something more. We want you not only to *understand* the system, we want you to *use* it. For us this second goal is actually the first and most important, since the desire to speak, read, or write Spanish is the main reason that many of you sit patiently through grammar lessons in the first place. *Pasajes: Lengua* was written to help you make the leap from conjugating to communicating.

Developing the ability to communicate is fun, but also challenging. It requires more than memorization or passive participation. It requires your active, involved participation in *real* communication with your instructor and fellow students. In real communication, people ask questions because they really want to know something about a topic or person. They follow up with more questions to discover in full detail whatever it is they need or want to know. Also, the person who is asked a question doesn't respond with a disinterested "yes" or "no"; he or she shows interest and adds information to keep the conversation going. If some participants in the conversation have a native language other than English, they don't lapse into their native language when they don't understand what is going on; they ask questions, or reword their statements, or draw pictures to clear up the confusion.

At this point, and probably for some time to come, your Spanish may seem "babyish" in comparison with the complexity of the ideas and opinions you want to express. Don't give up on your ideas or on your Spanish. Think of other ways to say what you mean. Simplify, give examples, use whatever you *do* know to bridge the gap. From the **Describir y comentar** section that begins each chapter to the **Enlace** section at each chapter's end, there are activities designed to encourage you to think, react, and share your ideas with your instructor and your classmates.

Don't be afraid to make mistakes; don't think that they indicate some failure on your part. Mistakes are a normal, perhaps inevitable, part of language learning. Many of the activities in *Pasajes: Lengua* are deliberately designed to challenge you and to make you use all of your Spanish knowledge. We know you will make mistakes, and we want you to learn from them. You won't always be able to say exactly what you want to say, but you *can* learn to deal with that frustration creatively and effectively.

To communicate successfully in Spanish, you will need a strong desire to communicate as well as certain basic skills. We have tried to provide interesting activities and numerous hints to help you acquire those skills. But in the long run your level of success will depend on *you.* The potential rewards for your efforts are indeed great. After Chinese, Spanish is spoken by more people as a native language than any other language in the world. Hispanics are an immensely friendly, interesting, and important people whose culture is rich and varied. Your skill in Spanish is the **pasaje** (*passage, ticket*) that will enable you to communicate with them and to appreciate their culture in a way that a person who knows no Spanish can never experience. ■■■

CAPÍTULO 1

Tipos y estereotipos

Oaxaca, México

Exploraciones

Los estereotipos se forman cuando las características que tienen (o que tenían en el pasado) *algunos* individuos son atribuidas a *todos* los miembros de su grupo. Por ejemplo, la foto de la página anterior representa la imagen que tienen algunas personas de todos los mexicanos. ■■■

A NIVEL PERSONAL

■ ¿Tiene Ud. alguna idea preconcebida (*preconceived*) de los mexicanos? ¿Coinciden esas ideas con la imagen en la foto?

■ ¿Qué experiencias ha tenido Ud. (*have you had*) con los estereotipos? ¿Pertenece (*Do you belong*) a un grupo que se describe frecuentemente con un estereotipo? ¿Cómo piensa que es este grupo en realidad?

A NIVEL REGIONAL

■ ¿Cuáles son algunos de los estereotipos que se aplican a la gente del lugar donde Ud. vive? Use esta pregunta para hacer una encuesta (*survey*) informal en su clase. ¿Cuál es el resultado de la encuesta? ¿Están todos de acuerdo con los estereotipos?

A NIVEL GLOBAL

■ ¿Son universales los estereotipos? ¿Hay algún estereotipo de la gente norteamericana° en los países hispanohablantes?

■ Busque opiniones o ideas sobre la gente norteamericana escritas en países hispanohablantes. ¿Le parecen correctas esas opiniones?

°Although the term **norteamericano/a** can mean *American* (*from the United States*), *Canadian*, and *Mexican* (in geographical terms, Mexico is part of the North American continent), throughout the *Pasajes* program it will mean *American* (*from the United States*) and *Canadian*. The terms **canadiense, estadounidense,** and **mexicano/a** will mean *Canadian, American* (*from the United States*), and *Mexican*, respectively.

Describir y comentar*

■ En el dibujo A, ¿cómo es la apariencia física de la estudiante de la izquierda? En su opinión, ¿adónde va ella en su tiempo libre?

■ En el dibujo A, ¿qué rasgos de personalidad asocia Ud. con la estudiante de la derecha? ¿Qué hace ella en su tiempo libre? ¿Cree que estas estudiantes van a tener problemas como compañeras de cuarto? Explique.

■ En el dibujo B, hay varios grupos de estudiantes. ¿Dónde están? ¿Qué hacen? En su opinión, ¿tienen la apariencia física de estudiosos los muchachos de la izquierda? ¿Cómo son?

■ En el dibujo B, describa al estudiante que está a la derecha. ¿Qué hace? ¿Con quién está? ¿Qué tipo de persona parece ser? ¿Hay estudiantes coquetas o coquetones en este dibujo? ¿Dónde? Imagínese qué dicen.

*Use the **Vocabulario para conversar** on the next page to discuss the drawings.

asociar   to associate
pertenecer   to belong

la apariencia   appearance
el/la atleta   athlete
  un tipo muy atlético   a very athletic person
el/la bromista   joker
  el/la bromista de la clase   class clown
la característica   characteristic
la costumbre   custom, habit
el/la deportista   sportsman/sportswoman
el estereotipo   stereotype
el/la estudioso/a   bookworm
la imagen   image, picture
el rasgo   trait, feature

bruto/a   stupid, dense
cómico/a   funny
coquetón, coqueta   flirtatious
estudioso/a   studious
extrovertido/a   extroverted, outgoing
introvertido/a   introverted, shy
listo/a   bright, smart
perezoso/a   lazy
pesado/a   dull, uninteresting
preconcebido/a   preconceived
sensible   sensitive
serio/a   serious
típico/a   typical
tonto/a   silly, dumb
torpe   clumsy, awkward
trabajador(a)   hard-working

A Nombre los tipos o adjetivos de la lista anterior que se asocian con las personas que tienen las siguientes costumbres o características. ¿Qué otros rasgos o costumbres se asocian con cada tipo?

MODELO: un tipo que duerme mucho → perezoso
      otras características: trabaja poco, camina despacio,
      saca malas notas

un tipo que…

1. hace muchas bromas (*jokes*)
2. estudia en la biblioteca todo el tiempo
3. es más bien tímido
4. lleva ropa de última moda
5. pasa mucho tiempo en el gimnasio
6. siempre está en todas las fiestas

B Usando la lista de vocabulario u otras palabras, nombre las características que Ud. asocia con los siguientes personajes o personas.

1. los Simpson
2. Arnold Schwarzenegger
3. Jim Carrey
4. Jack Bauer (de «24»)
5. los compañeros de «Friends»

C ¡NECESITO COMPAÑERO!   Trabajando en parejas, arreglen las siguientes características según las cuatro categorías indicadas en la tabla de la página siguiente. Pueden poner una característica en más de una categoría.

atlético	extrovertido	optimista	sincero
cómico	hablador	perezoso	sofisticado
coquetón	impulsivo	responsible	tonto
egoísta	inmaduro	seguro de sí mismo	torpe
estudioso	intelectual	sensible	trabajador

LENGUAJE Y CULTURA

No todas las palabras de una lengua se pueden traducir con exactitud a otra, especialmente cuando se trata del lenguaje popular o coloquial. Por ejemplo, imagínese que un amigo hispano° no encuentra las siguientes palabras en su diccionario bilingüe.

¿Puede Ud. explicarle en español lo que significan?

¿Cuáles son algunas características que se asocian con cada tipo?

- jock
- loser
- geek
- moocher
- redneck

características que una persona puede controlar	atlético, estudioso, perezoso,...
características que una persona *no* puede controlar	
características típicas de los hombres	
características típicas de las mujeres	

Después de clasificar las características, escojan las tres que Uds. consideran las más atractivas en sus amigos. Comparen sus respuestas con las de otros miembros de la clase. ¿Tienen Uds. opiniones muy diferentes? ¿Están todos de acuerdo sobre algunas características? ¿Cuáles? ¿Cuáles de estos rasgos asocian Uds. con sus compañeros de cuarto?

D   Mire otra vez los dibujos de la página 6.

- ¿Cuál de las personas del dibujo A se parece a (*resembles*) la «estudiante típica» de esta universidad? Si ninguna, ¿cómo es la «estudiante típica»? ¿el «estudiante típico»?

- ¿Tiene Ud. un compañero / una compañera de cuarto? ¿Son Uds. semejantes o diferentes? Explique.

- ¿Qué estereotipos se presentan en los dibujos A y B? ¿Son falsas todas esas generalizaciones? ¿Cuáles cree Ud. que son más o menos verdaderas? ¿Hay otros tipos estudiantiles en esta universidad que no estén representados en los dibujos? Descríbalos.

°There are various terms in Spanish used to describe people and things from Spanish-speaking countries (**chicano/a, hispano/a, latino/a,** and so on), as there are in English (*Chicano, Hispanic, Latino,* and so on). In *Pasajes: Lengua,* **hispano/a** and *Hispanic* will be the preferred terms. You will learn more about these and the other terms in **Capítulo 9.**

No somos los únicos que estereotipamos.

NO HAY DUDA QUE en este país existen muchos estereotipos acerca de los hispanohablantes. Como es común cuando se trata de estereotipos, hay algo de verdad en algunos, muchos exageran o deforman la realidad y otros son totalmente falsos. Pero, de lo que muchos norteamericanos no están conscientes es que las personas de otras culturas también nos estereotipan a nosotros. Lo interesante es que, frecuentemente, los estereotipos sobre tanto los hispanos como los norteamericanos, se originan en las mismas fuentes: los medios de comunicación y la opinión de personas que viajan al extranjero.

Muchas de las impresiones que tenemos los norteamericanos de los hispanos son creadas por la televisión, el cine, la música, la radio y los periódicos y revistas. Algunas de esas impresiones persisten desde hace muchos años,[a] a pesar de haber evidencia que las contradice, por ejemplo: el cliché del hispano que siempre rehuye[b] el trabajo, presentado en muchas comedias de televisión o cine. También, se ha explotado el mito del mexicano que pasa el día durmiendo debajo de un cacto para luego en la noche salir a beber y bailar hasta la madrugada.

Hasta la apariencia física del hispano es un estereotipo, por ejemplo: «todos son morenos, de pelo negro y bajos de estatura», «las mujeres llevan trajes de colores vivos y algunas, flores en el pelo». Otros estereotipos incluyen: «sus familias son grandes» y «viven en pueblos adormecidos y polvorientos[c]». Hay quienes opinan que estos estereotipos se deben al hecho de que[d] un buen número de inmigrantes hispanos viene de zonas rurales. La verdad es que al viajar por los países hispanos uno se da cuenta de[e] la enorme generalización de estas ideas.

Por otro lado,[f] ¿sabía Ud. que todos los norteamericanos vivimos en casas grandes y que muchos tenemos más de una? Ésta es una de las muchas falsas imágenes que se forman algunos hispanos por medio de los programas de televisión y películas filmados en este país. Muchos hispanos también creen que todos manejamos lujosos automóviles deportivos. Pero, ¿cómo es el coche que Ud. maneja? La realidad es que la mayoría de nosotros no tenemos coche de lujo — y muchos no tenemos ningún coche.

Otros hispanos creen que la dieta norteamericana consiste solamente en pollo frito, pizza y hamburguesas. Después de todo, los restaurantes norte-americanos que sirven esta clase de comida se han

Un McDonald's en La Paz, Bolivia

exportado a casi todos los países hispanos. ¡Claro que se sorprenden cuando ven que no todos los norteamericanos comemos esta clase de comida!

Hay que mencionar también que hay hispanos que tienen ideas positivas acerca de nosotros. Dicen que somos muy organizados, que respetamos las leyes y que somos laboriosos, cumplidores[g] y generosos, aunque también nos consideran arrogantes, tal vez por la forma en que han afectado a los países hispanos las decisiones de algunos de nuestros gobernantes. ■

---

[a]persisten… *have persisted for years* [b]*avoids* [c]pueblos… *sleepy, dusty towns* [d]al… *to the fact that* [e]se… *realizes*
[f]Por… *On the other hand* [g]*reliable*

Lengua

▪▪▪ 1 DE ENTRADA

Mire el siguiente texto y use la tabla que sigue para indicar si las palabras de la tabla son masculinas (**M**) o femeninas (**F**). ¿Qué claves (*clues*) lo/la ayudan a determinar el género (*gender*)?

Para muchas personas, «el hombre es un animal racional» y la intuición es cosa de mujeres. Sin embargo, algunos investigadores contemporáneos creen que la «intuición femenina» o el «sexto sentido» es una facultad de la inteligencia humana. El profesor Rob Rabbim y la sicóloga Lourdes Billingsley, miembros del instituto de estudios espirituales «Hamsa» en California, consideran que la intuición es un sistema de conocimiento que hombres y mujeres han usado desde tiempos prehistóricos. Para ellos, la intuición es una aptitud que complementa a la razón, aunque va en dirección contraria. Mientras que el pensamiento racional es útil para el análisis, la intuición es necesaria para la síntesis. La razón hace distinciones, pero la intuición percibe los vínculos entre las cosas, entre las personas, entre los sentimientos y la inteligencia. Así pues, si tanto los hombres como las mujeres utilizamos la intuición, es posible que encontremos soluciones a muchos problemas sociales y personales que la razón no sabe resolver por sí sola. ■

Palabra	M/F	Clave	Palabra	M/F	Clave
persona	F	termina en «-a»	sicóloga		
hombre	M	sexo masculino	sistema		
animal	M	artículo masc. «un»	análisis		
mujeres			síntesis		
inteligencia			sentimientos		
profesor			problemas		

Recuerde que en español casi todos los sustantivos (*nouns*) tienen un género: masculino o femenino. A continuación hay algunas claves para reconocer el género de los sustantivos.

■ ■ **1** Gender and Number of Nouns

A. Gender of nouns

In Spanish, nouns (**los sustantivos**) are classified as masculine (used with the articles **el** and **un**) or feminine (used with the articles **la** and **una**).

el estereotipo *stereotype*	**la** imagen *image*
un rasgo *trait, feature*	**una** característica *characteristic*

Two primary clues can help you correctly identify the gender of most Spanish nouns.

1. **Meaning:** biological sex = grammatical gender

    When a Spanish noun refers to a male being, it is masculine; when the noun refers to a female being, it is feminine.

el padre *father*	la madre *mother*
el toro *bull*	la vaca *cow*

When a noun refers to a being that can be of either sex, the corresponding article indicates gender. Sometimes the word will have a different form for masculine and feminine.

el artista / **la** artista *artist*
el español / **la** española *Spaniard*
el estudiante / **la** estudiante *student*
el profesor / **la** profesora *professor*

The following nouns are exceptions; they may refer to either men or women, but their grammatical gender is fixed.

el ángel *angel* la persona *person*
el individuo *individual* la víctima *victim*

2. Word ending

■ Most nouns that end in **-l, -o, -n, -e, -r,** or **-s** are masculine.

el amo**r** *love* el interé**s** *interest*
el caf**é** *coffee* el libr**o** *book*
el exame**n** *test* el pape**l** *paper*

Some common exceptions are

la gente *people* la mano *hand*
la imagen *image* la parte *part*

■ Most nouns that end in **-a, -d, -ie, -ión, -is, -umbre,** or **-z** are feminine.

la actitu**d** *attitude* la nari**z** *nose*
la comid**a** *food* la ser**ie** *series*
la cost**umbre** *custom* la televis**ión** *television*
la cris**is** *crisis*

Some common exceptions are

el avión *airplane* el día *day*
el camión *truck* el sofá *sofa*

Another group of exceptions contains many words ending in **-ma, -pa,** and **-ta.**

el atle**ta** *athlete* el poe**ma** *poem* el progra**ma** *program*
el dra**ma** *play* el poe**ta** *poet* el siste**ma** *system*
el ma**pa** *map* el proble**ma** *problem* el te**ma** *theme*

PRÁCTICA Indique el género de cada sustantivo con **el** o **la,** según el caso. ¡Cuidado! Algunos sustantivos pueden ser o masculino o femenino, dé ambos (*both*) artículos. ¿Hay algunos que no sigan las reglas?

1. _____ madre
2. _____ bromista
3. _____ dólar
4. _____ vez
5. _____ rey (*king*)
6. _____ capacidad
7. _____ mundo
8. _____ detalle
9. _____ atleta
10. _____ superficie
11. _____ muchedumbre
12. _____ cliente
13. _____ día
14. _____ águila
15. _____ sistema
16. _____ tradición
17. _____ persona
18. _____ verdad
19. _____ mes
20. _____ tesis
21. _____ traje

B. Plural of nouns

There are three basic patterns for forming plural nouns in Spanish.

1. Nouns that end in a vowel add **-s.**

el hombr**e** *the man* → los hombre**s** *the men*
una cart**a** *a letter* → unas cartas **s** *some (a few) letters*

A PROPÓSITO

These nouns are feminine, although their popular, shortened forms do not end in **-a.**

la bicicleta → la bici
bicycle

la fotografía → la foto
photograph

la motocicleta → la moto
motorcycle

A PROPÓSITO

Some words have the same form but can change meaning by changing the article that precedes them. Here are a few common examples.

el cura *priest*
la cura *cure*

el papa *the pope*
la papa *potato*

el/la guía *guide (person)*
la guía *guidebook*

■ **Lengua** **11**

Some nouns undergo a spelling change in the plural.° In nouns ending in -z, the z changes to c.

un lápiz → unos lápices
a pencil → some (a few) pencils

una vez → unas veces
one time → some (a few) times

In some nouns, accents must be added or dropped to maintain the stress of the singular form.

el examen → los exámenes
exam → exams

la joven → las jóvenes
young woman → young women

la nación → las naciones
nation → nations

el interés → los intereses
interest → interests

2. Nouns that end in a consonant add **-es.**

la muje**r** *the woman* → las muje**res** *the women*
la pare**d** *the wall* → las pare**des** *the walls*
el re**y** *the king* → los re**yes** *the kings*
el me**s** *the month* → los me**ses** *the months*

3. Nouns that end in unstressed **-es** or **-is** have identical singular and plural forms. Their article indicates number.

el lun**es** *Monday* → **los** lunes *Mondays*
la cris**is** *the crisis* → **las** crisis *the crises*

PRÁCTICA   Dé las formas plurales de los sustantivos de **Práctica** en la sección anterior.

■■■ 1 INTERCAMBIOS

AUTOPRUEBA   Complete las siguientes oraciones con artículos definidos (**el, la, los, las**).

1. No me gustan _____ estereotipos; prefiero tratar a cada persona como el individuo que es.
2. Después de almorzar, tengo que ir a _____ clase de contabilidad.
3. Me caen muy mal (*I dislike very much*) _____ personas perezosas.
4. ¿Quieres acompañarme a la fiesta de Nicolás _____ viernes que viene?
5. _____ actitudes de los estudiantes universitarios han cambiado (*have changed*) mucho en los últimos 25 años.
6. Michael Jordan es quizás _____ atleta más famoso de nuestra época.

Respuestas: 1. los **2.** la **3.** las **4.** el **5.** Las **6.** el

A   Complete el siguiente diálogo con artículos definidos (**el, la, los, las**).[†] Se trata de (*It's about*) una manifestación (*demonstration*) en contra de la imagen negativa que muchos tienen de cierto grupo de personas.

ANA: Dicen por _____[1] televisión que hoy hay una protesta en _____[2] Plaza Mayor.

MANUEL: ¡Típico! ¿Quiénes protestan esta vez?

ANA: Un grupo de personas de _____[3] barrio San Nicolás.

MANUEL: ¡Ah, sí! ¡Allá viven todos _____[4] criminales de _____[5] ciudad!

ANA: Precisamente ése[‡] es _____[6] problema. Están cansados de _____[7] estereotipos que muchos tienen sobre su barrio y van a hacer una manifestación con banderas blancas en _____[8] mano.

°See Appendix 1 and Appendix 2 for more information about these kinds of changes.
[†]Remember that **de + el → del.**
[‡]See Appendix 6 for more information about demonstrative pronouns.

MANUEL: ¿Y quién organizó _____⁹ manifestación?

ANA: _____¹⁰ famoso padre García, que es un activista de _____¹¹ zona.

MANUEL: ¡Interesante! Vamos a ver qué comentarios e imágenes hay en _____¹² noticias.

■ ¿Qué pasa hoy en la Plaza Mayor de la ciudad? ¿Quiénes protestan? ¿Por qué?

■ ¿Sabe Ud. de grupos en este país que protestan en contra de los estereotipos negativos? ¿Cuál es su opinión sobre esos grupos?

B Juanita es la típica estudiante que lo sabe todo. Siempre le corrige los errores a Juan, el estudiante más perezoso de la clase. Invente su conversación, según el modelo. ¡Cuidado! El nombre de pila (*first name*) de las personas aparece entre paréntesis para Ud.; supuestamente (*supposedly*) Juan sólo sabe los apellidos de las personas.

MODELO: (Óscar) De la Hoya **/** una pintora estupenda **/** ¡Qué va! →
JUAN: De la Hoya es una pintora estupenda, ¿verdad?
JUANITA: ¡Qué va! Es un boxeador estupendo.

1. (Fidel) Castro **/** un político español **/** ¡Claro que no!
2. (Arantxa) Sánchez Vicario **/** un atleta inglés **/** ¡Qué ignorancia!
3. (Sammy) Sosa **/** un deportista regular **/** ¡Qué tonto!
4. (Homer) Simpson **/** un «hombre» muy trabajador **/** ¡Qué absurdo!
5. (Jennifer) López **/** un actor famoso **/** ¡Qué bruto!

■■■ 2 DE ENTRADA

Hay cuatro estudiantes sentados juntos. Usando las ocho claves de abajo, ¿puede Ud. descubrir los nombres de estos estudiantes, los rasgos de su personalidad, su ropa y algunas características de su familia?

	1. (Hombre)	2. (Mujer)	3. (Mujer)	4. (Hombre)
nombre		Margarita		
rasgo				
ropa	camisa amarilla			
familia				

1. El primer estudiante lleva camisa amarilla y está sentado junto a Margarita.
2. La tercera estudiante es trabajadora y está sentada junto al artista.
3. Miguel es extrovertido y sus padres son franceses.
4. José lleva bufanda (*scarf*) verde y observa los zapatos negros de Gloria.
5. Margarita no tiene ningún hermano; Gloria tiene un hermano, pero no tiene ninguna hermana.

6. La estudiante de la falda azul es perezosa y está sentada junto a Gloria, que es trabajadora.

7. El artista tiene cuatro hermanos menores y se llama José.

8. La estudiante que no tiene ningún hermano está sentada junto al estudiante extrovertido.

Los adjetivos son palabras que indican las cualidades o características de los sustantivos, como el color, la nacionalidad, etcétera. ¿Puede Ud. identificar algunos adjetivos en las oraciones anteriores? Observe que varios adjetivos (por ejemplo, *ningún* hermano / *ninguna* hermana; *sentado/sentada*) tienen formas diferentes. ¿Recuerda Ud. por qué? A continuación puede repasar cómo se hacen estos cambios.

■■ 2 Basic Patterns of Adjective Agreement

A. Gender and number of adjectives

In Spanish, adjectives (**los adjetivos**) agree in gender and number with the noun they modify, according to the following patterns.

■ Adjectives that end in **-o** have four different forms to indicate masculine, feminine, singular, and plural.

-o, -os: el chico list**o** → los chicos list**os**
          bright boy → *bright boys*
-a, -as: la chica list**a** → las chicas list**as**
          bright girl → *bright girls*

■ Most adjectives that end in any other vowel or in a consonant have the same form for masculine and feminine. Like nouns, they show plural agreement by adding **-s** to vowels and **-es** to consonants.

A PROPÓSITO

As with nouns, some adjectives undergo a spelling change in the plural. In adjectives ending in **-z,** the **z** changes to **c.**

un niño feli**z** → unos niños feli**c**es
a happy child → *some (a few) happy children*

una mujer capa**z** → unas mujeres capa**c**es
a capable woman → *some (a few) capable women*

When the masculine singular form of an adjective has a written accent on the last syllable, the accent is omitted in the feminine and plural forms.

el idioma ingl**és** → la lengua ingl**e**sa
the English language

un problema com**ún** → unos problemas com**u**nes
a common problem → *some (a few) common problems*

Masculine	Feminine	Plural
el pantalón verd**e** *the green pants*	la bufanda verd**e** *the green scarf*	los zapatos verd**es** *the green shoes*
el sombrero azu**l** *the blue hat*	la falda azu**l** *the blue skirt*	las medias azul**es** *the blue stockings*
el hombre realist**a** *the realistic man*	la mujer realist**a** *the realistic woman*	las personas realist**as** *the realistic people*

Note, however, that adjectives of nationality that end in a consonant add **-a** to show feminine agreement.

el hombre franc**és** → la mujer frances**a**
the French man → *the French woman*

Adjectives that end in **-dor, -ón,** and **-án** also add **-a.**

un niño encanta**dor** → una niña encantador**a**
a charming (boy) child → *a charming (girl) child*

- When an adjective modifies two nouns, one masculine and the other feminine, the adjective is masculine plural.

Juan y María son baj**os**.	*Juan and María are short.*
Pedro y sus hermanas están cansad**os**.	*Pedro and his sisters are tired.*

PRÁCTICA Complete las siguientes oraciones con la forma apropiada de los adjetivos indicados.

1. En esta clase (no) hay estudiantes (atlético, francés, listo, perezoso, trabajador).

2. Me caen bien/mal las personas (hablador, inmaduro, optimista, pesado, responsable).

3. (No) Me gustan las películas (cómico, complicado, fantástico, realista, triste).

4. En la televisión (no) hay programas (aburrido, bueno, educativo, español, interesante).

5. Una opinión (absurdo, común, falso, simplista, típico) que tienen los norteamericanos de los hispanos es que son perezosos.

B. Shortening of certain adjectives

- The following adjectives have a short form before masculine singular nouns, but follow the usual pattern in all other cases.

alguno:	**algún** síntoma *some symptom*	*but*	**algunos** síntomas, **alguna(s)** característica(s) *some symptoms, some characteristic(s)*
bueno:	un **buen** hombre *a good man*		**buenos** hombres, una(s) **buena(s)** mujer(es) *good men, a good woman (some good women)*
malo:	un **mal** día *a bad day*		**malos** días, una(s) **mala(s)** actitud(es) *bad days, a bad attitude (some bad attitudes)*
ninguno:	**ningún** problema° *no problem*		**ninguna** pregunta° *no question*
primero:	el **primer** programa *the first program*		los **primeros** programas, la(s) **primera(s)** clase(s) *the first programs, the first class(es)*
tercero:	el **tercer** piso *the third floor*		la **tercera** calle *the third street*

- The adjective **grande** becomes **gran** before both masculine and feminine singular nouns, but it follows the usual pattern in the plural.

grande: un **gran** país, una **gran** ciudad *a great country, a great city*	*but*	los **grandes** países, las **grandes** ciudades *great countries, great cities*

°The forms of **ninguno** are used only with singular nouns.

C. Numbers

■ Most numbers are invariable in form and do not agree with the nouns they precede.

Hay **treinta** hombres y **cuatro** mujeres. *There are thirty men and four women.*

Uno and larger numbers that end in **-uno,** however, have special forms, depending upon the gender and number of the noun they precede.

un hombre	**veintiún** hombres	**cincuenta y un** hombres
a (one) man	*twenty-one men*	*fifty-one men*
una mujer	**veintiuna** mujeres	**cincuenta y una** mujeres
a (one) woman	*twenty-one women*	*fifty-one women*

Cien is invariable when used alone or when followed by numbers larger than itself. However, it becomes **ciento** when it precedes numbers smaller than itself.

cien libros *a (one) hundred books*
cien mil libros *a (one) hundred thousand books*

but

ciento cincuenta libros *a (one) hundred fifty books*

■ The number **mil** is not preceded by the indefinite article (**un/una**).

mil personas *a (one) thousand people*

■ When used with a noun, the number **millón** always occurs with **de.**

un millón de habitantes **dos millones de** habitantes
a (one) million inhabitants *two million inhabitants*

PRÁCTICA 1 Don Negativo siempre contradice las afirmaciones de don Positivo. Invente conversaciones, según el modelo. ¡Cuidado! A veces el adjetivo *precede* al sustantivo.

MODELO: Buenos Aires es **/** ciudad **/** (grande/insignificante)

DON POSITIVO: Buenos Aires es una gran ciudad.

DON NEGATIVO: Ud. se equivoca. (*You are mistaken.*) Buenos Aires es una ciudad insignificante.

1. España es **/** país **/** (bello/sucio)
2. «60 minutos» es **/** programa **/** (bueno/aburrido)
3. Chile produce **/** vinos **/** (magnífico/barato)
4. el ruso es **/** idioma **/** (fácil/difícil)
5. los alemanes tienen **/** carácter **/** (alegre/serio)

PRÁCTICA 2 Practique leyendo en voz alta las siguientes combinaciones de números y sustantivos. Después, escríbalas, prestando atención a la ortografía.

1. 31 niños
2. 120 atletas
3. 200 sillas
4. 2.000.000 de víctimas
5. 51 coquetas
6. 300.000 kilómetros

■■■ 2 INTERCAMBIOS

A ENTRE TODOS

1. A veces, juzgamos (*we judge*) a la gente por su apariencia física. ¿Qué características relacionadas con la personalidad se asocian con las siguientes personas?

   - una persona que lleva gafas oscuras
   - una persona que lleva gafas gruesas (*thick*)
   - una persona que tiene el pelo rojo
   - una persona que tiene el pelo rubio

   ¿Qué otros rasgos físicos se asocian generalmente con ciertas características de la personalidad?

2. ¿Puede revelar la ropa algo sobre la personalidad? Por ejemplo, ¿con qué nacionalidad o grupo étnico asocian algunos individuos las siguientes prendas (artículos) de ropa?

   - un paraguas
   - la ropa de poliéster
   - zapatos puntiagudos (*pointy*) y elegantes
   - un sombrero muy grande

3. ¿Revela la personalidad el tipo de vehículo que uno maneja? ¿Cuál es el estereotipo más común del conductor / de la conductora (*driver*) de los siguientes vehículos?

   - un Ferrari
   - un camión pickup
   - un Cadillac
   - una moto

B ¡NECESITO COMPAÑERO!

Con frecuencia, tenemos opiniones e imágenes falsas de otros lugares y grupos de gente. Por ejemplo, muchos neoyorquinos (*New Yorkers*) creen que todos los que viven en Nebraska son agricultores. Trabajando en parejas, describan la imagen estereotipada que se tiene de los siguientes lugares o grupos. Después, presenten su descripción a la clase para que sus compañeros adivinen el grupo o la región que Uds. describen.

MODELO: Nueva York → La gente es descortés y un poco loca y tiene una vida social muy activa. Todos viven apurados (*in a hurry*) y llevan pistola porque hay muchos criminales.

1.	Texas	5.	los atletas	7.	las amas de casa
2.	Maine	6.	los miembros de	8.	los políticos
3.	la Florida		una *fraternity* o	9.	los abogados
4.	esta región		*sorority*		

ENTRE TODOS   Según lo que Ud. ha observado (*you have observed*) en estos intercambios, ¿qué piensa de las generalizaciones y los estereotipos? En su opinión, ¿son verdaderos o falsos? ¿Ayudan o son un obstáculo en las relaciones humanas? Explique.

■■■ 3 DE ENTRADA

Complete el siguiente párrafo con las palabras de la lista. Luego, llene el crucigrama con las palabras que corresponden a cada pista (*clue*).

cansados	familia	son
es	favorito	trabajo
están	ocho	

Es sábado y _____¹ las seis de la tarde. Los Guzmán, una _____² chilena, están preparándose para ir a un concierto del Conjunto Céspedes, su grupo musical _____³. El concierto es a las _____⁴, pero el teatro está bastante lejos, así que todos _____⁵ muy ansiosos por salir pronto. Pero el Sr. Guzmán, quien es médico, todavía no ha llegadoª del _____⁶. Los chicos están _____⁷ de esperar y la Sra. Guzmán, quien normalmente _____⁸ muy paciente, ya está un poco preocupada. Finalmente, se abre la puerta… ¡Es el Sr. Guzmán!

ªtodavía… *has not yet arrived*

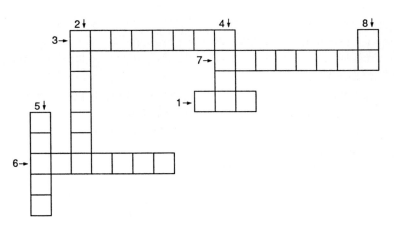

Ahora, conteste las siguientes preguntas sobre el párrafo.

1. ¿Qué día es hoy? ¿Qué hora es?
2. ¿De dónde son los Guzmán? ¿Qué están haciendo ellos ahora?
3. ¿Cuál es la profesión del Sr. Guzmán?
4. ¿Cómo es la Sra. Guzmán normalmente? ¿Cómo está ahora? ¿Y cómo están los chicos? ¿Por qué?

¿Observó Ud. que algunas de estas preguntas contienen una forma del verbo **ser,** mientras que otras contienen una forma del verbo **estar**? ¿Puede explicar los diferentes usos de estos verbos? A continuación Ud. va a repasarlos.

■■ 3 Equivalents of *To Be: ser, estar*

Sometimes, two or more words in one language are expressed by a single word in another. For example, English *to do* and *to make* are both expressed by Spanish **hacer**. Likewise, English *to be* has numerous equivalents in Spanish; among them are **ser** and **estar**.

ser		estar	
soy	somos	est**oy**	est**amos**
eres	sois	est**ás**	est**áis**
es	son	est**á**	est**án**

A. Principal uses of *ser* and *estar*

In general, the uses of **ser** and **estar** are clearly defined, and you must use either one or the other. The following are the most common of these uses.

Ser is used to establish identity or equivalence between two elements of a sentence (nouns, pronouns, or phrases).

Juan **es** médico. }
Juan = médico. } *John is a doctor.* (profession)

Él **es** mi amigo. }
Él = mi amigo. } *He is my friend.* (identification)

Dos y dos **son** cuatro. }
Dos y dos = cuatro. } *Two and two are four.* (equivalence)

Soy mexicana. }
Yo = mexicana. } *I am Mexican.* (nationality)

El reloj **es** de oro. }
El reloj = de oro. } *The watch is (made of) gold.* (material)

Ser is also used to indicate

■ origin (with **de**).

Los Carrillo **son de** España.   *The Carrillos are from Spain.*
Esta falda **es de** Guatemala.   *This skirt is from Guatemala.*

■ time.

Son las 6:00 de la tarde.   *It's 6:00 in the evening.*

■ dates.

Mañana **es** el 4 de agosto.   *Tomorrow is August 4.*
Hoy **es** lunes.   *Today is Monday.*

■ possession (with **de**).

Los libros **son del** profesor.   *The books are the professor's.*
Ese carro **es de** Marta.   *That car is Marta's.*

■ the time or location of an event.[†]

El concierto **es** a las 8:00.   *The concert is (takes place) at 8:00.*
¿Dónde **es** el concierto?   *Where is the concert? (Where does*
    ¿en el estadio?   *it take place?) In the stadium?*

[†]See the footnote on p. 20.

A PROPÓSITO

There is/are is expressed in Spanish with **hay (haber). Hay** is generally used before indefinite articles, numerals, and adjectives of quantity.

Hay **un** estudiante en el cuarto.
There is a student in the room.

Hay **muchos (diez)** estudiantes en el cuarto.
There are many (ten) students in the room.

The verbs **tener** and **hacer** can also express English *to be.*[°]

Hace mucho calor, pero en estos edificios climatizados siempre **tengo** frío.
It's very hot, but in these air-conditioned buildings I'm always cold.

Finally, **ser** is used to form constructions with the passive voice (grammar section 34).

> Ese libro **fue escrito** por un
> autor bien conocido.

*That book was written by a
well-known author.*

Estar is used

- to indicate the location of an object.°

> La librería **está** en la esquina.
> ¿Dónde **está** la biblioteca?

The bookstore is on the corner.
Where is the library?

- to form the progressive tenses (grammar section 45).

> Pedro **está corriendo.**

Pedro is running.

B. *Ser* (norm) versus *estar* (change) with adjectives

In the preceding cases, you must use either **ser** or **estar**. Most adjectives, however, can be used with both verbs, and you must choose between the two.

Ser defines the norm with adjectives. **Estar** indicates a state or condition that is a change from the norm.

Norm: *ser*	Change: *estar*	Notes
El león **es** feroz. *The lion is ferocious.*	Ahora **está** manso. *It is tame (behaving tamely) now.*	**Ser** indicates the lion's characteristic temperament (being ferocious). **Estar** indicates an atypical state or behavior (tameness).
El agua de Maine **es** fría. *The water in Maine is cold.*	Hoy el agua **está** caliente. *Today the water feels warm.*	**Ser** indicates the expected quality (coldness). **Estar** indicates a quality that the speaker did not expect (warmth).

Similarly, **ser** establishes what is considered objective reality (the norm), and **estar** communicates a judgment or subjective perception on the part of the speaker. Whereas Spanish distinguishes between objective reality and subjective perception by the use of **ser** or **estar,** English often emphasizes the subjectivity of the speaker's observations with verbs such as *to seem, to taste, to feel,* and *to look.*

Objective Reality: *ser*	Subjective Judgment: *estar*	Notes
La niña **es** bonita. *The child is pretty.*	La niña **está** bonita hoy. *The child looks pretty today.*	**Ser** indicates that everyone considers her attractive. **Estar** reveals that the speaker perceives her as more attractive than usual today.
Los postres **son** muy ricos. *Desserts are delicious.*	Este postre **está** muy rico. *This dessert tastes delicious.*	**Ser** indicates that desserts in general are delicious. **Estar** expresses the speaker's opinion of this particular dessert.

°Note the distinction between ¿**Dónde es** (*event*)? and ¿**Dónde está** (*object*)?

Ser establishes an inherent characteristic of someone or something. **Estar** describes a condition or state. English often uses entirely different words to express this contrast.

Note that the distinction between **ser** and **estar** is not a distinction between temporary and permanent characteristics. For example, the characteristic **joven** is transitory, yet it normally occurs with **ser;** and the phrase **está enfermo** describes even someone with a long-term or incurable illness.

Characteristic: *ser*	Condition: *estar*	Notes
Concha **es** alegre. *Concha is a happy person.*	Concha **está** alegre. *Concha feels glad.*	**Ser** indicates that Concha's happiness is characteristic of her personality. **Estar** indicates that Concha's present state of cheerfulness is the result of some event or circumstance.
Ellos **son** aburridos. *They are boring.*	Ellos **están** aburridos. *They are bored.*	**Ser** indicates that they are boring by nature. **Estar** describes their current state of mind.

PRÁCTICA   Dé la forma apropiada: **es** o **está.** Si existe más de una posibilidad, explique la diferencia.

Luis _____ (americano, alto, cansado, trabajador, aburrido, en casa, contento, mi hermano, de Cuba, guapo, aquí, estudiante, listo, perezoso, introvertido, bien hoy, sucio, tonto, enfermo, feliz).

C. *Estar* + past participles: resultant condition

One type of adjective, the past or perfect participle (**el participio pasado**), occurs particularly frequently with **estar** to describe the state or condition that results when an event or circumstance causes a change. **¡Cuidado!** In this construction, the past participle must agree in gender and number with the noun it modifies. It may also modify nouns directly.

Event/Circumstance	Resultant Condition
Alguien cerró la puerta. → *Someone closed the door.* →	La puerta **está cerrada.** *The door is closed.*
Alguien rompió las sillas. → *Someone broke the chairs.* →	Las sillas **están rotas.** *The chairs are broken.*
La noticia preocupó a mis padres. → *The news worried my parents.* →	Mis padres **están preocupados.** *My parents are worried.*

The past participle is formed by adding **-ado** to the stem of **-ar** verbs and **-ido** to the stem of **-er** and **-ir** verbs.

cerrar → **cerrado**   vender → **vendido**   aburrir → **aburrido**

Many Spanish verbs have irregular past participles. Here are some of the common ones.

abrir:	**abierto**	hacer:	**hecho**	romper:	**roto**
cubrir:	**cubierto**	morir:	**muerto**	ver:	**visto**
decir:	**dicho**	poner:	**puesto**	volver:	**vuelto**
escribir:	**escrito**	resolver:	**resuelto**		

Compounds of these verbs have the same irregularity in the past participle.

describir: **descrito**   descubrir: **descubierto**   devolver: **devuelto**

PRÁCTICA   Complete las siguientes oraciones con la forma apropiada del participio pasado del verbo *en letra cursiva azul.*

1. Ayer trabajamos todo el día para *resolver* estos problemas. Esta mañana, por fin, todos los problemas están _____.

2. Los anuncios estereotípicos *enojaron* a los clientes; ahora no van a comprar nada porque están muy _____.

3. Mis amigas siempre se *pierden* (*get lost*). Llevo dos horas esperándolas. Creo que están _____ otra vez.

4. Dicen que cuando las personas *mueren,* van a un lugar hermoso. Mi tía está _____ y estoy seguro de que está en ese lugar.

5. Durante la Edad Media (*Middle Ages*), los europeos *escribían* los documentos importantes en latín. Por eso, estos documentos antiguos están _____ en latín.

■■■ 3 INTERCAMBIOS

AUTOPRUEBA   Complete las siguientes oraciones con la forma apropiada de **ser** o **estar,** según el contexto. ¡Cuidado! Todos los verbos están en el presente.

1. Aquella ventana _____ rota.
2. El baile _____ en el gimnasio de la escuela.
3. Los niños _____ jugando en su recámara.
4. Ya _____ las 11:00 de la noche y quiero acostarme.
5. La ciudad de Arecibo _____ en el noreste de Puerto Rico.
6. Ella _____ estadounidense, pero nosotras _____ de Colombia.
7. Nosotros _____ muy contentos de haber visitado (*to have visited*) esta semana.
8. ¿_____ (tú) estudiante en esta universidad?

Respuestas: 1. está **2.** es **3.** están **4.** son **5.** está **6.** es, somos **7.** estamos **8.** Eres

A Las siguientes oraciones representan generalizaciones (algunas falsas y otras ciertas) muy comunes. Complételas con la forma apropiada de **ser** o **estar,** según el contexto. Luego, comente si Ud. está de acuerdo o no con cada generalización.

1. En los Estados Unidos, los republicanos _____ conservadores.
2. Las escuelas públicas no _____ bien financiadas; por eso, la educación que ofrecen no _____ buena.
3. Si una mujer _____ madre, debe _____ en casa con los niños.
4. Las personas mayores (*old*) con frecuencia _____ más liberales que las personas jóvenes.
5. Los hombres que usan secador de pelo (*hair dryer*) y laca (*hair spray*) _____ poco masculinos.
6. Los mejores autos del mundo _____ de Detroit.
7. Los hombres no _____ muy observadores; normalmente no saben si su casa _____ limpia o sucia ni si su ropa _____ en buenas o malas condiciones.
8. Los norteamericanos _____ más interesados en el dinero que los europeos.

B GUIONES Nuestras expectativas acerca de una situación influyen nuestra percepción. A continuación hay un dibujo con dos posibles contextos; cada contexto sugiere una interpretación diferente de lo que (*what*) pasa en el dibujo. Trabajando en grupos de tres o cuatro personas, inventen por lo menos cinco oraciones con **ser** o **estar** para explicar lo que pasa en el dibujo, según cada contexto distinto. Sigan el modelo.

MODELO: **Contexto:** turistas estadounidenses
Vocabulario útil: bruto/a, de vacaciones, el diccionario bilingüe, encontrar la solución, el restaurante

El hombre *es* Howard; la mujer *es* su esposa Louise. *Son* de Nueva York. *Están* de vacaciones en la Argentina. El restaurante *es* muy elegante. Howard *está* buscando su diccionario bilingüe porque no sabe mucho español. Louise no *está* preocupada todavía porque *está* segura que Howard va a encontrar la solución. El otro hombre *está* irritado; cree que todos los turistas *son* brutos.

1. **Contexto:** telenovela (*soap opera*)
Vocabulario útil: el/la amante (*lover*), el anillo de compromiso (*engagement ring*), celoso/a (*jealous*), enamorado/a (*in love*), el ex esposo, proponer matrimonio, sorprendido/a

2. **Contexto:** novela de espionaje
Vocabulario útil: el/la agente doble, el agente secreto / la agente secreta, asustado/a, el detective secreto / la detective secreta, la información robada, la pistola

C GUIONES ¿Qué ocurre cuando Paul y Karen pasan su primer semestre en la universidad? Describa los siguientes dibujos para contar su historia. Use **ser** o **estar,** según el contexto, e incorpore el vocabulario indicado si le parece útil.

1. padres, conservador **/** hijos, obediente **/** familia, pequeño, feliz **/** todos, contento

2. hijos, mayor **/** dejar a los padres **/** ir a la universidad **/** separación difícil, triste

3. padres, triste **/** perro, triste **/** recordar a los hijos **/** extrañarlos (*to miss them*) **/** querer verlos

4. padres, sorprendido **/** perro, furioso **/** apariencia física de los hijos, diferente **/** hijos, ¿diferente interiormente (*on the inside*)?

¿Cómo se puede explicar la reacción de los padres cuando Karen y Paul vuelven a casa? ¿Se basa en algún estereotipo asociado con la apariencia física de sus hijos? Explique.

▪▪▪ 4 DE ENTRADA

Lo siguiente es un diálogo muy común en ciertos programas de televisión. Después de leerlo, ¿puede decir qué tipo de programa suele incluir diálogos como éste?

ÉL: No podemos continuar en esta situación. Creo que debemos separarnos.

ELLA: ¿Estás loco? Yo te amo. ¿No piensas en mis sentimientos?

ÉL: Lo siento, Isabel, pero los sentimientos cambian. Ahora mi corazón pertenece a otra mujer. Ya no te quiero como antes.

ELLA: (*Llorando.*) ¡Pero no puedes abandonarme ahora! Tú no sabes la noticia que tengo para ti…

Ahora, vuelva a leer el diálogo y subraye todos los verbos conjugados. ¿Cuáles de estos verbos están acompañados de un pronombre personal (**yo, tú,** etcétera)? ¿Cuáles no? ¿Sabe Ud. por qué? Las siguientes explicaciones van a ayudarlo/la a entender mejor este fenómeno.

■ ■ 4 Subject Pronouns and the Present Indicative

A. Subject pronouns

Singular	Plural
yo	nosotros, nosotras
tú	vosotros, vosotras
Ud., él, ella	Uds., ellos, ellas

Tú is used with persons with whom you have an informal relationship: family members (in most Hispanic cultures), close friends, and children. **Usted** (abbreviated **Ud.** or **Vd.**) is used in more formal relationships or to express respect. The plural form of both **tú** and **usted** is **ustedes** (**Uds.** or **Vds.**), except in Spain, where **vosotros/as** is used in informal situations.

Subject pronouns (**los sujetos pronominales**) are not used as frequently in Spanish as they are in English, because Spanish verb endings indicate the person. For example, **comemos,** with its **-mos** ending, can only mean *we eat.* Spanish subject pronouns *are* used, however, for clarity, emphasis, or contrast.

Él no come pescado, pero **ella** sí.   *He doesn't eat fish, but she does.*

B. Uses of the present indicative

The Spanish present indicative (**el presente de indicativo**) regularly expresses

■ an action in progress or a situation that exists at the present moment.

¿Qué **haces**?   *What are you doing?*

■ an action that occurs regularly (although it may not be in progress at the moment), or a situation that exists through and beyond the current moment.

Todos los días **voy** a la universidad.   *I go to the university every day.*

En Seattle **llueve** con frecuencia.   *It rains frequently in Seattle.*

■ an action or situation that will take place in the near future.

Mañana **salimos** a las 3:00 de la tarde.   *Tomorrow we are leaving (going to leave) at 3:00 in the afternoon.*

C. Forms of the present indicative of regular verbs

Here are the principal parts of stem-constant and stem-changing regular verbs.

	-*ar* Verbs		-*er* Verbs		-*ir* Verbs	
no stem change	*hablar*		*comer*		*vivir*	
	hablo	habl**amos**	como	com**emos**	vivo	viv**imos**
	habla**s**	habl**áis**	come**s**	com**éis**	vive**s**	viv**ís**
	habla	habl**an**	come	com**en**	vive	viv**en**
e → ie	*cerrar*		*querer*		*sugerir*	
	cierro	cerr**amos**	quiero	quer**emos**	sugiero	suger**imos**
	cierra**s**	cerr**áis**	quiere**s**	quer**éis**	sugiere**s**	suger**ís**
	cierra	cierr**an**	quiere	quier**en**	sugiere	sugier**en**
o → ue	*recordar*		*volver*		*dormir*	
	recuerdo	record**amos**	vuelvo	volv**emos**	duermo	dorm**imos**
	recuerda**s**	record**áis**	vuelve**s**	volv**éis**	duerme**s**	dorm**ís**
	recuerda	recuerd**an**	vuelve	vuelv**en**	duerme	duerm**en**
e → i					*pedir*	
					pido	ped**imos**
					pide**s**	ped**ís**
					pide	pid**en**

- The underlined segments in the chart are person/number endings.

tú	**-s**	**vosotros/as**	**-is**
nosotros/as	**-mos**	**Uds./ellos/ellas**	**-n**

With the exception of the preterite, you will see the same person/number endings in all of the Spanish verb forms that you will study.

- In the present tense, stem changes occur in all forms except **nosotros** and **vosotros**. There are three patterns: e → ie, o → ue, e → i. In vocabulary lists, stem changes are indicated in parentheses after the verb: **cerrar (ie), volver (ue), pedir (i, i).**°

- Remember that the stem-changing verbs **decir (i), tener (ie),** and **venir (ie)** have an additional irregularity in the first-person singular (**yo**) forms: **digo, tengo, vengo.**

PRÁCTICA Laura y su hermano gemelo (*twin brother*) Luis son estudiantes súper serios. ¿Cómo se compara Ud. con ellos? Conteste las siguientes preguntas.

1. Tenemos doce clases este semestre. ¿Y Ud.?
2. Nunca almorzamos. ¿Y Ud.?
3. Volvemos temprano de las vacaciones para estudiar. ¿Y Ud.?
4. Sólo dormimos de tres a cuatro horas cada noche. ¿Y Ud.?

°A second vowel in parentheses after a verb in a vocabulary list refers to additional stem changes in the preterite and in the present participle: **preferir (ie, i), morir (ue, u), pedir (i, i).** These forms will be described in later chapters.

5. Preferimos las clases a las 8:00 de la mañana. ¿Y Ud.?
6. Recordamos todo lo que (*that*) aprendemos. ¿Y Ud.?
7. Pasamos al ordenador (*computer*) nuestros apuntes (*notes*) de clase. ¿Y Ud.?
8. Nunca tomamos cerveza durante la semana. ¿Y Ud.?

D. Forms of the present indicative of irregular verbs

You have already reviewed the irregular conjugations of **ser** and **estar. Ir** and **oír** are two other common Spanish verbs whose conjugations are exceptions to the regular patterns.

ir		oír	
voy	vamos	oigo	oímos
vas	vais	oyes	oís
va	van	oye	oyen

A number of other verbs have an irregular form only in the stem of the first-person singular, whereas their other forms follow the regular pattern. Here are several of the most common ones.

caer:	**caigo,** caes, cae…	poner:	**pongo,** pones, pone…
conocer:	**conozco,** conoces, conoce…	saber:	**sé,** sabes, sabe…
dar:	**doy,** das, da…	salir:	**salgo,** sales, sale…
hacer:	**hago,** haces, hace…	traer:	**traigo,** traes, trae…
pertenecer:	**pertenezco,** perteneces, pertenece…	ver:	**veo,** ves, ve…

The following verb groups are sometimes classed as "irregular," although their changes are predictable according to normal rules of Spanish spelling (see Appendix 2).

Verbs that end in **-guir:**	sigo, si**gu**es, si**gu**e…
Verbs that end in **-uir:**	constru**y**o, constru**y**es, constru**y**e…
Verbs that end in **-ger:**	esco**j**o, esco**g**es, esco**g**e…

E. *Ir a, acabar de,* and *soler*

There are three verbs that, when followed by the infinitive of another verb, have special meanings.

- **Ir** + **a** + *infinitive* expresses English *to be going to* (*do something*).

Voy a ver una película.	*I am going to watch a movie.*
¿Qué **vas a hacer** este fin de semana?	*What are you going to do this weekend?*

- **Acabar** + **de** + *infinitive* expresses English *to have just* (*done something*).

Acabo de ver una película.	*I have just watched a movie.*
Mi mejor amiga **acaba de llegar.**	*My best friend has just arrived.*

- **Soler** + *infinitive* expresses English *to usually* (*do something*).

¿Dónde **sueles almorzar?**	*Where do you usually have lunch?*
Suelo ir al cine los miércoles.	*I usually go to the movies on Wednesdays.*

A PROPÓSITO

Conocer means *to know* in the sense of *to be familiar with* (a *person, place, or thing*). **Saber** means *to know* (*facts*).

Conozco a Juan, pero no **sé** dónde vive.
I'm acquainted with Juan, but I don't know where he lives.

When followed by an infinitive, **saber** means *to know how to* (*do something*). As in English, it can be paraphrased using the verb **poder** (*to be able, can*).

Sé esquiar. (**Puedo** esquiar.)
I know how to ski. (I can ski.)

PRÁCTICA Imagínese que Ud. y su familia están visitando al Sr. y a la Sra. de Tal,
que son muy aficionados al turismo. Conteste las preguntas que ellos les hacen con
la forma apropiada de la primera persona
(singular o plural), según el contexto.

1. Cuando viajamos, llevamos ropa de
   muchos colores. ¿Y Ud.?

2. Les damos muy buenas propinas
   (*tips*) a los meseros. ¿Y Ud.?

3. Solemos sacar fotos de todo. ¿Y Ud.?

4. Mi esposo consigue muchos mapas y
   folletos (*brochures*) de cada lugar. ¿Y
   Uds.?

5. Mi esposa oye todas las explicaciones
   de los guías. ¿Y Uds.?

6. Traemos muchos recuerdos (*souvenirs*). ¿Y Ud.?

7. Acabamos de regresar de las Islas Canarias. ¿Y Ud.?

8. Conocemos toda Europa y el Caribe. ¿Y Ud.?

9. El próximo año vamos a viajar muchísimo. ¿Y Ud.?

▪▪▪ 4 INTERCAMBIOS

AUTOPRUEBA Complete los siguientes minidiálogos con la forma apropiada del verbo entre paréntesis, según el contexto.

1. —Solemos ir a la playa de vacaciones. ¿Y Ud.?
   —(Soler) ir a las montañas donde tengo un rancho.

2. —¿Conocen Uds. a mi hermano Alberto?
   —Sí, lo (conocer) muy bien.

3. —¿Oyes un ruido afuera?
   —No, no (oír) nada.

4. —¿Cuántas horas duermen Uds. cada noche?
   —Pues, Sergio (dormir) sólo cuatro o cinco horas, pero yo (dormir) al
   menos ocho.

5. ¿A quién le (pertenecer) esta bolsa? ¿A ti?

6. Luisa está muy triste porque (extrañar) a su familia.

7. Nos gustan mucho tus fiestas. Siempre (divertirse) mucho.

8. ¿A qué hora (almorzar) tú? ¿Antes o después de mediodía?

Respuestas: 1. Suelo **2.** conocemos **3.** oigo **4.** duerme, duermo **5.** pertenece **6.** extraña **7.** nos divertimos **8.** almuerzas

A Complete las siguientes oraciones con frases usando verbos que Ud.
considere apropiados, según el contexto.

1. Soy un estudiante típico / una estudiante típica de esta universidad. Por las
   noches, yo normalmente (nunca) _____.

2. Generalmente, los fines de semana mis amigos y yo (nunca) _____.

3. El turista típico / La turista típica, cuando viaja, (nunca/siempre) _____.

4. Por lo general, los políticos (nunca) _____.

5. Ese chico / Esa chica se prepara para ser deportista profesional; por eso (nunca) _____.

B Haga conjeturas sobre lo que van a hacer y lo que acaban de hacer los siguientes individuos.

MODELO: Un estudiante típico está en la librería (*bookstore*) universitaria. →
Va a comprar una camiseta con el nombre de la universidad.
Acaba de vender todos los libros del semestre pasado.

1. Un estudiante típico está en el estadio.

2. Ud. y sus amigos están de vacaciones en Cancún.

3. Salimos de clase y estamos muy contentos.

4. El vecino / La vecina de Ud. regresa a casa a las 3:00 de la mañana.

5. Un tipo muy atlético entra en un gimnasio.

6. Los padres de Ud. lo/la llaman por teléfono.

7. Una muchacha muy estudiosa sale de la biblioteca.

8. Dos novios están en el parque.

C Use las siguientes preguntas para entrevistar a ocho compañeros de clase. (Hágale una pregunta diferente a cada compañero/a.) En su cuaderno o en una hoja de papel aparte, escriba el nombre de cada persona que Ud. entrevista y los datos (información) que le da. Siga el modelo. Luego, compare sus respuestas con las de sus compañeros. ¿Qué tienen en común sus respuestas? ¿Qué diferencias hay?

MODELO: Nombre: Mary S.
Pregunta: 1
Ella suele escuchar música cuando va en carro, cuando viaja y mientras estudia. Prefiere la música clásica.

1. ¿Cuándo sueles escuchar música? ¿Qué clase de música prefieres?

2. ¿Qué sueles hacer cuando vas de viaje?

3. ¿Cuál es tu rutina cuando vuelves a casa después de las clases?

4. ¿Qué aficiones (*hobbies*) tienes? ¿Qué haces para divertirte?

5. ¿Qué clase de películas (libros, comida,...) prefieres?

6. ¿A qué grupos o asociaciones perteneces? ¿Qué actividades hacen Uds. allí?

7. ¿En qué circunstancias sueles practicar el español?

8. ¿Qué sueles hacer antes de esta clase? ¿Qué sueles hacer después?

D ¿Quiénes son los individuos que están en la foto de la página siguiente? ¿Dónde están? ¿Qué hacen?

■ Use su imaginación para inventar un posible diálogo entre estas personas. ¿De qué hablan? ¿Por qué están allí? ¿En qué piensan? ¿Qué van a hacer después?

■ Cuando Ud. sale con sus amigos, ¿es su manera de divertirse parecida a o diferente de la de este grupo? ¿Piensa que ésta es una buena forma de divertirse? ¿Por qué sí o por qué no?

Málaga, España

E Describa los siguientes dibujos con todos los detalles que pueda.

- ¿Quiénes están en cada dibujo? ¿Cómo son? ¿Qué relación existe entre los varios individuos? ¿Dónde están? ¿Qué hacen? ¿Qué acaba de pasar en cada dibujo? ¿Qué va a pasar después?

- Cada dibujo presenta una imagen estereotipada de un país o de un grupo de personas. Identifique el país o la nacionalidad de la gente en cada dibujo y explique en qué consiste el estereotipo. Según algunas personas, ¿cómo suelen actuar los individuos de este grupo?

1.

2.

3.

Pasaje cultural*

Antes de ver

- ¿Qué ideas o estereotipos se asocian con Colombia y, específicamente, con la ciudad de Medellín? ¿Ha oído Ud. (*Have you heard*) hablar del cartel de Medellín?

- La ciudad de Medellín quiere cambiar su imagen con la ayuda de un vídeo promocional. ¿Qué ideas espera encontrar en este vídeo? ¿Qué aspectos de la ciudad cree que no estarán (*won't be*) en el vídeo?

- Ahora lea con cuidado las actividades en **Vamos a ver** antes de ver el vídeo por primera vez.

Vamos a ver*

A ¿Qué lema (*slogan*) se usa para promocionar la ciudad de Medellín?

B ¿Cuáles de los siguientes aspectos de Medellín aborda (*addresses*) el vídeo? Considere las imágenes, la canción, la narración y la entrevista con el alcalde (*mayor*).

1. ❑ el arte
2. ❑ la industria
3. ❑ las universidades
4. ❑ los deportes
5. ❑ la gente
6. ❑ la arquitectura

7. ❑ la seguridad (*safety*)
8. ❑ el progreso
9. ❑ la historia
10. ❑ la comida
11. ❑ las fiestas
12. ❑ la medicina

Después de ver

- Trabajando en grupos o en parejas, preparen una lista de los elementos eficaces (*effective*) y otra de los elementos ineficaces (*ineffective*) del vídeo promocional de Medellín. ¿Qué cosas cambiarían Uds. (*would you change*) para mejorar el vídeo?

- Utilizando como modelo el vídeo de Medellín, piensen en un lema y cinco imágenes que usarían (*you would use*) en un vídeo promocional para la ciudad donde Uds. viven. Compartan sus ideas con la clase.

- Busque una página Web con información «oficial» sobre una ciudad de un país hispanohablante. ¿Tiene la ciudad un lema como Medellín? ¿Qué clase de información se da? ¿Qué clase de información no se da? ¿Le parece atractiva la ciudad? ¿Por qué sí o por qué no?

Medellín, capital industrial de Colombia

Medellín, Colombia

---

*The video segments in **Pasaje cultural** are actual clips from Hispanic television and may be difficult to understand at first. As you watch them, don't try to understand every word but rather listen to get the general message—the gist—of each segment. The **Vamos a ver** activities are designed for general comprehension and assume that you have watched the video carefully just once. The *Cuaderno de práctica* contains other activities related to the video that assume you have watched it a second time.

▪▪▪ 5 DE ENTRADA

Las siguientes ideas son comunes en nuestra cultura. ¿Cuáles le parecen ciertas y cuáles no? Combine las palabras de la izquierda con la creencia correspondiente de la derecha.

1. _____ la felicidad
2. _____ el dinero
3. _____ la televisión
4. _____ el tiempo
5. _____ a los amigos
6. _____ a los abogados
7. _____ a los latinoamericanos
8. _____ a las mujeres

a. Nadie las entiende.
b. Nadie lo puede detener (*stop*).
c. Los llevamos en el corazón.
d. Mucha gente los considera deshonestos.
e. Lo necesitamos para sobrevivir. Es importante tenerlo.
f. Todos la buscan, pero pocos parecen tenerla.
g. La miramos para divertirnos, pero no siempre funciona.
h. Algunos los consideran perezosos.

Para hacer las combinaciones de esta actividad, Ud. utilizó la información general expresada en las oraciones de la derecha. Pero en cada oración hay una pequeña palabra que le dio una pista de la combinación correcta. ¿Cuál es? Además (*In addition*), hay cuatro frases de la izquierda que usan la preposición **a** y cuatro que no la usan. ¿Puede Ud. explicar por qué? A continuación va a repasar estos detalles.

▪▪ 5 Direct Objects

Objects receive the action of the verb. The direct object (**el complemento directo**) is the primary object of the verbal action. It answers the question *who(m)?* or *what?* The direct object can be a single word or a complete phrase.

David oye a **las chicas.**
María va a pagar **la cuenta.**
Javier sabe **que vienes mañana.**

David hears (whom?) *the girls.*
María is going to pay (what?) *the bill.*
Javier knows (what?) *that you're coming tomorrow.*

A. Direct object pronouns

Direct object pronouns (**los pronombres de complemento directo**) replace nouns or phrases that have been mentioned previously.

me	*me*	nos	*us*
te	*you (informal)*	os	*you all (informal)*
lo (le)*	*him, it, you (formal)*	los (les)*	*them, you all (formal)*
la	*her, it, you (formal)*	las	*them, you all (formal)*

David oye a **las chicas,** pero yo no **las** oigo.
Javier sabe **que vienes mañana,** pero Jorge no **lo** sabe.

David hears the girls, but I don't hear them.
Javier knows that you are coming tomorrow, but Jorge doesn't know (it).

―――――――――

*Le(s) is used instead of **lo(s)** in many parts of Spain and in some parts of Spanish America as the direct object pronoun.

María va a pagar **la cuenta** porque
Camila no **la** puede pagar.

*María is going to pay the bill
because Camila can't pay it.*

but   Necesito **un lápiz.** ¿Tienes **uno**?

I need a pencil. Do you have one?

In the last example, the direct object noun (**un lápiz**) is nonspecific (any pencil) and for this reason cannot be replaced by a direct object pronoun. Expressions that answer the question *how?* or *where?* are not direct objects and cannot be replaced by direct object pronouns either.

—¿Cuándo van a la fiesta?

—*When are you going (where?)
to the party?*

—Vamos (allí) como a las 8:30.

—*We're going (there) around 8:30.*

—¿Hablan muy rápidamente?

—*Do they talk (how?) rapidly?*

—Sí, hablan rápidamente.
(Sí, hablan así.)

—*Yes, they talk rapidly. (Yes,
they talk that way.)*

B. Placement of direct object pronouns

In Spanish, object pronouns generally precede conjugated verbs. When the conjugated verb is followed by an infinitive or present participle, the object pronoun may attach to the end of either of these forms.

¿La casa?   { ¿**La** puedes ver?
             ¿Puedes ver**la**?

The house? Can you see it?

¿El informe?   { Está escribiéndo**lo** ahora.
                Lo está escribiendo ahora.

*The report? She's
writing it now.*

Direct object pronouns attach to affirmative commands, but precede negative commands.

Este candidato parece muy
trabajador. ¡Contráten**lo**!

*This candidate seems to be a
hard worker. Hire him!*

El otro candidato parece
perezoso. No **lo** contraten.

*The other candidate seems
lazy. Don't hire him.*

PRÁCTICA   Juan el perezoso conversa sobre sus hábitos de estudio con Luis y Laura, los gemelos súper estudiosos. Invente sus diálogos usando los pronombres de complemento directo.

MODELO: hacer los ejercicios del cuaderno →
   JUAN: ¿Hacen siempre **los ejercicios del cuaderno**?
   LAURA: ¡Claro que **los** hacemos siempre! ¿Y tú?
   JUAN: No **los** hago nunca.

1. recordar la lección
2. seguir los consejos (*advice*) del profesor / de la profesora
3. necesitar usar el diccionario
4. escribir las composiciones
5. llevar el libro a clase
6. repasar los apuntes de clase
7. escuchar CDs en el laboratorio de lenguas
8. saber la fecha del examen

°The subject pronouns **él** and **ella** are occasionally used to express the English subject *it*, but this usage is infrequent.

■■■ 5 INTERCAMBIOS

■ **A** ■ GUIONES   Describe las diferentes escenas que hay en el parque, usando las palabras y frases indicadas y los siguientes dibujos Luego, imagínese lo que va a pasar después y conteste las preguntas. Utilice pronombres de complemento directo cuando sea posible. ¡Cuidado! En este ejercicio y otros ejercicios similares en *Pasajes,* los diagonales dobles (**//**) significan: «iniciar una nueva oración».

MODELO: Una pareja de ancianos estar sentado **//** mirar gente y charlar (*to chat*) **//** acabar de comprar pasteles

> ¿Qué van a hacer ellos con los pasteles? ¿comer en el parque? ¿dejar para los pájaros? ¿llevar a casa y comer allí? →

Una pareja de ancianos está sentada en el parque. Mira a la gente y charla. Ellos acaban de comprar pasteles. No los van a comer en el parque; no los van a dejar para los pájaros tampoco. Van a llevarlos a casa y comerlos allí.

1.   2.   3.   4.

1. José tener tortuga **/** sacar de paseo **//** los otros niños mirar y señalar **//** José no verlos

    ¿Qué va a hacer José con la tortuga? ¿llevar a casa? ¿regalar? ¿dejar libre (*free*)?

2. María pasear en bicicleta **/** perder cartera **//** su amigo ver y saludar **//** María no ver

    ¿Qué va a hacer su amigo? ¿recoger (*to pick up*)? ¿guardar (*to keep*)? ¿llamar?

3. jóvenes jugar al béisbol **//** Nora y Enrique tratar de coger (*to try to catch*) pelota **//** Enrique no ver a Nora **//** Nora tampoco ver a Enrique **//** Jorge mirar alarmado

    ¿Qué va a pasar? ¿chocar (*to collide*)? ¿coger?

4. ladrón correr con el maletín **//** policía seguir **//** la gente mirar

    ¿Qué va a pasar? ¿ladrón escaparse? ¿policía atrapar? ¿gente ayudar?

B Los siguientes diálogos presentan dos actitudes muy comunes hoy en día. Cambie los sustantivos *en letra cursiva azul* por pronombres de complemento directo o por sujetos pronominales cuando sea posible, o simplemente elimine la expresión repetida. Luego, comente los diálogos usando las preguntas que siguen.

1. **A:** Quiero este sombrero y voy a comprar *este sombrero.*

    B: ¡Pero *ese sombrero* es muy caro! ¿Por qué no buscas *ese sombrero* en otra tienda?

    A: No, *este sombrero* es exclusivo y no tienen *este sombrero* en ningún otro lugar. Voy a comprar *este sombrero* a cualquier precio: yo merezco (*deserve*) *este sombrero.*

    ■ ¿Dónde están estas personas? ¿Qué quiere hacer la persona A?

    ■ ¿Qué opina la persona B? ¿Cómo responde la persona A?

    ■ ¿Qué opina Ud.? ¿Asocia la actitud de la persona A con un hombre o con una mujer? Explique.

2. **C:** Todos los abogados son deshonestos. ¡Detesto *a los abogados*!

    D: Pero eso es un estereotipo. Los abogados pueden ayudarte. A veces necesitas *a los abogados.*

    C: No vas a convencerme. Simplemente no soporto (*I can't stand*) *a los abogados.*

    ■ ¿De qué hablan estas personas? ¿Qué opiniones tiene cada una sobre el tema?

    ■ ¿Está Ud. de acuerdo con la persona C o con la persona D? ¿Por qué?

    ■ ¿Qué percepción tiene la gente de los médicos? ¿de los mecánicos? ¿de los periodistas? ¿de los atletas profesionales? ¿Qué opina Ud.? Trabaje con un compañero / una compañera para inventar diálogos en que expresen opiniones generalizadas sobre las personas que tienen estas profesiones.

Enlace

▪▪▪ JUEGO

Primer paso: ¡A jugar!

- Divídanse en cuatro grupos. El profesor / La profesora le asignará (*will assign*) a cada grupo una región específica de la siguiente tabla.

- Cada grupo tendrá (*will have*) cinco minutos para hablar de las posibles respuestas a las preguntas sobre la región asignada. Los miembros del grupo también pueden inventar las respuestas si no están seguros. Noten que cada pregunta tiene un puntaje (*score*) según el grado de dificultad.

- Después, cada grupo debe presentar sus respuestas a la clase y recibirá (*will receive*) los puntos correspondientes por cada respuesta apropiada. Otro grupo les puede decir «No es verdad». Si ese grupo sabe la respuesta, recibirá los puntos que le corresponden. Al final del juego, gana el grupo que tenga más puntos.

Segundo paso: Comentar e interpretar

- De las varias regiones del mundo hispano, ¿cuál es la mejor conocida entre los miembros de la clase? ¿Cómo se puede explicar esto?

- ¿Hay un aspecto de los países del mundo hispano que Uds. suelen conocer mejor (por ejemplo, la geografía, la historia, la cultura popular, la «alta» cultura)? ¿De dónde viene esta información? ¿Determina la imagen que Uds. tienen del mundo hispano? ¿De qué manera? En su opinión, ¿cuál es la mejor manera de obtener información válida sobre otras gentes y culturas? Expliquen.

- Muchas personas creen que el estadounidense típico no sabe mucho —ni tampoco tiene interés en saber mucho— sobre la vida y la cultura de los países de habla española. ¿Es válido este estereotipo? ¿Qué razones darían Uds. (*would you give*) para convencer al estadounidense típico de que debe aprender más sobre los hispanos?

- Se dice que los europeos y los hispanoamericanos están más capacitados para aprender lenguas extranjeras que los estadounidenses. ¿Cuál es el origen de este estereotipo? ¿Es válido o no? Expliquen.

España	
100	¿Cuál es la capital de España?
200	¿Cuál es uno de los bailes típicos de España? ¿Y uno de los platos típicos?
300	¿Cuáles son dos de las regiones o ciudades de España (además de la capital)?
400	¿A qué hora normalmente almuerzan los españoles?

Norteamérica	
100	¿Cuál es la capital de México?
200	¿Cuáles son dos de las regiones o ciudades de los Estados Unidos que tienen una gran población mexicana?
300	¿Cuáles son dos de los platos típicos mexicanos? (¡Cuidado! Los tacos y burritos *no* valen.)
400	¿Cómo se llama el tratado comercial entre el Canadá, los Estados Unidos y México?

Centroamérica y el Caribe	
100	¿Cómo se llama el canal que une el océano Atlántico con el Pacífico?
200	¿Cuáles son dos de los países centroamericanos?
300	¿Cómo se llama un baile típico de esta región?
400	¿Cuáles son tres de los países europeos que colonizaron (*colonized*) partes del Caribe?

Sudamérica	
100	¿Qué país sudamericano es famoso por su café?
200	¿Cómo se llama la cordillera de montañas (*mountain range*) que atraviesa Sudamérica?
300	¿En qué país sudamericano *no* se habla español como idioma oficial?
400	¿Qué gran civilización indígena antigua floreció (*flourished*) en Sudamérica?

■■■ ¡OJO!

	Examples	Notes
trabajar **funcionar**	Todos **trabajamos** mucho para vivir. *We all work hard for a living.*	In Spanish, *to work* meaning *to do physical or mental labor* is expressed by the verb **trabajar.**
	Mi reloj ya no **funciona.** *My watch doesn't work (run) anymore.* ¿Sabes cómo **funciona** este aparato? *Do you know how this gadget works?*	*To work* meaning *to run* or *to function* is expressed by the verb **funcionar.**
bajo **corto** **breve**	Mis padres son **bajos** y por eso yo sólo mido cinco pies. *My parents are short, and so I'm only five feet tall.*	Shortness of height is expressed in Spanish with **bajo.**
(Continúa)	Tus pantalones son demasiado **cortos.** *Your pants are too short.*	Shortness of length is expressed by **corto.**

	Examples	Notes
bajo **corto** **breve**	La conferencia fue muy **breve (corta).** *The lecture was very brief (concise, short).*	*Short* in the sense of *concise* or *brief* is expressed with either **corto** or **breve.** (Note that all these adjectives are generally used with **ser.**)
mirar **buscar** **parecer**	Quiero **mirar** la televisión. *I want to watch TV.* **¡Mira!** Allí hay un Rolls Royce. *Look! There's a Rolls Royce.* ¿Qué **buscas**? *What are you looking for?* **Parece** que va a llover. *It looks like it's going to rain.*	*To look* is expressed in Spanish by **mirar** when it means *to look at* or *to watch.* The command form of **mirar** is often used to call someone's attention to something. *To look for* is expressed by **buscar.** When *to look* expresses a hypothesis (*to look like, to seem,* or *to appear*), **parecer** is used.

A VOLVIENDO AL DIBUJO Elija la palabra que mejor complete cada oración.

Carmen es una estudiante muy atlética que (funciona/trabaja)[1] muy duro para mantenerse en forma.[a] Ahora está en su cuarto haciendo gimnasia y escuchando música. Alguien toca a la puerta. Carmen la abre y ve a una joven (baja/corta)[2] con maletas y libros, que la (mira/parece)[3] con una expresión de pregunta. «(Mira/Parece)[4] una estudiosa», piensa Carmen.

ROSA: Hola. Me llamo Rosa. Estoy (buscando/mirando)[5] la habitación 204.

CARMEN: Aquí es. Yo soy Carmen. Vamos a ser compañeras de cuarto. ¡Entra!

Después de una (baja/breve)[6] pausa, durante la cual ella (busca/mira)[7] la habitación con curiosidad, Rosa habla.

ROSA: ¡Tu estéreo (funciona/trabaja)[8] muy bien!

CARMEN: ¡Ah, sí! ¿Te molesta la música?

ROSA: ¡Qué va! Me gusta mucho. En el restaurante donde (funciono/trabajo)[9] tocan ese tipo de música… También veo que tienes equipo para hacer ejercicio. ¿Puedo usarlo?

CARMEN: ¡Claro! ¿Haces ejercicio con frecuencia?

ROSA: ¡Sí, sí! Es muy importante para mí. Todas las mañanas salgo a correr.

CARMEN: ¡Qué bien! Pues podemos correr juntas.

La conversación continúa, y en (bajo/corto)[10] tiempo Carmen y Rosa se llevan muy bien. (Mira/Parece)[11] que van a tener buenas relaciones después de todo. Muchas veces las personas no son lo que (miran/parecen)[12].

[a]en… *in shape*

Exprese en español las palabras y expresiones *en letra cursiva azul.*

1. *We aren't working* today because *it looks* as if it's going to rain.
2. My watch *looks* expensive, but *it doesn't work* very well.
3. *Look!* There's an insect in my soup!
4. *I'm looking for* a *short* man. His name is Pedro Ramírez.
5. Yes, I know him. He *works* at the university.
6. It's a very *short* movie, but it's boring.

■■■ REPASO*

A Complete el siguiente párrafo con la forma apropiada de los verbos. Cuando se dan varias palabras entre paréntesis, escoja la palabra apropiada.

Los estereotipos, ¿inevitables?

Los estereotipos (ser/estar/haber)[1] malos —todos (ser/estar/haber)[2] de acuerdo en eso. (Ser/Estar/Haber)[3] necesario pensar en (las/los)[4] personas como individuos y no como representantes de distintos grupos. Cuando alguien (considerar)[5] a un individuo como miembro de un determinado grupo, siempre (expresar)[6] generalizaciones que en su mayor parte[a] (ser/estar/haber)[7] falsas. Estas generalizaciones, a su vez,[b] (producir)[8] estereotipos que luego (causar)[9] (muchas/muchos)[10] problemas. Pero cuando nosotros (intentar)[11] eliminar las generalizaciones, pronto (estar)[12] ante[c] (un/una)[13] dilema: En realidad, ¿(ser/estar/haber)[14] posible pensar en cada uno de los 6 mil millones de habitantes del mundo como individuos? Hasta cierto punto, las generalizaciones (ser/estar/haber)[15] inevitables.

También, todos (comprender)[16] que el ser humano no (vivir)[17] aislado sino que[d] (formar)[18] parte de un grupo cultural. Y (ser/estar/haber)[19] (gran/grandes)[20] diferencias entre los grupos. Decir que no (ser/estar/haber)[21] grupos diferentes o que todos los grupos (ser/estar/haber)[22] iguales es, en el fondo,[e] la peor[f] de las generalizaciones.

[a]en... *largely*   [b]a... *in turn*   [c]*faced with*   [d]sino... *but rather*   [e]en... *if the truth be told*   [f]la... *the worst*

B Describa cómo *son* las personas que están delante del espejo. Luego describa cómo *están* reflejadas las personas en el espejo. ¿Están ambos contentos con su nueva apariencia física?

Imagínese que Ud. está delante de un espejo que cambia su apariencia física o personalidad de una manera favorable. ¿Cómo está Ud. reflejado/a en el espejo? ¿Y cómo es Ud. en realidad?

CAPÍTULO 2

La comunidad humana

Jóvenes de La Habana, Cuba

Exploraciones

Todos pertenecemos a varias comunidades humanas, pero las categorías y factores que se usan para determinar esas comunidades son muy diversas y variadas. ■■■

A NIVEL PERSONAL

■ Para Ud., ¿qué significa la palabra «comunidad»? ¿Es lo mismo que «grupo» o significa otra cosa? ¿En qué se parecen o en qué se diferencian estos conceptos?

■ A continuación hay una lista de algunos factores que se pueden usar para agrupar a las personas de distintas maneras. ¿Cuáles de estos factores se pueden aplicar a las personas de la foto a la izquierda? ¿Pertenece Ud. a un grupo determinado por alguno(s) de estos factores? ¿Qué otros factores puede añadir a la lista?

- ❏ la familia
- ❏ el sexo
- ❏ la profesión u ocupación
- ❏ un interés especial (en los deportes, por ejemplo)
- ❏ la religión
- ❏ la raza
- ❏ la nacionalidad
- ❏ la generación
- ❏ la región geográfica de origen
- ❏ una habilidad (para el baile, por ejemplo)
- ❏ una experiencia compartida
- ❏ la orientación política

A NIVEL REGIONAL

■ Según Ud., ¿cuáles de los factores anteriores son más relevantes en la comunidad donde Ud. vive? ¿Cuántos de esos factores puede Ud. ilustrar con ejemplos específicos, como: «el sexo → hombre/mujer»?

A NIVEL GLOBAL

■ ¿Son estos factores muy diferentes en otras partes del mundo o son similares? ¿Esperaría (*Would you expect*) encontrar en países hispanos tanta diversidad como en este país?

■ Busque información demográfica sobre un país hispano y compárela con la de este país. Comparta su información con sus compañeros de clase.

 The Pasajes Online Learning Center (**www.mhhe.com/ pasajes6**) contains new inter-active activities to practice the material presented in this chapter.

■ Describa a las personas del dibujo. ¿Cómo son? ¿Qué hacen? ¿Qué grupos puede Ud. identificar? ¿Qué semejanzas y diferencias nota Ud. entre los diversos grupos?

■ ¿Observa Ud. en el dibujo ejemplos de conflicto entre los individuos? ¿Dónde? ¿Qué hacen? ¿Hay ejemplos de cooperación o colaboración entre las personas? ¿Dónde? ¿Qué pasa en estos intercambios?

■ En el dibujo hay una mezcla de lo tradicional y lo moderno. ¿Qué cosas representan lo tradicional? ¿lo moderno? ¿Se puede ver algún aprecio por la cultura indígena? ¿Dónde, y en qué sentido? En este país, ¿existe la misma actitud hacia la cultura indígena? Explique.

apreciar   to hold in esteem, think well of
compartir   to share
despreciar   to look down on
discriminar (contra)   to discriminate (against)
(no) llevarse bien (con)   (not) to get along well (with)
respetar   to respect

el antepasado   ancestor
el aprecio   esteem
el contraste   contrast
el/la descendiente   descendant

el desprecio   scorn, contempt
el/la indígena   native (indigenous) inhabitant
el/la indio/a   Native American
la mezcla   mixture
la población   population
la raza   race (*ethnic*)
la tradición   tradition

con respecto a   with respect to
lo moderno°   modern things
lo tradicional°   traditional things

A   ¿Qué palabra o frase del cuadro asocia Ud. con cada palabra o frase de la lista? Explique en qué basa su asociación. ¿Son sinónimos? ¿antónimos? ¿Es una palabra o frase un ejemplo de la otra?

1. el antepasado
2. el/la descendiente
3. el/la indígena
4. apreciar
5. compartir
6. lo tradicional
7. la raza
8. la mezcla
9. el conflicto
10. la población

generoso
la biología
el nieto
la combinación
el abuelo
despreciar
los habitantes
el inmigrante
la historia
llevarse bien

LENGUAJE Y CULTURA

Hay muchas palabras y expresiones en inglés que tienen su origen en las culturas indígenas norteamericanas. Imagínese que un amigo hispano no conoce las siguientes palabras. ¿Cómo le explicaría Ud. (*would you explain*) su significado en español?

■ *kayak*
■ *tepee*
■ *papoose*

Ciertas expresiones indígenas han adquirido (*have acquired*) un sentido especial para nosotros. ¿Cómo explicaría Ud. el significado de las siguientes expresiones?

■ *to bury the hatchet*
■ *to have a pow-wow*
■ *to pass the peace pipe*

°Any adjective combined with **lo** expresses an abstract idea or quality. The English equivalent generally uses the adjective + *thing(s)* (in the sense of *aspect* or *part*).

Prefiero lo tradicional a lo moderno.   *I prefer traditional things over modern ones.*

¡Eso es lo más interesante!   *That's the most interesting part!*

La diversidad hispana

EN ESTE PAÍS muchos creen que todos los hispanos se parecen y que hasta son idénticos físicamente. Tienen la imagen de una persona baja de estatura, de pelo y ojos oscuros y de piel morena. En parte, esta idea se basa en el hecho de que muchos de los inmigrantes hispanos que llegan a este país tienen ascendencia indígena, lo cual se refleja en sus rasgos. Pero la verdad es que en el mundo hispano hay tanta variedad física entre sus habitantes como en este país. Hay hispanos cuyos antepasados llegaron (por su propia voluntad o forzosamente[a]) de África, Asia, Europa y aun del Caribe. Algunos de ellos buscaban libertad religiosa u oportunidades económicas. Otros eran perseguidos políticamente en su país de origen. A continuación se presentan algunos ejemplos de la riqueza racial, étnica y aun lingüística de los países hispanohablantes.

La Argentina: Se dice que la Argentina es el país más europeo de Sudamérica. Hay argentinos cuyos[b] antepasados emigraron a Sudamérica de Francia, Alemania, Suiza, España y sobre todo de Italia. Hoy en día el 40% de los argentinos dice que tiene raíces italianas. La primera ola[c] de inmigrantes llegó alrededor de 1880 en busca de trabajo. Algunos grupos llegaron en los años 30, huyendo[d] del régimen de Hítler, mientras que otros refugiados se establecieron en la Argentina poco después de la Segunda Guerra Mundial.

Costa Rica: En la década de 1870, varios jamaiquinos de descendencia africana llegaron a la costa caribeña de Costa Rica para trabajar en las compañías bananeras. Hoy en día en la ciudad de Limón, se oye todavía el inglés criollo que hablaban esos inmigrantes.

México: En un pueblo llamado Cuauhtémoc, cerca de la ciudad de Chihuahua, viven más de 30.000 menonitas, miembros de una secta religiosa que se originó en Suiza en el siglo XVI. Para escaparse de la persecución religiosa en Europa primero huyeron al Canadá en el siglo XIX. Luego, un grupo de ellos se estableció en México después de que el gobierno mexicano les ofreció tierra para cultivar. Se distinguen por su manera de vestir tradicional, su apariencia física (son altos, de pelo rubio y piel blanca) y son conocidos por dedicarse a la producción de queso y otros productos lácteos.[e] Aunque muchos menonitas hoy hablan español, algunos de ellos retienen el dialecto alemán que hablaban sus antepasados en Suiza hace siglos.

El Perú: En el Perú hay una colonia de personas de origen japonés cuyos antepasados empezaron a llegar después del año 1899. Primero encontraron trabajo en las minas y plantaciones, pero con el tiempo, muchos de ellos abrieron su propio negocio. El antiguo presidente peruano Alberto Fujimori es de descendencia japonesa.

La República Dominicana: El pueblo de Samaná fue fundado por un grupo de esclavos que huyó de los Estados Unidos en la década de 1820. Hoy en día, sus descendientes se llaman «americanos» y algunos todavía hablan un dialecto que se parece al inglés hablado en el siglo XIX. Se nota la influencia de los inmigrantes originales en la comida y la arquitectura de Samaná también. ■

Una pareja de Lima, Perú

[a]por... *voluntarily or by force*   [b]*whose*   [c]*wave*   [d]*fleeing*   [e]*dairy*

B En el pueblo donde vive Ud., ¿existen lugares como la plaza del dibujo de la página 42? En este país, ¿dónde se puede ver una situación como ésa? ¿Qué hace la gente en ese lugar? ¿Qué grupos (étnicos, generacionales, etcétera) suelen estar presentes? ¿Qué tiene Ud. en común con los miembros de esos grupos? ¿la cultura? ¿la religión? ¿la edad? ¿otra cosa?

C ¿Conoce Ud. a sus abuelos? ¿a sus bisabuelos (*great-grandparents*)? ¿Qué sabe Ud. de ellos? ¿De dónde son? ¿Es Ud. descendiente de indígenas norteamericanos? ¿de otro grupo étnico?

D ¿Se lleva Ud. bien con sus parientes? ¿Los visita con frecuencia? ¿Lo/La visitan ellos a Ud.? En general, entre los miembros de su familia, ¿de qué asuntos (*issues*) hablan y de qué asuntos *no* hablan? ¿políticos? ¿religiosos? ¿económicos? ¿sociales? ¿otros? Explique su respuesta.

Lengua

■■■ 6 DE ENTRADA

Observe el dibujo de la fiesta de aniversario de don Manuel y doña Isabel. Indique si las afirmaciones sobre lo que se hace en la fiesta son ciertas (**C**) o falsas (**F**).

		C	F
1.	Se baila sobre las mesas.	❑	❑
2.	No se come nada.	❑	❑
3.	Se canta en grupos.	❑	❑
4.	Se discute sobre los negocios.	❑	❑
5.	Se nada en la piscina.	❑	❑
6.	Se fuman cigarros.	❑	❑
7.	No se presentan regalos a don Manuel y a doña Isabel.	❑	❑
8.	Se sacan fotos de los abuelos.	❑	❑

Estas oraciones indican las acciones pero no especifican quién o quiénes las hacen, ¿verdad? A continuación Ud. va a repasar cómo construir oraciones semejantes a éstas.

■■ 6 Impersonal *se* and Passive *se*

The pronoun **se** has many uses in Spanish. Here are two of the most frequent uses.°

Impersonal *se*	Passive *se*†
se + third-person singular verb	**se** + third-person $\begin{Bmatrix} \text{singular} \\ \text{plural} \end{Bmatrix}$ verb + noun
	noun + **se** + third-person $\begin{Bmatrix} \text{singular} \\ \text{plural} \end{Bmatrix}$ verb
1. **Se dice** que la comunicación es clave. *They say that communication is key.*	4. Aquí **se venden** zapatos. *Shoes are sold here.*
2. En esta ciudad **se vive** muy bien. *One lives very well in this city.*	5. En Cataluña **se hablan** catalán y español. *Catalan and Spanish are spoken in Catalonia.*
3. En algunos países no **se respeta** a los indígenas. *In some countries, people don't respect the indigenous people.*	6. En general, **se utiliza** el catalán en las conversaciones familiares. *In general, Catalan is used in family conversations.*

In semantic terms, the impersonal **se** (**se impersonal**) and the passive **se** (**se pasivo**) are related in that in both constructions, the agent of an action is either unknown or unimportant. That is, the speaker merely wishes to communicate that an action took, is taking, or will take place. The grammatical differences between the two constructions are as follows.

In the impersonal **se** (**se impersonal**) construction, the **se** is acting as the indefinite (unknown or unimportant) subject. Some common English equivalents of this **se** are: *one, you* (general), *people* (general), or *they* (general). In Spanish this **se** is always considered to be third-person singular, and therefore, the verb will always be in the third-person singular as well. (See examples 1–3 in the preceding chart.)

In the passive **se** (**se pasivo**) construction, the **se** is considered an unchanging part of the verb, and the thing being acted upon becomes the subject (i.e., a passive construction). Since the subject (the thing being acted upon) can be either third-person singular or plural, the verb must also be in the third-person singular or plural in order to agree with its subject. (See examples 4–6 in the preceding chart, paying special attention to the verb agreements.)

PRÁCTICA 1 Las siguientes oraciones tienen un sujeto expresado. Cámbielas por oraciones impersonales, utilizando el **se** impersonal y haciendo otras modificaciones necesarias como en el modelo.

MODELO: Los indígenas luchan por mantener (*strive to maintain*) sus tradiciones. →
Se lucha por mantener las tradiciones indígenas.

°You will learn more uses of **se** in grammar sections 8, 32, and 36.

†You will learn more about the passive **se** construction (and another way to form the passive voice, using **ser**) in grammar section 34.

1. Algunos jefes menosprecian (*underestimate*) a sus empleados.

2. Aun en el siglo XXI, hay personas que discriminan contra otras razas.

3. Por lo general, los estudiantes respetan a los profesores de esta universidad.

4. Mucha gente aprecia lo que hicieron nuestros antepasados para mejorar nuestra vida.

5. Algunos creen que todos deben compartir con los demás (*others*) lo que tienen.

PRÁCTICA 2 Las siguientes preguntas tienen un sujeto expresado. Primero, reformúlelas sustituyendo el sujeto por el **se** pasivo o el **se** impersonal. ¡Cuidado! A veces usará (*you will use*) un verbo en singular y otras veces uno en plural. Luego, indique con **P** (pasivo) o con **I** (impersonal) el tipo de construcción que Ud. ha utilizado (*you have used*) en cada caso.

MODELO: P (I) ¿Creen muchas personas que la vida estudiantil es fácil? →
¿Se cree que la vida estudiantil es fácil?

1. P I ¿Creen muchas personas que todos los estudiantes universitarios consumen drogas?

2. P I En este país, ¿consideran muchas personas la diversidad como algo positivo?

3. P I En esta universidad, ¿habla la gente mucho de asuntos políticos o sociales?

4. P I ¿Dan aquí fiestas en las residencias cada semana los estudiantes de primer año?

5. P I En esta universidad, ¿escriben los estudiantes composiciones en todas las clases o solamente en las clases de inglés?

6. P I Normalmente en esta universidad la gente no trabaja mucho, ¿verdad?

7. P I En esta universidad, ¿vende mucha gente sus libros al final del curso?

8. P I En esta universidad, ¿respetan muchos estudiantes a los profesores?

▪▪▪ 6 INTERCAMBIOS

AUTOPRUEBA Complete las siguientes oraciones con la forma apropiada del presente de los verbos entre paréntesis, según el contexto. ¡Cuidado! Debe usar el **se** pasivo.

1. En Paraguay se (hablar) dos idiomas: el guaraní y el español.
2. Se (usar) más el español en el mundo de los negocios.
3. Se (oír) más el guaraní en las zonas rurales.
4. Generalmente se (aprender) el guaraní en casa, aunque se (enseñar) los dos idiomas en la escuela.
5. En tiempos pasados despreciaban el guaraní, pero hoy en día se (fomentar [*to promote*]) el bilingüismo en Paraguay.

Respuestas: 1. hablan **2.** usa **3.** oye **4.** aprende, enseñan **5.** fomenta

A Utilice el **se** pasivo o impersonal para contestar las preguntas de **Práctica 2** de la página 47. Luego, diga si Ud. está de acuerdo o no con esas opiniones y explique por qué.

MODELO: ¿Se cree que la vida estudiantil es fácil? →
Sí, se cree que la vida estudiantil es fácil, pero no es cierto.
Se presentan muchas dificultades y problemas.
Por ejemplo…

B ¡NECESITO COMPAÑERO! Trabajando en parejas, completen las siguientes oraciones con el **se** pasivo o impersonal. Luego, compartan sus opiniones con el resto de la clase.

MODELO: En Italia _____. →
En Italia se come mucho espagueti.

1. En la clase de español _____.
2. En esta universidad _____.
3. En las calles de una ciudad grande _____.
4. En las escuelas secundarias _____.
5. En los países hispanos _____.
6. En mi residencia estudiantil (apartamento, casa) _____.
7. ¿ ?

C ENTRE TODOS

■ ¿En qué países del mundo se vive bien? ¿Qué se necesita para vivir bien? ¿Se puede vivir en este país sin coche? ¿sin saber inglés? ¿sin saber leer?

■ ¿Qué clase de comida se come en este país? ¿en los barrios asiáticos? ¿en los barrios hispanos? ¿en otras partes? ¿en su casa?

■■■ 7 DE ENTRADA

¿Cómo se puede reaccionar en las siguientes situaciones? Escoja la respuesta que mejor complete las siguientes oraciones.

1. Unos miembros del Club Español venden entradas para su concierto anual. Por eso, yo _____.

a. les vendo dos entradas   **b.** les compro dos entradas

2. Un estudiante de mi clase no tiene nada con qué escribir. Por eso, yo _____.

a. le quito el libro

b. le presto un bolígrafo

3. Carmen y Laura van a una reunión, entran y ven a su mejor amiga. Están muy contentas y por eso _____.

a. le escriben una tarjeta postal

b. le dan un beso y un abrazo

En las respuestas de la actividad anterior se encuentran los pronombres «le» y «les». ¿Puede Ud. identificar a qué se refieren estos pronombres? En la siguiente sección va a repasar los usos de los pronombres de complemento indirecto (*indirect object pronouns*) «le» y «les».

■■ **7** Indirect Objects

Remember that objects receive the action of the verb. The direct object is the primary object of the verbal action, answering the question *what?* or *whom?*

Los niños llevan **regalos** a la fiesta.	*The children take* (what?) *gifts to the party.*
¿Conocen Uds. a **la señora**?	*Do you know* (whom?) *the lady?*

The indirect object (**el complemento indirecto**) is the person or thing involved in or affected by the action in a secondary capacity. The indirect object frequently answers the question *to whom?*, *for whom?*, or *from whom?*

A PROPÓSITO

Since third-person object pronouns may have more than one meaning, the ambiguity is often clarified by using a prepositional phrase with **a.**

Le doy el libro	**a él.** / **a ella.**
I'm giving the book	*to him.* / *to her.*
Les escribo	**a ellos.** / **a Uds.**
I'm writing	*to them.* / *to you all.*

The prepositional phrase with **a** is also used for emphasis.

Me da el libro **a mí,** no **a ella.**
He's giving the book to me, not to her.

Los niños le llevan regalos a **su amigo.**	*The children take gifts* (to whom?) *to their friend.*
Ellos le piden dinero al **gobierno.**	*They request money* (from whom?) *from the government.*
Paula les abre la puerta a **los niños.**	*Paula is opening the door* (for whom?) *for the children.*

Note that in Spanish the indirect object noun is preceded by the preposition **a,** regardless of the corresponding English preposition.

Indirect object pronouns

The Spanish indirect object pronouns (**los pronombres de complemento indirecto**) are identical to the direct object pronouns, except in the third-person singular and plural.

me	*me, to me*	nos	*us, to us*
te	*you, to you*	os	*you all, to you all*
le	*him, to him* / *her, to her* / *you, to you*	**les**	*them, to them* / *you all, to you all*

Mis padres **me** prestan dinero.	*My parents lend me money.*
Los Sres. García **le** escriben a **su hijo** con frecuencia.	*Mr. and Mrs. García write to their son frequently.*
«Dear Abby» **les** da consejos a **muchas personas.**	*"Dear Abby" gives advice to many people.*

In sentences with **le** or **les,** as in the latter two examples, both the indirect object pronoun and its corresponding noun appear in the sentence together when the indirect object is mentioned. If the meaning of the indirect object pronoun is clear, however, the indirect object noun can be dropped.

—¿Qué **le** escribes **a tu madre**?	*—What are you writing to your mother?*
—**Le** escribo una carta.	*—I'm writing her a letter.*

Like direct object pronouns, indirect object pronouns

- precede conjugated verbs and negative commands.

Siempre **me** escriben a principios del mes.	*They always write* (*to*) *me at the beginning of the month.*
No **me** escriba a esta dirección.	*Don't write* (*to*) *me at this address.*

- attach to affirmative commands.

Escríba**me** a mi nueva dirección.	*Write* (*to*) *me at my new address.*

- can precede or attach to infinitives and present participles.*

*All object pronouns *must* be attached to infinitives and present participles when these are not accompanied by a conjugated verb; for example, with an infinitive that follows a preposition: **Voy a su casa para *darle* el dinero.**

No **le** voy a prestar el dinero. ⎱   *I'm not going to lend him the*
No voy a prestar**le** el dinero. ⎰   *money.*

Les estoy escribiendo ahora mismo. ⎱   *I'm writing (to) them right now.*
Estoy escribiéndo**les** ahora mismo. ⎰

PRÁCTICA 1   Forme oraciones nuevas utilizando los diferentes sujetos entre paréntesis.

MODELO: *Yo* te comprendo bien. ¿Por qué no *me* cuentas tu problema?
(Juan) →
Juan te comprende bien. ¿Por qué no le cuentas tu problema?

1. Allí viene *Pablo.* ¿Por qué no *le* pides ayuda? (María y Juan)
2. Aquí estoy *yo,* pues. ¿Por qué no *me* dicen nada Uds.? (Fernando)
3. *Juan* no tiene entradas. ¿Por qué no *le* compran algunas Uds.? (yo)
4. *Ellos* salen pronto para España. ¿Vas a escribir*les*? (nosotros)

PRÁCTICA 2   Conteste las siguientes preguntas con las palabras entre paréntesis.

MODELO: ¿Qué les das a los niños? (dulces) →
Les doy dulces.

1. ¿Qué te dan tus padres (hijos, amigos)? (dinero)
2. ¿Qué le explicas a tu amiga? (mis problemas)
3. ¿Qué nos dice el profesor / la profesora? («Buenos días.»)
4. ¿Qué me traen mis hermanos? (libros)

■■■ 7 INTERCAMBIOS

AUTOPRUEBA   Complete las siguientes oraciones con el pronombre de complemento indirecto (**me, te, le, nos, les**) apropiado, según el contexto.

1. Hoy en día los estudiantes no _____ escriben cartas a sus padres. Prefieren usar el correo electrónico o los llaman por teléfono.
2. Creemos que el compañero de Rafael no puede hablar. Nunca _____ dice nada.
3. Cuando mis padres regresan de un viaje, siempre _____ traen un recuerdo.
4. Un hombre cortés siempre _____ abre la puerta a una mujer.
5. Escucha, mi hijo, y _____ cuento una historia.
6. A Uds. _____ voy a dar mi dirección porque quiero que me visiten.

_____

Respuestas: 1. les **2.** nos **3.** me **4.** le **5.** te **6.** les

A   En el dibujo de la página siguiente se hace una crítica a la sociedad. Se presenta a un grupo de consumidores de un producto especial. Examine el dibujo para poder contestar las preguntas que siguen.

1. ¿Quiénes son los clientes de esta fábrica? ¿Qué «producto» les ofrece la fábrica?

2. ¿Qué hacen el hombre y la mujer qué están al fondo (*background*) con el técnico de computadoras? ¿Qué le explican? ¿Qué les muestra el técnico en la pantalla (*screen*) de la computadora?

3. ¿Qué crea el científico en su laboratorio que las personas esperan con tanto interés?

4. Cuando los bebés llegan a la sala de espera de los clientes, ¿qué les hace inmediatamente las empleadas? (curar el ombligo, poner talco, poner el pañal [*diaper*])

5. Al final, ¿qué le dan los nuevos padres a la empleada? ¿y qué les da ella a ellos a cambio (*in return*)?

- ¿Qué opina Ud. del mensaje de este dibujo? ¿Es cómico? ¿triste? ¿prometedor (*hopeful*)? ¿aterrador (*frightening*)? ¿Por qué?

- ¿Qué problemas le puede traer a una sociedad una «fábrica de niños»? ¿Qué beneficios le puede traer? ¿Cómo sería (*would be*) la comunidad resultante? ¿Sería más diversa o más uniforme? Explique.

B GUIONES Trabajando en grupos de tres o cuatro personas, contesten las siguientes preguntas generales para describir los dibujos. Incorporen complementos pronominales cuando sea posible. ¡Usen la imaginación!

- ¿Quiénes son estas personas?
- ¿Cuál es la relación entre ellas?
- ¿Cómo son físicamente?

- ¿Dónde están?
- ¿Qué hacen?
- ¿Por qué lo hacen?

1. escuchar, explicar, hacer una pregunta, pasar un recado (*note*)

2. acabar de, dar las gracias, escribir, mandar

3. gritar, hacer la tarea, jugar

4. dar, leer, pedir

C Una comunidad depende de la ayuda mutua, la cual refleja las necesidades y las capacidades de sus miembros. Por ejemplo: Yo te presto mis discos de jazz y tú me llevas al supermercado en tu coche. ¿En qué consiste la ayuda mutua en los siguientes casos? ¡Cuidado! En la mayoría de los casos hay que usar un pronombre de complemento directo o indirecto.

MODELO: el pueblo y el gobierno →
El pueblo le da dinero al gobierno. El gobierno le da servicios al pueblo.

1. el perro (o el gato) y el ser humano
2. los jóvenes y los mayores
3. la nación en general y un grupo con el cual Ud. se identifica o al cual pertenece
4. los estudiantes y los profesores
5. Ud. y su hermano/a (compañero/a de cuarto, esposo/a, mejor amigo/a)

Comparta algunas de sus ideas con su compañero/a de clase.

■■■ 8 DE ENTRADA

Mire con atención el siguiente dibujo y escoja la respuesta apropiada para cada pregunta.

Vocabulario útil: el desamparado (*homeless person*), el juguete (*toy*), el mesero (*waiter*), el truco (*trick*)

1. ¿El niño le da el juguete a su hermanita?
   a. Sí, se lo da.
   b. No, no se lo da; se lo quita.

2. ¿La mujer le enseña los trucos a su perro?
   a. Sí, se los enseña.
   b. No, no se los enseña; se los escribe.

3. ¿El hombre le pide dinero al desamparado?
   a. Sí, se lo pide.
   b. No, no se lo pide; se lo da.

4. ¿El mesero le echa encima el almuerzo a la cliente?
   a. Sí, se lo echa.
   b. No, no se lo echa; se lo sirve.

Todas las respuestas contienen dos pronombres. El primero hace referencia a una persona y el segundo a una cosa. ¿Recuerda Ud. la diferencia entre estos tipos de pronombres? En la siguiente sección repasará (*you will review*) sus usos.

■■ 8 Sequence of Object Pronouns

When both a direct and an indirect object pronoun appear in a sentence, the indirect object pronoun (which usually refers to a person) precedes the direct object pronoun (which usually refers to a thing).

—No entiendo el problema. ¿**Me lo** puedes explicar?
—Sí, **te lo** explico ahora mismo.

—*I don't understand the problem. Can you explain it to me?*
—*Yes, I'll explain it to you right now.*

When the direct and indirect object pronouns are both in the third person, the indirect object pronoun (**le/les**) is replaced by **se.**

$$\textbf{le/les} + \begin{matrix} \text{lo} \\ \text{la} \\ \text{los} \\ \text{las} \end{matrix} \rightarrow \textbf{se} + \begin{matrix} \text{lo} \\ \text{la} \\ \text{los} \\ \text{las} \end{matrix}$$

—María todavía no tiene los papeles.
—Bien. **Se los** envío.

—*María still doesn't have the papers.*
—*Fine. I'll send them to her.*

—Esas familias necesitan comida y medicinas.
—De acuerdo. La agencia puede mandár**selas.**°

—*Those families need food and medicine.*
—*Fine. The agency can send them to them.*

PRÁCTICA 1 En los siguientes diálogos entre Voz y Eco, hay una repetición innecesaria de algunos sustantivos. Cambie los sustantivos repetidos por complementos pronominales.

MODELO: VOZ: ¿Les venden los indígenas su artesanía a los turistas?
ECO: Sí, les venden su artesanía a los turistas. →
Sí, se la venden.

1. VOZ: ¿Les explican los indígenas sus costumbres a los europeos?

   ECO: Sí, les explican sus costumbres a los europeos.

2. VOZ: ¿Les quitan las tierras a los indígenas?

   ECO: Sí, les quitan las tierras a los indígenas.

3. VOZ: ¿Prometen los europeos devolverles las tierras a los indígenas?

   ECO: Sí, prometen devolverles las tierras a los indígenas, pero nunca les entregan las tierras a los indígenas.

4. VOZ: ¿Le piden los indígenas cambios al gobierno?

   ECO: Sí, le piden cambios al gobierno, pero éste (*the latter*) no quiere hacer los cambios muy pronto.

°When two object pronouns attach to an infinitive, a written accent must be added to the infinitive so that the stress remains on the last syllable of the infinitive.

PRÁCTICA 2   Conteste las siguientes preguntas con las palabras entre paréntesis. Elimine la repetición innecesaria utilizando complementos pronominales.

> MODELO: ¿Quién le da los regalos a Gloria? (sus padres) →
> Sus padres se los dan.

1. ¿Quién les explica los complementos pronominales a los estudiantes? (la profesora)
2. ¿Quién te mandó esas cartas? (mi novia)
3. ¿Quién nos va a prestar el dinero? (el banco)
4. ¿Quién le dice mentiras a Alicia? (su compañera)

■■■ 8 INTERCAMBIOS

AUTOPRUEBA   Complete las siguientes preguntas con pronombres de complemento directo e indirecto, según el contexto.

1. —Perdone, profesora, no comprendo esta pregunta.
    ¿_____ _____ puede explicar?
    —Claro que sí, ahorita _____ _____ explico.
2. —Mesero, no tenemos el menú todavía. ¿_____ _____ puede traer?
    —En un segundo _____ _____ doy.
3. —Felipe, ¿le vas a regalar esas flores a tu novia?
    —Sí, _____ _____ voy a regalar.
4. —¿Les entregan Uds. la tarea tarde de vez en cuando (*occasionally*) a sus profesores?
    —¡Claro que no! ¡Nunca _____ _____ entregamos tarde!
5. —Ana, ¿me prestas tu lápiz?
    —No, no _____ _____ puedo prestar porque _____ necesito yo.

_____

Respuestas: 1. me la, te la **2.** nos lo, se lo **3.** se las **4.** se la **5.** te lo, lo

A ¡NECESITO COMPAÑERO!   Imagínese que un amigo / una amiga le pregunta a Ud.: «¿A quién debo darle las siguientes cosas, a ti o a mi mejor amigo/a?» Contéstele según su preferencia. ¡Cuidado! Es preferible guardar lo mejor para sí mismo/a (*yourself*) y darle el resto a la otra persona, como se hace en los modelos.

> MODELOS: ¿mucho trabajo? → Se lo debes dar a él/ella.
>
> ¿un día de vacaciones? → Me lo debes dar a mí.

Cosas: un boleto de lotería, una botella de champaña, unos CDs de música clásica, un diccionario bilingüe, dinero, una foto del presidente, los libros de física, un pasaje de ida (*one-way*) a Universal Studios, un reloj despertador (*alarm clock*)

Y ahora, imagínese que el mismo amigo / la misma amiga le pregunta: «¿A quiénes les debo hacer los siguientes favores, a ti y a tu mejor amigo/a o a otras dos personas?» Conteste según los modelos.

MODELOS: ¿lavar la ropa? →
Nos la debes lavar a nosotros.

¿regalar un CD de Frank Sinatra? →
Se lo debes regalar a ellos.

Favores: conseguir entradas para la última (*latest*) película, dar una casa en Acapulco, enviar unas flores, limpiar el cuarto, preparar la cena, regalar unos calcetines morados (*purple*), servir pulpo (*octopus*)

B ENTRE TODOS   La comunicación entre la gente permite el intercambio de opiniones diversas. También permite apreciar las diferencias que existen entre todos. Trabajando con dos o tres compañeros de clase, háganse las siguientes preguntas y contéstenlas para averiguar cómo se comunican con otras personas. Luego compartan lo que han aprendido (*you have learned*) con los demás grupos. Usen los complementos pronominales siempre que puedan.

1. ¿Qué le dices a una persona en el momento de conocerla? ¿Le estrechas la mano o le das un beso en la mejilla (*cheek*)? ¿Cómo saludas a las personas cuando llegas a una fiesta? ¿A quiénes sueles saludar dándoles uno o dos besos?

2. ¿Tienes amigos de otros países? ¿De dónde son? ¿Les hablas en su propio idioma? ¿Te hablan ellos en inglés? ¿Te hablan de su país? ¿Qué te cuentan? ¿Qué información sobre este país compartes con ellos? ¿Qué clase de información les interesa más? ¿Les mandas mensajes de correo electrónico o los llamas por teléfono? ¿Por qué?

3. ¿A quién le pides ayuda cuando tienes un problema de salud? ¿un problema económico? ¿un problema en tus estudios? ¿un problema sentimental? ¿Para qué clase de problema te piden ayuda tus amigos?

4. ¿Cómo reaccionas si una persona desamparada te pide dinero en la calle? ¿si te pide comida? ¿si un miembro de una secta religiosa te pide dinero? ¿si un predicador o predicadora de barricada (*soapbox preacher*) te ofrece consejos?

C ENTRE TODOS

■ ¿Le da Ud. sus CDs favoritos a su mejor amigo/a si se los pide? ¿Le da su suéter más nuevo? ¿Qué más le pide él/ella? ¿Se lo da? ¿Qué *no* le da en ninguna circunstancia? ¿Qué le da él/ella a Ud.?

■ ¿Le compra flores a su novio/a? ¿Le canta canciones de amor? ¿Le compra diamantes? ¿Le escribe cartas románticas? ¿Se las escribe en español? ¿Qué le va a regalar para su cumpleaños?

■ ¿Siempre les hablo a Uds. en español? ¿En qué circunstancias no les hablo en español? Explíquenme por qué. Cuando Uds. me hacen preguntas, ¿me las hacen en español? ¿Eso está bien? ¿Por qué sí o por qué no? ¿Siempre me entregan (*do you hand in*) la tarea a tiempo? ¿En qué circunstancias no me la entregan a tiempo? ¿Y cuáles son algunas buenas excusas que saben para esos momentos? Si me entregan algo tarde, ¿me piden disculpas? ¿Cómo me las piden? Denme algunos ejemplos.

La lengua española y su historia

Alfonso X el Sabio, rey de España 1221–1284

El español es la lengua romance que cuenta con mayor número de hablantes. Hoy en día más de 400 millones de personas lo hablan en el mundo. La historia del español revela el contacto con muchas otras lenguas y culturas. El rey Alfonso X el Sabio (*the Wise*) (1221–1284) es el primer rey que inicia el uso del español, en vez del latín, como la lengua de cultura.° Poco a poco, el **castellano** (de la región de **Castilla**) o sea, el español, se enriquece con aportaciones (*contributions*) de otras lenguas mientras se sigue formando. En 1492 Antonio de Nebrija publica la primera *Gramática Castellana* y así el español llega a ser la primera lengua que se estudia científicamente. Para los siglos XVI y XVII, el español se impone como lengua internacional.

¿Qué lenguas contribuyen directamente al desarrollo del español? ¿Qué palabras de esas otras lenguas todavía se usan en español? Lea con cuidado las siguientes afirmaciones acerca de la historia del español y luego mire el vídeo y escuche el texto que lo acompaña para descubrir esta información.

Antes de ver

- ¿Sabía Ud. que todas las lenguas toman prestadas (*borrow*) palabras de otras lenguas? ¿Sabe Ud. algunas palabras en inglés que vienen del español? ¿Sabe Ud. algunas palabras en español que vienen del inglés? ¿de otras lenguas?

- Ahora, lea con cuidado la actividad en **Vamos a ver** antes de ver el vídeo por primera vez.

Vamos a ver

Escoja la respuesta que mejor conteste cada oración, según el vídeo.

1. En España, las tres lenguas que coexisten actualmente con el español son _____.
   a. el latín, el quechua y el rumano
   b. el catalán, el gallego y el vascuence (el euskera)
   c. el árabe, el náhuatl y el latín

2. A partir del siglo XV, ¿cuál de los siguientes grupos de lenguas tiene mayor impacto en el desarrollo del español?
   a. las lenguas romances
   b. las lenguas indígenas
   c. las lenguas norteamericanas

3. Aproximadamente el 10% de las palabras españolas tiene origen _____.
   a. latín   b. portugués   c. árabe

4. El acontecimiento (*event*) que ayuda más a la expansión del español es _____.
   a. la llegada (*arrival*) de los españoles al continente americano
   b. la fundación de la Real Academia Española
   c. la independencia de los países hispanoamericanos

°Es decir, la lengua que se habla en las cortes y en las iglesias, y en que se escriben los libros y otros documentos.

Después de ver

- Las palabras inglesas modernas *campus*, *naïve*, *broccoli* y *democracy* vienen de una de las siguientes lenguas: italiano, griego, francés o latín. ¿Pueden Uds. adivinar (*guess*) a qué lengua pertenece cada una? ¿Qué opinan de las aportaciones que otras lenguas hacen al inglés? ¿Creen que es bueno que las lenguas sigan evolucionando (*keep evolving*) o que es mejor que no cambien con el tiempo y que resistan las influencias externas (*external*)? Expliquen.

- En el vídeo se mencionan varias palabras en español que vienen del árabe y de las lenguas indígenas. Busque información sobre esas influencias externas en el desarrollo del español. ¿Cuántas palabras más puede encontrar? Comparta esta información con sus compañeros de clase. ¡A ver quién prepara la lista más extensa!

■■■ 9 DE ENTRADA

El siguiente párrafo fue tomado del cuento «El indulto (*pardon*)», de la escritora española Emilia Pardo Bazán. Léalo y decida si este segmento representa (a) un diálogo, (b) una descripción o (c) una lista de acciones. Luego, explique su decisión.

> Era medianoche y no había nadie en la pequeña plaza. Julia caminaba lentamente. Era una mujer alta y delgada. No parecía ni muy joven ni muy vieja. Tenía el pelo negro, ni muy largo ni muy corto. Mientras caminaba, pensaba en las actividades que había compartido[a] allí con sus amiguitas.[b] Durante el año escolar siempre venían a la plaza para almorzar. Compartían sus secretos y chismeaban[c] de los asuntos que pasaban en el pequeño pueblo. Luego, como adolescentes, venían a la plaza con sus novios y hablaban de las cosas que iban a hacer y se reían y se divertían.

[a]había... *she had shared*   [b]*childhood friends*   [c]*they gossiped*

¿Cree Ud. que la escena del párrafo se observaba regularmente en ese pueblo o que se vio una sola vez? En su opinión, ¿es una escena típica de todas las comunidades hispanas? Ahora subraye todos los verbos del párrafo. ¿En qué tiempo verbal están conjugados casi todos? ¿Sabe Ud. por qué?

■■ 9 The Imperfect Indicative

Events or situations in the past are expressed in two simple past tenses in Spanish: the imperfect (**el imperfecto**) and the preterite.[*]

A. Forms of the imperfect

Almost all Spanish verbs have regular forms in the imperfect tense.

---

[*]You will review the forms and uses of the preterite in grammar sections 12 and 14.

-ar Verbs		-er/-ir Verbs			
tomaba	tomábamos	quería	queríamos	escribía	escribíamos
tomabas	tomabais	querías	queríais	escribías	escribíais
tomaba	tomaban	quería	querían	escribía	escribían

In the imperfect, the first- and third-person singular forms are identical. There is no stem change or **yo** irregularity in any verb. Note the placement of accents.

Only three Spanish verbs are irregular in the imperfect.

≫≫ A PROPÓSITO ≫≫

The imperfect form of **hay** (**haber**) is **había** (*there was/were*).

ser		ir		ver	
era	éramos	iba	íbamos	veía	veíamos
eras	erais	ibas	ibais	veías	veíais
era	eran	iba	iban	veía	veían

The verb **ver** is irregular only in that its stem retains the **e** of the infinitive ending in all persons. Note the placement of accents.

B. Uses of the imperfect

The imperfect tense derives its name from the Latin word meaning *incomplete*. It is used to describe actions or situations that were not finished or that were in progress at the point of time in the past that is being described. The use of the imperfect tense to describe the past closely parallels the use of the present tense to describe actions in the present.

When the imperfect tense is used, attention is focused on the action in progress or on the ongoing condition, with no mention made of or attention called to the beginning or end of that situation. For this reason, the imperfect is used to describe the background for another action: the time, place, or other relevant information.

Description of	Present	Past
an action or condition in progress	**Leo** el periódico. *I'm reading the paper.*	**Leía** el periódico. *I was reading the paper.*
an ongoing action or condition	La casa **está** en la esquina. *The house is on the corner.*	La casa **estaba** en la esquina. *The house was on the corner.*
the hour (telling time)	**Son** las 8:00. *It is 8:00*	**Eran** las 8:00. *It was 8:00*
habitual or repeated actions	**Salgo** con mi novio los viernes. *I go out with my boyfriend on Fridays.* **Estudio** por la mañana. *I study in the morning.*	**Salía** con mi novio los viernes. *I used to go out with my boyfriend on Fridays.* **Estudiaba** por la mañana. *I used to study in the morning.*
an anticipated action	Mañana **tengo** un examen. *Tomorrow I have an exam.* **Vamos** a la playa. *We're going to the beach.*	Al día siguiente **tenía** un examen. *On the next day I had (was going to have) an exam.* **Íbamos** a la playa. *We were going to the beach.*

PRÁCTICA   Cambie los verbos en el presente al imperfecto.

Durante el siglo pasado y la primera parte de éste, las diferencias entre la vida urbana y la rural son[1] más notables que en la época actual ya que[a] hay[2] menos contacto entre las dos zonas. En aquel entonces,[b] la gente que vive[3] en el campo no tiene[4] la ventaja de los rápidos medios de comunicación; no ve[5] la televisión, ni escucha[6] la radio ni va[7] al cine. Estos tres medios de comunicación todavía no existen[8]. Muchos no saben[9] leer y por eso no leen[10] ni periódicos ni revistas. Las noticias culturales, políticas y científicas que reciben[11] los habitantes de las ciudades llegan[12] al campo con mucho retraso.[c] Los campesinos, especialmente si están[13] a bastante distancia de una ciudad, no se dan[14] cuenta de los cambios sociales que ocurren[15] en los centros urbanos. Al mismo tiempo, los de la ciudad muchas veces no entienden[16] ni pueden[17] apreciar los asuntos que les preocupan[18] a las personas que viven[19] en el campo.

[a]ya... *since*   [b]En... *Back then*   [c]*delay*

■■■ 9 INTERCAMBIOS

AUTOPRUEBA   Manuel habla de cómo era su vida cuando tenía 6 años. Complete las siguientes oraciones con la forma apropiada del imperfecto del verbo entre paréntesis. Cuando yo tenía 6 años,...

1. ...mis padres no me (permitir) salir de la casa solo.
2. ...mis hermanos me (acompañar) a la escuela todos los días.
3. ...mis hermanos y yo (ver) dibujos animados en la televisión los sábados.
4. ...yo no (comer) legumbres.
5. ...yo (pasar) mucho tiempo con mis abuelos.
6. ...los domingos todos (ir) al cine.

Respuestas: 1. permitían **2.** acompañaban **3.** veíamos **4.** comía **5.** pasaba **6.** íbamos/iban

■ **A** **¡NECESITO COMPAÑERO!**   Trabajando con un compañero / una compañera de clase, completen las siguientes oraciones. Primero cambien los verbos entre paréntesis al imperfecto y luego digan si las oraciones expresan sus recuerdos personales de cuando tenían 10 años.

Cuando yo tenía 10 años...

1. ...la vida me (parecer) muy complicada.
2. ...(tener) los mismos intereses que tengo ahora.
3. ...(ser) consciente de ser miembro de un grupo étnico.
4. ...(obedecer) a mis padres en todo.
5. ...(preferir) estar con otros; no me (gustar) estar solo/a.
6. ...me (interesar) la historia de mis antepasados.

Y ahora ¿cómo son Uds.? Identifiquen por lo menos una oración que les inspire diferentes sentimientos ahora.

B ENTRE TODOS

■ ¿Qué no podía hacer la mujer en 1900 que sí puede hacer ahora? ¿Qué otros grupos tienen más derechos/oportunidades ahora de los que tenían en 1900? ¿los indígenas norteamericanos? ¿los grupos inmigrantes? ¿los afroamericanos? ¿los obreros? ¿los viejos? ¿los jóvenes? ¿los hombres? ¿la policía? Justifique su opinión con ejemplos concretos.

■ ¿Qué sabemos ahora que no sabíamos en 1900? ¿Qué inventos tenemos ahora que no teníamos en aquel entonces? ¿Qué problemas tenemos ahora que no teníamos? ¿Qué problemas teníamos que ya no tenemos?

C ¡NECESITO COMPAÑERO! Hágale preguntas a su compañero/a para averiguar a quién acudía él/ella (*he/she turned to*) a la edad indicada en los siguientes casos y por qué. Se debe usar el imperfecto del verbo y tratar de incorporar complementos pronominales en las respuestas.

MODELO: pedir dinero (13)
¿A quién le pedías dinero cuando tenías 13 años? →
Se lo pedía a mi hermano mayor porque él siempre lo tenía y no les decía nada a mis padres.

1. pedir dinero (13)
2. pedir consejos (académicos/sentimentales) (16)
3. dar consejos (académicos/sentimentales) (16)
4. contar chistes (10)
5. hacer favores especiales (10)
6. pedir protección/ayuda en caso de peligro (*danger*) o injusticia (8)

ENTRE TODOS Hagan una tabla de las respuestas más frecuentes. ¿Qué indican los resultados?

D GUIONES Los siguientes dibujos representan los recuerdos de cuatro adultos de lo que hacían cuando eran niños. Describa los recuerdos usando las palabras sugeridas. No olvide que se usa el imperfecto para describir en el pasado.

1. jugar, estar contento, tener amigos, ser popular, llevar ropa vieja

2. estar sola, leer, ser triste, llevar gafas, no tener amigos

3. estar con familia, ser feliz, llevar ropa nueva, ir a la iglesia

4. ser malo, tirar bolas de papel, asustar a otros niños, no respetar

■■■ 10 DE ENTRADA

Combine los personajes de la izquierda con las acciones de la derecha que los caracteriza o caracterizaba?

1. _____ el lobo de *Caperucita Roja* (*"Little Red Riding Hood"*)
2. _____ Poncio Pilato
3. _____ Robin Williams en *Mrs. Doubtfire*
4. _____ Drácula
5. _____ la madrastra de *La Bella Durmiente* (*"Sleeping Beauty"*)
6. _____ Sansón (el compañero de Dalila)

a. Se pone ropa de mujer.
b. Se lavó las manos.
c. Se miraba en el espejo constantemente.
d. Se pone la ropa de la abuelita.
e. No se cortaba el pelo.
f. Nunca se mira en el espejo.

¿Quién hace o realiza cada acción? ¿Y a quién afecta la acción? En todos estos casos, el individuo que realiza la acción también se ve afectado por ella. En la siguiente sección Ud. va a repasar estas construcciones reflexivas.

■■ 10 Reflexive Structures

A structure is reflexive (**reflexivo**) when the subject and object of the action are the same.

Yo puedo ver**me** en el espejo.   *I can see myself in the mirror.*

A. Reflexive pronouns

The reflexive concept is signaled in English and in Spanish by a special group of pronouns. The English reflexive pronouns end in *-self/-selves;* the Spanish reflexive pronouns (**los pronombres reflexivos**) are identical to other object pronouns except in the third-person singular and plural.

Subject	Reflexive	Subject	Reflexive
yo	me	*i*	*myself*
tú	te	*you*	*yourself*
él ⎫		*he*	*himself*
ella ⎬	se	*she*	*herself*
usted ⎭		*you*	*yourself*
nosotros/as	nos	*we*	*ourselves*
vosotros/as	os	*you*	*yourselves*
ellos ⎫		*they*	*themselves*
ellas ⎬	se	*you*	*yourselves*
ustedes ⎭			

Like other object pronouns, reflexive pronouns

■ precede conjugated verbs and negative commands.

Me levanto.	*I get up (I'm getting up).*
No **te** levantes.	*Don't get up.*

■ attach to affirmative commands.

Levánte**se,** por favor.	*Get up, please.*

■ can attach to or precede infinitives and present participles.

Voy a levantar**me** ahora. ⎫	
Me voy a levantar ahora. ⎭	*I'm going to get up now.*
¿Por qué estás levantándo**te** ahora? ⎫	
¿Por qué **te** estás levantando ahora? ⎭	*Why are you getting up now?*

B. Reflexive meaning

Many verbs in Spanish may be used reflexively° or nonreflexively, depending on the speaker's intended meaning. Compare the following pairs of sentences.

Nonreflexive	Reflexive
El niño **mira** el juguete. *The child is looking at the toy.*	El niño **se mira.** *The child is looking at himself.*
Los pacientes **aprecian** a los médicos. *The patients think highly of the doctors.*	Los médicos **se aprecian.** *The doctors think highly of themselves.*
Le escribiste a Carlos, ¿no? *You wrote to Carlos, didn't you?*	**Te escribiste** un recado, ¿no? *You wrote yourself a note, right?*

Here are some of the most common reflexive verbs used for talking about daily routines.

afeitarse	*to shave*	peinarse	*to comb one's hair*
bañarse	*to bathe*	pintarse	*to put on makeup*
(des)vestirse	*to (un)dress*	ponerse	*to put on (clothing)*
ducharse	*to shower*	quitarse	*to take off (clothing)*
lavarse	*to wash*	secarse	*to dry*

Me afeito todos los días.	*I shave every day.*
¿Por qué no **te pones** el suéter?	*Why don't you put on your sweater?*

C. The reciprocal reflexive

The plural reflexive pronouns (**nos, os,** and **se**) can be used to express mutual or reciprocal actions, expressed in English with *each other.*

°Many verbs and expressions that use reflexive pronouns, such as **llevarse mal,** do *not* convey the idea of the subject doing something to or for itself. This section focuses on the use of reflexive pronouns to express (1) true reflexive actions and (2) reciprocal actions. You will study other functions of reflexive pronouns in grammar sections 32 and 36.

Some reflexive verbs may take a direct object in addition to the reflexive pronoun. Thus, you may need to use two pronouns together. The reflexive pronoun will always precede the direct object pronoun.

—¿Va a **quitarse los zapatos** Manuel?
—*Is Manuel going to take off his shoes?*

—Sí, va a **quitárselos.**
—*Yes, he's going to take them off.*

Nosotros **nos** escribimos muy a menudo.

We write to each other very frequently.

Vosotros **os** veis con frecuencia, ¿no?

You (all) see each other a lot, don't you?

Van a encontrar**se** en el bar.

They're going to meet (each other) in the bar.

Many sentences can be interpreted as having either reciprocal or reflexive meanings, as in this example.

Leonardo y Estela **se miran** en el espejo.

> *Leonardo and Estela look at each other in the mirror.* (reciprocal)
> *Leonardo and Estela look at themselves in the mirror.* (reflexive)

PRÁCTICA 1 Conteste cada pregunta, primero según el dibujo y luego según los demás sujetos indicados.

Vocabulario útil: el espejo, el jabón, el pañuelo

1. ¿Qué hace?
(la mujer, yo, tú)

2. ¿Qué hacían?
(ellos, Uds., nosotros)

3. ¿Qué va a hacer?
(la señora, tú, Ud.)

PRÁCTICA 2 Conteste las siguientes preguntas negativamente como si fuera (*as if you were*) Manuel, un papá moderno con tres hijos. Indique que las personas mencionadas en las preguntas se hacen la acción. Recuerde usar los pronombres de complemento directo cuando pueda.

MODELO: —¿Siempre despiertas a tu esposa Olga? →
—No, ella se despierta.

1. —¿Siempre bañas a Luisito?
2. —¿Siempre le quitas el pijama a Alfonsito?
3. —¿Siempre le pones los calcetines a Carmencita?
4. —¿Siempre les preparas el desayuno a tus hijos?

°Masculine forms are used unless both subjects are feminine, and use of definite articles in the clarifying phrase is optional.

■■■ 10 INTERCAMBIOS

A GUIONES   Describa los siguientes dibujos con la forma apropiada —o reflexiva o no reflexiva— usando los verbos indicados.

Vocabulario útil: la bota, la nevada, la reina, la serpiente, el vaquero

1. matar   2. poner   3. quitar   4. bañar

Ahora, elija uno de los dibujos e invente una historia explicando por qué el individuo del dibujo hace lo que hace y describiendo las consecuencias de lo que hace.

B ¡NECESITO COMPAÑERO!   Todos tenemos costumbres muy particulares, ¿verdad? Trabajando en parejas, háganse preguntas para averiguar en qué circunstancias cada uno de Uds. hace las siguientes acciones. Usen la forma de **tú** en las preguntas y los complementos pronominales para evitar la repetición innecesaria en las respuestas.

1. lavarse la cara con agua muy fría/caliente
2. comprarse un regalito
3. ponerse ropa vieja
4. ponerse ropa muy elegante

5. escribirse recados para recordar algo
6. darse un baño largo y caliente
7. darse palmadas en la espalda (*pats on the back*)
8. gritarse

¿Son Uds. muy similares o muy diferentes? Cuando compartan su información con la clase, mencionen por lo menos *una* acción que *los dos* hacen cuando están en circunstancias semejantes.

C GUIONES   Describa los siguientes dibujos usando los verbos indicados. Luego, elija uno de los dibujos e invente una «catástrofe» que resulta de la acción descrita.

1. ladrar, mirar   2. abrochar   3. dar de comer   4. servir

D GUIONES   Examine los siguientes dibujos y haga oraciones usando el vocabulario indicado. ¿Cuáles de las acciones son reflexivas? ¿Cuáles no son reflexivas? ¿Hay también acciones recíprocas? (Hay más dibujos en la página siguiente.)

1. el vendedor **/** la cliente **/** pelear, gritar
2. los chicos **/** las chicas **/** saludar, abrazar
3. la mujer **/** bañar, relajar

4. las muchachas **/** mirar, hablar

5. la niña **/** las uñas **/** pintar

6. el mesero **/** el cliente **/** servir, devolver

■■■ **11 DE ENTRADA**

¿Cuál podría ser (*might be*) el regalo perfecto para las siguientes personas? Lea lo que dice (o lo que se dice de) cada persona. Luego, busque en la siguiente sopa de letras el regalo o los regalos ideales para cada una.

Venus Williams afirma: «Me gusta jugar al tenis.»
Albert Einstein comenta: «Me gustan las matemáticas.»
Lucille Ball y Desi Arnaz dicen: «Nos gusta mirar la televisión.»
Un amigo (hablándote a ti): «A ti te gusta estudiar español, ¿no?»
El doctor Watson (hablando de Sherlock Holmes): «A él le gusta resolver los casos de crímenes misteriosos.»

A	B	V	U	X	T	C	L	A	S	E
S	R	T	Z	B	E	A	B	C	D	E
C	A	L	C	U	L	A	D	O	R	A
U	Q	V	W	X	E	Ñ	O	P	Q	R
P	U	A	B	V	V	C	D	E	F	G
I	E	H	I	L	I	B	R	O	S	J
S	T	C	L	L	S	D	M	N	O	D
T	A	N	E	Q	O	R	E	S	T	U
A	V	S	Y	S	R	B	D	O	F	C
S	Z	A	C	E	G	H	I	J	S	L

A continuación hay más sobre el verbo **gustar** y otros verbos (por ejemplo, **interesar, preocupar** e **importar**) que tienen la misma construcción gramatical.

■■ 11 *Gustar* and Similar Verbs

English has several verb pairs in which one verb expresses a positive feeling and the other a related negative feeling.

POSITIVE	NEGATIVE
I like that.	*I dislike that.*
That pleases me.	*That displeases me.*

Occasionally, in any given language, a positive form exists without the corresponding negative form, or vice versa. For example, English has no direct opposite for *disgust.* Following the pattern of the other word pairs, however, we could invent such a word: *gust, meaning *to cause a positive reaction* (the opposite of *disgust*).

*That *gusts me.*	*That disgusts me.*
*He *gusts you.*	*He disgusts you.*

In the hypothetical sentence *That *gusts me,* the pronoun *that* is the subject and *me* is the object.

A. Use of *gustar*

Spanish actually has such a word pair: **disgustar** has a counterpart, **gustar,** the equivalent of our invented English verb *to *gust.* The Spanish sentence that corresponds to *That *gusts me* is **Eso me gusta.** Here, **eso** is the subject and **me** is the object. Changing the subject to **libro** produces the following sentence.

El libro me gusta.	*The book *gusts me.*

If the subject changes from **libro** to **libros,** the verb also changes from singular to plural, just as you would expect.

Los libros me gustan.	*The books *gust me.*

In contrast to the English construction, in which the verb generally follows the subject, in the Spanish **gustar** construction the usual word order is to have the subject following the verb. The meaning, however, remains the same.

Me gusta eso.	*That *gusts me.*
Me gustan los libros.	*The books *gust me.*

Indirect object pronouns are used with **gustar.** As in other sentences that contain indirect objects, a prepositional phrase may be used to clarify or emphasize an object pronoun. This phrase may either follow or precede the verb.

A ti te gusta el libro.	*The book *gusts you.*
Nos gusta esquiar a nosotros.°	*Skiing *gusts us.°*
No le gustan a Lupe los perros.	*Dogs don't *gust Lupe.*

B. Meaning of *disgustar, gustar,* and *caer bien/mal*

There are some important differences in the meaning of the verbs **disgustar** and **gustar. Disgustar** is not as emphatic as English *to disgust;* the verbs *to annoy* or *to upset* express its meaning more accurately. When referring to individuals, **gustar** expresses a strongly positive reaction or physical attraction. The expressions

▼ A PROPÓSITO ▼

A number of Spanish verbs follow the same pattern as **gustar.** Some of the ones you will hear and use most frequently are **caer bien/mal, disgustar, importar, interesar,** and **preocupar.**

Me caen muy bien todos mis vecinos.
I really like all of my neighbors.

Me disgusta la música «heavy».
Heavy metal music annoys me.

No me importa su reacción.
I don't care about his reaction.

Me interesa muchísimo la política.
I find politics very interesting.

Me preocupan los estudios.
I'm worried about my studies.

▼ A PROPÓSITO ▼

When a noun is the subject of **gustar** or verbs like **gustar,** the definite article is always used even though you are not referring to any specific item. If you want to indicate a specific item that you like, use demonstrative adjectives (**este, esa, esos,** and so on).

Me gusta **la** música.
I like music.

Me gusta **esta** canción.
I like this song.

°When the subject is an action, Spanish uses the infinitive (**esquiar**), whereas English uses the gerund (*skiing*).

caer bien and **caer mal** are more commonly used to refer to individuals that one likes or dislikes.

Ese hombre **me cae bien,** pero esos tipos de allí **me caen** muy **mal.**	*That man over there strikes me positively, but those folks over there strike me all wrong (rub me the wrong way).*
En serio, Diego no **me cae bien.**	*Really, I just do not like Diego.*

PRÁCTICA Forme oraciones nuevas, sustituyendo las palabras *en letra cursiva azul* por las que aparecen entre paréntesis.

1. Me gusta *la película.* (los libros de historia, comer, los deportes, lo moderno, las vacaciones, escribir composiciones en español)

2. *A nosotros nos* gustan las fiestas. (ella, ti, Ud., mí, ellos, él)

3. Me cae bien *tu primo.* (tus hermanos, mis compañeros de cuarto, el profesor, Antonio)

■■■ **11 INTERCAMBIOS**

AUTOPRUEBA Complete las siguientes oraciones con un pronombre de complemento indirecto (**me, te, le, nos, les**) y la forma apropiada del verbo entre paréntesis, según el contexto.

1. Este examen (preocuparle) mucho porque llevo una mala nota en este curso.
2. No podemos estudiar en casa porque (molestarle) mucho el ruido.
3. A mis padres (caerle) bien mi novia. Creen que ella es muy simpática.
4. Noto que Uds. no escuchan la película. ¿No (interesarle) el tema?
5. A mi abuela (disgustarle) los perros porque ladran mucho.
6. Generalmente no (gustarle) las legumbres a los niños.
7. A mí (importarle) la felicidad de mis amigos.

Respuestas: 1. me preocupa **2.** nos molesta **3.** les cae **4.** les interesa **5.** le disgustan **6.** les gustan **7.** me importa

A Conteste las siguientes preguntas, según sus propias preferencias y experiencias.

1. ¿Qué (no) le gusta a Ud.? (comer chiles, la comida de la cafetería universitaria, la gente mentirosa, los libros de historia, las películas románticas, ¿ ?)

2. ¿Qué (no) le preocupa? (la cuenta telefónica, el futuro, las notas en la clase de español, ¿ ?)

3. ¿Qué (no) le interesa? (aprender otro idioma, los clubes exclusivos, los deportes, los programas en la televisión, ¿ ?)

ENTRE TODOS

■ ¿Le gustan las fiestas? ¿Qué le gusta hacer en las fiestas?

■ ¿Le gustan las personas honestas? ¿el líder de este país? ¿los políticos en general? ¿los atletas profesionales?

■ ¿A quién(es) en la clase le(s) gustan las personas ruidosas? ¿chistosas? ¿serias?

B Describa la reacción de cada persona hacia la cosa indicada. Use los verbos **caer bien/mal, disgustar, gustar, importar, interesar** y **preocupar** para hablar de las reacciones. Luego, justifique sus opiniones.

MODELO: yo: los deportes →
Me interesan mucho los deportes porque juego en el equipo universitario de baloncesto.

1. mi mejor amigo/a: el invierno
2. Papá Noel: los niños
3. mi mejor amigo/a y yo: los exámenes finales
4. mis abuelos (padres, hijos): la música moderna
5. mi novio/a (esposo/a, mejor amigo/a): los animales
6. yo: lo tradicional
7. tú: los regalos
8. los bibliotecarios: el ruido

C De pequeño/a, ¿era Ud. un niño típico / una niña típica o era diferente de sus amigos/as? Conteste las siguientes preguntas, indicando su propia reacción y también la de otros de su edad. Use las formas apropiadas de **disgustar, gustar, interesar** y **preocupar** en el imperfecto.

MODELOS: De niño/a, ¿le gustaba dormir la siesta por la tarde? →
Era un niño típico / una niña típica: a mí no me gustaba y a los otros niños tampoco les gustaba.
Era un niño / una niña diferente: a mí me gustaba, pero a los otros niños no les gustaba.

De niño/a, ¿le gustaba…

1. …las verduras (*vegetables*)?
2. …las películas animadas de Disney?
3. …la escuela?
4. …la tarea?
5. …tomar lecciones de música o de baile?
6. …leer?
7. …estar solo/a?
8. …las tiras cómicas con Batman?
9. …hacer cosas peligrosas?
10. …ponerse ropa elegante?

Ahora, nombre dos preferencias más: una que lo/la *diferenciaba* de los otros de su edad y otra que lo/la *identificaba* con ellos.

D ¡NECESITO COMPAÑERO! Háganse y contesten preguntas para describir su vida, sus gustos y sus preferencias de niño/a. Usen verbos en el imperfecto. Pueden incluir también sus propios detalles.

MODELO: vivir: el campo / la ciudad →
—¿Vivías en el campo?
—Sí, y me gustaba mucho porque…

1. vivir: con quién
2. llevarte bien: con los otros miembros de tu familia
3. gustar: ir al cine / al parque
4. tener: un perro / un gato; llamarse: el animal
5. gustar: asistir a la escuela
6. preferir: estar con tus amigos / estar solo/a
7. practicar: deporte; tomar: lecciones de baile o de música
8. apreciar más que nadie (*more than anyone*): a quién

ENTRE TODOS En general, ¿era Ud. más feliz cuando era niño/a? ¿Era su vida más fácil o más difícil? ¿En qué sentido? ¿Cree Ud. que su vida era más interesante que ahora? Explique.

Enlace

▪▪▪ SONDEO

Con respecto a los asuntos sociales, ¿había en el pasado menos conflictos en el mundo? Hagan un sondeo entre los miembros de la clase para saber sus opiniones al respecto.

Primer paso: Recoger los datos (*data*)

- Divídanse en grupos de tres y escojan un número para determinar su grupo: grupo 1, grupo 2 ó grupo 3. Cada grupo se encargará de tres de las preguntas del siguiente cuestionario: los grupos 1 → las preguntas 1, 2 y 3; los grupos 2 → las preguntas 4, 5 y 6; los grupos 3 → las preguntas 7, 8 y 9.

- Háganse las preguntas en el imperfecto, empezando cada pregunta con: «¿Estás de acuerdo o no? En los años 50... »

- Cada persona debe explicar sus opiniones con una razón lógica. Por ejemplo: «Yo creo que... porque... »

- Utilicen la siguiente escala para apuntar la opinión de cada miembro del grupo (A, B y C).

  0 = No estoy de acuerdo.   1 = No sé.; No estoy seguro/a.   2 = Estoy de acuerdo.

  ¿Estás de acuerdo o no? En los años 50...

			A	B	C	TOTAL
GRUPO 1	**1.**	...*haber* menos tensiones raciales.	____	____	____	____
	2.	...los indígenas norteamericanos *recibir* mejor trato.	____	____	____	____
	3.	...los inmigrantes *integrarse* mejor a la cultura norteamericana.	____	____	____	____
GRUPO 2	**4.**	...los afroamericanos *tener* más derechos.	____	____	____	____
	5.	...las relaciones entre padres e hijos *ser* más estables.	____	____	____	____
	6.	...el problema de los desamparados no *existir*.	____	____	____	____
GRUPO 3	**7.**	...la mujer *tener* más derechos.	____	____	____	____
	8.	...los gobiernos del mundo *ser* más democráticos.	____	____	____	____
	9.	...*haber* más tensiones y violencia entre los diferentes grupos étnicos.	____	____	____	____

Segundo paso: Análisis de los datos

■ Después de hacerse las preguntas y explicarse las opiniones, hagan una tabla de resumen para sus datos. Una persona de cada grupo debe servir de secretario/a para apuntar los resultados.

■ Sumen (*Add up*) el valor de las opiniones y apunten el total para cada pregunta (mínimo = 0, máximo = 6).

■ Finalmente, el secretario / la secretaria de cada grupo debe poner su tabla de resumen en la pizarra para mostrarle los resultados a la clase.

■■■ ¡OJO!

	Examples	Notes
pensar **pensar en**	**Pienso;** luego existo. *I think; therefore, I am.*	Used alone, **pensar** means *to think,* referring to mental processes.
pensar de **pensar que**	**Piensa (Cree) que** se ha asimilado muy bien. *He thinks (He believes) that he has assimilated very well.*	**Pensar** is also synonymous with **creer,** meaning *to have an opinion about something.*
	¿Piensan venir con nosotros? *Are they planning to come with us?*	Followed by an infinitive, **pensar** means *to intend* or *to plan* (*to do something*).
	Pienso en mi novio. *I'm thinking about my boyfriend.*	**Pensar en** means *to have general thoughts* (*about someone or something*).
	¿Qué **piensas de** mi familia? *What do you think of (about) my family?* (*What is your opinion of it?*)	**Pensar de** indicates an opinion or point of view; it is generally used in questions.
	Pienso que es una familia divertida. *I think it's a fun family.*	**Pensar de** is frequently answered with **pensar que.**
consistir en **depender de**	La clase **consiste en** ejercicios prácticos. *The class consists of practical exercises.* **Dependen de** sus hijos económica y emocionalmente. *They depend on their children financially and emotionally.*	The English expression *to consist of* is expressed in Spanish with **consistir en.** *To depend on* corresponds to Spanish **depender de.**
enamorarse de **casarse con** **soñar con** (**Continúa**)	**Se enamoró de** la hija de unos exiliados chilenos. *He fell in love with the daughter of Chilean exiles.*	*To fall in love with someone* is expressed by **enamorarse de alguien.**

Examples	Notes
enamorarse de **casarse con** **soñar con**	Mi abuelo **se casó** por segunda vez **con** una rusa. *My grandfather got married for the second time to a Russian woman.* **Soñó con** su esposo muerto. *She dreamed about (of) her dead husband.*	*To marry* is expressed by **casarse,** followed by **con** when the person one marries is specified. English *to dream about (of)* is expressed in Spanish with **soñar con.**

VOLVIENDO AL DIBUJO El dibujo que aparece en esta página es el mismo que Ud. vio en la sección **Describir y comentar.** Examínelo y luego escoja la palabra que mejor complete cada oración de acuerdo con el contexto. ¡Cuidado! También hay palabras del capítulo anterior.

1. El chico en el centro mira a las chicas que pasan. Él se enamora (a/con/de)[1] una de ellas y quiere casarse (a/con/de)[2] ella en el futuro. Piensa (de/en/que)[3] ella todo el día. Sus amigos dicen que (busca/mira/parece)[4] enfermo porque no come ni duerme bien. Su vida consiste (con/de/en)[5] ir al trabajo y pensar (a/de/en)[6] su novia. Dice que su felicidad depende (a/de/en)[7] ella y por eso él sueña (con/de/en)[8] ella todas las noches. ¡Vaya chico!

2. Los hombres detrás del joven enamorado juegan al ajedrez. El juego consiste (a/de/en)[9] mover las piezas para hacer un jaque mate[a] al rey. Cada persona piensa (de/en/que)[10] sus jugadas y las analiza con cuidado porque la victoria puede depender (a/de/en)[11] su decisión.

3. Por generaciones, la gente de esta ciudad usó el reloj del ayuntamiento[b] para organizar su vida. Ahora el reloj ya no (funciona/trabaja)[12] y desde entonces todos siempre llegan atrasados a sus citas. En este momento, ellos piensan (de/en/que)[13] son las 6:10 de la tarde y por eso, nadie (funciona/trabaja)[14]. En realidad, son las 3:10.

[a]jaque... *check mate*   [b]*town hall*

■■■ REPASO*

A Complete el siguiente párrafo con el presente de **ser** y **estar,** según el contexto.

Nuestra imagen de los indígenas norteamericanos

Para muchos estadounidenses, los indígenas norteamericanos _____[1] figuras muy conocidas y misteriosas a la vez. Cuando los jóvenes todavía _____[2] en la escuela primaria, estudian la historia de estos «primeros americanos». Pocahontas, Hiawatha y Sitting Bull _____[3] nombres tan familiares como George Washington, Betsy Ross y Abraham Lincoln. Para ellos, los indígenas norteamericanos _____[4] solamente personajes históricos, románticos; _____[5] en los libros pero no en la vida real. Por eso ellos se sorprenden cuando leen sobre los conflictos entre los indígenas norteamericanos y el gobierno federal. Aunque muchos indígenas norteamericanos prefieren _____[6] invisibles, no todos _____[7] contentos con el estatus inferior que esto implica, y algunos lo rechazan.[a] _____[8] triste notar que los conflictos de hoy _____[9] los mismos de años pasados: tierra y libertad.

[a]*reject*

B ¡NECESITO COMPAÑERO! Trabajando en parejas, háganse y contesten preguntas sobre su origen étnico. Luego, compartan con la clase lo que han aprendido (*have learned*). Usen los siguientes puntos como guía y recuerden usar las formas de **tú.**

■ el origen étnico de sus padres y otros parientes

■ si algunos parientes todavía viven en otro país

■ si conoce a alguno de ellos

■ si tiene un antepasado famoso o interesante y cómo era

■ si se habla o hablaba otro idioma en su casa

■ si toda su familia suele o solía reunirse con frecuencia

■ las costumbres —fiestas, comidas, etcétera— que hay o había en su familia que conservan rasgos de un grupo étnico determinado

---

*Activity A focuses on material from previous lessons; Activity B reviews structures in the current lesson.

CAPÍTULO 3

Costumbres y tradiciones

Pamplona, España

Exploraciones

Las costumbres y tradiciones son experiencias compartidas por todos los seres humanos, pero la manera en que se responde a estas experiencias y las imágenes que se asocian con ellas varían mucho de cultura a cultura y de individuo a individuo. De hecho, es en las costumbres y tradiciones donde más se revelan las profundas diferencias culturales entre los hispanos y los norteamericanos. Lo que se acepta como natural y normal en una cultura se ve como algo extraño y, a veces, hasta desagradable en otra. ■■■

A NIVEL PERSONAL

■ ¿Qué costumbres y tradiciones se observan en su familia o con su grupo de amigos? ¿Por qué son importantes?

■ ¿Qué le parecerían (*would seem*) estas tradiciones a una persona de otra cultura? Por ejemplo, ¿cómo se sienten sus parientes (amigos) al morir alguien especial? ¿Hay alguna manera especial de honrar a los antepasados?

A NIVEL REGIONAL

■ ¿Cuáles son algunas de las celebraciones importantes en su comunidad o ciudad? ¿Participa toda la población o solamente ciertos grupos? ¿Cuáles? ¿Por qué?

■ ¿Se celebra el Día de los Muertos donde Ud. vive? ¿Y el Cinco de Mayo?

A NIVEL GLOBAL

■ ¿Qué costumbres, tradiciones o celebraciones del mundo hispano conoce Ud.? ¿Qué le parecen?

■ ¿Cree Ud. que en otras culturas hay más tradiciones relacionadas con la muerte que en la cultura de este país?

■ Busque información sobre las tradiciones y costumbres de un país hispanohablante. Haga una lista de éstas y explique la forma en que se observan. Comparta su lista con sus compañeros de clase.

- ¿Qué hacen las personas del dibujo A? ¿Sabe Ud. con qué religión se asocia esta tradición?

- ¿Qué celebran los jóvenes del dibujo B? ¿Qué actividades asocia Ud. con esta celebración?

- ¿Qué están celebrando los niños del dibujo C? ¿Qué objetos son importantes en esta celebración? ¿Cómo celebraba Ud. este evento y cómo lo celebra ahora?

- ¿Cuáles de las actividades de las tres escenas le parecen normales a Ud.? ¿Cuáles le parecen un poco extrañas? ¿Hacía Ud. o hace cosas parecidas?

▪▪▪ VOCABULARIO ... *para conversar*

aceptar to accept

asustar to frighten

cumplir to complete, fulfill

  cumplir _____ años to turn _____ years old

disfrazarse (de) to disguise oneself (as)

festejar to celebrate; to "wine and dine"

gastar una broma to play a prank

hacer travesuras (a) to play tricks (on)

morir (ue, u) to die

rechazar to reject

tener miedo to be afraid

la bruja witch

  el Día de las Brujas° Halloween

el cementerio cemetery

el cumpleaños birthday

el Día de los Muertos (de los Difuntos)° All Souls' Day

el Día de Todos los Santos° All Saints' Day

el disfraz costume, disguise

los dulces candy; sweets

el esqueleto skeleton

el fantasma ghost

el más allá the hereafter; life after death

el miedo fear

el monstruo monster

la muerte death

  el/la muerto/a dead person

la Semana Santa Holy Week (*week prior to Easter*)

la vela candle

travieso/a mischievous

lo sobrenatural the supernatural

A ¿Qué palabra no pertenece al grupo? Explique por qué. ¡Cuidado! A veces hay más de una respuesta.

1. el cumpleaños, el Día de los Difuntos, la Navidad, las Pascuas (*Easter*)
2. aceptar, apreciar, despreciar, querer
3. asustar, los dulces, el miedo, el monstruo

°The customs associated with these celebrations in this country and in Hispanic countries are quite different. All Saints' Day (November 1) and All Souls' Day (November 2) are days when Hispanic Catholics, in general, honor the memory of dead friends and relatives by visiting the cemetery and placing flowers on their graves, celebrating Mass, and lighting candles to pray for their souls. These are solemn occasions, but in some countries they include elements that would seem out of place in this country: for instance, taking children to the cemetery to have a picnic there. It is important to remember that, even though many religious beliefs are shared throughout the Hispanic world, the specific customs celebrated during these days vary from country to country.

Although the disguises and pranks of Halloween have long been a peculiarly North American tradition, they have begun to appear among the middle and upper-middle classes in parts of the Hispanic world. In Puerto Rico, Peru, and Colombia, for example, children celebrate **el Día de las Brujas** just like their North American counterparts. In many parts of the Hispanic world, particularly in the Caribbean, it is common to celebrate **Carnaval** (Mardi Gras) with several days of street dancing, large meals, and costume parties.

La romería[a] a Cartago: Una tradición costarricense

COSTA RICA ES UN PAÍS famoso por sus atracciones naturales y por las muchas tradiciones que se conservan desde hace mucho tiempo. Una de estas tradiciones es la romería al pueblo de Cartago. Anualmente los romeros[b] llegan a pie de todas partes de Costa Rica para agradecerle a «La Negrita», una imagen[c] de la Virgen María que es la santa patrona del país. El viaje puede durar hasta una semana, y muchas veces, hace frío y llueve. Pero muchas personas vuelven a hacerlo año tras año.[d] Los fieles[e] creen que La Negrita tiene el poder de curar y hacer otros milagros y le piden ayuda cuando están en situaciones difíciles.

La Negrita se encuentra en la Basílica de Nuestra Señora de los Ángeles, una gran catedral en el centro de Cartago. Al llegar a la basílica, los romeros se arrodillan[f] en la puerta y caminan de rodillas hasta el altar, donde le hacen sus peticiones a La Negrita. Al lado izquierdo del altar en una pequeña sala hay un museo que contiene muchas ofrendas[g] que la gente le ha ofrecido[h] como gratitud por sus milagros.

Para otros costarricenses la romería es una fiesta. Mientras los fieles caminan rezando o con los ojos cerrados, otros romeros conversan y se ríen. Se ven familias enteras, parejas y grupos de amigos que participan en la caminata.[i] Mientras los romeros caminan, pasan por puestos comerciales[j] donde se puede comprar comida, bebidas, ropa y otros productos. También hay vendedores ambulantes que venden frutas y legumbres, crucifijos,[k] botellas de agua y camisetas. Todo el país se reúne durante la semana para participar en la tradición de la romería. ■

En la Basílica de Nuestra Señora de los Ángeles durante la romería a Cartago

[a]*pilgrimage* [b]*participants in the* romería [c]*statue* [d]vuelven… *do it again year after year* [e]*faithful* [f]se… *kneel down* [g]*offerings* [h]le… *have offered her* [i]*walk* [j]puestos… *roadside stands* [k]*crucifixes*

B ¡NECESITO COMPAÑERO! Sigan el modelo de la página siguiente para hacer un cuadro o mapa semántico para las siguientes palabras. Primero, pongan en el centro la palabra objeto (*target*); luego, completen el cuadro con todas las palabras o ideas que asocien con ella, según las categorías indicadas. No es necesario limitarse a las palabras de la lista de vocabulario.

1. lo sobrenatural
2. disfrazarse
3. el cumpleaños
4. la muerte

MODELO: asustar →

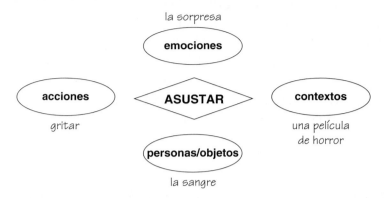

Ahora, comparen sus cuadros con los de los demás grupos. ¿Revelan experiencias muy semejantes o muy diferentes?

C Conteste las siguientes preguntas.

- Cuando Ud. era niño/a, ¿celebraba el Día de las Brujas? ¿de qué manera? ¿Salía disfrazado/a? ¿Qué disfraz solía llevar? ¿Prefería salir disfrazado/a de personaje real o ficticio? ¿Por qué? ¿Cuál era su disfraz favorito?
- ¿Gastaba Ud. bromas el 31 de octubre? ¿de qué tipo? ¿Sabían sus padres lo que hacía?
- Ahora que Ud. es mayor, ¿celebra el 31 de octubre con sus amigos? ¿Cómo lo celebran Uds.?

Lengua

■■■ 12 DE ENTRADA

Susanita celebró su cumpleaños la semana pasada. Ponga los siguientes eventos de la celebración en orden cronológico.

a. _____ Comieron el pastel y Susanita abrió los regalos.

b. _____ Los invitados regresaron a casa y Susanita durmió feliz.

c. _____ Susanita envió las invitaciones.

d. _____ Susanita y su mamá decoraron la casa.

e. _____ Todos cantaron «Las mañanitas»° y Susanita apagó las velas.

f. _____ Susanita les dio las gracias a sus amigos.

g. _____ Los invitados llegaron.

¿Reconoce Ud. las formas verbales que se encuentran en esta actividad? A continuación Ud. repasará (*will review*) cómo hablar de los sucesos en el pasado.

°**«Las mañanitas»** is a traditional Mexican song sung to someone on his or her birthday.

▪▪ 12 Forms of the Preterite

In **Capítulo 2,** you reviewed the forms and uses of the imperfect tense. The preterite (**el pretérito**) is the other simple form of the past tense in Spanish.[°] It is used when the speaker focuses on the beginning or the end of an action in the past. Look at the preceding activity about Susanita again and note the uses of the preterite.

A. Verbs that are regular in the preterite

All regular verbs and all **-ar** and **-er** verbs that have stem changes in the present have the regular preterite forms shown in the following chart. Note that the preterite **tú** form ends in **-ste** instead of the normal **-s** ending you've seen for **tú** in other tenses.

-*ar* Verbs	-*er* Verbs	-*ir* Verbs
hablé	corrí	escribí
habl**aste**	corr**iste**	escrib**iste**
habló	corrió	escribió
habl**amos**	corr**imos**	escrib**imos**
habl**asteis**	corr**isteis**	escrib**isteis**
habl**aron**	corr**ieron**	escrib**ieron**

Note the written accents on the first- and third-person singular forms. The **nosotros/as** forms of **-ar** and **-ir** verbs are identical in the present tense and in the preterite; context will determine meaning. **-Er** verbs, however, do show a present/preterite contrast in the **nosotros/as** form (**corremos/corrimos**).

B. *-Ir* stem-changing verbs

In grammar section 4 you reviewed the forms of **-ir** stem-changing verbs in the present tense. These verbs show a slightly different stem change in the preterite, but *in the third-person singular and plural forms only.*

Present Tense e → ie Preterite e → i		Present Tense o → ue Preterite o → u		Present Tense e → i Preterite e → i	
preferí	preferimos	dormí	dormimos	pedí	pedimos
prefer**iste**	preferisteis	dorm**iste**	dormisteis	ped**iste**	pedisteis
prefirió	prefirieron	durmió	durmieron	pidió	pidieron

Here are some of the most common verbs of this type. The first vowel(s) in parentheses refer(s) to the stem change in the present tense. The last vowel in parentheses refers to the stem change in the preterite.

[°]The uses of the preterite and the imperfect tenses are contrasted in grammar section 14.

[†]These spelling changes and accent rules are practiced in the *Cuaderno de práctica.* They are also discussed in more detail in Appendices 1 and 2.

divertirse (ie, i)	morir (ue, u)	seguir (i, i)
(*to have a good time*)	pedir (i, i)	servir (i, i)
dormir (ue, u)	preferir (ie, i)	sonreír (i, i) (*to smile*)
medir (i, i)	reír(se) (i, i) (*to laugh*)	sugerir (ie, i)
mentir (ie, i)	repetir (i, i)	vestir(se) (i, i)

C. Verbs with irregular preterite stems and endings

All verbs in this category have irregular stems and share the same set of irregular endings. Note that these forms have *no written accents*. The preterite forms of **tener** and **venir** are examples of verbs of this category.

tener		venir	
tuve	tuv**imos**	vine	vin**imos**
tuv**iste**	tuv**isteis**	vin**iste**	vin**isteis**
tuv**o**	tuv**ieron**	vin**o**	vin**ieron**

The following verbs—and any compounds ending in these verbs (**poner → com-poner, hacer → des**hacer, and so on)—share the same endings as **tener** and **venir.**

andar:	**anduv-**	hacer:	**hic-**	querer:	**quis-**
decir:	**dij-**	poder:	**pud-**	saber:	**sup-**
-ducir:	**-duj-**°	poner:	**pus-**	traer:	**traj-**
estar:	**estuv-**				

The preterite of **hay** (**haber**) is **hubo** (*there was/were*).

D. *Dar, ir,* and *ser*

Dar is an **-ar** verb that uses the regular **-er** verb preterite endings. **Ser** and **ir** have identical preterite forms; context will determine meaning.

dar		ir/ser	
di	dimos	fui	fuimos
d**iste**	disteis	fu**iste**	fuisteis
dio	dieron	fue	fu**eron**

PRÁCTICA   Complete las siguientes oraciones, según el modelo.

    MODELO: Hoy no pienso *comer*, pero ayer _____ mucho. →
               Hoy no pienso comer, pero ayer comí mucho.

°Verbs with this form include **traducir** (**traduje, tradujiste,...**), **conducir** (**conduje, condujiste,...**), and **reducir** (**redujo, redujiste,...**), among others.

1. Hoy no pienso *estudiar* (correr, dormir, leer, manejar), pero ayer _____ mucho.

2. Este año los estudiantes no *estudian* (ganan, juegan, pierden, salen), pero el año pasado _____ mucho.

3. Este año tú no *festejas a muchos amigos* (gastas muchas bromas, sigues muchos cursos, vas a Centroamérica, vienes a clase conmigo), pero el año pasado _____.

Ahora complete las siguientes oraciones, poniendo los verbos en el pretérito y también cambiando los sustantivos por complementos pronominales.

MODELO: Pablo no quería *escuchar las cintas*, pero ayer _____. →
Pablo no quería escuchar las cintas, pero ayer las escuchó.

4. Pablo no quería *traducir el párrafo* (darme los dulces, decirles la verdad, hacerle el favor, reírse, repetir las palabras), pero ayer _____.

5. Esta vez ellos no van a *asustarnos* (rechazar las ideas, servirles cerveza a los niños, sonreírnos, traerle regalos a Marta, ver los disfraces), pero la vez pasada sí, _____.

6. Este año mi sobrinita no *se disfraza* (hacerle travesuras a su hermano, pedirles dulces a los vecinos, sacarles fotos a los amiguitos), pero el año pasado sí, _____.

■■■ 12 INTERCAMBIOS

AUTOPRUEBA Complete el siguiente párrafo con la forma apropiada del pretérito de los verbos entre paréntesis, según el contexto.

Para el primer día de escuela María Elena, una niña de 5 años, (vestirse)[1] con un vestido rojo muy bonito. (Ponerse)[2] los zapatos, y su mamá le (servir)[3] el desayuno. Sus padres le (dar)[4] una mochila nueva para sus libros y toda la familia (salir)[5] para la escuela. Rumbo[a] a la escuela, (encontrarse: ellos)[6] con la familia Pérez, que también acompañaba a su hija Graciela a la escuela. Cuando todos (llegar)[7] a la escuela, los padres (saludar)[8] a la maestra. La mamá de María Elena les (prometer)[9] regresar a mediodía a recoger[b] a las dos niñas. Todos (despedirse)[10], los padres (irse)[11] y María Elena y Graciela (comenzar)[12] su primer día de escuela.

[a]*On the way* [b]*pick up*

Respuestas: 1. se vistió **2.** Se puso **3.** sirvió **4.** dieron **5.** salió **6.** se encontraron **7.** llegaron **8.** saludaron **9.** prometió **10.** se despidieron **11.** se fueron **12.** comenzaron

A Todos los años, el 28 de diciembre, Pepito celebra el Día de los Inocentes° gastando bromas a sus familiares y amigos. Cambie los verbos del

---

°The origin of the **Día de los Inocentes** stems from when King Herod, upon hearing of the birth of Jesus, ordered the death of every child under the age of 2. (Note the proximity in dates between the celebration of Christmas and the **Día de los Inocentes:** December 25 and 28, respectively). Arguably, it would be rather gruesome to commemorate the death of thousands of innocent children with a special holiday. However, the word **inocente** has a double meaning in Spanish. It can mean *not guilty*, or it can mean *naive*. Thus in modern times, the **Día de los Inocentes** is set aside for playing tricks on others in order to take advantage of the naivete in everyone.

presente al pretérito para indicar lo que Pepito hizo el año pasado. Luego, conteste las preguntas que siguen.

Pepito se levanta[1] temprano y pone[2] un insecto de plástico en el desayuno de su hermanita. Después, llama[3] por teléfono a un amigo y le cuenta[4] una mentira.[a] Su mamá se enoja[5] mucho. Luego, Pepito va[6] a la escuela para gastar más bromas. En la escuela, Pepito esconde[7] una rana[b] en la mochila de su compañera, dibuja[8] una caricatura insultante de la maestra en una pared y finalmente le miente[9] a su maestra. Cuando vuelve[10] a casa, se viste[11] con la ropa de su papá, cierra[12] la puerta de su cuarto, se ríe[13] y se duerme[14c] feliz.

[a]*lie* [b]*frog* [c]*se... he falls asleep*

ENTRE TODOS

- ¿Se parece el Día de los Inocentes a algún día en particular en este país? ¿A qué día se parece? ¿En qué se parecen los dos días?

- Piensa en un primero de abril inolvidable (*unforgettable*) de cuando era niño/a. ¿Qué hizo? ¿Qué hicieron sus amigos?

B GUIONES Trabajando en parejas, narren en el pretérito la siguiente secuencia de acciones. Incorporen las expresiones sugeridas y otras y usen complementos pronominales cuando sea posible.

1. **2.** **3.** **4.** **5.**

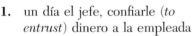

1. un día el jefe, confiarle (*to entrust*) dinero a la empleada

2. la mujer, decidir guardar (*to keep*) el dinero / poner el dinero en la bolsa / hacer las maletas

3. después, salir del pueblo en coche

4. llegar al Motel Bates

5. allí conocer a Norman / hablarse un rato / entonces ella, firmar su nombre / Norman, darle la llave de su habitación

6. en seguida ir a su habitación / decidir ducharse

6. **7.** **8.**

7. Norman, disfrazarse de su madre / abrir la puerta / entrar al cuarto de la mujer

8. sorprenderla en la ducha / matarla a puñaladas (*to stab to death*)

La secuencia incluye una famosa escena de muerte de una película estadounidense muy conocida. ¿Pueden Uds. identificarla?

C ENTRE TODOS

■ ¿Qué hizo Ud. ayer? ¿Hizo algo interesante el mes pasado? ¿el año pasado? Piense en un día festivo como el Cuatro de Julio o el Día de Acción de Gracias. ¿Qué sucedió? Ahora piense en un día horrible. ¿Qué pasó?

■ ¿Miró Ud. la televisión anoche? ¿Qué programas vio? ¿Cuál le gustó más? ¿menos? ¿Por qué? ¿Qué pasó en el programa? ¿Qué más hizo anoche?

■ Piense en la primera vez que salió con un chico / una chica. ¿Con quién salió? ¿Adónde fueron? ¿Cómo llegaron allí? ¿Qué hicieron? ¿Quién pagó la cuenta? ¿A qué hora volvieron a casa? ¿Besó Ud. al chico / a la chica? ¿Salió con él/ella otra vez? ¿Por qué sí o por qué no?

D GUIONES   Trabajando en grupos de tres o cuatro personas, narren en el pretérito la siguiente secuencia de acciones. Usen el vocabulario indicado y otras palabras que Uds. crean necesarias. Cuando sea posible, traten de evitar la repetición innecesaria, usando complementos pronominales.

Una noche de Brujas

1. vestirse, peinarse, disfrazarse de

2. vestirla, pintarle la cara, disfrazarla de

3. ir de casa en casa, pedirles dulces a los vecinos, darles dulces a los vecinos

4. asustar a los vecinos, hacer travesuras, divertirse mucho

5. volver a casa, comer demasiados dulces, ponerse enfermos

■■■ **13** DE ENTRADA

En el siguiente diálogo, dos compañeros están preparando la casa para una celebración de fin de año mientras hablan de algunos recuerdos del año que acaba de pasar. Antes del diálogo hay cuatro expresiones para indicar el tiempo que ha pasado (*has gone by*) desde que ocurrió cada uno de los sucesos que describen. Lea el diálogo y luego identifique la expresión que se relacione mejor con cada suceso.

a. Ocurrió hace una hora.   **c.** Ocurrió hace seis meses.
b. Ocurrió hace un mes.   **d.** Ocurrió hace un año.

RAMON: ¿Recuerdas que el pasado 31 de diciembre te robaron el coche[1]?

LUIS: ¡Claro que sí! Fue el mismo día en que mi prima te tiró las uvas porque tú la intentaste besar.[2]

RAMON: Oye, ¿sabes que poco después empezamos a salir juntos y el pasado junio nos hicimos novios[3]? Estamos muy contentos.

LUIS: ¡Anda! Ella te dejó un mensaje a la 1:00.[4]

RAMON: ¡Ya son las 2:00! ¿Por qué no me lo dijiste antes?

Los eventos ocurrieron en el pasado, ¿no? Pero ¿en qué tiempo está el verbo **hacer** en las oraciones que indican el tiempo que ha pasado? ¿presente o pasado? Ahora Ud. va a repasar cómo se expresa el tiempo que ha pasado desde el momento en que ocurrió una acción.

■■ **13** *Hacer* in Expressions of Time

The verb **hacer** is used in two different constructions related to time: to describe the duration of an action or event, and to describe the amount of time elapsed since the end of an action or event.

A. *Hacer:* **Duration of an action in the present**

To describe the length of time that an action has been in progress in the present, Spanish uses either of two constructions.

> **hace** + *period of time* + **que** + *conjugated verb in present tense*
>
> OR
>
> *conjugated verb in present tense* + **desde hace** + *period of time*

Hace dos años **que trabajo** aquí. ⎫ *I've been working (I've worked) here*
Trabajo aquí **desde hace** dos años. ⎭   *for two years.**

Questions about the duration of events can be phrased in two ways.

¿**Cuánto tiempo hace que**   ⎫
  trabajas aquí?   ⎪   *How long have you been*
¿**Hace cuánto tiempo que**   ⎬   *working here?*
  trabajas aquí?   ⎭

---

*Note that English uses a perfect-tense form to describe the same situation: *I have been working, I have worked.*

To describe an action, condition, or event that was ongoing at some point in the past—but is no longer—Spanish uses a version of the **hace** construction with a verb in the imperfect.

Hace cien años que las mujeres no **tenían** el derecho de votar.
One hundred years ago women didn't have the right to vote (but they do now).

Hace dos años que yo **estudiaba** en la universidad.
Two years ago I was studying (I studied) at the university (but I don't anymore).

Other time expressions may be used to ask more specific questions.

¿Hace mucho/poco tiempo que trabajas aquí?   *Have you been working here for a long/short time?*

B. *Hacer:* Time elapsed since completion of an action

To describe the amount of time that has passed since an action ended (corresponding to English *ago*), Spanish uses either of two patterns. Both are very similar to those used for actions in progress.

---

hace + *period of time* + **que** + *conjugated verb in preterite*

OR

conjugated verb in preterite + **hace** + *period of time*

Since the focus is on a completed action, the verb for that action is conjugated in the preterite. However, the present tense form **hace** is always used to measure the time.

Hace cuatro años **que* vi** esa película.
Vi esa película **hace** cuatro años.   *I saw that film four years ago.*

Questions with the *ago* structure can be phrased in two ways.

¿Cuánto tiempo hace que viste esa película?
¿Hace cuánto tiempo que viste esa película?   *How long ago did you see that movie?*

Other time expressions may be used to ask more specific questions.

¿Hace mucho/poco tiempo que viste esa película?   *Did you see that movie a long/short time ago?*

PRÁCTICA   Combine las dos oraciones de dos formas, usando expresiones con **hacer.**

MODELOS: Tengo 10 años. Aprendí a leer a los 6 años. →
Hace cuatro años que sé leer. (Sé leer desde hace cuatro años.)
Hace cuatro años que aprendí a leer. (Aprendí a leer hace cuatro años.)

1. Tengo 25 años. Empecé a asistir a la universidad cuando tenía 20 años.
2. Raúl tiene 12 años. Aprendió a montar en bicicleta a los 6 años.
3. Berenice fue a España en 1994 y todavía está allí.

---

*In spoken Spanish, **que** is frequently omitted in this structure: **Hace cuatro años vi esa película.**

4. La clase empezó a las 11:00 y ya son las 11:50.

5. El padre de Rafael se murió cuando Rafael tenía 12 años. Ahora Rafael tiene 20 años.

6. Julio se enfermó en 2004. Todavía está enfermo.

■■■ 13 INTERCAMBIOS

AUTOPRUEBA Vuelva a escribir las siguientes oraciones con una construcción con **hace + que, desde hace** o **hace** en la oración nueva, según el contexto.

1. Fidel Castro llegó a ser dictador de Cuba en 1959, y todavía lo es.
2. México se independizó de España en 1821.
3. Juan Carlos I llegó a ser rey de España en 1975, y todavía lo es.
4. La famosa Evita Perón murió en 1951.
5. La ciudad de Santo Domingo fue fundada en 1498.

Respuestas: 1. Castro es dictador desde hace X años. / Hace X años que Castro es dictador de Cuba. **2.** México se independizó de España hace X años. / Hace X años que México se independizó de Cuba. **3.** Juan Carlos es rey de España desde hace X años. / Hace X años que Juan Carlos es rey de España. **4.** Evita Perón murió hace X años. / Hace X años que Evita Perón murió. **5.** La ciudad de Santo Domingo fue fundada hace más de 500 años. / Hace más de 500 años que la ciudad de Santo Domingo fue fundada.

A Use información personal sobre sus amigos o gente conocida para formar oraciones, según el contexto. Use también una expresión de tiempo con **hacer.** Luego, explique brevemente cada oración.

MODELOS: una experiencia con lo sobrenatural →
Leí un libro de cuentos de Edgar Allan Poe hace varios años. Los cuentos son buenos, pero ¡no me gusta lo sobrenatural!

una preferencia personal →
Hace muchos años que me gustan las alcachofas (*artichokes*). De niña, no me gustaban para nada.

1. una experiencia con lo sobrenatural
2. un episodio de gran importancia personal
3. una preferencia personal
4. una habilidad o capacidad común y corriente
5. un talento especial
6. la muerte de alguien importante
7. una experiencia feliz
8. una experiencia que Ud. prefiere olvidar
9. un episodio de gran importancia política o económica
10. ¿ ?

Jane Anderson Stone

A graveside service for Jane Anderson Stone, 58, will be held at 1 p.m. Friday at the Smalltown Cemetery. A resident of Smalltown, Mrs. Stone died Sunday at Smalltown Hospital.

Born June 17, 1947, in Kingsland, the daughter of John J. Anderson and the late Mary Burns Anderson, Mrs. Stone graduated from the University of Ourstate and taught in the Clearlake School District for 20 years.

Her survivors include her husband of 33 years, Peter M. Stone; her son William B. Stone of Shelton; daughters Roberta Crandall of Riverside and Margaret Westrick of Smalltown; and 7 grandchildren.

The family suggests that remembrances in Mrs. Stone's name be made to the National Cancer Foundation.

American Memorial is in charge of arrangements.

1.

B ¡NECESITO COMPAÑERO! Háganse y contesten preguntas para descubrir la siguiente información. Luego, compartan lo que han aprendido (*you have learned*) con la clase.

1. ¿Cuánto tiempo hace que *aprendiste a leer* (aprender a cocinar, conocer a una persona realmente estupenda, darle un regalo a alguien, hacer un viaje en avión, leer una buena novela, llevar disfraz, sacar la licencia de conducir)?

2. ¿Cuánto tiempo hace que *vives en esta ciudad* (asistir a esta universidad, conocer a tu mejor amigo/a, estudiar español, no hacer un viaje, no ver a tus padres/hijos, no tomar vacaciones, tener esa ropa que llevas, vivir en esta ciudad)?

C ¡NECESITO COMPAÑERO! A la izquierda y a continuación se presentan cuatro esquelas (*death notices*), dos típicas de la cultura norteamericana y dos típicas de la hispana. ¿Qué semejanzas y contrastes notan Uds.?

■ Primero, examinen con cuidado las esquelas en inglés, marcando en la tabla de la página siguiente los datos que se encuentran en por lo menos una de ellas.

■ Después examinen las esquelas en español, marcando en la tabla los datos que se encuentran en por lo menos una de ellas.

Mark Brown

Gooden's sales manager

On Tuesday, Mark Brown, 73, died in Sunflower Hospital after a long battle with cancer.

Born in Chicago on December 15, 1932, he served in the U.S. Navy and was a longtime employee of Gooden's.

An avid golfer, Mr. Brown also enjoyed playing cards and was devoted to his family.

Mr. Brown was preceded in death by his wife, Louise Morrow Brown, and was the beloved father of Richard A. Brown of Albuquerque, N.M.

Friends may call at the Roses Funeral Home, 11234 Blues Ave. in Sunflower, on Thursday from 2 to 4 and 7 to 9 p.m. Funeral services will be held at 1 p.m. Friday at St. Paul's Church in Sunflower. Interment will be in St. Paul's Cemetery.

2.

✝

EL SEÑOR
DON JOSE MOCHON SANTIAGO
HA FALLECIDO EN LEON
EL DIA 29 DE JULIO DE 2005
a los sesenta y tres años de edad
Habiendo recibido los Santos Sacramentos y la bendición de Su Santidad

D. E. P.

Su esposa, doña Carmen Toha Abella; hijos, don Popi, don Paco, doña Marisa, doña María del Carmen y don Juanjo Mochón Toha; hijos políticos, don Amador, doña Lía y don Yeyo; madre política, doña María Rebull; hermanas, doña Anita, doña María Luisa y doña Consuelo; hermanos políticos, don Pedro, doña Monse, doña Conchita, doña Toñeta, doña Daidi, don Juan, doña María José, doña Teresa, don Alvaro, doña Adriana, don Manuel, don Rafael y don Vicente; nietos, tíos, sobrinos, primos y demás familia.

Suplican a usted asistan a las exequias y misa de funeral que tendrán lugar hoy, lunes, día 30 del corriente, a las doce de la mañana, en la iglesia parroquial de Santa Marina la Real, y seguidamente a dar sepultura al cadáver.

Capilla ardiente: Sala número 3. Calle Julio del Campo.
Casa doliente: San Juan de Prado, 3.

3.

✝

DON ENRIQUE CRIADO CRESPO
NOTARIO JUBILADO
FALLECIO CRISTIANAMENTE
EN BARCELONA
a los setenta y tres años de edad
EL DIA 29 DE JULIO DE 2005

D. E. P.

Sus afligidos esposa, hijos y demás familia, al participar a sus amigos y conocidos tan sensible pérdida, les suplican un recuerdo en sus oraciones y la asistencia al acto del entierro, que tendrá lugar mañana, día 31, a las once de la mañana, en las capillas del I.M.S.F., área de Collserola (provincia de Barcelona), donde se celebrará la ceremonia religiosa. No se invita particularmente.

4.

¿Qué información se incluye?	NORTEAMÉRICA		ESPAÑA	
	1	2	3	4
1. el nombre de la persona que murió	❑	❑	❑	❑
2. su dirección	❑	❑	❑	❑
3. la fecha en que murió	❑	❑	❑	❑
4. el lugar donde falleció (murió)	❑	❑	❑	❑
5. la causa de su muerte	❑	❑	❑	❑
6. la edad que tenía cuando murió	❑	❑	❑	❑
7. el lugar de su nacimiento	❑	❑	❑	❑
8. la profesión de sus hijos	❑	❑	❑	❑
9. el nombre de sus parientes cercanos	❑	❑	❑	❑
10. alguna información sobre su vida	❑	❑	❑	❑
11. la hora y el lugar del entierro	❑	❑	❑	❑
12. la hora y el lugar de la ceremonia fúnebre	❑	❑	❑	❑

13. otros datos o características:

- ¿ ?   ❑   ❑   ❑   ❑

Ahora, analicen su tabla. ¿Qué información encontraron Uds. en las esquelas de ambas culturas? ¿Qué información o elementos encontraron sólo en las esquelas de una cultura? Expliquen.

ENTRE TODOS

- ¿Nota Ud. algún vocabulario especial en estas esquelas? Con respecto al estilo o formato, ¿qué semejanzas y diferencias nota entre las esquelas de ambas culturas?

- En su opinión, ¿qué sugieren estas semejanzas y diferencias con respecto a las culturas norteamericana e hispana?

■■■ 14 DE ENTRADA

Empareje cada individuo de la lista a la izquierda con las tradiciones a la derecha.

1. _____ un judío (*Jew*) argentino
2. _____ un estadounidense
3. _____ una mexicana
4. _____ un joven español
5. _____ una puertorriqueña

a. Era el 16 de septiembre. Estaba en una fiesta cuando cantó una canción patriótica.

b. Era el 7 de julio. Corría delante de un toro cuando se cayó.

c. Era marzo. Cenaba en la sinagoga cuando un niño leyó las cuatro preguntas tradicionales.

d. Era febrero. Bailaba en el Carnaval de Ponce cuando vio a alguien disfrazado de vampiro.

e. Era el 4 de julio. Estaba en un picnic cuando empezaron los fuegos artificiales.

En las oraciones anteriores se encuentran diferentes usos del pretérito y del imperfecto. ¿Puede identificar Ud. algunos? A continuación va a repasar detalladamente estos usos de los tiempos del pasado.

When describing events or situations in the past, Spanish speakers must choose between the preterite and the imperfect. The choice depends on the aspect of the event or situation that the speaker wants to describe.

A. Beginning/end versus middle

In theory, every action has three phases or aspects: a beginning (**un comienzo**), a middle (**un medio**), and an end (**un fin**). When a speaker focuses on the beginning or the end of an action, the preterite is used. When he or she focuses on the middle (a past action in progress, a repeated past action, or a past action that has not yet happened), the imperfect is used. Read the following text carefully, paying attention to the uses of the preterite and the imperfect.

A PROPÓSITO

Although English sometimes uses a progressive verb form—*was approaching, was wagging*—to signal an action in progress, the simple past tense—*it seemed, it had, it wore*—may also have this meaning, depending on the context. Learning to use the preterite and imperfect correctly does not involve matching English forms to Spanish equivalents but rather paying attention to contextual clues that signal middle (imperfect) or nonmiddle (preterite).

Era[1] marzo, y toda Sevilla **celebraba**[2] el Jueves Santo. **Era**[3] una noche estrellada, **hacía**[4] un poco de fresco y **había**[5] tantos turistas como sevillanos. Algunos, los que **venían**[6] a participar en las celebraciones todos los años, **estaban**[7] muy emocionados, pero los otros simplemente **querían**[8] ver las actividades de ese día tan especial.

El evento **comenzó**[9] cuando varios grupos de hombres **sacaron**[10] figuras religiosas de las iglesias y **empezaron**[11] a llevarlas en procesión por las calles de Sevilla. Mientras los hombres **caminaban**[12], la gente que **orillaba**[13] las calles **gritaba**[14]: «¡Guapa!» Al momento en que la procesión **pasaba**[15] enfrente de la catedral, todas las campanas **sonaron**[16].

Después de la procesión, los hombres **devolvieron**[17] las figuras a las iglesias y cada quien **se encontró**[18] con su familia. Muchos **fueron**[19] a tomar algo en algún bar o restaurante, pero otros **regresaron**[20] a casa donde **tuvieron**[21] una reunión familiar. Como siempre, **fue**[22] un día lleno de emociones para toda la ciudad.

It was[1] *March, and all of Seville was celebrating*[2] *Holy Thursday. It was*[3] *a starry night, it was*[4] *a little cool, and there were*[5] *as many tourists as Sevillians. Some, the ones that came*[6] *to participate in the celebrations every year, were*[7] *very excited, but the others merely wanted*[8] *to see the activities of that special day.*

The event started[9] *when several groups of men removed*[10] *religious figures from the churches and started*[11] *to take them in a procession through the streets of Seville. While the men walked*[12]*, the people that lined*[13] *the streets shouted*[14]*, "Beautiful!" At the moment that the procession was passing*[15] *in front of the cathedral, all the bells rang*[16].

After the procession, the men returned[17] *the figures to the churches and each one met up with*[18] *his family. Many went*[19] *to have something in a bar or restaurant, but others returned*[20] *home where they had*[21] *a family gathering. As always, it was*[22] *an exciting day for the whole city.*

---

[1]middle: in progress [2]middle: in progress [3]middle: in progress [4]middle: in progress [5]middle: in progress [6]middle: repeated [7]middle: in progress [8]middle: in progress [9]beginning [10]end [11]beginning [12]middle: simultaneous [13]middle: in progress [14]middle: simultaneous [15]middle: in progress [16]end [17]end [18]end [19]end [20]end [21]end [22]end

B. Context of usage

The contrast between middle and non-middle helps to explain why certain meanings are usually expressed in the preterite, whereas others are generally expressed in the imperfect.

- Emotions, mental states, and physical descriptions are generally expressed in the imperfect. This information is usually included as background or explanatory material—conditions or circumstances that were *ongoing* or *in progress* at a particular time.

    Algunos, los que venían a participar en las celebraciones todos los años, **estaban** muy emocionados, pero los otros simplemente **querían** ver las actividades de ese día tan especial.

    Descriptions of weather and feelings are often included as background "circumstances" or "explanations."°

    Era una noche estrellada, **hacía** un poco de fresco y había tantos turistas como sevillanos.

- When a story is narrated, several successive actions in the past are expressed in the preterite. Here the focus is usually on each individual action's having *taken place* (i.e., having begun or been completed) before the next action happens.

    El evento **comenzó** cuando varios grupos de hombres **sacaron** figuras religiosas de las iglesias y **empezaron** a llevarlas en procesión por las calles de Sevilla.

- Actions that are considered simultaneous are expressed in the imperfect. The focus is on two (or more) actions *in progress* at the same time.

    Mientras los hombres **caminaban,** la gente que orillaba las calles **gritaba:** «¡Guapa!»

- When an ongoing action in the past is interrupted by another action, the ongoing action is expressed in the imperfect. The interrupting action is expressed in the preterite.

    Al momento en que la procesión **pasaba** enfrente de la catedral, todas las campanas **sonaron.**

- When the endpoint or the duration of an action is indicated, the preterite is used, regardless of whether the action lasted a short time or a long time.

    Como siempre, **fue** un día lleno de emociones para toda la ciudad.

C. Meaning changes with tense used

In a few cases, two distinct English verbs are needed to express what Spanish can express by the use of the preterite or the imperfect of just one verb. Note that, in all of the following examples, the preterite expresses an action at either its beginning or ending point, and the imperfect expresses an ongoing condition.

°See Appendix 7 for a review of some of these common idiomatic expressions with **hacer** and **tener.**

	Preterite: Action	Imperfect: Ongoing Condition
conocer	**Conocí** a mi mejor amigo en 1999. *I met* (action that marked the beginning of our friendship) *my best friend in 1999.*	Ya **conocía** a mi mejor amigo en 2000. *I already knew* (ongoing state) *my best friend in 2000.*
pensar	De repente, **pensé** que era inocente. *Suddenly it dawned on me* (action that marked the beginning of the thought) *that he was innocent.*	**Pensaba** que era inocente. *I thought* (ongoing opinion) *that he was innocent.*
poder	**Pude** dormir a pesar del ruido de la fiesta. *I managed* (*was able*) *to sleep* (action of sleeping took place) *despite the noise from the party.*	**Podía** hacerlo, pero no tenía ganas. *I was able* (had the ability) *to do it, but I didn't feel like it.* (Being able to do something and actually doing it are two separate things.)
no querer	Me invitó al teatro, pero **no quise** ir. *She invited me to the theater, but I refused to go.* (Action—saying no—took place.)	Me invitó al teatro, pero **no quería** ir. *She invited me to the theater, but I didn't want to go.* (This describes only what your mental state was; wanting or not wanting to do something and actually doing it are separate things.)
querer	El vendedor **quiso** venderme seguros; me costó mucho trabajo deshacerme de él. *The salesman tried to sell me insurance* (act of trying to sell took place); *it took a lot of hard work to get rid of him.*	El vendedor **quería** venderme seguros, pero se le olvidaron los formularios. *The salesman wanted to sell me insurance* (mental state only), *but he forgot the forms.*
saber	Elvira **supo** que Jaime estaba enfermo. *Elvira found out* (action that marked the beginning of knowing) *that Jaime was sick.*	Elvira **sabía** que Jaime estaba enfermo. *Elvira knew* (ongoing awareness) *that Jaime was sick.*
tener	**Tuve** una fiesta ayer. *I had* (action took place) *a party yesterday.*	**Tenía** varios buenos amigos mientras estaba en la escuela. *I had* (ongoing situation) *several good friends while I was in school.*
tener que	**Tuve que** ir a la oficina anoche. *I had to go* (and did go) *to the office last night.*	**Tenía que** ir a la oficina. *I was supposed to go* (mental state of obligation, no action is implied one way or the other) *to the office.*

PRÁCTICA   Lea el siguiente párrafo y decida si los verbos entre paréntesis indican el medio de la acción o no. Luego, dé la forma correcta de cada verbo (pretérito o imperfecto), según el caso.

La historia de un ex novio

I used to have (tener)[1] a boyfriend named Hector. He was (ser)[2] very tall and handsome, and we used to spend (pasar)[3] a lot of time together. We would go (ir)[4] everywhere together. That is, until he met (conocer)[5] a new girl, Jane. He talked to her (hablarle)[6] once and then invited her (invitarla)[7] to a big dance. He told me (decirme)[8] that it was because he felt sorry for her (tenerle compasión)[9], but I didn't believe him (creérselo)[10]. I wanted (querer)[11] to kill him! But I decided (decidir)[12] to do something else. Since I knew (saber)[13] where she lived (vivir)[14], I went (ir)[15] over to her house to tell her what a rat Hector was (ser)[16]. But when I got there (llegar)[17], I saw (ver)[18] that his car was (estar)[19] parked in front. I got (ponerme)[20] so angry that I started (empezar)[21] to slash his tires. Just then, Hector came out (salir)[22] of the house. When he saw me (verme)[23], he yelled (gritar)[24] and ran (correr)[25] toward me…

*(Continúa en Repaso, **Capítulo 6**.)*

▪▪▪ 14 INTERCAMBIOS

AUTOPRUEBA   Complete la siguiente narración con la forma apropiada de los verbos entre paréntesis. ¡Cuidado! Debe usar el pretérito o el imperfecto, según el contexto.

Un día, mientras yo (manejar)[1] por la autopista, (oír)[2] un ruido muy fuerte y (darse)[3] cuenta que apenas (poder)[4] controlar el coche. (Lograr[a])[5] parar el coche al lado de la autopista y (bajar[b])[6] para ver qué (pasar)[7]. ¡(Tener)[8] una llanta[c] desinflada!

(Abrir)[9] el baúl[d] para sacar la llanta auxiliar. Pero (tener)[10] un problema: ¡No (haber)[11] ninguna llanta auxiliar! ¿Qué iba a hacer? Dichosamente,[e] en ese momento (detenerse)[12] otro vehículo cerca del mío. El chófer me (preguntar)[13] si me (poder)[14] ayudar, y le (explicar: yo)[15] cuál (ser)[16] el problema. El hombre me (invitar)[17] a subir a su coche e/y (ir: nosotros)[18] a la estación de servicio para comprar una llanta nueva. Finalmente (regresar: nosotros)[19] a mi coche, donde el hombre me (ayudar)[20] a cambiar la llanta. (Estar: yo)[21] muy agradecido por su ayuda.

[a]*To manage*   [b]*to get out*   [c]*tire*   [d]*trunk*   [e]*Luckily*

Respuestas: 1. manejaba **2.** oí **3.** me di **4.** podía **5.** Logré **6.** bajé **7.** pasaba **8.** Tenía **9.** Abrí **10.** tenía **11.** había **12.** se detuvo **13.** preguntó **14.** podía **15.** expliqué **16.** era **17.** invitó **18.** fuimos **19.** regresamos **20.** ayudó **21.** Estaba

A La siguiente historia describe los recuerdos de una puertorriqueña acerca del Día de los Muertos durante los primeros años de su vida, antes de mudarse (*moving*) a los Estados Unidos. Lea la historia por completo y luego escoja la forma correcta de los verbos, según el contexto. Al final, conteste las preguntas.

Hace trece años que vivo en los Estados Unidos, pero los primeros diecisiete años de mi vida los viví en una casa grande de madera frente al cementerio. Desde una de las ventanas de mi cuarto siempre (pude/podía)[1] ver los portones[a] del cementerio. Casi cada día, había uno o dos entierros y desde mi ventana (conté/contaba)[2] las coronas[b] de flores y (observé/observaba)[3] a mucha gente llorar.

Una costumbre de mi abuela paterna (fue/era)[4] ir al cementerio el Día de los Muertos. Ella siempre (puso/ponía)[5] flores y velas en las tumbas de nuestros parientes muertos, parientes que yo no (conocí/conocía)[6] porque habían fallecido antes de que yo naciera.[c] Frente a alguna tumba, yo (vi/veía)[7] que los labios de mi abuela se (movieron/movían)[8]. Ella (rezó/rezaba)[9][d] por el descanso de las almas[e] de nuestros parientes. (Fue/Era)[10] muy devota.

Recuerdo una vez, cuando yo (tuve/tenía)[11] 8 años, mis primos, e inclusive mi padre, (compraron/compraban)[12] velas. Pero ellos no las (pusieron/ponían)[13] en las tumbas ni tampoco (rezaron/rezaban)[14]. Sin que nadie los observara,[f] las (pusieron/ponían)[15] en la carretera,[g] se (escondieron/escondían)[16] detrás de las murallas[h] del cementerio y (empezaron/empezaban)[17] a hacer ruidos extraños. La gente que esa noche pasaba por allí y (vio/veía)[18] las velas encendidas y (oyó/oía)[19] los ruidos (comenzó/comenzaba)[20] a correr asustada, mientras que detrás de las murallas del cementerio, mis primos y mi papá se (rieron/reían)[21] sin parar. Todavía nos reímos cuando recordamos esa noche.

[a]*gates* [b]*wreaths* [c]habían... *they had passed away before I was born* [d]rezar = *to pray* [e]*souls* [f]Sin... *Without anyone observing them* [g]*road* [h]*walls*

- ¿A Ud. le han contado (*have [they] told*) sus padres la historia de alguna travesura que ellos hicieron cuando eran jóvenes? ¿Qué travesura hicieron?

- Cuando Ud. escuchó esa historia por primera vez, ¿pensó que era cómica? ¿Qué piensa ahora?

B Lea el siguiente párrafo y conjugue los verbos indicados, según el contexto.

Cuando yo (ser)[1] más joven, (gustarme)[2] mucho ir a leer a la vieja biblioteca de mi pueblo. Yo (creer)[3] que la biblioteca (ser)[4] un lugar misterioso porque (haber)[5] muchos libros antiguos y porque todo el mundo (hablar)[6] en voz baja. En días lluviosos y oscuros, el edificio (parecer)[7] embrujado.[a] Generalmente yo (ir)[8] por las tardes porque entonces (ver)[9] al Sr. Panteón, un bibliotecario muy extraño y algo lúgubre,[b] tan flaco[c] que (parecer)[10] esqueleto. Siempre me (hablar)[11] de la historia de la biblioteca y me (ayudar)[12] a alcanzar los libros en los estantes más altos.

Un día cuando yo (llegar)[13], (notar)[14] que el Sr. Panteón no (estar)[15]. (Poner)[16] mi mochila en una mesa; (ir)[17] a pedirle ayuda a otro bibliotecario. Pero todos (estar)[18] ocupados y nadie (poder)[19] ayudarme. Frustrado, (decidir: yo)[20] regresar a casa y (volver)[21] a la mesa para recoger mi mochila. Pero, ¡qué raro! Al lado de la mochila, amontonados[d] con cuidado, (estar)[22] los libros... ¿Cómo (llegar)[23] a estar allí?

[a]*bewitched*   [b]*gloomy*   [c]*skinny*   [d]*piled up*

ENTRE TODOS

- ¿Qué pasó? ¿Cómo explica Ud. que los libros estaban en la mesa? ¿Quién los puso allí?

- ¿A quién en la clase le ha pasado (*has happened*) algo semejante? Cuénteselo a la clase.

C ¿Recuerda Ud. la secuencia de acciones que se describió en la página 85? En la página siguiente, se han agregado (*have been added*) algunos detalles descriptivos que sirven de fondo (*background*) a las acciones principales. Narre el cuento de nuevo, cambiando los verbos *en letra cursiva azul* al imperfecto o al pretérito, según el contexto. Si puede, añada más detalles a la historia.

1.

2.

3.

4.

5.

6.

7.

8.

1. un día, el jefe, *confiarle* dinero a la empleada **/** ella, *llamarse* Marian **/** *ser* una mujer joven y ambiciosa **/** pero no *estar* satisfecha **/** *querer* un cambio en su vida

2. la mujer, *deber* depositar el dinero **/** *decidir* guardarlo **/** ya que *tener* miedo de las autoridades **/** *necesitar* salir del pueblo inmediatamente **/** *poner* el dinero en la bolsa **/** *hacer* las maletas

3. después, ella, *salir* del pueblo en coche **/** *estar* nerviosa

4. la mujer, *estar* cansada **/** *llegar* al Motel Bates **/** en el motel, *haber* habitaciones vacantes **/** ella, *pensar* que allí *poder* descansar un poco antes de continuar su viaje **/** *haber* una enorme casa cerca **/** *llover* y *hacer* mal tiempo

5. en el hotel, la mujer, *conocer* a Norman **/** él, *ser* un joven guapo y tímido **/** *parecer* simpático **/** ellos, *hablarse* un rato **/** entonces ella, *firmar* su nombre en el registro / no *haber* otros huéspedes (*guests*) en el motel / Norman, *darle* la llave de su habitación

6. en seguida, ella, *ir* a su habitación / *tener* hambre / *pensar* salir a comer algo más tarde / por eso, *decidir* ducharse

7. Norman, *vivir* solo con su madre / madre, *estar* muerta / Norman, *estar* un poco demente (loco) / *tener* dos personalidades / *disfrazarse* de su madre / *abrir* la puerta / *entrar* al cuarto de la mujer mientras ella *ducharse*

8. ella, no *darse* cuenta del peligro / Norman, *sorprenderla* en la ducha / *matarla* a puñaladas

D **¡NECESITO COMPAÑERO!** Usando los verbos sugeridos y añadiendo otros detalles necesarios, narren una pequeña historia para cada uno de los siguientes dibujos. (Para el número 6, tienen que hacer un dibujo e inventar su propia historia.) Antes de empezar, decidan qué aspecto de cada acción (el medio de la acción o no) quieren indicar y conjuguen cada verbo en el pretérito o en el imperfecto, según el caso.

1. ser las 12:00 / jugar / llamar / no tener hambre / preferir jugar

2. recibir corbata de su tía / ser muy fea / no gustarle / decidir devolverla / hablar con la dependienta / ver a su tía

3. tener unos 10 años / ser un muchacho travieso / siempre hacer cosas que no deber hacer / encontrar unos cigarrillos / fumar / llegar su madre

4. ser una noche oscura / hacer muy mal tiempo / estar solos en la casa / leer / oír unos ruidos extraños / estar asustados / no querer ir a investigar

5. ser su aniversario / ir a comer a un restaurante elegante / pedir una gran comida / estar muy contentos / abrir la cartera para pagar la cuenta / descubrir / no tener / no aceptar tarjetas de crédito / tener que lavar los platos

6. ¿ ?

E ¡NECESITO COMPAÑERO!   Háganse y contesten preguntas para obtener la siguiente información sobre la niñez de un compañero / una compañera de clase. Recuerden usar las formas de **tú** en las preguntas. Luego, compartan con la clase lo que han aprendido (*you have learned*) sobre la niñez de su compañero/a.

1. una cosa que le gustaba muchísimo
2. un lugar que le parecía especial
3. una persona que influía mucho en su vida de una manera positiva
4. algo que tenía que hacer todos los días y que no le gustaba
5. algo que hizo sólo una vez pero que le gustó mucho
6. una cosa con la que siempre tenía mucho éxito
7. una ocasión en que estaba muy orgulloso/a de sí mismo/a
8. una cosa buena que hizo para otra persona

Pasaje cultural

En todo el mundo hispano se celebra el Día de los Difuntos (el Día de los Muertos), pero la forma en que se celebra varía de país a país e incluso de una región a otra dentro de un mismo país. La manera en que se celebra este día en Oaxaca, México, es muy particular. Allí existe una herencia (*heritage*) religiosa indígena muy arraigada (*deeply rooted*).

El Día de los Difuntos en Oaxaca, México

Antes de ver

■ ¿Cuánto sabe Ud. de la celebración del Día de los Difuntos en México? ¿Qué clase de ritos piensa que forman parte de esta celebración en Oaxaca?

■ Ahora lea con cuidado la actividad en **Vamos a ver** antes de ver el vídeo por primera vez.

Vamos a ver

¿Cuáles de las siguientes costumbres y creencias del Día de los Difuntos puede Ud. identificar como propias de los oaxaqueños?

1. ❏ La gente pone velas y flores en las tumbas y reza por las almas de los muertos.
2. ❏ Se dedican dos días del mes de noviembre a la memoria de los muertos.
3. ❏ Los adultos, igual que los niños, visitan el cementerio por la noche.
4. ❏ Todos se disfrazan de brujas y fantasmas.
5. ❏ Se cree que los muertos regresan a la vida el primer día de noviembre.
6. ❏ La creación de los altares demuestra el amor que se les tiene a los difuntos.

Oaxaca, México

7. ❑ Los niños van de tumba a tumba pidiéndole dulces a la gente en el cementerio.

8. ❑ Se hacen altares para los difuntos frente a casas y restaurantes.

Después de ver

- Trabajando en grupos, hagan una lista de por lo menos cuatro características de la celebración del *Memorial Day* y otra del Día de los Difuntos en Oaxaca. Comparen sus listas con las de los otros grupos. De estas listas, ¿se puede llegar a una conclusión sobre algunos de los valores culturales de los dos países?

- Busque información sobre otras fiestas o tradiciones en México. ¿Cuáles son parecidas a las de este país? ¿Cuáles son distintas? ¿Cuáles le parecen más interesantes? Comparta esta información con sus compañeros de clase.

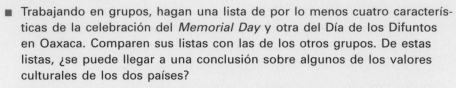

▪▪▪ 15 DE ENTRADA

Mire el siguiente dibujo. ¿Por qué cree Ud. que este ser (*being*) anda vestido de esta manera? A continuación hay algunas conjeturas acerca de cómo era mientras vivía. Indique cuáles de éstas le parecen probables (**P**) y cuáles le parecen improbables (**I**).

1. _____ Era un individuo que se preocupaba mucho por su posición social.

2. _____ Dedicaba su tiempo a los pobres y los enfermos.

3. _____ Su esposa, con quien vivió por veinte años, tenía obsesión por economizar electricidad.

4. _____ Era un hombre tímido a quien no le gustaba nada atraer la atención de los demás.

5. _____ Su casa, que era muy humilde, tenía un sistema de energía solar.

6. _____ Era una persona que se miraba en el espejo con frecuencia.

¿En qué estarán (_are [they] probably_) pensando los otros ángeles con gafas oscuras? Les parecerá (_do you suppose it seems_) que hay mucha luz, ¿verdad? A continuación Ud. va a ser iluminado/a (_enlightened_) con los usos de **que** y **quien(es)** para hacer oraciones complejas.

■■ 15 Relative Pronouns: _que, quien_

A series of short sentences in a row sounds choppy; often there are no smooth transitions from one idea to another. By linking several short sentences together to make longer ones, you can form sentences that have a smoother, more fluid sound.

A. Simple versus complex sentences

A _simple sentence_ (**oración sencilla**) consists of a subject and a predicate (verb with or without a complement).

David compró el disfraz.	_David bought the costume._
El disfraz estaba en la tienda.	_The costume was in the store._
El muerto era médico.	_The deceased was a doctor._
Enterraron al muerto ayer.	_They buried the deceased man yesterday._

A _complex sentence_ (**oración compleja**) is really two simple sentences that share a common element and are combined into one. The first simple sentence, which communicates the main idea, becomes the independent or main clause (**cláusula independiente/principal**). (An independent clause can stand alone as a coherent sentence.) In the second simple sentence, the element in common with the first (e.g., **el disfraz** in the following table) is replaced by a relative pronoun (**pronombre relativo**) creating a dependent or subordinate clause (**cláusula dependiente/subordinada**). (A dependent clause _cannot_ stand alone as a coherent sentence.)

	Spanish	English
two simple sentences	David compró **el disfraz.**	_David bought the costume._
	El disfraz estaba en la tienda.	_The costume was in the store._
independent clause	David compró **el disfraz**	_David bought the costume_
dependent clause	**que** estaba en la tienda	_that was in the store_
complex sentence	David compró **el disfraz que** estaba en la tienda.	_David bought the costume that was in the store._

Relative pronouns are often omitted in English.

The car (that) we bought isn't worth anything.
He doesn't know the man (that) we were talking with.

In contrast, relative pronouns are *never* omitted in Spanish.

El coche **que** compramos no vale nada.
No conoce al hombre **con quien** hablábamos.

B. *Que* versus *quien*

There are three principal relative pronouns in English: *that, which,* and *who/whom.* In Spanish, all three are usually expressed by the relative pronoun **que.**

Laura leyó el libro **que** compró.	*Laura read the book that she bought.*
Mi coche, **que** está estacionado allí, es azul.	*My car, which is parked there, is blue.*
Éste es el artículo de **que** te hablé.	*This is the article that I spoke to you about.*
Vi al hombre **que** estaba aquí ayer.	*I saw the man who was here yesterday.*

Although *who/whom* is usually expressed in Spanish by **que,** in two cases *who/whom* may be expressed by **quien(es).**

1. When *who/whom* introduces a nonrestrictive clause

Julia, **quien** (**que**) no estuvo ese día, fue el líder del grupo.	*Julia, who was not there that day, was the leader of the group.*
Carmen y Loren, **quienes** (**que**) hoy viven en Newark, son de Cuba.	*Carmen and Loren, who today live in Newark, are from Cuba.*

Nonrestrictive clauses, which are always set off by commas, are embedded in sentences almost as an afterthought or an aside. If they are removed, the essential meaning of the sentence remains unchanged. When the replaced element is a person, either **que** or **quien(es)** may be used to introduce the clause. Although **que** is more common in spoken language, **quien(es)** is preferred in writing.

2. When *whom* follows a preposition or is an indirect object°

No conozco al hombre **de quien** hablaba.	*I don't know the man he was talking about (about whom he was talking).*
La persona **a quien** vendimos el coche nos lo pagó en seguida.	*The person we sold the car to (to whom we sold the car) paid us for it immediately.*

In colloquial English we often end sentences and clauses with prepositions: *I don't know the man he was talking **about;** The person we sold the car **to** paid us for it immediately.* In Spanish, however, a sentence may *never* end with a preposition. When a prepositional object is replaced by a relative pronoun, the preposition and pronoun are both moved to the front of the embedded sentence, as in the following examples from more formal English: *I don't know the man **about whom** he was talking; The person **to whom** we sold the car paid us for it immediately.*

°When *whom* is a direct object, **quien** can be used, but in contemporary speech it is more common to omit the object marker **a** and introduce the embedded element with **que: La persona a quien vimos allí es muy famosa.** → **La persona que vimos allí es muy famosa.**

En resumen

- When it is *possible* to use a relative pronoun in English, it is *necessary* to use one in Spanish.
- Unless there is a preposition or a comma, always use **que**.

PRÁCTICA   Complete las siguientes oraciones con **que** o **quien(es),** según el contexto.

1. Mucha gente desprecia a las personas _____ son algo diferentes.

2. Las películas _____ más me asustan son las de Stephen King.

3. Hay muchos rasgos _____ compartimos con esos grupos étnicos.

4. Estoy segura de que la mujer con _____ hablan es bruja.

5. ¿Cuáles son las características _____ se asocian con lo sobrenatural?

6. Los indígenas de _____ hablábamos son descendientes de los primeros habitantes del continente.

7. La noche del 31 de octubre muchos niños, _____ llevan disfraces distintos, van de casa en casa pidiendo dulces.

8. Los esqueletos y calaveras con _____ se decora la casa simbolizan la muerte.

■■■ 15 INTERCAMBIOS

AUTOPRUEBA   Combine los siguientes pares de oraciones sencillas para formar una sola oración compleja, usando **que** o **quien(es),** según el contexto.

1. Los padres de Gloria son de Puerto Rico. Los padres de Gloria viven en Nueva York.

2. Nuestra casa se encuentra en la esquina de la próxima calle. Nuestra casa es roja.

3. Teresa hablaba del vecino. Pero no conocíamos al vecino.

4. Vimos un anillo de diamantes en la tienda. Pablo me compró un anillo de diamantes.

5. Le compré chocolates a Rosalva. Rosalva ya comió los chocolates.

_____

Respuestas: 1. Los padres de Gloria, que (quienes) viven en Nueva York, son de Puerto Rico. **2.** Nuestra casa, que se encuentra en la esquina de la próxima calle, es roja. **3.** Teresa hablaba del vecino que (a quien) no conocíamos. **4.** Pablo me compró un anillo de diamantes que vimos en la tienda. **5.** Rosalva ya comió los chocolates que le compré.

LENGUAJE Y CULTURA

Hay muchas expresiones en inglés en que se usa la palabra *dead* pero que no tienen nada que ver con la muerte. Explique en español el significado de las siguientes frases.

1. *dead wrong*
2. *dead set against*
3. *a dead ringer for…*
4. *a deadbeat*
5. *dead center*
6. *the dead of winter*

En cambio, muchas frases que sí se relacionan con la muerte y la vejez (*old age*) disfrazan su verdadero significado. Ahora explique la relación que tienen las siguientes expresiones con la muerte.

1. *a funeral home/parlor*
2. *to buy the farm*
3. *a rest home*
4. *a memorial park*

A Junte los siguientes pares de oraciones, omitiendo la repetición innecesaria por medio de pronombres relativos apropiados.

> MODELO: El cementerio es el famoso Forest Lawn. Hablaron del cementerio. →
> El cementerio de que hablaron es el famoso Forest Lawn.

1. Los disfraces representan brujas, piratas y animales. Los jóvenes llevan los disfraces en Carnaval.

2. En México hay mucha gente. Esta gente celebra el Día de la Independencia el 16 de septiembre.

3. Pienso invitar a la fiesta a todas las personas. Trabajo con estas personas.

4. La edad es un tema. La edad asusta a mucha gente en las fiestas de cumpleaños.

5. Todas las personas eran parientes del niño. Estas personas asistieron a su fiesta de cumpleaños.

6. La mezcla de razas constituye un elemento característico de la cultura nacional. Esta mezcla resultó de la conquista.

B GUIONES Trabajando en grupos de tres o cuatro personas, narren una breve historia para la siguiente secuencia de dibujos. Utilicen el pretérito y el imperfecto y traten de usar complementos pronominales y los pronombres relativos para evitar la repetición innecesaria.

Vocabulario útil: la bibliotecaria, el equipo antifantasma, los rayos láser, combatir, darse cuenta, llamar, estar satisfecho, medir, proteger

1.

2.

3.

4.

5.

6.

Enlace

▪▪▪ ESCENARIOS

Imagínese que Ud. acaba de morirse, que la reencarnación del alma es un hecho y que tiene la oportunidad de volver a la vida *si quiere*. Es posible regresar a la Tierra con la misma identidad que se tenía o con una nueva.

¡NECESITO COMPAÑERO! Use las siguientes preguntas para entrevistar a un compañero / una compañera de clase para averiguar cómo esa persona va a reaccionar frente a esta situación.

1. ¿Vas a regresar o no? (Si él/ella dice que no, pídale que le explique el motivo de su decisión; si dice que sí, continúe con la pregunta número 2.)

2. Examina la siguiente lista de identidades que puedes asumir en tu segunda vida. ¿Cuál prefieres? ¿Por qué? (Si él/ella no encuentra ninguna alternativa aceptable, puede inventar otra.) ¿Cuál no quieres en ninguna circunstancia? ¿Por qué no?

   - alguien que va a cambiar la historia del mundo
   - un delfín
   - alguien que va a ser requete-rrico (muy, muy rico) y famoso
   - alguien con un talento extraordinario que podrá hacer algo mejor que nadie (*better than anyone else*)
   - un ser humano del sexo opuesto

   - una rosa
   - un árbol
   - un individuo admirado y querido por todos los que lo conocen
   - una persona inmortal
   - un pájaro
   - ¿ ?

ENTRE TODOS Comparen los resultados de su entrevista con el resto de la clase. ¿Cómo reacciona la mayoría de la clase ante la posibilidad de volver a la vida después de morir? ¿Hay alguna identidad escogida por la mayoría? ¿Cuál es? ¿Y cuál es la identidad que menos escogieron?

■■■ ¡OJO!

	Examples	Notes
hora **vez** **tiempo**	¿Qué **hora** es? ¿No es **hora** de comer? *What time is it? Isn't it time to eat?* Estudié dos **horas** anoche. *I studied for two hours last night.* He estado en Nueva York muchas **veces.** *I've been in New York many times.* No tengo **tiempo** para ayudarte. *I don't have time to help you.* Nunca llegan **a tiempo.** *They never arrive on time.*	The specific time of day or a specific amount of time is expressed with the word **hora.** *Time* as an *instance* or *occurrence* is **vez,** frequently used with a number or other indicator of quantity. **Tiempo** refers to *time* in a general or abstract sense. The Spanish equivalent of *on time* is **a tiempo.**
el cuento **la cuenta**	**El cuento** es largo pero muy interesante. *The story is long but very interesting.* Mi padre me pidió **la cuenta** y después me la devolvió; no la pagó él. *My father asked me for the bill and then gave it back to me; he didn't pay it.*	**Cuento** means *story, narrative,* or *tale.* **Cuenta** means *bill* (*money owed*), *calculation,* or *account.*
pagar **prestar atención** **hacer caso (de)** **hacer (una) visita** **(Continúa)**	Tuvimos que **pagar** todos los gastos de su educación. *We had to pay all the expenses related to his education.* Algunos estudiantes nunca les **prestan atención** a sus maestros. *Some students never pay attention to their teachers.*	The verb **pagar** expresses *to pay for* (*something*). *To pay attention* (and *not let one's mind wander*) is expressed with **prestar atención.**

Examples	Notes
pagar **prestar atención** **hacer caso (de)** **hacer (una) visita**	No le **hagas caso;** es tonto. *Don't pay any attention to him; he's a fool.* Vamos a **hacerle visita** este verano. *We're going to pay her a visit this summer.*	*To pay attention* in the sense of *to heed* or *to take into account* is **hacer caso (de)**. The equivalent of *to pay a visit* is **hacer (una) visita**.

A VOLVIENDO AL DIBUJO Los siguientes párrafos se refieren al dibujo que Ud. vio en **Describir y comentar.** Elija la palabra o expresión que mejor complete cada oración. ¡Cuidado! También hay palabras de los capítulos anteriores.

1. La procesión consistía (en/de/con)[1] un grupo de hombres que llevaban figuras religiosas. El recorrido[a] dependía (en/de/con)[2] las circunstancias. Si estaba lloviendo, el recorrido iba a ser más (bajo/corto)[3]. Durante la procesión, un turista quería sacar una foto, pero los hombres no le (prestaban/pagaban)[4] atención. Los hombres (miraban/parecían)[5] muy serios y no tenían (hora/vez/tiempo)[6] para distracciones.

2. Los tres jóvenes se divertían tanto que no (realizaron / se dieron cuenta de)[7] que su amiga no estaba con ellos. Ella (miraba/parecía)[8] muy confundida y (buscaba/miraba)[9] a sus amigos. Ella pensó: «Ya me perdí (otro tiempo / otra vez / otra hora)[10].»

3. El niño que celebraba su cumpleaños recibió un robot, pero no (funcionaba/trabajaba)[11]. La niña no (pagaba/prestaba)[12] atención porque leía y soñaba (en/de/con)[13] el príncipe (del cuento / de la cuenta)[14]. Ella estaba enamorada (en/de/con)[15] él y quería casarse (en/de/con)[16] él. La madre del niño pensaba (de/en/que)[17] era tarde. Ya era (hora/tiempo/vez)[18] de regresar a casa.

[a]*route*

ENTRE TODOS

- De niño/a, ¿le leían cuentos sus padres (abuelos, tíos,...) en voz alta a Ud.? ¿Qué cuentos le gustaban más: los de hadas, los de acción y de aventuras, los de fantasmas o los de horror? ¿Todavía le gusta ese tipo de cuento? ¿Le gusta escuchar los cuentos narrados (por ejemplo, en «books on tape») o prefiere leerlos?

- Cuando Ud. era más joven, ¿le pagaban sus padres todos sus gastos? En general, ¿qué tipo de gasto tenía que pagar Ud. personalmente? En su opinión, ¿quién debe pagar la cuenta cuando un hombre y una mujer salen juntos? Cuando Ud. quiere pagar (o insiste en pagar), ¿qué hace su pareja? ¿Se molesta o le da igual (does he/she care)? En los siguientes casos, ¿quién debe pagar, Ud. o la persona con quien está? ¿Por qué?

la primera cita   una cita con unos amigos íntimos
una cita con su novio/a   una cita con sus padres
   (de hace algún tiempo)

¿Hay situaciones en que el uno o el otro deba pagar? Explique.

■■■ REPASO

A En el siguiente diálogo, hay mucha repetición innecesaria de complementos. Léalo por completo y luego elimine los complementos innecesarios, sustituyéndolos por los pronombres y adjetivos apropiados.

Una conversación en la clase de español del profesor O'Higgins

O'HIGGINS: Bueno, estudiantes, es hora de entregarᵃ la tarea de hoy. Todos tenían que escribirme una breve composición sobre la originalidad, ¿no es cierto? ¿Me escribieron la composición?

JEFF: Claro. Aquí tiene Ud. la composición mía.

O'HIGGINS: Y Ud., Sra. Chandler, ¿también hizo la tarea?

CHANDLER: Sí, hice la tarea, profesor O'Higgins, pero no tengo la tarea aquí.

O'HIGGINS: Ajá. Ud. dejó la tarea en casa, ¿verdad? ¡Qué original!

CHANDLER: No, no dejé la tarea en casa. Sucede que mi hijo tenía prisa esta mañana, el coche se descompusoᵇ y mi marido llevó el coche al garaje.

O'HIGGINS: Ud. me perdona, pero no veo la relación. ¿Me quiere explicar la relación?

CHANDLER: Bueno, anoche, después de escribir la composición, puse la composición en mi libro como siempre. Esta mañana salimos, mi marido, mi hijo y yo, en el coche. Siempre dejamos a Paul —mi hijo— en su escuela primero, luego mi marido me deja en la universidad y entonces él continúa hasta su oficina. Esta mañana, como le dije, mi hijo tenía mucha prisa y cogió mi libro con sus libros cuando bajó del coche. Desgraciadamente no vi que cogió mi libro. Supe que cogió mi libro cuando llegamos a la universidad.

ᵃturn in   ᵇse... broke down

Como ya era tarde, no pude volver a la escuela de mi hijo. Así que mi marido se ofreció a buscarme el libro. Pero el coche se descompuso y…

O'HIGGINS: Bueno, Ud. me puede traer la tarea mañana, ¿no?

CHANDLER: Sin duda, profesor.

B Imagínese que acaban de morirse las siguientes personas.

1. un hombre muy rico y muy tacaño (*stingy*)
2. un donjuán
3. una mujer que miente mucho
4. el dictador de un país muy pobre
5. una mujer que no cree en Dios

Al llegar al más allá, tienen que justificar, frente a San Pedro, su comportamiento en la Tierra para poder entrar al cielo. Es necesario comentar lo bueno… y también lo malo. Para comenzar, complete las siguientes oraciones de la forma en que lo harían (*would do*) estas personas recién muertas. Añada información para completar las historias.

Yo siempre _____, pero una vez _____.

Yo nunca _____, pero un día _____.

Yo solía _____, pero en 1999 _____.

Y Ud., ¿qué le diría (*would you say*) a San Pedro sobre su vida para que él le permitiera entrar al cielo?

CAPÍTULO 4

La familia

*San Miguel de Allende,
México*

Exploraciones

Según muchos sociólogos, la familia es la unidad social fundamental, la primera y la más básica de todas las relaciones humanas. Todos tenemos una familia, y también sentimos imágenes, sensaciones y emociones siempre que (*every time*) pensamos en la idea de «la familia». ¿Pero tenemos todos las mismas imágenes? ■■■

A NIVEL PERSONAL
■ En su opinión, ¿qué elementos son fundamentales en una familia? ¿Qué elementos son deseables pero no necesarios? ¿Tienen sus compañeros de clase ideas parecidas? ¿Hay un elemento particular o distintivo de su familia?

A NIVEL REGIONAL
■ ¿Cree Ud. que la importancia que tiene la familia como unidad social es diferente entre distintos sectores? Por ejemplo, ¿entre el campo y la ciudad? ¿entre diferentes barrios o áreas de su ciudad? ¿entre diferentes grupos étnicos? Explique.

A NIVEL GLOBAL
■ ¿Cree Ud. que la importancia que tiene la familia como unidad social es diferente entre este país y los países hispanos? ¿En qué basa Ud. su opinión?

■ Busque artículos sobre la importancia de la familia en algún país hispanohablante que le interese a Ud. (Sugerencia: Vaya a la sección social de un periódico electrónico de ese país o a una revista electrónica que se dedique a esos temas familiares.) Según los artículos que Ud. encuentre, ¿qué importancia tiene la familia en el país que escogió? ¿Es la importancia de la familia en ese país mayor o menor de lo que (*than what*) Ud. esperaba? Explique sus impresiones. Luego, compare la importancia de la familia en ese país hispano con la importancia de la familia en la comunidad donde Ud. vive. Finalmente, compare sus impresiones y observaciones con las de sus compañeros de clase.

 The *Pasajes Online Learning Center* (**www.mhhe.com/ pasajes6**) contains new interactive activities to practice the material presented in this chapter.

■ ¿Qué pasa en cada dibujo? ¿Dónde están las personas y qué hacen? ¿En qué dibujos aparecen parientes viejos? ¿En qué dibujos hay conflictos generacionales? ¿Cómo se van a resolver? Compare y contraste las emociones que se presentan en los dibujos.

■ Identifique a cada pariente que aparece en el dibujo C. ¿Qué pasa en la reunión? ¿Qué hacen las personas? ¿Ocurren en la familia de Ud. escenas similares? ¿Cuándo?

■■■ VOCABULARIO ... *para conversar*

casarse con to marry

castigar to punish

criar to raise, bring up

cuidar to take care of

disciplinar to discipline

discutir to argue

divorciarse de to divorce

enamorarse (de) to fall in love (with)

estar a cargo (de) to be in charge (of)

golpear to hit

llevar una vida (feliz/difícil) to lead a (happy/difficult) life

mimar to indulge, spoil (*a person*)

pelear(se) to fight

portarse bien/mal to behave/misbehave

el cariño affection

el castigo punishment

la crianza child-rearing

la disciplina discipline

el divorcio divorce

el/la hijo/a único/a only child

el/la huérfano/a orphan

el matrimonio matrimony; married couple

el noviazgo courtship

  el/la novio/a boyfriend/girlfriend; fiancé(e)

la pareja couple; partner

la sangre blood

el/la viudo/a widower/widow

bien educado/a, mal educado/a° well-mannered, ill-mannered

cariñoso/a affectionate

malcriado/a bad-mannered, ill-mannered

Los parientes

el/la abuelo/a grandfather/grandmother

el/la bisabuelo/a great-grandfather/ great-grandmother

el/la bisnieto/a great-grandson/great-granddaughter

el/la cuñado/a brother-in-law/sister-in-law

el/la esposo/a husband/wife; spouse

el/la hermano/a brother/sister

el marido husband

la mujer wife

el/la nieto/a grandson/granddaughter

la nuera daughter-in-law

los padres parents

el/la primo/a cousin

el/la sobrino/a nephew/niece

el/la suegro/a father-in-law/mother-in-law

el/la tío/a uncle/aunt

el yerno son-in-law

A ¡NECESITO COMPAÑERO! Trabajando en parejas, creen un cuadro o mapa semántico para las palabras y expresiones en la página siguiente. Sustituyan la palabra **mimar** del modelo por otra palabra o expresión y completen el cuadro con ideas que se asocien con el nuevo concepto. No es necesario limitarse a las palabras de la lista de vocabulario para hacer sus asociaciones.

°Many native Spanish speakers from Spain use **estar** with **educado/a:** many Latin Americans use **ser.**

MODELO: mimar →

1. enamorarse
2. pelearse
3. portarse bien

egoísta, malcriado

consecuencias

razones < **MIMAR** > **acciones**

amor

permitirle todo

personas

los niños pequeños

B ¡NECESITO COMPAÑERO! Es fácil ver que varias de las palabras y expresiones de la lista de vocabulario sugieren un orden cronológico: el noviazgo, el matrimonio, el divorcio. De las palabras y expresiones de la lista de vocabulario, ¿cuántas pueden Uds. poner en orden cronológico? Trabajando en parejas, hagan una cronología para todas las palabras que puedan. Pero, ¡prepárense para explicarle sus decisiones a la clase!

C Explique la diferencia entre cada par de palabras.

1. el noviazgo / el matrimonio
2. los padres / los parientes
3. los suegros / los sobrinos

4. un huérfano / un viudo
5. el padre o la madre / los padres
6. la cuñada / la nuera

D Defina brevemente en español los términos de la lista de vocabulario que se refieren a «los parientes».

MODELO: el abuelo →
   Mi abuelo es el padre de mi padre o de mi madre.

A PROPÓSITO

Possessive adjectives precede the noun to which they refer and agree with it in number and, in the case of **nuestro** and **vuestro,** gender.°

mi, mis	*my*	nuestro/a/os/as	*our*
tu, tus	*your*	vuestro/a/os/as	*your*
su, sus	*his, her, your, its*	su, sus *their,*	*your*

E ENTRE TODOS

■ Cuando Ud. era niño/a, ¿qué actividades se hacían con frecuencia en su familia? ¿En qué actividades participaba toda la familia?

■ ¿Qué actividades eran típicas del verano? ¿del fin de semana?

■ ¿De qué tareas domésticas estaban a cargo Ud. y sus hermanos?

°See Appendix 5 for more information about patterns of agreement.

La función de la familia extendida hispana

CUANDO SE HABLA de la familia en los países hispanos, con frecuencia se menciona el concepto de la familia extendida. En este país este concepto nos trae la imagen de los abuelos, los padres y los hijos que viven bajo un mismo techo.[a] Pero realmente no es esto lo que significa el término. Así como en nuestro país, en las familias hispanas no es raro que los padres vivan con sus hijos aparte de los abuelos, tíos, primos y otros familiares, aunque otros miembros de la familia vivan muy cerca. Entonces ¿qué significa «familia extendida»? Este concepto abarca[b] algunas ideas que tienen que ver con[c] las responsabilidades de la familia, sobre todo con los otros miembros de la familia.

En la familia hispana tradicional se conservan los valores y las costumbres tradicionales, es decir, que vienen desde hace siglos. Hay mucho respeto por los ancianos y por sus contribuciones pasadas y presentes a la familia, y los logros de los antepasados se consideran como una herencia para las generaciones futuras. Al mismo tiempo los miembros de la familia saben que pueden contar con[d] el apoyo espiritual, emocional y económico de los demás cuando lo necesitan. En la familia extendida hispana uno nunca está solo. Esta ayuda es recíproca también. La persona que ayuda a un pariente hoy puede ser la que recibe ayuda en el futuro.

También son importantes los papeles que desempeñan los hombres y las mujeres.[e] El concepto del machismo es bien conocido, pero es difícil que una persona no hispana comprenda cómo funciona el machismo en la familia hispana. El ideal del machismo exige que los hombres tengan la responsabilidad de mantener[f] a la familia. Deben merecer respeto, ser honestos, proteger la honra de su familia y ejercer su autoridad sobre la familia con prudencia. Y mientras que prevalece[g] la idea de que el hombre es el que manda y toma todas las decisiones, es la mujer la que dirige la casa familiar. Ella debe estar dispuesta a sacrificarse para el bienestar de la familia y ser fiel a su esposo. Además, la mujer debe servir de ejemplo a la familia con sus virtudes y darle apoyo a quien lo necesite.

Pero hoy en día la familia hispana está cambiando, lentamente. El número de divorcios ha subido[h] y mucha gente ha abandonado[i] su vida tradicional en el campo para buscar trabajo en las ciudades. Al mismo tiempo hay más posibilidades que los jóvenes reciban educación y luego obtengan una carrera. El efecto de estos cambios en la estructura económica y moral de la familia está todavía por verse.[j] ∎

[a]roof [b]includes [c]tienen… *deal with* [d]contar… *depend on* [e]papeles… *roles that men and women play* [f]support [g]prevails [h]ha… *has gone up* [i]ha… *have abandoned* [j]está… *is yet to be seen*

Una familia de Santiago de Chile

Lengua

▪▪▪ 16 DE ENTRADA

Muchos sociólogos creen que la televisión y la radio tienen tanta influencia como la familia (o incluso mayor) sobre la conducta de los jóvenes de hoy. Observe el siguiente dibujo y conteste las preguntas.

1. ¿Quién desea un lavaplatos? ¿Quién quiere un coche deportivo?

2. ¿Qué desea la hija? ¿En qué piensa el padre?

3. ¿Por qué desean y piensan en estas cosas los miembros de esta familia? ¿Cuál(es) de ellos representa(n) estereotipos?

4. ¿Qué efecto tiene la televisión en la vida familiar? ¿Tiene consecuencias económicas? ¿de comunicación e integración? ¿de valores (*values*) y deseos? Explique.

Ahora, mire los verbos que salen del televisor. ¿Qué verbos corresponden a cada deseo de la familia? ¿En qué forma están? ¿Y dónde se colocan los complementos pronominales con estas formas verbales? A continuación hay una explicación de estas formas verbales comunes en los anuncios y también en la vida familiar.

LENGUAJE Y CULTURA

Las siguientes expresiones se utilizan con bastante frecuencia cuando se trata de la experiencia familiar norteamericana. ¿Puede Ud. explicar cada una en español?

- *to be grounded*
- *allowance*
- *crybaby*
- *tattletale*
- *teenager*

¿Qué otras expresiones agregaría Ud. (*would you add*) a la lista? ¡Explíquelas en español!

▪▪ 16 Imperatives: Formal Direct Commands

The imperative (**el imperativo**) is used to express direct commands (**los mandatos directos**). It has four basic forms in Spanish: singular/plural formal **Ud./Uds.** commands and singular/plural informal **tú/vosotros** commands.°

A. Forms of formal commands

To form singular formal (**Ud.**) commands, start with the **yo** form of the present indicative. Change the **-o** ending to **-e** for **-ar** verbs and to **-a** for **-er** and **-ir** verbs. To form plural formal (**Uds.**) commands, add the **-n** ending to the singular command.

°You will review the forms and uses of informal commands in grammar section 19.

	Present Indicative	Commands	
	Yo	*Ud.*	*Uds.*
-ar verbs	habl**o** →	habl**e**	habl**en**
	piens**o** →	piens**e**	piens**en**
-er verbs	com**o** →	com**a**	com**an**
	teng**o** →	teng**a**	teng**an**
-ir verbs	viv**o** →	viv**a**	viv**an**
	oig**o** →	oig**a**	oig**an**

===>==> A PROPÓSITO >==>

Verbs that end in **-car, -gar,** and **-zar** have a spelling change in the formal command form.

-car: buscar → bus**c**o → bus**que**
-gar: llegar → lle**g**o → lle**gue**
-zar: empezar → empie**z**o → empie**ce**

For more information on this type of spelling change, see Appendix 2.

The use of **Ud./Uds.** makes the command more formal or more polite, but this use is optional.

Hable más despacio, por favor.   *Speak more slowly, please.*
¡No **coman** Uds. esa fruta!   *Don't eat that fruit!*

If the present indicative **yo** form of a verb does *not* end in **-o** (for example, **sé** or **voy**), the formal commands are irregular. Note the use of accents.

Infinitive	Present Indicative	Commands	
	Yo	*Ud.*	*Uds.*
dar	doy →	d**é**	den
estar	estoy →	est**é**	est**én**
ir	voy →	vaya	vayan
saber	sé →	sepa	sepan
ser	soy →	sea	sean

===>==> A PROPÓSITO >==>

In modern Spanish, the infinitive is increasingly used for impersonal commands, such as those on signs in public places.

No fumar.
No smoking.

No entrar.
Do not enter.

B. Placement of pronouns with formal commands

Object and reflexive pronouns are attached to affirmative commands and precede negative commands.

¿Esos libros? Pónga**los** allí.   *Those books? Put them over there.*

¿Esas cosas viejas? No **las** ponga aquí.   *Those old things? Don't put them here.*

¡No **se** bañe con cualquier jabón! ¡Báñe**se** con Cristal!   *Don't bathe with just any soap! Bathe with Cristal!*

If two object pronouns are used, the indirect or reflexive pronoun precedes the direct-object pronoun.

Este vino está muy bueno. Sírva**noslo** ahora, por favor.   *This wine tastes very good. Serve it to us now, please.*

Este vino está muy bueno, pero no **nos lo** sirva ahora.   *This wine tastes very good, but don't serve it to us now.*

Attaching a pronoun or pronouns to a command form changes the number of syllables in the word. For this reason, a written accent is required on the penultimate (next-to-last) syllable of the basic command form.°

ponga → póngalo, póngaselo

PRÁCTICA Los Sres. Gambas están en la oficina del consejero familiar. Cambie las siguientes sugerencias del consejero por mandatos formales directos. ¡Cuidado! Hay mandatos en singular y en plural.

> MODELO: Sres. Gambas, Uds. deben leer mi libro sobre la crianza de los niños. →
> Lean Uds. mi libro sobre la crianza de los niños.

1. Sr. Gambas, Ud. nunca debe gritarles a sus hijos.
2. Sres. Gambas, Uds. deben enseñarles a ser responsables.
3. Sra. Gambas, Ud. no debe mimarlos.
4. Sres. Gambas, Uds. no deben comprarles pistolas ni otros juguetes violentos.
5. Sra. Gambas, Ud. debe obligarlos a tomar clases de música y de gimnasia.
6. Sres. Gambas, Uds. no deben discutir delante de los niños.
7. Sres. Gambas, Uds. deben darles igual trato (*treatment*) a los niños y a las niñas.
8. Sr. Gambas, Ud. debe pasar más tiempo con los hijos porque la relación entre padre e hijos es muy importante.

▄▄▄ 16 INTERCAMBIOS

AUTOPRUEBA Los médicos les dan consejos a sus pacientes todos los días. Cambie los siguientes consejos del médico por mandatos formales directos.

1. Señor, debe dejar de fumar.
2. Señora, debe dormir siete u ocho horas por noche.
3. Señora, debe comer menos dulces.
4. Señor, no debe tomar tanto.
5. Señora, debe evitar el estrés.
6. Señor, debe consultar conmigo más frecuentemente.

Respuestas: 1. Deje de fumar. **2.** Duerma siete u ocho horas por noche. **3.** Coma menos dulces. **4.** No tome tanto. **5.** Evite el estrés. **6.** Consulte conmigo más frecuentemente.

°The one-syllable **dar** commands are exceptions to this rule. The **Ud.** command has an accent to distinguish it in spelling from the preposition **de** (*of, from*): **dé.**

A ¿Qué sugerencias ofrece Ud. para resolver las siguientes situaciones? Use mandatos formales y dé por lo menos un mandato afirmativo y un mandato negativo para cada situación.

MODELO: Tengo hambre. →
Cómase un biftec con patatas fritas. Pero si Ud. está a dieta, haga algún ejercicio físico y no piense en la comida.

1. Tengo un examen mañana.
2. Tengo dolor de cabeza.
3. Estamos casados, pero no estamos contentos.
4. Tenemos que ir a Nueva York.
5. No sé qué ropa llevar a una fiesta elegante.
6. No tengo dinero y necesito pagar el alquiler (*rent*) de la casa.
7. Mi esposo/a está muy enfadado/a conmigo.

B ¡NECESITO COMPAÑERO! Imagínese que Ud. y su compañero/a trabajan para la revista mensual española *Mamás y Papás* en la sección que les ofrece consejos a los nuevos padres, contestando sus cartas en la revista. Las siguientes cartas han llegado (*have arrived*). ¿Qué les recomiendan Uds. a los padres en cada caso? Traten de ofrecer por lo menos dos sugerencias, en forma de mandato, para cada caso. ¿Qué dicen las otras parejas al respecto?

Nietos imposibles	**Mi hijo se deja dominar**	**Un niño difícil**

Los hijos de mi nuera son insoportables. Aunque los quiero mucho —al fin y al cabo son mis nietos— me molesta que no tengan ningún sentido de responsabilidad ni de sus obligaciones ni deberes. Su madre les hace todo, y cuando le digo que les debe pedir que la ayuden con los quehaceres domésticos, me dice que ella, de niña, odiaba este tipo de trabajo y que no quiere someter a sus hijos a la misma situación. ¿Cómo puedo convencerla de que los niños sí deben compartir el trabajo de casa aunque lo odien? ■

Supongo que no escriben muchos hombres a este consultorio, pero no soporto más observar cómo mi hijo Jaime, de 3 años, se deja dominar por otro chico, uno o dos años mayor que él, hijo de unos vecinos. ¿Qué les parece, por ejemplo, la siguiente escena? Mi hijo está tranquilamente jugando con su caja de construcciones; cuando aparece el otro, acapara[a] todos los tacos[b] y se pone a construir un garaje. Y Jaime no sólo se lo permite sino que incluso le mira embelesado.[c] ¿Se convertirá en[d] un ser sin voluntad propia? ■

Nuestro hijo Aaron es muy cariñoso y colaborador en casa, pero en el colegio va siempre mal, y ya ha repetido[e] el 2° año. Al principio de cada curso, los profesores nos dicen que es aplicado, aunque le cuesta aprender, y al final nos dicen que es problemático, malhablado y que no se esfuerza. ¿Por qué es tan diferente en casa y en el colegio? ¿Debemos ser más severos con él? ¿Debemos cambiarle de centro? ■

[a]*hoards* [b]*studs (construction)* [c]*enthralled* [d]*Se… Will he turn into* [e]*ha… he has repeated*

C ENTRE TODOS De nuevo les toca a los miembros de la clase ser consejeros. ¿Qué línea de conducta (*course of action*) les sugieren Uds. a las personas en las siguientes circunstancias? ¡Cuidado! Las respuestas deben hacerse con mandatos formales.

1. Un amigo quiere algo más que amistad conmigo y yo no quiero eso. Hoy me compró un regalo muy caro. ¿Lo guardo (*Should I keep it*) o se lo devuelvo?
2. Quiero salir con un chico que todavía no parece saber que existo. ¿Lo llamo yo o espero hasta que él se fije en mí (*he notices me*)?

3. Mi novia fuma mucho y esto me irrita muchísimo. Hemos hablado (*We've spoken*) de esto muchas veces, pero la situación no cambia. ¿Lo aguanto (aguantar: *to put up with*) o hago algo más drástico?

4. Este semestre mis notas son horribles. ¿Se lo explico a mis padres o no les digo nada?

5. Mis padres no me comprenden para nada y siempre tenemos tensiones y conflictos. ¿Busco ayuda profesional para toda la familia o no hago nada?

6. Cuando estoy en casa de mis padres, me imponen reglas de conducta estrictas. ¿Obedezco sus reglas o sigo mis propias preferencias?

7. Tengo un hermano menor que me ha dicho (*has told me*) en confianza que está experimentando con las drogas. ¿Se lo digo a mis padres o le guardo el secreto?

8. Mi hermana menor tiene 16 años; es muy mala estudiante y quiere abandonar la escuela para buscar trabajo. ¿La animo (animar: *to encourage*) o la desanimo?

▪▪▪ 17 DE ENTRADA

Vuelva a mirar los dibujos de la página 112. ¿Con cuáles de ellos asocia Ud. las siguientes oraciones? ¿Quién las dice en cada escena? ¿Está Ud. de acuerdo con la acción sugerida en estas oraciones? Explique sus respuestas.

1. No me gusta que *se peleen*. Voy a castigarlos para que *se porten* bien.

2. Ya es tarde y queremos que nuestra hija *se acueste*. Tú la mimas demasiado.

3. Te recomiendo que *cambies* de apariencia física si quieres llevar una vida normal.

4. Mis hijos ya son adultos y tienen su propia vida. Es natural que no me *visiten*.

Los verbos *en letra cursiva azul* están conjugados en el modo subjuntivo. ¿Observa Ud. alguna similitud entre estas formas y los mandatos formales? ¿Cuál es? ¿Sabe Ud. por qué se usa el subjuntivo en los casos anteriores? La siguiente explicación puede aclarar sus dudas al respecto.

▪▪ 17 The Subjunctive Mood: Concept; Forms; Use in Noun Clauses

A. The subjunctive mood: Concept

As you know, one way to indicate that you want someone to do something is to give a direct command.

—Tóquelo de nuevo, Sam.   —*Play it again, Sam.*

Commands are not always stated directly, however.

—¿Cómo?   —*What?*
—Quiero que Ud. lo toque de nuevo.   — *I want you to play it again.*

The idea of a command is present in the last sentence, but it is now part of (embedded in) a longer sentence that begins with **Quiero que.** Embedded commands can be used to give orders to anyone.

Quiere que **nosotros estemos** aquí.	*She wants us to be here.*
Es necesario que **yo hable** con el jefe primero.	*It's necessary for me to talk to the boss first.*
Prefieren que **los niños lleven** botas.	*They prefer that the children wear boots.*

The forms used to express both direct and embedded commands are part of a general verbal system called the subjunctive mood (**el modo subjuntivo**).

A *mood* designates a particular way of perceiving an event. (A *tense*, in contrast, indicates when—present, past, future—an event takes place.) The present, preterite, and imperfect forms you have studied thus far are part of the indicative mood (**el modo indicativo**), which signals that the speaker perceives an event as fact or objective reality. In contrast, the subjunctive mood describes what is beyond the speaker's experience or knowledge, what is unknown. In the preceding Spanish sentences, note that the information conveyed by the subjunctive forms—**estemos, hable, lleven**—is not fact but rather someone's wish that an event take place, with the possible fulfillment of that wish still in the future.

B. The present subjunctive: Forms

To form the present subjunctive, start with the **yo** form of the present indicative. Remove the **-o** ending and add **-e, -es, -e, -emos, -éis, -en** for **-ar** verbs and **-a, -as, -a, -amos, -áis, -an** for **-er** and **-ir** verbs.

Infinitive	Present Indicative: *yo*	Present Subjunctive
hablar	hablo →	hable, hables, hable,…
comer	como →	coma, comas, coma,…
vivir	vivo →	viva, vivas, viva,…

A PROPÓSITO

The spelling changes for the formal direct commands of -**car**, -**gar**, and -**zar** verbs appear in all forms of the present subjunctive.

bus**qu**e, bus**qu**es…
lle**gu**e, lle**gu**es…
empie**c**e, empie**c**es…

See Appendix 2 for more information.

Most verbs that have a spelling change in the **yo** form of the present indicative show that change in all forms of the present subjunctive.

Infinitive	Present Indicative: *yo*	Present Subjunctive
conocer	conozco →	conozca, conozcas, conozca,…
poner	pongo →	ponga, pongas, ponga,…
tener	tengo →	tenga, tengas, tenga,…

In **-ar** and **-er** stem-changing verbs, the pattern of stem change is the same as in the present indicative: all forms change except **nosotros/as** and **vosotros/as.**

pensar		*volver*	
piense	pensemos	vuelva	volvamos
pienses	penséis	vuelvas	volváis
piense	piensen	vuelva	vuelvan

A PROPÓSITO

Since the first- and third-person singular forms of the present subjunctive are identical, subject pronouns are used when necessary to avoid ambiguity.

¿Quieres que vaya **yo** o prefieres que vaya **ella**?
Do you want me to go, or do you prefer that she go?

-Ir stem-changing verbs show the present indicative stem change in the same persons in the present subjunctive. In addition, they show the preterite stem change (**e → i, o → u**) in the **nosotros/as** and **vosotros/as** forms.

pedir		dormir	
pida	pidamos	duerma	durmamos
pidas	pidáis	duermas	durmáis
pida	pidan	duerma	duerman

All verbs whose present indicative **yo** form does not end in **-o** have irregular present subjunctive forms.

dar	estar	ir	saber	ser
dé°	esté	vaya	sepa	sea
des	estés	vayas	sepas	seas
dé°	esté	vaya	sepa	sea
demos	estemos	vayamos	sepamos	seamos
deis	estéis	vayáis	sepáis	seáis
den	estén	vayan	sepan	sean

The present subjunctive of **hay** is **haya.**

PRÁCTICA[†]   Cambie los infinitivos por la forma indicada del presente de subjuntivo.

1.   **La profesora prefiere que yo** (escribir una composición, estar contento/a, hablar español, no dormirse sobre el escritorio, venir a clase todos los días).

2.   **Nuestros padres quieren que nosotros** (comer muchas legumbres, no decir mentiras, portarse bien, ser alegres, volver a casa temprano).

3.   **Yo sugiero que Ud.** (cerrar la puerta, hacer mucho ejercicio, ir a casa de sus padres, lavarse las manos antes de comer, pedir la paella).

4.   **Es importante que ellos** (abrir la puerta, dar una caminata, leer muchos libros, respetar las leyes, ver una buena película).

5.   **Espero que tú** (mandarle una carta a tu abuela, no discutir con tus parientes, saber las conjugaciones del presente de subjuntivo, salir con ese chico / esa chica interesante de tu clase, sugerir un buen restaurante).

6.   **Quizás Uds.** (asistir a muchos conciertos, beber demasiado, recordar el pasado, reírse mucho, seguir las reglas de la sociedad).

C. The subjunctive mood: Requirements for use in noun clauses

In order for the subjunctive to be used in noun clauses (**cláusulas nominales**), three conditions must be met: (1) the sentence must contain a main clause and a subordinate clause; (2) the main clause and the subordinate clause must have different subjects; and (3) the main clause must communicate certain messages. Compare the following sentences.

°As with the formal command, the first- and third-person singular form **dé** has a written accent to distinguish it from the preposition **de.**

[†]There are more exercises on this grammar point in subsequent sections.

[‡]The use of **que** after **ojalá** is optional.

| Quiero **agua.** | *I want water.* |
| Quiero **que me traigas agua.** | *I want you to bring me water.* |

In the first sentence, **agua** is a noun describing what the speaker wants (*water*). In the second sentence, **que me traigas agua** is a clause, acting as a noun, describing what the speaker wants (*you to bring me water*).

1. Every clause contains a subject and a conjugated verb. The first of the previous example sentences has only one clause (a simple sentence), whereas the second (a complex sentence) has both a main (independent) clause and a subordinate (dependent) clause.

2. The subjunctive is used in a subordinate clause when its subject is different than the subject of the main clause.° In the first of the following examples, there is no change of subject, so the infinitive is used. In the second sentence, there is a change of subject, so the subjunctive is used in the subordinate noun clause.

| No quiero **mimar a mis hijos.** | *I don't want to spoil my children.* |
| No quiero **que mi marido mime a nuestros hijos.** | *I don't want my husband to spoil our children.* |

3. The subjunctive occurs in a subordinate clause only when the main clause communicates certain messages such as persuasion, doubt, or emotional reactions.

Mamá **espera** que **me case** algún día.	*Mom hopes (that) I get married someday.*
Dudo que esos dos **se enamoren.**	*I doubt (that) those two will fall in love.*
Me alegro que no **nos peleemos** así.	*I'm glad (that) we don't fight like that.*

■■ 18 Uses of the Subjunctive: Persuasion

As you know, the subjunctive occurs in subordinate clauses only when the main clause communicates certain messages. One of these is *persuasion:* a request that someone else do something. The action that may or may not occur as a result of the request is expressed with the subjunctive, because it is outside the speaker's experience or reality.

Esperan que llevemos una vida feliz.	*They hope (that) we lead a happy life.*
Prefiero que no me visiten con tanta frecuencia.	*I prefer (that) they not visit me so frequently.*
Es necesario que disciplinen a sus hijos.	*It is necessary that you discipline your children.*

It is impossible to provide a list of all the verbs that express persuasion; remember that it is the *concept* of persuasion in the main clause that results in the use of the subjunctive in the subordinate clause. The following expressions of persuasion occur in the exercises in this chapter. Make sure you know their meanings before beginning the exercises.

A PROPÓSITO

Some verbs like **decir** and **escribir**, can either transmit information or convey a request. When information is transmitted, the indicative is used in the subordinate clause; when a request is conveyed, the subjunctive is used in the subordinate clause.

INFORMATION:
Él les dice que **van** al parque.
He tells them (that) they are going to the park.

REQUEST:
Él les dice que **vayan** al parque.
He tells them to go to the park.

°An exception to this rule is found with the expressions of doubt, which will be explained in grammar section 22.

es importante que	aconsejar que	pedir (i, i) que
es (im)posible que	decir (i, i) que	permitir que
es (in)admisible que	dejar que	preferir (ie, i) que
es necesario que	desear que	prohibir que
es obligatorio que	escribir que	querer (ie) que
es preferible que	esperar que	recomendar (ie) que
importa que	insistir en que	sugerir (ie, i) que
	mandar que	

PRÁCTICA   Escoja uno de los verbos del cuadro anterior y conjúguelo para crear una oración lógica como en el modelo. Puede haber (*There may be*) varias respuestas posibles.

> **MODELOS:** Todos los padres _____ que sus hijos se porten bien. →
> Todos los padres **esperan** que sus hijos se porten bien.
> Todos los padres **desean** que sus hijos se porten bien.

1. Todas las mamás _____ que su hija se case con un hombre bueno.
2. Cada esposa recién (*recently*) casada _____ que su marido se lleve bien con su suegra.
3. Un buen padre nunca _____ que su hija de 12 años esté fuera de la casa toda la noche.
4. A veces los abuelos _____ que los nietos hagan cosas que no deben hacer.
5. Se (impersonal) _____ que cada pareja tenga un largo noviazgo antes de casarse.

◼◼◼ **18** INTERCAMBIOS

AUTOPRUEBA   Cambie los infinitivos entre paréntesis por la forma apropiada del presente de subjuntivo, según el contexto.

1. Esperamos que Uds. nos (recordar) durante su viaje.
2. Es obligatorio que los estudiantes (asistir) a clase todos los días.
3. Insisto en que ellos me (hacer) visita mientras están en Chicago.
4. Generalmente se prohíbe que la gente (comer) en las bibliotecas.
5. ¿Recomienda Ud. que (salir: nosotros) ahora o en la mañana?
6. No me importa que Eduardo (tener) todo el dinero del mundo.
7. Papá nos dice que (encontrar) sus llaves.
8. Sugiero que (lavarse: tú) las manos antes de comer.

Respuestas: 1. recuerden **2.** asistan **3.** hagan **4.** coma **5.** salgamos **6.** tenga **7.** encontremos **8.** te laves

A En el siguiente párrafo un adolescente expresa sus opiniones sobre la crianza de los hijos. ¿Cuántos ejemplos del subjuntivo para persuadir puede Ud. identificar?

¿Jóvenes alguna vez? ¿Los padres? ¡Imposible! Les encuentran defectos a mis amigos; me critican la ropa, el peinado,[a] la música... En fin, me lo critican todo. Me prohíben salir durante la semana, pero no me dejan hablar mucho por teléfono. No hacen caso de mis problemas e incluso me critican delante de mis amigos.

Definitivamente no voy a ser como ellos. Voy a dejar que mis hijos hablen todo lo que quieran por teléfono porque la comunicación es importante. Voy a dejar que se vistan como quieran y que se peinen a su gusto. Al fin y al cabo,[b] ¡es su pelo! Si tienen problemas, quiero que me los cuenten y que tengan confianza en mí. Es imprescindible[c] que nunca los critique delante de sus amigos y que les dé mucha libertad personal, pues así aprenderán[d] a ser personas felices e independientes.

Mi madre me dice que ella se hizo las mismas promesas a mi edad, pero no me lo creo. Todas las madres dicen eso.

[a]*hairstyle*   [b]*Al... After all*   [c]absolutamente necesario   [d]*they will learn*

- ¿Está Ud. de acuerdo con los puntos de vista de este adolescente? ¿Por qué sí o por qué no?

- ¿Qué cosas les permiten sus padres a Ud. y a sus hermanos? ¿Qué cosas les prohíben o les critican? Si Ud. ya tiene hijos, ¿qué cosas les permite, les prohíbe o les critica?

- Y Ud., ¿va a permitirles y prohibirles las mismas cosas a sus hijos? Si Ud. ya tiene hijos, ¿cree que ellos van a permitirles y prohibirles las mismas cosas a sus propios hijos (a los nietos de Ud.)? Explique.

B María Luisa se prepara para su primera cita. Todos sus parientes y amigos le dan consejos. Explique los consejos que le dan, siguiendo el modelo.

MODELO: padre: decir / volver temprano →
           Su padre le dice que vuelva temprano.

1. madre: aconsejar / ir con otra pareja
2. hermano menor: pedir / no volver temprano
3. hermana mayor: decir / ponerse una falda larga y botas
4. abuela: recomendar / tener cuidado porque hay mucho tráfico
5. mejor amiga: sugerir / llevar un perfume exótico
6. chico con quien va a salir: pedir / traer dinero

Y ¿qué le aconseja Ud. a María Luisa que haga para prepararse para su primera cita?

C Los padres siempre les dan consejos a sus hijos para ayudarlos a resolver sus problemas. ¿Qué consejos típicos le dan sus padres a Ud. en las siguientes situaciones?

MODELO: Si alguien me golpea, me dicen que _____. →
Si alguien me golpea, me dicen que le devuelva la bofetada (*hit him or her back*).

1. Si voy a llegar tarde a casa, me piden que _____.
2. Si una persona desconocida me habla, me dicen que _____.
3. Si mi hermano/a menor me molesta, me recomiendan que _____.
4. Si voy a entrar en una tienda de porcelanas, me piden (¡por favor!) que _____.
5. Si voy a pasar la noche en casa de un amigo / una amiga, insisten en que _____.
6. *Invente Ud. una situación para que sus compañeros sugieran consejos.*

D GUIONES Trabajando en grupos de tres o cuatro personas, describan lo que quieren las personas en los siguientes dibujos. Usen las preguntas que siguen como guía y añadan todos los detalles que necesiten. Después, inventen un breve diálogo para acompañar cada dibujo.

1. el chicle, el supermercado **/** hacer cola, pagar la cuenta

2. la pareja **/** espiar, pedir la mano, no querer

3. los novios **/** dejarlos solos, hablar sin parar

4. dejar en paz, jugar al fútbol **/** ocupado

- ¿Cómo son las personas?
- ¿Quiénes son? (¿Cuál parece ser la relación entre ellos?)
- ¿Dónde están?
- ¿Cuál es el dilema?
- ¿Cómo van a resolverlo?

E Por lo general, en cada familia hay reglas que obedecer y papeles que los miembros de la familia adoptan. Utilizando las expresiones entre paréntesis y formando oraciones con el subjuntivo, explique las siguientes reglas de una familia tradicional. Después, explique cómo es la situación en su propia familia o cómo cree que va a ser cuando Ud. tenga hijos.

MODELO: es preferible / los hombres / hacer las reparaciones de
la casa →
En la familia tradicional, es preferible que los hombres hagan
las reparaciones de la casa. En mi propia familia, es importante
que todos —hombres y mujeres— ayudemos a reparar la casa.
Cuando yo tenga hijos, voy a permitir que las muchachas
participen en todos los trabajos de la casa.

1. es preferible / las mujeres / hacer toda la limpieza de la casa
2. es necesario / los hermanos menores / obedecer a los mayores
3. es importante / los hermanos mayores / darles buen ejemplo a los menores
4. es deseable / la madre / quedarse (*stay*) en casa para criar a los hijos
5. es obligatorio / los hijos / estar en casa por la noche a cierta hora (*a specific time*)
6. es preferible / los padres / escoger la ropa y el peinado de los hijos
7. es inadmisible / los hijos / imponerles reglas a los padres

F ENTRE TODOS Divídanse en grupos de tres o cuatro estudiantes. Su profesor(a) les asignará (*will assign*) uno de los siguientes temas para comentar. Después, compartan sus conclusiones con el resto de la clase.

1. La vida familiar está llena de conflictos entre sus miembros. Por ejemplo, ¿creen Uds. que hay riñas (*quarrels*) y peleas en todas las familias? ¿Es normal o natural esto? ¿O indica un problema grave? ¿Qué pueden hacer los padres para evitar los conflictos entre sus hijos? ¿Cómo pueden fomentar la cooperación entre ellos? ¿Es importante que haya autoridad y disciplina? ¿Por qué sí o por qué no?

2. ¿Hasta qué punto presenta la televisión a la familia norteamericana tal como es en realidad? Identifiquen algunas comedias, series y telenovelas que traten el tema de la vida familiar. ¿Qué tipos de familia se representan en esos programas? ¿Qué tipos de familia *no* se representan, normalmente? ¿Qué pueden Uds. inferir de esto?

3. ¿Hay realmente una separación entre las generaciones? Señalen las actitudes típicas de los miembros de la generación de sus padres con respecto a temas como la educación sexual, la homosexualidad, el matrimonio interracial, la pena capital, el aborto, etcétera. ¿Cuál es la actitud más común de su propia generación hacia estos temas? Si algún día Uds. tienen hijos, ¿cuál va a ser la actitud de ellos hacia estos temas? Si Uds. ya tienen hijos, ¿cuál es la actitud de ellos y cuál va a ser la actitud de sus hijos (los nietos de Uds.) hacia estos temas?

4. Hoy en día, muchos políticos utilizan el tema de los valores familiares como punto clave de sus campañas. Pero ¿se refieren todos a las mismas ideas? Hagan una lista de esos valores y pónganlos en orden, según la importancia que les dan Uds. ¿Es deseable que el gobierno fomente o regule esos valores? ¿Hasta qué punto? ¿Cómo debe hacerlo? ¿O es necesario que otros grupos (la comunidad, la familia o incluso el individuo mismo) asuman esa responsabilidad? Expliquen.

La «Casa de la Madre Soltera (*Single*)» en Guayaquil, Ecuador

Esther Guarín de Torres es una estudiante de derecho (*law*). Ella vivió en carne propia (personalmente) el calvario (*suffering*) de muchas mujeres embarazadas (*pregnant*) y desamparadas (abandonadas) que deambulan (*wander*) sin protección por las calles de Guayaquil. Aunque Esther tenía pocos recursos económicos, quería ofrecerles a las futuras madres un albergue (*shelter*) en donde dar a luz (*to give birth*). Por esta razón, ella fundó la «Casa de la Madre Soltera».

Antes de ver

■ ¿Qué tipos de servicios y beneficios espera Ud. que ofrezca este tipo de albergue?

■ ¿Cree Ud. que la «Casa de la Madre Soltera» se parecerá (*will resemble*) a sitios similares en las ciudades de este país o será muy distinta?

■ Ahora lea con cuidado la actividad en **Vamos a ver** antes de ver el vídeo por primera vez.

Vamos a ver

Según este segmento de vídeo, ¿cuáles de los siguientes servicios o beneficios reciben las mujeres que se albergan en la «Casa de la Madre Soltera»?

1. ❑ un ambiente familiar de comprensión y cariño
2. ❑ ayuda de la policía contra los parientes abusivos
3. ❑ orientación maternal
4. ❑ entrenamiento (*training*) en carreras artesanales (*folk art*) y técnicas
5. ❑ ayuda económica para asistir a la universidad
6. ❑ un lugar seguro en donde dar a luz
7. ❑ alimentación y albergue
8. ❑ ayuda legal para arreglar la adopción de los hijos

«Casa de la Madre Soltera», Guayaquil, Ecuador

Después de ver

■ ¿Cree Ud. que las necesidades de una madre soltera en Guayaquil son diferentes de las necesidades de una madre soltera en la comunidad donde Ud. vive? Explique.

■ Trabajando en pequeños grupos, hagan una lista parecida a la de la sección **Vamos a ver** para un centro de madres solteras en la comunidad donde Uds. viven. Luego, comparen sus listas con las de sus compañeros de clase.

■ Busque información sobre los servicios sociales en algún país hispano. ¿Qué servicios están orientados a la familia? ¿Qué le parecen estos servicios?

■■ 19 Imperatives: Informal Direct Commands

Unlike formal (**Ud./Uds.**) commands, the informal **tú** and **vosotros/as** commands (**los mandatos informales**) have two different forms: one for affirmative and one for negative.

With only a few exceptions, affirmative **tú** commands are identical to the third-person singular present-indicative forms. Meaning is made clear by context.

Affirmative *tú* Commands		
-ar Verbs	*-er* Verbs	*-ir* Verbs
hablar: habla	comer: come	vivir: vive
pensar: piensa	entender: entiende	pedir: pide

The following verbs have irregular affirmative **tú** command forms.

decir:	**di**	ir:	**ve**	salir:	**sal**	tener:	**ten**
hacer:	**haz**	poner:	**pon**	ser:	**sé**	venir:	**ven**

The negative **tú** command for all verbs is the same as the second-person singular form of the present subjunctive.

Negative *tú* Commands		
-ar Verbs	*-er* Verbs	*-ir* Verbs
hablar: no hables	comer: no comas	vivir: no vivas
pensar: no pienses	entender: no entiendas	pedir: no pidas
almorzar: no almuerces	hacer: no hagas	salir: no salgas

The **vosotros/as** affirmative commands for all verbs are formed by replacing the **-r** ending of the infinitive with **-d.**

Affirmative *vosotros/as* Commands		
-ar Verbs	*-er* Verbs	*-ir* Verbs
hablar: hablad	comer: comed	vivir: vivid
pensar: pensad	entender: entended	pedir: pedid
almorzar: almorzad	hacer: haced	salir: salid

Negative **vosotros/as** commands, like negative **tú** commands, are the same as the corresponding form of the present subjunctive.

Negative *vosotros/as* Commands		
-*ar* Verbs	**-*er* Verbs**	**-*ir* Verbs**
hablar: no habl**éis**	comer: no com**áis**	vivir: no viv**áis**
pensar: no pens**éis**	entender: no entend**áis**	pedir: no pid**áis**
almorzar: no almorc**éis**	hacer: no hag**áis**	salir: no salg**áis**

En resumen

■ Remember that with the exception of affirmative **tú** and affirmative **vosotros/as** commands, all command forms are identical to the corresponding forms of the present subjunctive.

Command Forms of *hablar*			
Person	**Subjunctive**	**Negative Commands**	**Affirmative Commands**
tú	hables	no hables	habl**a**
vosotros/as	habléis	no habléis	habl**ad**
Ud.	hable	no hable	hable
Uds.	hablen	no hablen	hablen

PRÁCTICA 1 A veces los padres no están de acuerdo sobre lo que debe o no debe hacer su hijo/a. Cuando este niño / esta niña le hace las siguientes preguntas a su mamá, recibe una respuesta negativa, pero cuando se las hace a su papá, recibe una respuesta afirmativa. Escriba cómo contestarían (*would answer*) la madre y el padre cada pregunta, incorporando los complementos pronominales cuando sea posible. Siga el modelo.

>MODELO: ¿Puedo mirar *Viaje a las estrellas*? →
>   (madre): No, no lo mires.
>   (padre): Sí, míralo.

1. ¿Puedo poner los CDs?
2. ¿Puedo comer estos chocolates?
3. ¿Tengo que hacer la cama?
4. ¿Puedo beber esa cerveza?
5. ¿Puedo ir al cine?
6. ¿Puedo cortarme el pelo?
7. ¿Puedo salir a jugar?
8. ¿Puedo ponerme mi mejor ropa ahora?

PRÁCTICA 2   Conchita y su abuelo, don Tomás, tienen problemas similares. Lea los problemas y luego, usando las palabras entre paréntesis, escriba mandatos informales (para Conchita), mandatos formales (para don Tomás) y mandatos en plural para los dos. Use la forma de **Uds.** o de **vosotros,** según le indique su profesor(a).

Problema	Conchita	Don Tomás	Los dos
Me duele la cabeza. (tomar una aspirina)	Toma una aspirina.	Tome (Ud.) una aspirina.	Tomen/Tomad una aspirina.
1. Estoy muy cansado/a. (acostarse)			
2. Tengo hambre. (comer algo)			
3. Quiero ir a mi casa. (irse)			
4. Necesito ropa nueva. (comprarla)			
5. No sé qué regalarle a Miguel. (darle dinero)			
6. Tengo frío. (ponerse el abrigo)			

■■■ 19 INTERCAMBIOS

AUTOPRUEBA   Cristina es muy indecisa y quiere que sus amigos decidan por ella. En las siguientes situaciones, dile qué debe decidirse, siguiendo el modelo.

> MODELO: ¿Estudio francés o japonés? →
> Estudia francés. No estudies japonés.

1. ¿Como sopa o ensalada?
2. ¿Viajo a México o a Italia?
3. ¿Salgo esta noche o mañana?
4. ¿Me acuesto temprano o tarde?
5. ¿Me pongo sandalias o zapatos deportivos?
6. ¿Camino o tomo el autobús?
7. ¿Escucho música o miro la televisión.

Respuestas: 1. Come... No comas... **2.** Viaja... No viajes... **3.** Sal... No salgas... **4.** Acuéstate... No te acuestes... **5.** Ponte... No te pongas... **6.** Camina... No tomes... **7.** Escucha... No mires...

A Complete las siguientes oraciones con las recomendaciones que Ud. considere adecuadas para su hermano/a menor. Utilice la forma apropiada del mandato informal.

1. Si quieres tener muchos amigos, (no) _____.
2. Si no quieres tener problemas con papá y mamá, (no) _____.
3. Si no quieres enfermarte, (no) _____.
4. Si quieres llevarte bien conmigo, (no) _____.
5. Si quieres evitar problemas románticos, (no) _____.

B ¡NECESITO COMPAÑERO! Es posible que el mandato sea la forma verbal que los niños escuchan con más frecuencia. Trabajando en parejas, hagan una lista de los mandatos (por lo menos *dos* para cada situación) que los niños suelen oír en las siguientes situaciones. Traten de usar tantos verbos diferentes como puedan.

1. en la escuela
2. en una tienda elegante
3. en la iglesia, la sinagoga, el templo, etcétera
4. en un restaurante o una cafetería
5. en un vehículo (coche, tren, autobús, avión, etcétera)

C GUIONES Trabajando en grupos de tres o cuatro personas, describan lo que pasa en los siguientes dibujos. Usen las preguntas como guía para expresar el mandato más común que se usaría (*would be used*) en cada situación. ¡Cuidado! En cada caso es necesario decidir si el mandato más apropiado es para **Ud., Uds.** o **tú.**

1.   2.   3.   4.

Vocabulario útil: la biblioteca, el camarero, una cena elegante, una cena informal, el humo, el periódico, el sillón, hacer ruido, molestar, pedir, toser (*to cough*)

- ¿Quiénes son las personas?
- ¿Dónde están?
- ¿Cuál es el dilema?
- ¿Cómo se va a resolver?
- ¿Qué mandato van a usar?

ENTRE TODOS

- Expresen los mensajes *de otra manera sin usar un mandato directo.*

Enlace

■■■ ESCENARIOS

Primer paso: Leer y comentar

Lea el siguiente texto sobre la importancia de los hermanos para aprender a vivir en la sociedad. Después de leer, trabaje con tres compañeros de clase para contestar las preguntas.

Hermanos

MAESTROS, RIVALES, AMIGOS...

━━━

A través de los hermanos se aprende a compartir y a defender lo propio; a ganar y a perder; a escuchar y a ser oído. Con los hermanos se aprende, ante todo, a vivir en sociedad.

La palabra *hermano* implica ante todo, solidaridad. Pero también la rivalidad y los celos son actitudes propias del vínculo fraternal. No cabe duda de que nuestro primer campo de experimentación de lo que podríamos llamar el «vivir en sociedad», es la familia, y los vínculos que en ella se establezcan van a ser el «molde» que utilizaremos posteriormente para tomar contacto y relacionarnos con las demás personas que nos rodean. Es algo así como una primera toma de contacto con algo nuevo, que sin duda, marcará la pauta futura de nuestras relaciones sociales en todos los ámbitos.

■ Según el texto, ¿cómo contribuyen los hermanos al desarrollo (*development*) de una persona? ¿Están Uds. de acuerdo con esta teoría? ¿Por qué sí o por qué no?

■ ¿Cuáles son algunas de las ventajas de ser hijo único o hija única? Y ¿cuáles son algunas de las desventajas?

■ El texto menciona tres papeles que desempeñan los hermanos: el de maestro/a, el de rival y el de amigo/a. ¿Cuál de éstos consideran Uds. el más característico? ¿Por qué?

Segundo paso: Representar

Trabajando en los mismos grupos, preparen una dramatización del papel que Uds. consideren el más característico. También pueden incluir otros aspectos de la vida familiar que les parezcan polémicos (*controversial*), interesantes o divertidos. Pueden representar una familia tradicional o no tradicional. Empleen los mandatos y el subjuntivo siempre que sea posible.

ENTRE TODOS Después de que cada grupo presente su dramatización ante el resto de la clase, coméntenla. Utilicen como guía las siguientes preguntas.

- ¿Cuál es el papel que este grupo escogió como el más característico de los hermanos (maestros, rivales o amigos)?

- ¿Qué otros conflictos o situaciones de la vida familiar representó este grupo? ¿Cómo se pueden resolver?

- ¿Qué tipo de familia representó el grupo? ¿En qué es «típica» esa familia? ¿En qué es «atípica»?

- ¿Qué valores familiares presentó el grupo? ¿Qué tipo de autoridad observaron en esa familia? ¿Cómo eran las relaciones entre los varios miembros de la familia? ¿Es éste el tipo de familia que Uds. desean formar en el futuro? ¿Por qué sí o por qué no?

■■■ ¡OJO!

	Examples	Notes
soportar mantener apoyar sostener	No puedo **soportar** su actitud. *I can't stand her attitude.*	**Soportar** means *to tolerate* or *to put up with.*
	Mi tío rico **mantiene** a toda la familia. *My rich uncle supports the whole family.*	**Mantener** means *to support financially.*
	La **apoyo** en la campaña política actual. *I'm supporting her in the current political campaign.*	**Apoyar** means *to support* in the sense of *to back* or *to favor.*
	Él **sostiene** al niño en sus brazos. *He holds the child in his arms.*	*To support* in the physical sense of *hold* or *hold up* is expressed by **sostener.**
cerca cercano/a íntimo/a unido/a	Nuestra casa está muy **cerca de** la playa. *Our house is very close to the beach.*	When *close* refers to the physical proximity of people or objects, Spanish uses **cerca** (adverb), **cerca de** (preposition), or **cercano/a** (adjective).
	La ciudad más **cercana** es Albuquerque. *The closest city is Albuquerque.*	
	Mi pariente más **cercano** es mi padre. *My closest relative is my father.*	**Cercano/a** can also describe the degree of blood relationship between relatives.
	Elena y Mercedes son amigas **íntimas.** *Elena and Mercedes are close friends.*	When *close* describes friendship or emotional ties, **íntimo/a** is used.
	En general, la familia hispana es muy **unida.** *In general, the Hispanic family is very close-knit.*	**Unido/a** expresses the closeness of family ties (but not blood relationships).

Examples	Notes
importar **cuidar**	¿Te **importa** si abro la ventana? *Do you care (mind) if I open the window?* —¿A qué hora salimos? —No me **importa.** —*What time shall we leave?* —*I don't care. (It doesn't matter to me.)* La señora Pérez **cuidó** a su madre por muchos años. *Mrs. Pérez cared for her mother for many years.* Si no **te cuidas,** te vas a enfermar. *If you don't take care of yourself, you're going to get sick.*	When *to care* has the meaning of *to be interested in,* it is expressed in Spanish by **importar.** This construction works just like **gustar:** the person who is interested is expressed by an indirect-object pronoun, and the subject of the verb is the item that causes the interest. This construction is often equivalent to the English expressions *to matter to (someone).* *To care for* or *to take care of* is expressed with **cuidar.** When used reflexively, it means *to take care of oneself.*

A VOLVIENDO AL DIBUJO Elija la palabra que mejor complete cada oración. ¡Cuidado! También hay palabras de los capítulos anteriores.

Toda mi familia estuvo presente cuando me gradué de la universidad. Esto no me sorprendió, porque somos muy (cercanos/unidos)[1] y siempre nos (apoyamos/mantenemos)[2] mutuamente. Mi hermano, que también es mi amigo (íntimo/unido)[3], (miraba/parecía)[4] un loco sacando fotos de todo. ¡Mis padres estaban tan emocionados! Ellos (funcionaron/trabajaron)[5] muy duro para (mantenerme/soportarme)[6] y pagar mis estudios, pues les (cuida/importa)[7] mucho que sus hijos reciban una educación universitaria. Creo que todos soñábamos (con/de/en)[8] ese momento tan especial. También mi hermanita, quien asiste a una escuela (cercana/íntima)[9] a mi universidad, participó con mucho interés en el acontecimiento.

Cuando pienso (de/en)[10] todo el afecto que mi familia expresó en ese momento, me considero muy afortunada. Es normal que a veces tengamos problemas y hay días en que no puedo (mantener/soportar)[11] el carácter de mi madre o los chistes de mi hermano. También tengo que sacrificar algunas noches para (cuidar/importar)[12] a mi hermanita cuando mis padres salen. Sin embargo, todos ellos me han enseñado que la vida familiar consiste (de/en)[13] dar y recibir apoyo y comprensión.

B ENTRE TODOS

- ¿Quién es su pariente más cercano? ¿Vive Ud. cerca de él/ella? Si no, ¿lo/la visita con frecuencia? ¿Tiene Ud. una familia grande? ¿muy unida? ¿Tiene un amigo íntimo / una amiga íntima entre sus parientes?

- ¿Cree Ud. que se ha hecho (*it has become*) más difícil ser padre/madre en la actualidad? ¿Es más difícil criar a una familia hoy de lo que era en el pasado? Explique. ¿Cuáles son algunos de los problemas que tienen los padres actuales que no tenían los padres de antes?

- En su opinión, ¿cuál de sus compañeros de clase va a ser famoso/a? ¿rico/a? ¿abogado/a? ¿vagabundo/a (*bum*)? ¿inventor(a)? En este momento, ¿a sus padres les importan sus planes para el futuro? ¿Están ellos de acuerdo con sus planes?

■■■ REPASO

A Complete la siguiente historia, dando la forma apropiada del verbo. Cuando se dan varias palabras entre paréntesis, escoja la palabra apropiada.

Los paseos[a] con mi abuelo

Durante los últimos años de su vida, mi abuelo vivió con mi tía Georgina, su única hija soltera. Cuidar a mi abuelo (ser)[1] una labor difícil y mi tía siempre (mirar/parecer)[2] cansada. Un día, los dos (llegar)[3] a mi casa con una maleta.

—Norah, yo (ser/estar)[4] muy cansada y el médico me recomienda que tome unas vacaciones. Por favor, cuida a papá durante esta semana. No olvides darle su medicina. También es importante que salga a caminar todos los días —(decirle)[5] mi tía a mi madre.

—Papá, pórtese bien, y no hable demasiado —le dijo mi tía a mi abuelo —. Nos vemos en una semana.

Sin mucho entusiasmo, mi madre (recibir)[6] a mi abuelo, con (que/quien)[7] no se llevaba muy bien. Mi madre (decidir)[8] darle mi cuarto y yo (tener)[9] que dormir en el cuarto de mi hermano. Así que a mí tampoco (gustarme)[10] la idea.

A la mañana siguiente, después del desayuno, mi madre (decirme)[11]: —Miguel, tu abuelito quiere que vayas al parque con él. ¡No te preocupes! Va a ser un paseo (bajo/corto)[12].

Yo no (querer)[13] salir con un anciano (que/quien)[14] me era prácticamente desconocido, pero (ponerme)[15] la chaqueta y (salir)[16] con él.

[a]*walks*

Esa mañana, (hacer)^{17} sol y el parque (ser/estar)^{18} lleno de vida. Al principio, (caminar: nosotros)^{19} en silencio, pero después, mi abuelo (comenzar)^{20} a hablarme de sus viajes y experiencias y (preguntarme: él)^{21} sobre mis amores. Descubrí con sorpresa que él (ser/estar)^{22} más comprensivo[b] que mis padres y que (escucharme)^{23} con interés. Además, siempre (tener: él)^{24} una historia interesante que se relacionaba con mis propias experiencias.

Durante esa semana, salí de paseo todas las mañanas con mi abuelo, mi nuevo amigo. Después, cuando (volver: él)^{25} a casa de mi tía, yo (visitarlo)^{26} con frecuencia.

—Abuelo, ¡cuénteme una historia! —yo (pedirle)^{27} cada (tiempo/vez)^{28} que salíamos a caminar.

[b]*understanding*

B ¡NECESITO COMPAÑERO! Trabajando en parejas, háganse preguntas con el subjuntivo para averiguar qué tipo de padres/madres Uds. serán (*may be*) en el futuro o son ahora. Háganse otras preguntas para explicar las respuestas de «Depende».

¿Vas a permitir (Permites) que tus hijos… ?	SÍ	NO	DEPENDE
1. fumarse (*to cut*) las clases	❑	❑	❑
2. usar drogas alucinógenas	❑	❑	❑
3. mirar mucho la televisión	❑	❑	❑
4. ponerse aretes y hacerse tatuajes (*tattoos*)	❑	❑	❑
5. llevar la ropa que quieran	❑	❑	❑
¿Vas a insistir (Insistes) en que tus hijos… ?			
6. asistir a la universidad	❑	❑	❑
7. trabajar desde la adolescencia	❑	❑	❑
8. ayudar con los quehaceres de la casa	❑	❑	❑
9. tener buenos modales	❑	❑	❑
10. aprender otro idioma	❑	❑	❑

CAPÍTULO 5

Geografía, demografía, tecnología

Ciudad de México, México

Exploraciones

La geografía influye mucho en el estilo y en el nivel de vida de los habitantes de un lugar. En las ciudades, los sistemas de transporte público, así como los medios de comunicación (el teléfono y la televisión, por ejemplo), suelen ser mejores y más avanzados que los de las zonas rurales. Por otro lado, el ambiente rural ofrece una vida más tranquila, con menos crimen y contaminación. ■■■

A NIVEL PERSONAL

- ¿Dónde prefiere vivir Ud., en una ciudad grande o en el campo (*countryside*)?
- ¿Qué aspectos de la vida urbana le agradan (gustan) más? ¿Cuáles le desagradan? ¿Por qué?
- ¿Qué le gusta de la vida rural? ¿Qué no le gusta? ¿Por qué?

A NIVEL REGIONAL

- ¿Es la región donde Ud. vive predominantemente rural o urbana? ¿Hay diferencias notables entre el campo y la ciudad en su región?
- ¿Qué tipo de vida asocia Ud. con las siguientes regiones: la ciudad de Nueva York, el sur de California, Nebraska, Florida, Alabama, Vancouver?

A NIVEL GLOBAL

- En Hispanoamérica, hay varias grandes metrópolis como Buenos Aires y la ciudad de México. ¿Qué ventajas o desventajas puede tener la vida diaria en estas grandes metrópolis? ¿Qué diferencias cree Ud. que puede haber entre una ciudad grande de los Estados Unidos y una ciudad grande de un país en vías de desarrollo (*developing*)?
- Busque información sobre una gran metrópolis hispanoamericana como Buenos Aires, Bogotá, Caracas, Santiago de Chile o la ciudad de México. Después, busque información sobre una ciudad pequeña (también de Hispanoamérica) como Pátzcuaro (México), Bahía Blanca (Argentina), Valdivia (Chile), Cuenca (Ecuador) o Ponce (Puerto Rico). Basándose en la información que Ud. encontró, ¿dónde preferiría (*would you prefer*) vivir? ¿Cuál preferiría visitar? ¿Por qué? Compare sus resultados con los de sus compañeros de clase.

■ En el dibujo A, ¿qué le propone el urbanista al arquitecto? ¿Cómo reacciona el arquitecto? ¿Qué problemas piensan resolver o eliminar? Para ellos, ¿cómo es la vivienda ideal?

■ ¿Quiénes son las personas que se ven en los dibujos B y C? ¿Qué necesidades tienen? Para ellos, ¿cómo es la vivienda ideal? ¿Cómo cambia la situación al mudarse a su nuevo apartamento (dibujo C)? ¿Están todos contentos? ¿Por qué sí o por qué no?

■ ¿Qué pasa en el dibujo D? ¿Cree Ud. que el nuevo diseño va a responder mejor a las necesidades de los clientes? ¿Por qué sí o por qué no? ¿Qué información deben tener en cuenta la arquitecta y el urbanista para mejorar el diseño?

■■■ VOCABULARIO ... *para conversar*

diseñar to design

reciclar to recycle

resolver (ue) to solve, resolve

tener en cuenta to take into account; to keep in mind

urbanizar to urbanize

la alfabetización literacy

el analfabetismo illiteracy

el/la arquitecto/a architect

el barrio bajo slum

la desnutrición malnutrition

la despoblación rural movement away from the countryside

el diseño design

el edificio building

el hambre (*but f.*) hunger

el medio ambiente environment

la modernización modernization

la población population

la pobreza poverty

el reciclaje recycling

los recursos resources

   el agotamiento de los recursos naturales exhaustion/consumption of natural resources

la sobrepoblación overpopulation

el suburbio slum

la tecnología technology

el urbanismo urban development; city planning

   el/la urbanista developer; city planner

   la urbanización migration into the cities; subdivision or residential area

el vecindario neighborhood

la vivienda housing; dwelling place

analfabeto/a illiterate

culto/a well-educated°

desnutrido/a undernourished

en vías de desarrollo developing

Las computadoras†

almacenar to store

imprimir to print

navegar la red to "surf the net"

programar to program (*with a computer*)

trabajar en red to be networked

las aplicaciones (computer) applications

la autoedición desktop publishing

la autopista de la información information superhighway

la base de datos database

el correo electrónico e-mail

   el mensaje (de correo electrónico) (e-mail) message

el disco, el disquete diskette

   el disco duro hard drive

el e-mail e-mail

el hardware hardware

la hoja de cálculo spreadsheet

la informática computer science

la impresora printer

el Internet Internet

la memoria memory

(continúa)

°Remember that **educado/a** means *educated* in the sense of *well-mannered*.

†The vocabulary for computers, like that for many specialized fields, varies from country to country. In Spain, for example, the word for *computer* is **el ordenador**; in Latin America, **la computadora** is more frequent. In addition, a number of terms are commonly expressed with the English term: **el hardware, el software, el e-mail.**

el módem modem	**la red** net(work)
el monitor monitor	**la red local** local area network (LAN)
la multimedia multimedia	**el software** software
la pantalla screen	**el teclado** keyboard
el procesador de textos word processor	
la programación programming	**en línea, on-line** on-line
el ratón mouse	

A ENTRE TODOS   Trabajando en grupos de cuatro, inventen definiciones en español para algunas de las palabras de la lista de vocabulario. Cada persona debe inventar por lo menos una definición y los otros miembros del grupo deben adivinar (*guess*) la palabra.

MODELO: Es una persona que diseña edificios. Algunos ejemplos son Frank Gehry, Frank Lloyd Wright... (el arquitecto)

B   A continuación hay una serie de oraciones que intentan definir algunas de las palabras del vocabulario. ¿Son exactas o inexactas las definiciones? ¿Qué modificaciones sugiere Ud. para las que encuentra inexactas?

1. Carlos tiene 4 años. No sabe leer ni escribir. Es analfabeto.
2. Una persona desnutrida no come mucho.
3. Pilar acaba de graduarse de la escuela secundaria. Es muy inteligente. Es una persona culta.
4. Un país en vías de desarrollo es muy pobre; no tiene muchos recursos económicos.
5. El hambre es lo que tiene una persona antes de comer; después de comer, ya no tiene hambre.

C   ¡NECESITO COMPAÑERO!   Estudien cada palabra de la primera columna y expliquen la relación que tiene con las palabras de la segunda columna. Puede haber varias relaciones posibles para cada pareja.

MODELO: los arquitectos / el urbanismo →
   El urbanismo crea trabajos para los arquitectos.

1. los arquitectos

   el diseño
   el edificio
   la tecnología
   el urbanismo

2. la sobrepoblación

el agotamiento de los
   recursos naturales
la despoblación rural
el hambre
la urbanización

3. el analfabetismo

el desarrollo económico
la inmigración
la instrucción
la pobreza

D ¿Cuánto saben Ud. y sus compañeros sobre las computadoras? ¡Vamos a ver! Escoja cinco palabras de la lista de vocabulario que se relacionan con las computadoras y escriba una breve definición, en español, de cada una. Luego, lea sus definiciones en voz alta para que sus compañeros adivinen las palabras. ¿Quién adivina el mayor número de palabras?

E ¿Cree Ud. que el ambiente en que se vive afecta mucho a las personas? ¿En qué sentido (*sense*)? ¿Nos afecta la arquitectura? ¿Cómo se siente Ud. en los siguientes lugares?

1. en un cuarto sin ventanas

2. en un lugar donde todos los muebles son de metal, vidrio (*glass*) o plástico

3. en un lugar donde todos los muebles son de madera

4. en un cuarto pintado de rojo (amarillo, azul, blanco)

F ENTRE TODOS

■ ¿Tiene Ud. una computadora personal? ¿Cuánto tiempo hace que la tiene? ¿Por qué la compró? Si no tiene computadora, ¿adónde va para usar una?

■ Cuando entró a la universidad, ¿ya sabía usar una computadora o aprendió a usarla aquí? En su opinión, ¿es importante usar una computadora para tener éxito en los estudios universitarios? ¿Por qué sí o por qué no?

■ ¿Para qué clases utiliza la computadora? ¿La utiliza también para fines (*purposes*) *no* académicos? Explique.

■ En general, cuando trabaja en la computadora, ¿prefiere estar solo/a o le gusta estar con otra gente? ¿Por qué?

■ Algunos expertos dicen que la computadora puede crear una dependencia (*addiction*) sicológica en algunos usuarios. ¿Está de acuerdo? ¿Cuánto tiempo pasa trabajando en la computadora cada día?

La variedad geográfica en el mundo hispano

IMAGÍNESE UNA PLAYA espléndida en el mar donde hace sol y calor casi todo el tiempo. Es la imagen que tienen muchos norteamericanos de la geografía de los países hispanos, quizás porque para ellos las playas cálidas[a] de México y del Caribe son un destino frecuente. No obstante,[b] hay muchos lugares en el mundo hispano que no son propiamente un paraíso tropical. En verdad, la variación geográfica del mundo hispano es bastante parecida a la del continente norteamericano. Se pueden encontrar desiertos áridos, montañas elevadas, bosques lluviosos, llanuras y selvas tropicales. Claro que hace mucho calor en algunos lugares, pero en otros el frío es constante. Estas diferencias geográficas influencian profundamente la vida de la gente que vive en estas regiones.

El altiplano de Bolivia es la región más alta que se habita en todo el mundo. Se puede notar que la gente que vive allí tiene el pecho muy ancho, lo cual es necesario para acomodar los pulmones grandes que se necesitan para respirar el aire poco oxigenado de las montañas. Esta zona es famosa por los suéteres de lana que elaboran, tanto para uso de los habitantes como para exportar. La cosecha principal en el altiplano es la papa. Esta legumbre es ideal porque se da[c] en el frío y en el clima árido.

No muy lejos de Bolivia está el Desierto de Atacama, en Chile y el Perú, conocido como el lugar más árido de la Tierra.[d] Muy poca gente vive en el Atacama, aunque hay grandes minas de cobre[e] que se explotan en algunos lugares. Algunos pueblos del desierto sobreviven con el agua que se transporta por tuberías desde las montañas lejanas. Muy al sur del desierto, también en Chile, está la zona más lluviosa del planeta: la Tierra del Fuego. Allí existen muchísimas especies de plantas y árboles que no se encuentran en ninguna otra parte del mundo.

Pero otras partes de Sudamérica tienen climas menos extremos. En las pampas de la Argentina y el Uruguay la agricultura es muy extensa. Allí se cultivan el maíz, el trigo y otros granos. La ganadería[f] es otra industria muy importante. Estos países producen una gran cantidad de carne de res para exportar. La tierra de las pampas es llana y muy fértil.

Otra región donde hay mucho ganado es Guanacaste, en el norte de Costa Rica. Esta provincia ha ganado[g] el sobrenombre de la «Tejas de Costa Rica», tanto por sus ranchos como por sus tierras llanas. La lluvia es más escasa[h] en Guanacaste que en el resto del país, y generalmente hace más calor. Al mismo tiempo, hay muchos volcanes en la Cordillera de Guanacaste que rodea[i] la provincia, recordándonos que la zona es muy activa geológicamente.

Sin embargo, Hispanoamérica no es el único lugar en el mundo hispano que tiene tanta variedad geográfica. España es conocido por sus montañas del noreste, el calor intenso del sur y el frío y lluvia frecuente del noroeste. ¡Y no se olvide del la Guinea Ecuatorial! La geografía del único país de habla hispana del continente africano varía desde las playas de la costa hasta las montañas del interior que alcanzan los 3.000 metros sobre el nivel del mar. ■

El Desierto de Atacama, cerca de Arica, Chile

[a]*warm* [b]*No... Nonetheless* [c]*se... it flourishes* [d]*de... on Earth* [e]*copper* [f]*cattle industry* [g]*ha... has earned* [h]*scarce* [i]*surrounds*

∎∎∎ **20** DE ENTRADA

Hay quienes opinan que la tecnología es una maravilla, una de las grandes contribuciones de la edad moderna a la humanidad, mientras que otros opinan que es una fuerza deshumanizante y enemiga. ¿Qué opinan los diferentes hombres del siguiente dibujo?

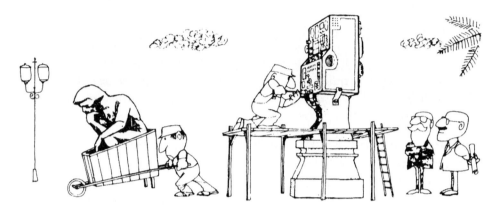

¿Está Ud. de acuerdo con ellos? Utilice la siguiente escala para indicar su opinión.

  0 = No estoy de acuerdo. 1 = No sé. No estoy seguro/a. 2 = Estoy de acuerdo.

1. _____ Los tecnólogos, de quienes dependemos mucho hoy en día, con frecuencia actúan sin considerar las consecuencias de sus inventos.
2. _____ La computadora es un aparato que todo el mundo debe saber utilizar.
3. _____ La tecnología es útil, pero el arte es indispensable, algo sin el cual una cultura no puede sobrevivir.
4. _____ Las relaciones humanas se fortalecen (*get stronger*) a causa de la tecnología, la cual facilita el contacto y la comunicación entre los individuos.
5. _____ Los individuos que critican la tecnología en realidad no la entienden.

En las oraciones anteriores aparecen algunos pronombres relativos. ¿Puede Ud. identificarlos todos? Si no, no se preocupe; en la siguiente sección, va a repasar las formas y los usos de los pronombres relativos.

∎∎ **20** More Relative Pronouns

A. Review of *que* and *quien*

Remember that complex sentences are frequently formed in Spanish by combining two simple sentences with the relative pronouns **que** and **quien** (grammar section 15).

  David compró **la computadora. La computadora** estaba en la tienda. →
  David compró **la computadora que** estaba en la tienda.

Lo que can be used as a subject, predicate nominative, or direct object to express *that which* or the noninterrogative *what*.

Lo que Ud. dice es la verdad.
What you say is true.

Es **lo que** ella me escribió.
It's what she wrote me.

Remember that the interrogative *what* is expressed by **¿qué?, ¿cuál?,** or **¿cómo?**

¿Qué es esto?
What is this?

¿Cuál es la capital?
What is the capital?

¿Cómo? No entiendo **lo que** Uds. dicen.
What? I don't understand what you're saying.

■ English *that, which,* and *who* are generally expressed in Spanish by **que.**

Hay muchos problemas **que** la tecnología ayuda a resolver.	*There are many problems that technology helps to solve.*
La memoria de una computadora, **que** funciona más o menos como la nuestra, es probablemente su aspecto más importante.	*A computer's memory, which functions more or less like our own, is probably its most important part.*
Todos los arquitectos **que** colaboraron en el diseño recibieron un premio.	*All the architects who collaborated on the design received a prize.*

■ **Quien,** which can refer only to people, *may* be used after a comma (that is, in a nonrestrictive clause) and *must* be used after a preposition to express *who* or *whom.*

Los programadores, **que (quienes)** trabajaron todo el fin de semana, por fin pudieron resolver el problema.	*The programmers, who worked all weekend, finally managed to solve the problem.*
¡Ése es el actor de **quien** hablábamos!	*That's the actor we were talking about (about whom we were talking)!*

B. *Que* and *cual* forms: Referring to people and things more formally

The simple relative pronouns **que** and **quien** are preferred in speaking in most parts of the Hispanic world. But after a preposition or a comma, English *that, which,* and *who* can also be expressed by compound forms, which are used in writing and in more formal situations by many native speakers.°

■ As these examples show, the compound relatives, or "long forms," can refer to *both* people and things. Through the definite article they show gender and number agreement with the noun to which they refer.

	To Refer To	
	People	**Things**
	after a preposition	
informal quien que	Acaba de llegar el arquitecto **con quien** trabajamos el año pasado. *The architect (that) we worked with last year just arrived.*	¿Cuáles son los recursos **con que** podemos contar? *What are the resources (that) we can count on?*
formal el/la que los/las que el/la cual los/las cuales	Acaba de llegar el arquitecto **con el que (con el cual)** trabajamos el año pasado. *The architect with whom we worked last year just arrived.*	¿Cuáles son los recursos **con los que (con los cuales)** podemos contar? *What are the resources on which we can count?*

°Since the **que** and **cual** forms are largely limited to written Spanish and to use in formal situations, the majority of practice with them in the *Pasajes* series is in the *Cuaderno de práctica.*

	To Refer To	
	People	**Things**
	after a comma	
informal quien que	Van a mandarles la comida a los pobres, **quienes (que)** la necesitan más. *They're going to send the food to the poor, who need it most.*	Los problemas, **que** se plantearon ayer, fueron comentados por todos. *The problems, which were posed yesterday, were discussed by all.*
formal el/la que los/las que el/la cual los/las cuales	Van a mandarles la comida a los pobres, **los que (los cuales)** la necesitan más. *They're going to send the food to the poor, who need it most.*	Los problemas, **los que (los cuales)** se plantearon ayer, fueron comentados por todos. *The problems, which were posed yesterday, were discussed by all.*

■ Like the relative pronoun **quien(es),** the long forms can occur *only* after a preposition or a comma (in a nonrestrictive clause). When there is no preposition or comma, only **que** can be used.

■ In many cases, **que** and **cual** variants of the long forms are interchangeable. Using one or the other is a matter of personal preference.

PRÁCTICA 1 Complete las siguientes oraciones con **que** o **quien(es),** según el contexto. ¡Cuidado! A veces puede haber más de una respuesta correcta.

1. Los jóvenes _____ acaban de entrar son mis vecinos.
2. ¿Cuáles son los recursos a _____ te refieres?
3. El dueño es un individuo _____ posee algunos recursos.
4. Mis bisabuelos, _____ llegaron a este país en 1920, vinieron de Italia.
5. Las personas para _____ se construyeron estos apartamentos merecen (*deserve*) mucho más.
6. Ésa no es la manera en _____ Ud. debe hablarme.

PRÁCTICA 2 Complete las siguientes oraciones con **lo que** o con la forma apropiada de **el que / el cual,** haciendo los cambios de número y género necesarios, según el contexto.

1. Esos edificios, _____ son parte del proyecto de modernización, se van a tumbar (*are going to be knocked down*) la semana que viene.
2. _____ me estás diciendo me parece un consejo muy bueno. Voy a tenerlo en cuenta.
3. La despoblación rural y la sobrepoblación de las ciudades grandes, dos problemas de _____ se ha hablado mucho (*much has been spoken*) en algunos países de Hispanoamérica, van a ser difíciles de resolver.
4. Es sorprendente (*surprising*) que el reciclaje y la conservación de los recursos naturales, dos ideas con _____ mucha gente está de acuerdo en este país, no tenga mayor importancia en las campañas políticas.
5. Aquellas viviendas, _____ están en la colina (*hill*) más alta, siguen en vías de desarrollo desde hace dos años.
6. Parece que los trabajadores no comprenden _____ dicen los urbanistas y los urbanistas no entienden _____ dicen los arquitectos.

AUTOPRUEBA Complete las siguientes oraciones con **que, quien(es), lo que, el/la/los/las que** o **el/la/los/las cual(es).** ¡Cuidado! En la mayoría de los casos hay más de una respuesta correcta.

1. _____ me preocupa es que los precios suben a diario (*daily*).
2. Susana es la chica con _____ salió Rafael la semana pasada.
3. ¡Mira! Es la pintura de _____ hablaba la profesora en la clase de arte.
4. Hay muchas dificultades _____ están por resolverse antes de nuestro viaje.
5. Éstos son los problemas a _____ el profesor de matemáticas se refirió en su discurso.
6. Tengo aquí una foto de mis bisabuelos, _____ llegaron a este país en 1878.
7. Este edificio, _____ es el más alto de la ciudad, tiene una altura de 400 metros.

Respuestas: 1. Lo que **2.** quien / la que / la cual **3.** que / la que / la cual **4.** que / los que / los cuales **5.** que / los que / los cuales **6.** quienes / que / los que / los cuales **7.** que / el que / el cual

A Junte los siguientes pares de oraciones usando **que, quien(es)** o la forma apropiada de **el que / el cual,** según el contexto. Cuidado con la colocación (*placement*) de las preposiciones. Luego, indique si Ud. está de acuerdo o no. Siga el modelo.

MODELO: El hambre y la desnutrición son problemas graves.
Encontramos estos problemas principalmente en los países en vías de desarrollo. →
El hambre y la desnutrición son problemas graves que encontramos principalmente en los países en vías de desarrollo. No estoy de acuerdo; es verdad que son problemas graves, pero los encontramos en casi todo el mundo.

1. Los individuos tienen miedo del futuro. Esos individuos pueden perder su trabajo por causa de la tecnología.
2. Los avances tecnológicos «pequeños» nos afectan más que ningún otro invento. Utilizamos los avances pequeños todos los días.
3. Los ambientalistas (*environmentalists*) son extremistas. Es muy difícil trabajar con ellos.
4. Los individuos odian la tecnología. Esos individuos pueden ser realmente peligrosos.
5. Sueño con un mundo ideal. En ese mundo los seres humanos respetan y protegen la naturaleza y el medio ambiente.

B Defina las siguientes palabras y frases en español. Cuidado con los pronombres relativos.

1. una impresora
2. un(a) urbanista
3. un disco duro
4. una vivienda
5. un barrio bajo
6. un arquitecto / una arquitecta

C ¡NECESITO COMPAÑERO! ¿Qué (no) les gustaría a Uds. (*would you [not] like*) en el futuro? Trabajando en parejas, háganse y contesten preguntas para averiguar sus preferencias y la razón por ellas. Luego, compartan con la clase lo que han aprendido (*you have learned*). Cuidado con las formas de los pronombres relativos y recuerden que en español nunca se puede terminar una oración o cláusula con una preposición.

MODELO: persona **/** hablar con →
—¿Quién es la persona con quien te gustaría hablar algún día?
—El presidente de los Estados Unidos, porque quiero hacerle algunas sugerencias.

1. persona **/** hablar con
2. lugar **/** hacer un viaje a
3. problema **/** resolver
4. película **/** ver
5. compañía **/** trabajar para
6. libro **/** leer
7. persona **/** conocer a
8. lugar **/** vivir en
9. lugar **/** *no* vivir en
10. invento **/** vivir sin
11. invento **/** *no* vivir sin
12. persona **/** salir con

■■■ 21 DE ENTRADA

En su opinión, ¿cómo va a ser la sociedad en el año 2025? Indique si las siguientes afirmaciones le parecen probables (**P**) o improbables (**I**).

		P	I
1.	La gente se lleva bien; nunca hay conflictos ni guerras.	❑	❑
2.	Algunas personas fuman cigarrillos, pero nadie bebe bebidas alcohólicas.	❑	❑
3.	Los estudiantes ya no viajan a las universidades ni visitan las bibliotecas. Desde su casa, obtienen electrónicamente toda la información que necesitan.	❑	❑
4.	Todavía hay sobrepoblación, pero hay menos analfabetismo.	❑	❑
5.	Nadie que no tenga título universitario puede encontrar trabajo ya que los autómatas (*robots*) hacen todos los trabajos que antes hacían los obreros.	❑	❑
6.	Apenas existen las enfermedades graves (ni siquiera el SIDA), pero el resfriado (*common cold*) es todavía problemático.	❑	❑

¿Reconoce Ud. las expresiones positivas y negativas que se encuentran en las oraciones anteriores? En la siguiente sección va a poder repasarlas todas.

■■ 21 Positive, Negative, and Indefinite Expressions

A. Patterns for expressing negation

Negation is expressed in Spanish with one of two patterns.

1. **no** + *verb*

   No trabajaron.   *They didn't work.*

   no + *verb* + *negative word*

   No hicieron **nada**.   *They did nothing. (They didn't do anything.)*

2. *negative word + verb*

Nadie se presentó. — *Nobody showed up.*

negative word + verb + negative word

Yo **tampoco** veo a **nadie.** — *I don't see anyone either.*

There must always be a negative before the verb: either **no** or another negative word such as **nadie** or **tampoco.** Additional negative words may follow the verb. Unlike standard English, Spanish can have two or more negative words in a single sentence and maintain a negative meaning. Once a negative is placed before the verb, all indefinite words that follow the verb must also be negative.

No vi a **nadie.** — *I didn't see anyone.*

Nunca hace **nada** por **nadie.** — *He never does anything for anyone.*

The following chart shows the most common positive and negative expressions.

Positive		Negative	
algo	*something*	nada	*nothing*
alguien	*someone*	nadie	*no one*
algún (alguno/a/os/as)	*some*	ningún (ninguno/a)	*none, no*
también	*also*	tampoco	*neither*
siempre	*always*	nunca, jamás	*never*
a veces	*sometimes*		
o	*or*	ni	*nor*
o… o	*either . . . or*	ni… ni	*neither . . . nor*
aun	*even*	ni siquiera	*not even*
todavía, aún	*still*	ya no	*no longer*
		todavía no	*not yet*
		apenas	*hardly*

A PROPÓSITO

Since **ninguno** conveys the concept of *not one* or *none,* it is always used in the singular.

No tengo **ningún** lapiz.
I don't have a pencil. (*I have no pencils.*)

Note that Spanish **no** *cannot* be used as an adjective.

no child = **ningún** niño
no person = **ninguna** persona

B. *Alguno/Ninguno* and *alguien/nadie*

- **Alguno/Ninguno** means *someone / no one* or *something/nothing* from a particular group; **alguien/nadie** expresses *someone / no one* without reference to a group.

  Alguien/Nadie llama a la puerta. — *Someone / No one is knocking at the door.*

  Hay tres niños en casa. **Alguno** (de ellos) va a abrir la puerta. — *There are three children at home. Someone (one of them) will open the door.*

  La compañía ha probado varios diseños nuevos, pero **ninguno** (de ellos) funciona bien. — *The company has tried various new designs, but none (of them) works very well.*

- As adjectives, **alguno** agrees in number and gender, and **ninguno** agrees in gender with the nouns they modify. They shorten to **algún/ningún** before masculine singular nouns.

| Hay **algunos chicos** de España en esa clase. | *There are some guys from Spain in that class.* |
| No tengo **ningún amigo.** | *I don't have any friends.* |

- Because they always refer to people, the words **alguien** and **nadie** must be preceded by the personal **a** when they function as direct objects. **Alguno/a/os/as (algún)** and **ninguno/a (ningún)** also require the personal **a** when they function as direct objects that refer to people.

Veo **a alguien** en el pasillo.	*I see someone in the hall.*
No vimos **a nadie** anoche.	*We didn't see anyone last night.*
No conozco **a ningún** escritor chileno.	*I don't know any Chilean authors.*
No conozco **ninguna** novela chilena.	*I'm not familiar with any Chilean novels.*

C. Other positive, negative, and indefinite expressions

- When two subjects are joined by **o... o** or **ni... ni,** the verb may be either singular or plural. Native speakers of Spanish tend to make the verb plural when the subject precedes the verb and singular when the subject follows.

| **Ni** mi padre **ni** mi madre me visitan. | *Neither my father nor my mother visits me.* |
| No me visita **ni** mi padre **ni** mi madre. | |

- **Algo/Nada** can be used as adverbs to modify adjectives.

| Pues, sí, es **algo** interesante. | *Well, yes, it's somewhat interesting.* |
| No, no es **nada** interesante. | *No, it isn't interesting at all.* |

- English *more than (anything, ever, anyone)* is expressed with negatives in Spanish: **más que (nada, nunca, nadie).**

| Más que **nada,** me gusta leer. | *More than anything, I like to read.* |

PRÁCTICA 1 Algunas de las siguientes oraciones son afirmativas y otras son negativas. Siguiendo el modelo, modifíquelas para que las afirmativas sean negativas y viceversa.

MODELO: Nadie viene mañana. →
        Alguien viene mañana.

1. Nadie quiere que tú te vayas.
2. Todavía tengo el regalo que mi ex novio me dio.
3. Los viejos no viven aquí tampoco.
4. ¡No voy jamás a conciertos de música rock!
5. ¿Conoces a alguien que me pueda ayudar?
6. Algunas casas son perfectas.
7. Todavía están buscando computadora; no les gusta ninguna de las que vieron ayer.
8. La modernización y la tecnología siempre son la respuesta.

PRÁCTICA 2 El alcalde (*mayor*) de Puerto Dorado es muy optimista y cree que todo está bien en su ciudad. Un periodista le hace preguntas sobre los problemas urbanos. Conteste las preguntas del periodista, usando palabras negativas.

> MODELO: ¿Conoce Ud. a alguien que no tenga vivienda?
> No, no conozco a nadie que no tenga vivienda.

1. ¿Hay algún problema con el agua de la ciudad?
2. ¿A veces hay cortes de electricidad (*blackouts*)?
3. ¿Todavía usan máquinas de escribir en su oficina?
4. ¿Hay muchos robos (*robberies*) o asesinatos (*murders*) en la ciudad?
5. ¿Hay algo sospechoso en la política municipal?
6. ¿Hay alguna resistencia a reciclar en la ciudad?

■■■ 21 INTERCAMBIOS

AUTOPRUEBA Cambie las siguientes oraciones afirmativas por negativas.

1. Siempre hay invitados en la casa de los González.
2. Roberto tiene todavía el reloj que sus padres le regalaron hace muchos años.
3. Había mucha gente en la calle para la fiesta.
4. Conozco a muchos escritores hispanoamericanos.
5. Encontramos varias fotos de Elena en el cajón del escritorio.
6. A veces nuestros padres salen a pasear.
7. Me gustan el tango y el merengue.
8. ¡Ah! También me gusta la salsa.

Respuestas: 1. Nunca hay invitados... **2.** Roberto ya no tiene el reloj... **3.** No había nadie en la calle... **4.** No conozco a ningún escritor... **5.** No encontramos ninguna foto de Elena... **6.** Nuestros padres nunca salen... / Nuestros padres no salen a pasear nunca. **7.** No me gusta ni el tango ni el merengue. **8.** ¡Ah! Tampoco me gusta la salsa.

A Siempre hay opiniones pesimistas y optimistas sobre cualquier tema. ¿Qué diría (*would say*) un(a) pesimista con respecto a los siguientes temas? Y ¿qué diría un(a) optimista?

> MODELO: el hambre en el mundo →
> UN(A) PESIMISTA: Nunca vamos a resolver el problema del hambre.
> UN(A) OPTIMISTA: Algún día vamos a encontrar una solución.

1. el agotamiento de los recursos naturales
2. la energía solar
3. la medicina alternativa
4. la pobreza
5. la tecnología y la industrialización

B ¿Se preocupa Ud. por el medio ambiente? ¿Es activista? ¿Cuáles de las siguientes oraciones describen sus sentimientos y opiniones al respecto? Coméntelas, cambiando el adverbio o el adjetivo *en letra cursiva azul* si es necesario para que (*so that*) la oración sea más exacta.

MODELO: *A veces* trato de comprar productos que no contaminan el medio ambiente. →
No es cierto para mí.
Siempre trato de comprar productos que no contaminan el medio ambiente.

1. *Siempre* estoy dispuesto/a a pagar más por productos que no contaminan el ambiente.

2. Trato de reciclar *todo* el papel que utilizo.

3. No voy a comprar *ningún* producto desechable (*disposable*), *ni siquiera* los pañales (*diapers*).

4. Cuando veo artículos sobre la ecología en *algún* periódico o *alguna* revista, *a veces* los leo.

5. *Ya no* reciclo los envases de vidrio y de lata (*jars and cans*).

6. *Todavía no* estoy dispuesto/a a conducir menos (y menos rápido) para reducir la contaminación del aire.

C ¡NECESITO COMPAÑERO! A medida que (*As*) nos modernizamos, y con la ayuda de la tecnología, esperamos que nuestra vida sea cada vez más fácil. ¿Hasta qué punto dependen Uds. de la tecnología? ¿Cuál de los siguientes inventos ha tenido (*has had*) el mayor impacto en su vida? Para investigar el tema, sigan los pasos.

■ Primero, examinen la siguiente tabla de inventos y agreguen por lo menos tres más.

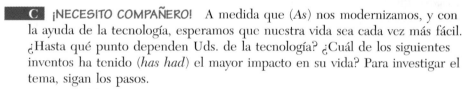

Invento	Con mucha frecuencia	A veces	Apenas	Nunca	Todavía no, pero en el futuro, sí	Ya no
la computadora						
la videocasetera						
el tocadiscos						
el televisor de blanco y negro						

(continúa)

Invento	Con mucha frecuencia	A veces	Apenas	Nunca	Todavía no, pero en el futuro, sí	Ya no
el tren						
el Velcro						
el correo electrónico						
el teléfono inalámbrico (*cordless*)						
el horno (*oven*) convencional						
¿ ?						
¿ ?						
¿ ?						

- Después, entrevístense para averiguar con qué frecuencia Uds. utilizan los inventos de la tabla. Indiquen sus respuestas con una X.

- Luego, analicen los inventos que Uds. utilizan con mayor frecuencia. ¿Cuál(es) de ellos ha(n) tenido el mayor impacto en su vida? ¿Por qué?

- Finalmente, compartan los resultados de su entrevista y análisis con los demás miembros de la clase. ¿Hay mucha diferencia de opiniones? Expliquen.

D ENTRE TODOS

- Algunos de los inventos que nos facilitan la vida no son realmente resultado de ninguna investigación científica, sino que son producto de la casualidad (*chance*) o fruto del ingenio humano para resolver las pequeñas molestias (*hassles*) de todos los días. ¿Cuáles de los inventos de la actividad anterior son de este tipo? ¿Y cuáles son resultado de la investigación científica?

- Emparejen cada descripción de la página siguiente con uno de los inventos de la lista.

el abrelatas (*can opener*)   las lentillas   el semáforo
los alimentos enlatados   los pañales   (*traffic light*)
la calculadora   desechables   el televisor
el chupete (*pacifier*)   la penicilina   las tiras adhesivas
el refrigerador   la pila (*battery*) eléctrica   el Velcro
el jabón   el plástico

1 Inspirado en el sistema de señales codificado por Gran Bretaña en 1818, la señalización de las calles por... tricolores comienza en el campo inglés en 1838. Después, la ciudad de Londres aplica, a partir de 1868, un sistema análogo para intentar organizar la circulación. En los Estados Unidos, en un intento por canalizar su gran parque automovilístico, aparecen en Cleveland, en 1914, los... bicolores, y después los tricolores en Nueva York. En París la primera señal luminosa empieza a funcionar el 5 de mayo de 1923. Es una luz roja acompañada de una pequeña campanilla,[a] que se activa manualmente. La luz verde y la naranja serán[b] utilizadas diez años más tarde.

2 Aunque puedan parecer un invento de la tecnología moderna, ya se conocían en el Renacimiento. Leonardo Da Vinci fue el primero a quien se la ocurrió la idea, pero sólo se decidió a experimentar con ella. Sin embargo, el francés Descartes aprovechó las ocurrencias del genio italiano y las empleó por primera vez con fines terapéuticos, aunque no obtuvo mucho éxito. Hasta finales del siglo XIX no se emplearon para corregir la miopía y fue en 1937 cuando se sustituyó el vidrio puro por el plástico. Desde entonces la tecnología se ha encargado de[c] reducirlas, perfeccionarlas y hasta hacerlas desechables.

3 Gracias a este sistema revolucionario de adherencia, obra de un montañero suizo en los años 50, podemos prescindir de los botones, cremalleras[d] e incluso cordones en algunas prendas de vestir. Basta con unir cada una de las partes del mismo a la ropa para que ésta quede bien sujeta y no se pueda desprender fácilmente. Para quitarla, tan sólo hay que tirar de un extremo con mucha fuerza y la prenda quedará desabrochada.

4 Este artilugio[e] tan sumamente útil, que más de una vez nos ha sacado[f] de un apuro al permitirnos preparar rápidamente una comida, data de la década de los años 60 del siglo XIX. Lo curioso del invento es que apareció cincuenta años más tarde que las latas.

5 Fue un hallazgo muy curioso de un empleado de la firma Johnson & Johnson para curar los cortes que se hacía su mujer en la cocina. Esta brillante idea de cortar en trozos pequeños los vendajes quirúrgicos y pegarlos a continuación en una tira adhesiva se le ocurrió en 1920 cuando estaba en su casa y su mujer sufrió un accidente doméstico. Cuando el presidente de la empresa se enteró de su invento, no dudó ni un momento de la rentabilidad del mismo y a partir de entonces se empezó a comercializar este pequeño vendaje provisional.

6 Su origen se remonta a la necesidad de una madre neolítica de calmar los llantos de su retoño. Los expertos afirman que el primer... fue un hueso. Hasta hace cincuenta años cualquier cosa valía para sosegar[g] a los bebés, pero el... con la forma que lo conocemos tiene cinco décadas. ∎

[a]*(hand) bell* [b]*would be* [c]*se... has taken care of* [d]*zippers* [e]*device* [f]*nos... has saved us* [g]*calm*

∎ ¿Cuál de los inventos descritos les parece que ha tenido mayor impacto en la vida humana? ¿Por qué?

∎ Muchos de los inventos que aparecen en la lista han facilitado (*have facilitated*) la vida, de eso no hay duda. Sin embargo, algunos de ellos también han creado (*have created*) problemas que afectan el medio ambiente. ¿Cuáles de esos inventos relacionan Uds. con problemas ecológicos? Digan cuál es el problema en cada caso.

Los bosques, defensas del planeta

Bosque tropical centroamericano

Se sabe que los bosques suministran (*supply*) muchos recursos y que son una de las defensas más importantes para la conservación del planeta. Sin embargo, los árboles de los bosques se derriban (*are being cut down*) en grandes cantidades para emplearlos como combustible (*fuel*) y para fines industriales. Aunque la situación es crítica, no es del todo desesperada, ya que tanto los gobiernos como muchos individuos se han dado cuenta (*have realized*) del peligro y están intentando salvar lo que queda de los grandes bosques del pasado y asegurar que los terrenos deforestados vuelvan a su estado de bosque primario.

Antes de ver

■ ¿Qué sabe Ud. de los problemas ecológicos de Hispanoamérica? Haga una lista y compárela con la de sus compañeros de clase.

■ En el vídeo, se sugieren varias formas de proteger los bosques. ¿Cuáles pueden ser algunas de estas sugerencias?

■ Ahora lea con cuidado la actividad en **Vamos a ver** antes de ver el vídeo por primera vez.

Vamos a ver

¿Son ciertas (**C**) o falsas (**F**) las siguientes afirmaciones? Corrija las oraciones falsas.

		C	F
1.	Para que una parcela que fue cultivada retorne a su estado de bosque primario, se requieren de veinticinco a treinta años.	❑	❑
2.	Es importante no comprar nada que esté hecho de madera.	❑	❑
3.	Los bosques son «fábricas de agua», es decir, en ellos nacen muchos ríos.	❑	❑
4.	Sólo los gobiernos pueden detener la desaparición de los bosques.	❑	❑
5.	Más del 50% de la madera que se obtiene de los bosques se usa como combustible. El resto se emplea para fines industriales.	❑	❑
6.	Se recomienda que usemos bolsas de papel color castaño porque están hechas de papel reciclado.	❑	❑
7.	Es evidente que cuando tiramos el papel a la basura, ayudamos a que no se derriben nuevos árboles.	❑	❑

Después de ver

■ ¿Está Ud. de acuerdo con las recomendaciones del vídeo? ¿Qué cosas cambiaría (*would you change*) o añadiría (*would you add*) a esa lista?

- El gobierno del Perú solicita ideas para una campaña publicitaria para proteger la selva amazónica. Trabajando en grupos, hagan una lista de por lo menos cuatro recomendaciones básicas para esta campaña. Usen mandatos formales como: «Usen bolsas de papel reciclado». Luego, presenten sus ideas a la clase y voten por las mejores.

- Busque información sobre un grupo ecologista basado en algún país hispano. ¿Cuáles son sus objetivos y actividades principales? ¿Está Ud. de acuerdo con las ideas de ese grupo? ¿Por qué sí o por qué no? Luego, comparta la información y sus opiniones con sus compañeros de clase.

▪▪▪ 22 DE ENTRADA

Según algunas personas, hay visitantes de otros planetas que ya viven entre nosotros. Aunque estos seres suelen tener una tecnología mucho más avanzada que la nuestra, a veces tienen dificultad en manejar los pequeños aparatos de los seres terrestres. Examine con cuidado el siguiente dibujo e indique si las afirmaciones le parecen ciertas (**C**) o falsas (**F**).

		C	F
1.	Es obvio que, en general, estos individuos tienen idea de la función de los muebles (*furniture*).	❏	❏
2.	Si alguien ve la casa sólo por fuera (*from the outside*), es probable que no observe nada raro.	❏	❏
3.	A la mujer en el cuarto de baño no le molesta que el cortacésped esté allí.	❏	❏
4.	Es dudoso que todos los aparatos funcionen bien en los lugares donde se encuentran.	❏	❏
5.	Parece que la familia tiene una buena selección de aparatos. Todos son domésticos; no hay nada que sea para una oficina o fábrica.	❏	❏
6.	A los miembros de la familia parece sorprenderles que haya un cohete (*rocket*) en el dormitorio.	❏	❏
7.	A la familia le gusta que todos los aparatos estén en un mismo salón.	❏	❏
8.	Los miembros de la familia no creen que sea buena idea comer y mirar la televisión al mismo tiempo.	❏	❏

En algunas de las afirmaciones anteriores se usa el subjuntivo y en otras se usa el indicativo. ¿Sabe Ud. por qué es así en cada caso? En la siguiente sección, va a repasar estos usos del subjuntivo.

■■ 22 Uses of the Subjunctive: Certainty Versus Doubt; Emotion

A. Certainty versus doubt

Certainty versus doubt is another of the main-clause characteristics that determines the use of indicative or subjunctive in the subordinate clause. The subjunctive is generally used when the speaker wishes to describe something about which he or she has some degree of uncertainty or no knowledge at all.

No es cierto que la población urbana **sea** más culta que la población rural.	*It's not true that the urban population is better educated than the rural population.*
Es dudoso que la tecnología **resuelva** todos los problemas.	*It's doubtful that technology will solve every problem.*
Es probable que el gobierno **elimine** el problema de la vivienda.	*It's probable that the government will eliminate the housing problem.*

In contrast, the indicative is used to describe something about which the speaker is, for the most part, certain or knowledgeable.

Es cierto que la población **está** aumentando rápidamente.	*It's true that the population is increasing rapidly.*
No hay duda que la tecnología **es** importante.	*There is no doubt that technology is important.*
Parece que el futuro **es** muy prometedor.	*It appears that the future is very promising.*

In Spanish, some main-clause verbs and impersonal expressions consistently introduce the subjunctive, whereas others consistently introduce the indicative. With impersonal expressions, probability/improbability and possibility/impossibility are always considered degrees of uncertainty, and therefore they always introduce the subjunctive. Here is a chart of some the most common phrases in the *certainty versus doubt* classification. Make sure you know their meanings before beginning the exercises.

Certainty: To Introduce Indicative	Doubt/Uncertainty: To Introduce Subjunctive
creer que	no creer que
no dudar que	dudar que
estar seguro/a (de) que	no estar seguro/a (de) que
no negar que	negar que
pensar que	no pensar que
suponer que	no suponer que
Es cierto que	No es cierto que
No es dudoso que	Es dudoso que
Es evidente que	No es evidente que
Es obvio que	No es obvio que
Es que	No es que
Es seguro que	No es seguro que
Es verdad que	No es verdad que
No cabe duda (de) que	(No) Es (im)posible que
No hay duda (de) que	(No) Es (im)probable que
Parece que	(No) Puede (ser) que

A PROPÓSITO

Some of the distinctions between certainty and doubt may seem vague or even incorrect to English speakers. Take **suponer que** (*to suppose that*), for example. In English, supposition usually communicates a degree of uncertainty. However, in Spanish, **suponer que** introduces the indicative because the speaker is stating his or her perceived reality of something. In other words, the factor that determines use of the indicative after phrases like **suponer que** is what is real from the speaker's point of view (perceived reality), not what is the actual reality of a given situation.

PRÁCTICA 1   ¿Demuestran certeza o duda las siguientes oraciones?

1. Es evidente que a él no le gusta el cambio.
2. No estamos seguros que Jaime aspire a ser arquitecto.
3. Vemos que Uds. tienen muchos diseños.
4. No creo que participen en la manifestación.
5. Puede ser que haya más igualdad en el futuro.

PRÁCTICA 2   Complete las siguientes oraciones con la forma apropiada del presente de subjuntivo o indicativo del verbo entre paréntesis.

1. Supongo que el analfabetismo (seguir) siendo un problema en todo el mundo.
2. No creo que (resolverse) pronto los problemas de los barrios bajos en las grandes ciudades de este país.

3. Creo que reciclar la basura (ser) una buena idea, pero es obvio que (haber) mucha gente que no participa en los programas de reciclaje todavía.

4. Dudo que los urbanistas (poder) resolver el problema de la falta de viviendas en esta ciudad.

5. Es probable que ese vecindario ya no (estar) en vías de desarrollo. Parece que nadie (trabajar) allí desde hace varias semanas.

6. Algunos creen que no es posible que los recursos naturales (acabarse: *to run out*) durante este siglo.

7. El alcalde no duda que la gente (querer) eliminar los problemas del hambre y la pobreza en la ciudad, pero es evidente que nadie (saber) cómo hacerlo.

8. Es dudoso que toda la modernización programada para este año (realizarse) a tiempo.

B. Emotion, value judgments

The subjunctive is used in subordinate clauses that follow the expression of an emotion or the expression of a subjective evaluation or judgment. Impersonal expressions that describe emotional responses to reality or make a subjective commentary on it are also followed by the subjunctive in subordinate clauses. Here are some of the most common expressions of emotion that result in the use of the subjunctive in the subordinate clause.

esperar que	me encanta° que	es bueno que
estar contento/a (de) que	me enfada que	es fantástico (increíble,
estar triste (de) que	me enoja que	interesante, malo,
sentir (ie, i) que	me fascina que	natural, sorprendente,
tener miedo (de) que	me gusta que	tremendo, triste) que
	me pone contento/a que	es (una) lástima que
	me pone triste que	¡Qué bueno (fantástico, malo,
	me preocupa que	lástima, triste) que… !

Siento mucho que la vivienda **sea** tan cara.	*I regret that housing is so expensive.*
Me pone triste que **haya** tanta hambre en el mundo.	*It makes me sad that there is so much hunger in the world.*
¡Qué lástima que **piensen** destruir ese edificio!	*What a shame that they are planning to destroy that building!*
Es bueno que **investiguemos** las causas del problema.	*It is good that we are investigating the causes of the problem.*

PRÁCTICA   Examine los verbos *en letra cursiva azul* en el siguiente pasaje. ¿Cuáles están en indicativo? ¿Cuáles están en subjuntivo? Indentifique la razón por su uso escribiendo las letras **C** (certeza), **D** (duda) o **E** (emoción) en otro papel.

Hoy en día, es evidente que la tecnología *está*[1] presente en todas las actividades diarias. Sin embargo, hay muchas reacciones diferentes sobre su importancia. Muchos creen que *es*[2] necesario incorporar la tecnología en todos los campos, pero otros dudan que siempre *sea*[3] beneficiosa. Es

---

°All the expressions in this column are used like **gustar** with indirect object pronouns.

Le/Les gusta que seas arquitecto.

Me/Nos preocupa que llegues tan tarde.

obvio que la tecnología nos *hace*[4] la vida más fácil, pero muchos tienen miedo de que *dependamos*[5] demasiado de las computadoras. Es probable que dentro de unos años, la mayoría de la población *tenga*[6] computadora en casa, y es sorprendente que el uso de las computadoras *se extienda*[7] a todos los rincones[a] del mundo. Según Félix del Dato: «Es cierto que la tecnología nos *mejora*[8] la vida personal, pero es una lástima que *perdamos*[9] el contacto interpersonal.»

[a]*corners*

■■■ 22 INTERCAMBIOS

AUTOPRUEBA Complete las siguientes oraciones con la forma apropiada del presente de subjuntivo o indicativo del verbo entre paréntesis, según el contexto.

1. No cabe duda que la contaminación del ambiente (representar) un gran problema para las generaciones futuras.
2. No es verdad que (haber) igualdad en todos los países del mundo.
3. Los padres de Antonio no dudan que él (ir) a tener éxito en sus estudios.
4. Sentimos mucho que Uds. no (poder) estar presentes para la ceremonia.
5. Me preocupa que se me (acabar) el dinero antes de regresar.
6. Es sorprendente que los estudiantes (aceptar) los cambios sin protestar.
7. No me gusta que la gente (seguir) hablando durante la película.

Respuestas: 1. representa **2.** haya **3.** va **4.** puedan **5.** acabe **6.** acepten **7.** siga

A ¿Qué opina Ud.? Use una expresión diferente para reaccionar a las siguientes afirmaciones. Luego, justifique brevemente sus opiniones. Cuidado con el uso del subjuntivo.

Creo	Es (im)posible	Es verdad
Dudo	Es increíble	Espero
Es bueno	Es malo	Estoy seguro/a
Es fantástico	Es triste	No creo

1. Vamos a tener colonias en la luna para el año 2050.
2. Muchos jóvenes usan computadora en la escuela primaria.
3. Se puede eliminar el problema del hambre en el mundo.
4. Es más importante proteger (*to protect*) los recursos naturales que aprovecharse (*to take advantage*) de ellos.
5. La industrialización trae graves problemas sociales.
6. En este país, muchas personas están «emigrando» de las grandes ciudades a las afueras o a las zonas rurales.
7. La mayoría de las personas que viven en la pobreza son mujeres y niños.
8. Los científicos no son responsables de la aplicación ni del uso de sus inventos.
9. Hay una conexión entre el analfabetismo y la televisión.
10. Vivimos mejor ahora de lo que vivíamos hace cincuenta años.

B Usando las preguntas como guía, describa lo que pasa en los siguientes dibujos. Cuidado con el uso del subjuntivo.

- ¿Quiénes son esas personas?
- ¿Dónde están?
- ¿Cuál es la situación?
- ¿Cuál es su reacción?

1.

2.

3.

1. amasar (*to knead*), la batidora (*beater*), la cafetera (*coffee maker*), la máquina para hacer palomitas (*popcorn popper*), moler (ue) (*to grind*), el vendedor

2. atrapar, conducir, evitar accidentes de tráfico, el imán (*magnet*), volar (ue) (*to fly*)

3. estar absorto, no hacerle caso, repetirse (i, i) la historia

C ¡NECESITO COMPAÑERO! Trabajando en parejas, preparen un comentario positivo y otro negativo sobre tres de los siguientes temas. Para formular sus comentarios, usen las expresiones de las listas. Luego, comparen sus comentarios con los de los demás miembros de la clase.

Comentarios positivos: es interesante, es tremendo, estamos contentos, nos gusta

Comentarios negativos: no nos gusta, nos enfada, nos preocupa, tenemos miedo

1. la tecnología
2. la sobrepoblación
3. el analfabetismo
4. la posibilidad de un gobierno mundial
5. los recursos naturales
6. la contaminación del medio ambiente
7. el reciclaje
8. el Internet

D GUIONES Trabajando en grupos de dos o tres, narren en el tiempo presente la siguiente historia de un invento que ha tenido (*has had*) gran impacto en la vida moderna. Incorporen complementos pronominales cuando sea posible y usen cada una de las siguientes expresiones por lo menos una vez.

cree que…	está muy contento/a (de) que…
duda que…	les parece ridículo…
es necesario que…	pide que…
es triste que…	recomienda que…

Vocabulario útil: las asas (*handles*), la bolsa (*bag*), el carrito (*shopping cart*), el/la cliente (*customer*), pedir un préstamo (*to ask for a loan*), pesar (*to weigh*), la rueda (*wheel*)

1.

2.

3.

4.

5.

6.

7.

E **¡NECESITO COMPAÑERO!**   Los inventos tecnológicos no sólo traen beneficios, sino que también tienen sus desventajas. Trabajando en parejas, utilicen algunas de las expresiones que Uds. han aprendido (*have learned*) en este capítulo para mencionar dos de los efectos (uno positivo y otro negativo) que la modernización ha tenido (*has had*) en las siguientes cosas o personas. Luego, compartan sus opiniones con los demás miembros de la clase.

MODELO: los obreros →
Por un lado, es bueno que las máquinas hagan algunos de los trabajos más peligrosos. Pero por otro, nos preocupa que muchas personas pierdan el trabajo como resultado de la modernización.

1. la comida
2. los médicos
3. los estudiantes
4. los profesores
5. los políticos
6. el medio ambiente

F **ENTRE TODOS**   Los videojuegos son muy populares entre los jóvenes. Algunos creen que esto los puede afectar negativamente, mientras que otros no están seguros de que sea así. Trabajando en grupos, utilicen las expresiones de este capítulo y expliquen las consecuencias negativas y positivas que estos juegos pueden tener en los niños y los jóvenes. De niños, ¿dedicaban Uds. mucho tiempo a estos juegos? Cuando tengan sus propios hijos, ¿van a limitarles el tiempo que dediquen a este tipo de actividad? ¿Por qué sí o por qué no? Si ya tienen sus propios hijos, ¿les limitan el tiempo que dediquen a este tipo de actividad? ¿Por qué sí o por qué no?

▪▪■ PRO Y CONTRA

Primer paso: Identificar

Divídanse en dos grupos. Uno va a identificar los argumentos que apoyan la cuestión y el otro va a identificar los argumentos en contra. Cada grupo debe elegir un secretario / una secretaria para hacer una lista de todas las ideas mencionadas.

Segundo paso: Presentar

Cada grupo va a presentar todas las ideas de su lista, alternando punto por punto. El profesor / La profesora va a hacer dos columnas en la pizarra: una para los argumentos en pro; otra para los argumentos en contra. Luego, va a apuntar en la columna apropiada las ideas de cada grupo con respecto al tema. Al presentar cada idea, traten de relacionarla directamente con una idea de la otra columna.

> **Frases útiles:**
> Es verdad que… Pero no se puede disputar que…
> Hay que recordar que…
> No hay duda (de) que… Sin embargo, debemos reconocer que…
> Por una parte (un lado)… Pero por otra (otro)…

1. **La conservación de la energía** A causa de la crisis de energía, el gobierno decide que no debe usarse ningún aparato eléctrico a menos que (*unless*) sea absolutamente necesario. Hagan el papel de uno de los siguientes individuos durante el debate: un maestro de una escuela primaria, una madre, una reportera, un comerciante.

EN PRO	EN CONTRA
Estoy a favor de la televisión porque…	Estoy en contra de la televisión porque…

2. **La ciencia avanza** Los nuevos descubrimientos científicos pueden resolver o crear otros problemas para la humanidad. Imagínense que Uds. son científicos y que tienen que decidir si van a participar en las investigaciones de los siguientes temas.

   a. la energía nuclear
   b. el control de la natalidad
   c. la experimentación con animales
   d. la creación de computadoras con inteligencia humana
   e. la exploración del espacio

EN PRO	EN CONTRA
Es bueno (necesario, importante,…) que apoyemos _____ porque…	Es mejor que prohibamos (regulemos, eliminemos,…) _____ porque…

3. El futuro de la raza humana

EN PRO
La ingeniería genética puede ser
   muy beneficiosa para la raza
   humana porque…

EN CONTRA
La ingeniería genética puede ser
   muy peligrosa para la raza
   humana porque…

■■■ ¡OJO!

	Examples	Notes
volver **regresar** **devolver**	Van a **volver** (**regresar**) a España este verano. *They're going to return to Spain this summer.* Tienen que **devolver** el libro a la biblioteca. *They have to return the book to the library.*	**Volver** means *to return to a place;* with this meaning, it is synonymous with **regresar.** **Devolver** means *to return something* (*to someone / to a place*).
mudarse **trasladar(se)** **mover(se)**	Como mi padre era militar, **nos mudábamos** constantemente. *Since my father was in the military, we moved constantly.* La compañía la **trasladó** a otra oficina. *The company moved (transferred) her to another office.* Nuestra empresa **se traslada** a Bogotá. *Our firm is moving to Bogotá.* ¿Puedes ayudarme a **mover** este estante? *Can you help me move this bookshelf?* ¡Hijo! No **te muevas.** Hay una abeja en tu brazo. *Son! Don't move. There's a bee on your arm.*	When *to move* means *to change residence,* use **mudarse.** *To move* or *to be moved from place to place*—from city to city or from office to office, for example—is expressed with **trasladar(se).** Use **mover(se)** to express *to move an object or a part of the body.*
sentir **sentirse**	**Siento** un gran alivio sabiendo que vas a estar conmigo. *I feel a great relief knowing that you're going to be with me.*	Both **sentir** and **sentirse** mean *to feel.* **Sentir** is always followed by nouns, and **sentirse** by adjectives.

Examples	Notes

sentir
sentirse

Me siento muy aliviada sabiendo que vas a estar conmigo.
I feel very relieved knowing that you're going to be with me.

Lo siento.
I'm sorry. (I regret it).

Siento que esto haya llegado hasta allí.
I'm sorry that it has come to this.

Sentir can also mean *to regret*.

Piensan (Creen, Opinan) que es una poeta excelente.
They feel that she is an excellent poet.

Neither **sentir** nor **sentirse** can express *to feel* in the sense of *to believe* or *to have the opinion*. These concepts must be expressed with **pensar, creer,** or **opinar**.

A   VOLVIENDO AL DIBUJO   Elija la mejor palabra o expresión, según el contexto. ¡Cuidado! También hay palabras de los capítulos anteriores.

La Sra. Esperanza era joven cuando se casó (a/con/de)[1] un hombre muy bueno. Pero un día, cuando él era muy joven todavía, se enfermó de tuberculosis. Ella tuvo que gastar todo su dinero en (cuidar/importar)[2] a su esposo, pero a pesar de todo, él murió. Ahora (mira/parece)[3] que ella no sabe qué hacer porque vive en la ciudad y tiene tres hijos a quienes ella (cuida/importa)[4] y (mantiene/soporta)[5] sola. No quiere depender (al / del / en el)[6] gobierno y prefiere (funcionar/trabajar)[7], pero ¿cómo, si tiene que atender a sus hijos? Ella sueña (con/de/en)[8]

(moverse/mudarse)⁹ al campo y tener allí una casita con jardín y todo. Ahora (se siente / siente)¹⁰ desesperada. Necesita ayuda, pero nadie hace (atención/caso)¹¹ de sus necesidades.

Los arquitectos se dedican a diseñar edificios para modernizar la ciudad. El urbanista (busca/mira/parece)¹² el diseño que consiste (con/de/en)¹³ edificios grandes y supermodernos para múltiples familias. No hay viviendas individuales. (Busca/Mira/Parece)¹⁴ que los arquitectos y el urbanista creen que es (hora/tiempo/vez)¹⁵ de transformar el barrio. También (busca/mira/parece)¹⁶ que ellos no (se sienten / sienten)¹⁷ responsables de los efectos de sus acciones. Lo que más les (cuida/importa)¹⁸ son el progreso, la modernización de la ciudad y el ganar dinero.

Después de la realización del proyecto, la Sra. Esperanza se (movió/mudó/trasladó)[19] con su familia a uno de los edificios modernos. Pero aunque el nuevo apartamento es grande y moderno, ellos (se sienten / sienten)[20] tan tristes e infelices como antes. Ella y los niños (buscan/miran/parecen)[21] por las ventanas y lo único que pueden ver son los otros edificios que están (cerca/íntimos/unidos)[22].

B ENTRE TODOS

- Hoy en día, ¿es típico que una familia se establezca en una sola ciudad por un largo tiempo (veinte años o más)? ¿Con qué frecuencia se ha mudado (*has moved*) su familia? Por ejemplo, antes de cumplir los 18 años, ¿cuántas veces se mudaron Uds.? Si ya tienen hijos, ¿cuántas veces se han mudado con su propia familia? Para los padres, ¿es una ventaja o una desventaja mudarse con frecuencia? ¿Y para los niños?

- Cuando llegó la hora de dejar su casa y mudarse, ¿cómo se sentían Uds.? ¿felices? ¿preocupados/as? ¿Tenían miedo? ¿Recuerdan la primera semana en su nueva residencia? ¿Cómo se sentían? ¿Fue fácil o difícil acostumbrarse? ¿Por qué? Y ahora, después de algún tiempo en su residencia actual (*current*), ¿cómo se sienten? ¿Por qué?

▪▪▪ REPASO

A Complete el párrafo, dando la forma apropiada de los verbos entre paréntesis, según el contexto.

¡El «hacelotodo», máquina del porvenir!

¿Se siente Ud. agobiada[a] por el trabajo? ¿Quiere que su vida (ser)[1] más interesante? ¿Quiere (pasar)[2] más tiempo con sus amigos y familiares? ¡(Escuchar)[3]! Ya es posible que la vida (ser)[4] más fácil y más divertida. ¡(Comprar)[5] un hermoso «hacelotodo»! ¿No tiene tiempo de preparar la comida? ¡Es mejor que (preparársela)[6] él! ¿Se cansa lavando la ropa? ¡Es posible que (lavársela)[7] él! ¿Le molesta ir al banco y hacer las compras? ¿No quiere escribir cartas y visitar a sus suegros? ¡No (preocuparse)[8]! ¡Permita que (hacérselo)[9] todo el «hacelotodo»! En la casa, en la escuela, en la oficina, el maravilloso «hacelotodo» está a sus órdenes. De ahora en adelante,[b] ¡(empezar)[10] a vivir de verdad!

En una gran variedad de modelos y colores… a un precio realmente increíble… satisfacción garantizada… el maravilloso «hacelotodo». Sólo en las tiendas más elegantes.

[a]*overwhelmed* [b]De… *From now on*

B En el futuro, muchos aparatos que existen hoy van a ser muy diferentes. Identifique los siguientes aparatos del futuro. ¿Cuáles son sus funciones? ¿En qué son diferentes de los aparatos de hoy? ¿Cuáles son los aspectos de cada aparato que le gustan más? ¿los que no le gustan nada? ¿Cuál de los aparatos le parece más útil? ¿menos útil? Explique.

Vocabulario útil: doblar (*to fold*), oler → huele (*to smell*), la pantalla (*screen*), planchar (*to iron*), secar (*to dry*)

1.

2.

CAPÍTULO 6

El hombre y la mujer en el mundo actual

Barcelona, España

Exploraciones

Muchas personas creen que todos los bebés son iguales al nacer, con excepción de las diferencias físicas. Los comportamientos sociales llamados «femeninos» o «masculinos» son resultado del contacto del niño / de la niña con el mundo exterior (los padres, los amigos, las escuelas), que tiene ciertas expectativas (*expectations*) asociadas con cada sexo. ■■■

A NIVEL PERSONAL

¿Qué comportamiento esperaban o esperan sus padres de Ud.? Haga una breve lista de las expectativas concretas que su familia tenía o tiene de Ud. Divida estas expectativas en tres categorías: las que la sociedad considera generalmente masculinas, femeninas y neutras. Ahora, compare su lista con la de sus compañeros de clase. ¿Hay muchas semejanzas entre las listas? ¿Hay algunas diferencias entre las listas de los hombres y las listas de las mujeres?

A NIVEL REGIONAL

¿Cree Ud. que en la región donde vive lo que se espera de los hombres es particularmente diferente de lo que se espera de las mujeres? ¿Cuáles son algunas de estas expectativas diferentes? ¿Hay algunas regiones de este país en que las diferencias entre los sexos son más evidentes? ¿Se basa su respuesta a la pregunta anterior en algún estereotipo o puede Ud. apoyarla con ejemplos de la vida real?

A NIVEL GLOBAL

- ¿Qué sabe Ud. de los papeles de los hombres y las mujeres en el mundo hispano? ¿En qué culturas espera encontrar más igualdad entre los sexos? Considere ejemplos como México, la India, Escandinavia, Arabia, Japón y este país.

- Busque ofertas de empleo en algún país hispano. ¿Hay muchas que se limitan solamente a hombres o a mujeres? ¿Qué refleja esto de la cultura de ese país? Comparta su información con sus compañeros de clase.

Describir y comentar

The *Pasajes Online Learning Center* (**www.mhhe.com/ pasajes6**) contains new interactive activities to practice the material presented in this chapter.

■ Compare las actividades de los niños con las de las niñas en los años 20. ¿Qué aspiraciones tenían? ¿Hay alguna relación entre sus juegos y sus aspiraciones? ¿Cuál es? ¿Cree Ud. que en realidad ocurría tal socialización? ¿Cree que todavía ocurre? Explique.

■ ¿En qué son diferentes las actividades femeninas de principios del siglo XXI de las de los años 20? ¿Hay diferencias también entre los juegos masculinos de los años 20 y los de principios del siglo XXI? ¿Cuáles son? ¿Sugieren estos dibujos que han ocurrido algunos cambios socioculturales? ¿Cuáles son?

■ ¿Refleja el segundo dibujo lo que ocurre en la comunidad de Ud. (entre sus amigos, su familia, etcétera)? ¿En qué sentido?

■■■ VOCABULARIO ... *para conversar*

aspirar a to aspire to

desempeñar un papel to play (fulfill) a role

educar° to rear, bring up (children)

socializar to socialize

el amo/a de casa homemaker

la aspiración aspiration, goal

el cambio change

la carrera career, profession; university specialty (major)

la custodia custody

la educación° upbringing; education

la expectativa expectation

el/la feminista feminist

la igualdad equality

la infancia infancy

el juguete toy

la juventud childhood; youth

el/la machista male chauvinist

la meta goal, aim

la muñeca doll

el papel role

la pelota ball

el prejuicio prejudice

el puesto job; position

los quehaceres domésticos household chores

la responsabilidad responsibility

la sensibilidad (emotional) sensitivity

la socialización socialization

el sueldo salary

la vejez old age

femenino/a feminine

feminista feminist

machista male-chauvinistic

masculino/a masculine

alguna vez ever (*used in a question with present perfect tense*)

en cuanto a... as far as . . . is concerned

en estos días these days

recientemente recently

últimamente lately

A Dé las palabras de la lista de vocabulario que corresponden a las siguientes definiciones.

1. característica de las mujeres
2. el principio que reconoce los mismos derechos (*rights*) para todos
3. la época de la vida entre la infancia y la madurez (*adulthood*)
4. característica de una persona que se emociona fácilmente
5. el dinero que se recibe periódicamente por un trabajo realizado

---

°In both English- and Spanish-speaking cultures, "bringing up" (**educar**) children denotes both physical care as well as the process of educating them with respect to the values and rules of the society in which they live. The Spanish term **educación** refers both to the moral upbringing of a child as well as to schooling. *Higher education* is commonly expressed as **la educación superior.**

Remember that **bien educado/a** and **mal educado/a** convey the meaning of *well-* and *ill-mannered.* To indicate that someone is *well-educated,* use **culto/a.**

B ¡NECESITO COMPAÑERO! Trabajando en parejas, mencionen las palabras de la lista de vocabulario y otras más que Uds. asocien con las siguientes palabras. Comparen sus respuestas con el resto de la clase.

MODELO: el ama de casa →
educar, la educación, la responsabilidad, la tradición

1. el puesto
2. el juguete
3. la socialización
4. la custodia
5. la meta

C Relacione las siguientes personas con una(s) de las palabras del cuadro. Luego, justifique sus respuestas. ¿Cuáles de estas asociaciones reflejan estereotipos? Explique.

1. una mujer
2. una muchacha
3. un hombre
4. un muchacho

D En su opinión, ¿hay más igualdad entre los sexos hoy en día de lo que había en 1920? Considere los siguientes contextos con respecto a ambos sexos para explicar su respuesta. Luego, comparta su respuesta con la clase.

1. los papeles (responsabilidades, deberes) que tienen en la sociedad
2. la situación económica (participación en las distintas carreras, sueldos)
3. la participación política

■ En general, ¿qué aspecto(s) de los cambios entre los sexos desde 1920 considera Ud. positivo(s)?

■ ¿Hay algunos que le parezcan negativos? Explique.

UNA MUJER EN LA CIMA DEL EVEREST

¿Dónde está esta mujer? ¿Por qué está barriendo (sweeping)? ¿Qué contradicción hay entre lo que acaba de hacer y lo que está haciendo en el dibujo? ¿Qué estereotipo(s) contradice o ridiculiza este dibujo? Explique.

Hispanoamérica: ¿Todavía una zona católica?

HISTÓRICA Y CULTURAL-
MENTE HABLANDO,
Hispanoamérica se conoce
como una región católica.
Los conquistadores españoles llegaron
al Nuevo Mundo en el siglo XVI en parte
con el propósito de cristianizar a los indígenas «salvajes» que rendían culto a[a]
una variedad de deidades. Lograron en
corto tiempo este propósito y durante
más de tres siglos la Iglesia católica do-
minó como la religión más popular de
Hispanoamérica. Pero durante el siglo
XX, la Iglesia católica empezó a perder
ese dominio con el incremento de nuevos movimientos protestantes que convencieron a muchos hispanoamericanos
de convertirse en evangélicos.[b] Hoy en
día se estima que aproximadamente el
10% de los hispanoamericanos es evangélico hoy en día, y el porcentaje es mucho más alto en algunos países. Por
ejemplo, en Guatemala el 35% de la población es evangélico y se calcula que
más del 50% de los guatemaltecos será[c]
evangélico para el año 2025. Otros países que tienen muchos conversos[d] son
Chile, Costa Rica, El Salvador y México,
aunque los hay también en todos los países hispanos de este hemisferio.

Este fenómeno religioso se atribuye a
varias causas. Primero, los edificios
donde estas nuevas iglesias dan sus
servicios son grandes, nuevos y
modernos. Esto ayuda a impresionar y a
atraer a las multitudes de gente pobre
que desafortunadamente abundan en
Hispanoamérica.

La forma y contenido de sus servicios
son nuevos también. Hay músicos profesionales que tocan y cantan música moderna para presentar un espectáculo
que a veces se parece a un concierto de
música *pop*. Los ministros son carismáti-
cos y explican con profundidad las citas
bíblicas que presentan. De esta manera,
los servicios son más interesantes y la
gente se entretiene más.

Algunas personas encuentran alarmante este cambio. Dicen que representa un intento de grupos políticos
derechistas de los Estados Unidos de establecerse en Hispanoamérica, tal como
lo han hecho en varias iglesias estadounidenses. Otros lo consideran una manera de aprovecharse de las personas
que tienen poca educación. Según
éstos, las nuevas iglesias tratan de
convencer a los creyentes de que la
salvación personal no depende de su fe
en Dios sino de contribuir con su
diezmo[e] cada domingo.

Por su parte, la Iglesia católica ha
hecho un gran esfuerzo por llegar a la
gente pobre para impedir esta separación. Hoy abogan en el gobierno por el
bienestar de los pobres, y muchos clérigos trabajan en los pueblos rurales entre
la gente de pocos recursos económicos.
En la puerta de algunas casas católicas
se ven pegatinas[f] con avisos como «En
este hogar somos católicos» o «Éste es
un hogar católico», para disuadir a los
misioneros que buscan nuevos conversos. Será interesante ver si en el futuro
el movimiento evangélico mantiene su
impulso o si el catolicismo logra conservar su influencia en Hispanoamérica. ■

Muchos evangélicos creen que la imposición de manos fortalece sus rezos (*Tijuana, México*).

[a]rendían... *worshipped* [b]*Protestants* [c]*will be* [d]*converts* [e]*tithe* [f]*stickers*

■ ¿Qué otros cambios se van a producir entre este año y el año 2020 en cuanto a las actividades de ambos sexos?

E ENTRE TODOS

■ ¿Cuál es el papel de la mujer en su comunidad o grupo? ¿y el papel del hombre?

- En general, ¿tiene la mujer el papel de líder en nuestra sociedad?
- ¿Tiene el hombre la libertad suficiente para manifestar su sensibilidad? ¿para dedicarse a los quehaceres domésticos?

Lengua

▪▪▪ 23 DE ENTRADA

¿Está Ud. de acuerdo con las siguientes afirmaciones? ¿Por qué sí o por qué no?

1. La situación social de las mujeres *ha mejorado* durante el siglo XX.
2. Los conceptos de «masculino» y «femenino» *han cambiado* durante las últimas décadas.
3. Estos cambios *han producido* efectos positivos tanto en la vida social como en la familiar.
4. En la sociedad moderna todavía no *se ha conseguido* que los hombres y las mujeres tengan derechos iguales.

Ahora, mire las formas verbales *en letra cursiva* en las cuatro oraciones anteriores. Todas incluyen una forma del verbo **haber** más el participio pasado de otro verbo. ¿Existe una estructura parecida en inglés? ¿Sabe Ud. cuándo se usa? A continuación se explican este tipo de estructura y sus usos en español.

▪▪ 23 Present Perfect Indicative

Both Spanish and English have simple and compound verb forms. A simple form has only one part: the verb with its appropriate ending (*I spoke,* **hablé**). A compound form has two parts: an auxiliary verb plus a participle of the main verb (*I have spoken,* **he hablado**). The auxiliary verb used with English perfect forms is *to have;* **haber** is the auxiliary verb used with Spanish perfect forms.

Hemos alcanzado nuestras metas.	*We have achieved our goals.*
Nunca **ha visto** un fantasma.	*He has never seen a ghost.*°

Haber is conjugated to show person/number, tense, and mood. The present perfect indicative (**el presente perfecto de indicativo**) uses the present indicative of **haber.** Other perfect forms use other tenses and moods of **haber.** The form of the past participle does not change. Here are the present indicative forms of **haber.**

he	hemos
has	habéis
ha	han

◥◥◥ A PROPÓSITO ◥◥

Remember that the past participle is formed by adding **-ado** to the stem of **-ar** verbs and **-ido** to the stem of **-er** and **-ir** verbs.

amar → amado
comer → comido
salir → salido

For more information on the formation of past participles, as well as a list of the most common irregular forms, see **Capítulo 1,** page 22.

°Unlike English, Spanish never inserts another word between the auxiliary verb and the past participle.

The present perfect expresses an action completed in the past; however the present perfect's time frame is open-ended and *usually* not defined by any implied or specified time limit in the past. In contrast, the preterite's time frame is *always* closed and defined by an implied or specified time limit. Thus, the present perfect's scope can start at an unspecified time in the past and span up to—and even include—the present. Compare the following sentences.

¿**Ha encontrado** Ud. el prejuicio en su trabajo alguna vez?

Have you ever encountered prejudice in your job? (open, unspecified time frame in the past, up to and including the present)

¿**Encontró** Ud. mucho prejuicio en su trabajo el año pasado?

Did you encounter much prejudice in your job last year? (closed, defined time frame in the past; no reference to the present)

A PROPÓSITO

The use of the present perfect versus the preterite varies widely from country to country, and even from region to region within a country. For example, in some parts of Spain, the present perfect is often used instead of the preterite, whereas in other parts of Spain, the opposite is true.

This lack of specificity in the present perfect's scope means it is often accompanied by such adverbs or adverbial expressions as: **alguna vez, en estos días, recientemente, siempre, todavía no, últimamente, ya.**

PRÁCTICA   Use los verbos entre paréntesis para formar oraciones en el presente perfecto de indicativo. Recuerde que es necesario usar una forma del verbo **haber** más el participio pasado del verbo.

MODELO: Nunca en mi vida (jugar: yo) al fútbol. →
Nunca en mi vida he jugado al fútbol.

1. La mujer moderna (aprender) a desempeñar muchos papeles en su familia.
2. (Educar: tú) muy bien a tus hijos.
3. (Obtener: yo) la custodia de mis hijos por fin.
4. ¿(Aspirar) Uds. a aprender un idioma extranjero alguna vez?
5. (Cumplir: nosotros) con muchas responsabilidades últimamente.
6. Se (abrir: **se** pasivo) muchos puestos en esa compañía recientemente.
7. ¿Qué (hacer: tú) en estos días?

■■■ 23 INTERCAMBIOS

AUTOPRUEBA   Complete los siguientes diálogos con la forma apropiada del presente perfecto del verbo entre paréntesis.

1. ROBERTO: Ángel, ¿jamás (estudiar) toda la noche sin dormirte?

   ÁNGEL: No, nunca (poder) estudiar toda la noche.

2. ELENA: ¿Le (dar) Uds. un beso alguna vez a un chico?

   ANA: Pues, yo no. ¡Pero Rosa (besar) a Andrés dos veces!

3. POLICÍA: ¿No (observar) Ud. a alguien salir de este edificio recientemente?

   SR. RÍOS: Señor, ¡en los últimos cinco minutos tres personas (salir) de aquí!

4. EMILIO: ¿(Ver) Alejandro y tú la nueva película de Almodóvar?

   (continúa)

GLORIA:	No, no (ir) al cine últimamente. ¿Quieres acompañarnos esta noche?
5. ALFREDO:	Marcos, ¿ya (encontrar) un regalo para el cumpleaños de tu mamá?
MARCOS:	Sí, Jorge y yo le (hacer) un pastel.

A ¡NECESITO COMPAÑERO! ¿Cómo ha sido su experiencia universitaria hasta ahora? Trabajando en parejas, háganse y contesten preguntas con la forma apropiada del presente perfecto de indicativo. También añadan otra información para que sus respuestas sean más completas. Después, comparen sus experiencias con las de las otras parejas.

Vocabulario útil: alguna vez, en estos días, recientemente, siendo estudiante aquí, últimamente,...

Tradicionalmente, llorar en publico se ha considerado poco masculino. ¿Qué opina Ud.? ¿Ha cambiado esta idea hoy en día? ¿En qué circunstancias es aceptable que un hombre llore?

1. ¿asistir a un evento deportivo?
2. ¿participar en alguna actividad política?
3. ¿inventar una excusa para no ir a clase?
4. ¿tener un encuentro con la policía?
5. ¿gastar una broma pesada (*practical joke*)?
6. ¿trasnochar (*to "stay up all night"*)?
7. ¿enamorarse?
8. ¿dormirse en una clase?
9. ¿escribir un diario (*diary; journal*)?
10. ¿ir de compras para escaparse de los estudios?
11. ¿pasar toda la noche escuchando/aconsejando a un amigo / una amiga que tenía algún problema?
12. ¿?

¿Qué revelan los resultados? ¿Es verdad que la experiencia de ser estudiante es bastante homogénea? ¿Han notado algunas diferencias entre la experiencia femenina y la masculina? Comenten.

B Muchas ideas sobre lo que es «típicamente» masculino o femenino han cambiado a través del tiempo. Indique si en el pasado las siguientes actividades se consideraban «terreno» exclusivo de los hombres (**H**), de las mujeres (**M**) o si se consideraban aceptables para ambos sexos (**A**).

	H	M	A
1. llevar pantalones	❏	❏	❏
2. especializarse en ciencias	❏	❏	❏
3. teñirse (*to dye*) el cabello	❏	❏	❏
4. besarse en la mejilla entre personas del mismo sexo	❏	❏	❏

5. hablar de temas románticos   ❑ ❑ ❑
6. estudiar una carrera en educación   ❑ ❑ ❑
7. mirarse al espejo   ❑ ❑ ❑

En los últimos años, ¿han cambiado algunas de estas ideas o siguen siendo iguales? Si ha habido cambios, ¿han sido positivos o negativos? Dé su opinión e indique las razones por las cuales es posible que hayan ocurrido (*have occurred*) estos cambios. Use el modelo como guía.

MODELO: llevar pantalones →
Tradicionalmente los pantalones han sido usados exclusivamente por los hombres, pero hoy en día las mujeres los llevan también. La costumbre ha cambiado porque las mujeres se han dado cuenta que es más cómodo y práctico llevar pantalones que llevar falda. Yo creo que este cambio ha sido positivo porque les ha dado a las mujeres más libertad de movimiento para trabajar, hacer ejercicio, etcétera.

C ¡NECESITO COMPAÑERO! Imagínense que una persona busca trabajo como periodista para el periódico universitario. Trabajando en parejas, preparen una lista de preguntas para entrevistarla. Usen las siguientes actividades como guía y agreguen por lo menos tres preguntas más. Traten de usar el presente perfecto cuando el contexto lo permita.

aspirar a   ganar $_____ en el puesto anterior
dejar el puesto anterior   tener experiencia
estudiar   trabajar

Cuando hayan completado su lista de preguntas, úsenla para entrevistarle a otro compañero / otra compañera de clase.

■■ 24 Present Perfect Subjunctive

The present perfect subjunctive (**el presente perfecto de subjuntivo**) is formed with the present subjunctive of **haber** plus the past participle. Here are the present subjunctive forms of **haber.**

haya	hayamos
hayas	hayáis
haya	hayan

The cues for the choice of the perfect forms of the subjunctive are the same as those for the simple forms of the subjunctive; the difference is only in the time reference. The *present subjunctive* always refers to an action that occurs at the same time or at a future time with respect to the main verb; the *present perfect subjunctive* refers to an action that has occurred before the main verb.°

———————
°Expressions of persuasion generally imply that the subordinate action will occur at some point in the future. For this reason, the use of the present perfect subjunctive, which expresses a completed action, is infrequent after these constructions.

Cue	*El presente* (Present, Future)	*El presente perfecto* (Past)
la duda	No creo que el padre **gane** la custodia. *I don't believe that the father is winning (will win) custody.*	No creo que el padre **haya ganado** la custodia. *I don't believe that the father has won (won) custody.*
	Dudo que **sean** buenos padres. *I doubt that they are (will be) good parents.*	Dudo que **hayan sido** buenos padres. *I doubt that they have been (were) good parents.*
la emoción	Es una lástima que muchos jóvenes no **tengan** metas más altas. *It is a shame that many young people do not (will not) have higher goals.*	Es una lástima que Ud. no **haya tenido** metas más altas. *It is a shame that you have not had (did not have) higher goals.*
	Me pone furioso que no nos **ayude.** *It makes me furious that she does not (will not) help us.*	Me pone furioso que no nos **haya ayudado.** *It makes me furious that she has not helped (did not help) us.*

PRÁCTICA   Dé oraciones nuevas, según las palabras entre paréntesis.

La sociedad actual es menos sexista que antes, pero…

1. es triste que (*nosotros*) no *hayamos* hecho más cambios. (el gobierno, tú, Uds., yo)
2. dudo que la sociedad haya *combatido el sexismo.* (acabar con la discriminación, eliminar los estereotipos, resolver todos los problemas, ver las dimensiones del problema)
3. *es bueno* que el gobierno haya escrito nuevas leyes. (es importante, es natural, me gusta, no creo)

■■■ 24 INTERCAMBIOS

AUTOPRUEBA   La familia Ferrero va a comer a un restaurante, pero allí tienen una experiencia muy desagradable. Complete las siguientes oraciones con el presente perfecto de subjuntivo de los verbos entre paréntesis.

1. (*Al principio*) Luisa no está contenta que toda la familia (esperar) tanto tiempo para llegar a una mesa y sentarse.
2. (*Después*) Eduardo está furioso que el mesero ya (demorar) 10 minutos en darles el menú.
3. A nadie le gusta que los sirvientes no (limpiar) la mesa todavía.
4. (*Cuando llega la comida*) A Marielena le enfada que el mesero le (dar) una carne que está medio cruda (*raw*) todavía.
5. A Juan Carlos le disgusta que se le (servir) el pollo en vez del rosbif que pidió.
6. (*Después del plato principal*) Pedro está enfadado que su helado ya (derretirse [*to melt*]) cuando el mesero se lo sirve.

7. Luisa no cree que ya (acabarse [*to run out*]) todo el café como dice el mesero.

8. (*Después de que la familia se va*) El mesero está furioso que los Ferrero no le (dejar) ninguna propina.

A Complete las siguientes oraciones con la forma apropiada del presente perfecto —de indicativo o de subjuntivo, según el contexto— del verbo *en letra cursiva azul*.

1. Es necesario que en el futuro *eviten* el sexismo en los cuentos infantiles; no creo que lo_____en el pasado.

2. Es importante que en el futuro *eduquen* a los niños sin estereotipos; es triste que no los_____así en el pasado.

3. No quiero que *exista* discriminación en el futuro aunque todos sabemos que _____en el pasado.

4. Es bueno que ahora los hombres *estén* más liberados emocionalmente; dudo que lo_____en el pasado.

Siga completando oraciones, usando el mismo verbo u otro que tenga sentido dentro del contexto.

5. Es necesario que las mujeres aprendan a ser más independientes; es una lástima que en el pasado…

6. Es importante que entendamos ahora los efectos del sexismo; (no) creo que en el pasado…

B Dé su opinión sobre las siguientes afirmaciones. Utilice las expresiones que se sugieren en cada caso u otras que Ud. considere apropiadas. Use la forma apropiada del presente perfecto de indicativo o de subjuntivo, según el contexto.

MODELO: La publicidad ha ayudado a combatir los estereotipos sexuales.
a. No creo que… **b.** Es bueno que… **c.** Es claro que… →
No creo que la publicidad haya ayudado a combatir los estereotipos sexuales. De hecho (*In fact*), es claro que los ha fomentado.

1. En los últimos años, se ha cambiado la imagen del hombre ideal presentada en la televisión y el cine.
a. Dudo que… **b.** Es evidente que… **c.** Me alegra que…

2. La imagen del hombre violento al estilo de «Rambo» ha predominado en las películas de Hollywood.
a. No creo que… **b.** Es cierto que… **c.** Es triste que…

3. Últimamente se han impuesto modelos de hombres menos violentos.
a. Es posible que… **b.** Es verdad que… **c.** ¡Qué lástima que… !

4. El papel de líder tradicionalmente ha sido reservado para los personajes masculinos.
a. Es probable que… **b.** Es seguro que… **c.** Es lógico que…

LENGUAJE Y CULTURA

Tanto en inglés como en español, hay casos en los que la misma palabra puede cambiar de sentido si se refiere a un hombre o a una mujer. Por ejemplo, «un hombre público» alude a alguien conocido en el mundo político, mientras que «una mujer pública» es una prostituta. Estudie los siguientes pares de expresiones y explique, en español, la diferencia que resulta del cambio de sexo.

1. *master/mistress*

2. *bachelor/spinster*

3. *mothering/fathering*

¿Conoce Ud. otras expresiones o palabras que cambien de significado de esta manera?

5. Los personajes femeninos, en cambio, han desempeñado un papel pasivo.
   a. Tal vez… **b.** Es absurdo que… **c.** Me enoja que…
6. También se han hecho algunos programas y películas en los que las mujeres han sido fuertes e independientes.
   a. Es dudoso que… **b.** Sé que… **c.** ¡Qué maravilloso que… !

C ¡NECESITO COMPAÑERO! ¿Creen Uds. que la imagen tanto del hombre ideal como de la mujer ideal ha evolucionado en el cine y en la televisión?

■ Trabajando en parejas, hagan una lista de algunos personajes masculinos y femeninos representativos. Incluyan en su lista algunos personajes actuales y también algunos no muy recientes, es decir, de hace diez años o más.

■ Luego, analicen su lista. ¿Qué tipos o categorías generales pueden identificar? (Por ejemplo, la mujer «fuerte» o el hombre «suave».)

■ ¿Qué características o valores representa cada tipo o categoría?

Comparen su lista y análisis con los de otras parejas. ¿Qué notan Uds. en cuanto a los valores representados por estos personajes? ¿Qué características o valores han predominado? ¿Cuáles han cambiado a través del tiempo? ¿Les parecen positivos o negativos estos cambios? Expliquen.

D GUIONES ¿Qué han hecho? Trabajando en grupos de tres, describan los siguientes dibujos con una forma apropiada del presente perfecto de indicativo o de subjuntivo. En su descripción, identifiquen a cada persona, describan la situación o el contexto general y especulen sobre lo que va a pasar después.

Vocabulario útil: atrapar (*to catch*), dejar plantado/a (*to stand someone up*), el carnicero, el cristal, la cuenta, la pelota

MODELO:

→ Lisa es una estudiante universitaria que ha pasado toda la semana escribiendo una composición para la clase de español. Hoy por fin la ha terminado y está muy contenta que todo le haya salido tal como esperaba. ¡Qué bien que se haya levantado temprano, porque ahora puede salir a divertirse!

1.

2.

3.

4.

En un pueblecito al suroeste del Ecuador, las mujeres se han hecho cargo (*have taken charge*) de las necesidades económicas del municipio. La mayoría de los hombres ha emigrado en busca de trabajo, y son las mujeres quienes labran (*plow*) el campo y sostienen a sus familias trabajando el barro (*clay*) con una antigua técnica incaica° para hacer ollas (*pots*), tinajas (*big jars*) y cántaros (*jugs*).

Alfareras (*Potters*) de la provincia del Cañar, Ecuador

Antes de ver

■ ¿Qué sabe Ud. del arte y la artesanía (*handicrafts*) del mundo hispano? ¿Cree que la creación de la artesanía es una actividad predominantemente masculina o femenina?

■ Ahora lea con cuidado la actividad en **Vamos a ver** antes de ver el vídeo por primera vez.

Vamos a ver

Las siguientes oraciones describen en parte la técnica de las alfareras del Cañar. Basándose en el segmento de vídeo, indique la opción que mejor completa cada oración.

Alfarera en el Cañar, Ecuador

1. Para dar forma a las piezas, _____.
   a. se utiliza un torno (*pottery wheel*) mecánico
   b. la alfarera gira alrededor de la pieza

2. La actividad de formar las piezas es _____.
   a. individual
   b. colectiva

3. La boca de la pieza se forma con _____.
   a. un pedazo de cuero mojado (*wet leather*)
   b. dos palustres (*trowels*) de madera

4. La pieza se pule (*is polished*) con _____.
   a. dos martillos de arcilla cocida (*fired clay*)
   b. un palustre metálico

5. La pieza se pinta con _____.
   a. el extracto de cierta planta de la región
   b. arcilla roja diluida en agua

6. Las piezas se queman (*are fired*) en _____.
   a. un horno cerrado
   b. una hoguera (*bonfire*) abierta

°**Incaico/a** es el adjetivo que describe lo propio de la cultura de los incas, uno de los pueblos que vivían en los Andes desde antes de la llegada de los españoles a Sudamérica. Los incas son famosos por su arquitectura, de cuyo (*whose*) esplendor hay célebres (*famous*) vestigios (*remains*) en la región del Cuzco, en el Perú.

7. La actividad de quemar las piezas es _____.
   a. individual
   b. colectiva

Después de ver

■ En general, ¿creen Uds. que la alfarería es una actividad típica de los hombres, de las mujeres o de ambos sexos? Expliquen.

■ Como la alfarería, hay muchas otras actividades que forman una parte importante de la tradición cultural de distintos pueblos. En la cultura occidental (*western*), ¿cuáles de las siguientes actividades tradicionalmente han sido consideradas propias de las mujeres? ¿de los hombres? ¿de ambos sexos? (Añadan otras actividades si les parece necesario.) Expliquen en cada caso por qué esa actividad se ha reservado o no se ha reservado exclusivamente para uno de los sexos.

❑ la preparación de alimentos

❑ la fabricación de telas y vestidos

❑ la fabricación de muebles (*furniture*)

❑ la construcción de casas y edificios

❑ la recolección de frutos y cosechas (*crops*)

❑ la herrería (*blacksmithing*)

❑ la cacería (*hunting*)

❑ labrar la tierra

❑ contar historias

❑ crear obras de arte

❑ cuidar los animales domésticos

❑ criar a los hijos

❑ ¿ ?

■ Busque información sobre la artesanía tradicional de una región de algún país hispanohablante. Por ejemplo, las piezas de cobre de Michoacán, México, o la cerámica de Talavera, España. ¿Las hacen las mujeres o los hombres? Comparta su información con sus compañeros de clase.

■■■ 25 DE ENTRADA

¿Cuáles son las cualidades que Ud. busca para formar una relación de pareja? Evalúe las siguientes cualidades, según la importancia que cada una tiene para Ud. Añada otras cualidades si le parece necesario.

   1 = no muy importante   2 = deseable, pero no necesario   3 = importantísimo

Como pareja, busco una persona que...

1. _____ sea de la misma nacionalidad que yo.

2. _____ sea muy atractiva físicamente.

3. _____ tenga aspiraciones profesionales.

4. _____ quiera tener hijos.

5. _____ sea sensible y me comprenda.

6. _____ comparta mis creencias religiosas.

7. _____ tenga (o vaya a tener) mucho dinero.

8. _____ haya tenido una vida relativamente estable.

Observe que todas las frases anteriores funcionan como adjetivos que describen a una persona indeterminada, a alguien que a Ud. le gustaría conocer pero que posiblemente no existe. ¿Sabe Ud. por qué se usa el subjuntivo en este caso? La siguiente explicación puede aclararle este punto.

■■ **25** Uses of the Subjunctive: Adjective Clauses

A clause that describes a preceding noun is called an adjective clause (**una cláusula adjetival**).

Leí un libro **que trata la igualdad entre los sexos.**	_I read a book that deals with equality of the sexes._

Here **que trata la igualdad entre los sexos** is an adjective clause that describes the noun **libro.** Adjective clauses are generally introduced by **que,** or when they modify a place, they can be introduced by either **que** or **donde.**

Busco una librería **que** venda literatura feminista.	_I'm looking for a bookstore that sells feminist literature._
Busco una librería **donde** vendan literatura feminista.	_I'm looking for a bookstore where they sell feminist literature._

There are two general rules that determine whether to use the subjunctive or the indicative with adjective clauses.

1. When an adjective clause describes something about which the speaker has knowledge (something specific or that the speaker knows exists), the indicative is used.

La informática es una carrera **que paga bien.**	_Computer science is a career that pays well._

This sentence indicates that the speaker knows that working with computers pays well—it is part of the speaker's objective reality.

2. When an adjective clause describes something with which the speaker has had no previous experience or something that may not exist at all, the subjunctive is used.

Me interesa **una carrera** que **pague** bien.	_I'm interested in a career that pays well._

This sentence indicates that the speaker is interested in a career—any career—that pays well. Such a career is part of the unknown; at worst, it may not even exist.

Note the contrast between the indicative and the subjunctive in the following sentences.

Note that the use of the subjunctive in an adjective clause meets both of the necessary conditions for the use of the subjunctive in general. First, there is a *subordinate clause* in the structure of the sentence. Second, the *meaning* expressed in the main clause is of a particular type. In this case, it concerns what is unknown to the speaker.

Known or Experienced Reality: Indicative	Unknown or Hypothetical: Subjunctive
Necesito **el libro que trata** el problema de la sobrepoblación. *I need the book* (a specific one I know exists) *that deals with the problem of overpopulation.*	Necesito **un libro que trate** el problema de la sobrepoblación. *I need a book* (does it exist?) *that deals with the problem of overpopulation.*
Tengo **un libro que trata** el problema de la sobrepoblación. *I have a book* (and therefore have direct knowledge of it) *that deals with the problem of overpopulation.*	
Busco a la mujer que **es** médica. *I'm looking for the woman* (I know this specific woman exists) *who is a doctor.*	Busco una mujer que **sea** médica. *I'm looking for a woman* (I don't know if such a person exists) *who is a doctor.*
Hay alguien aquí que **sabe** cambiarle el pañal al bebé. *There is someone here* (this person exists) *who knows how to change the baby's diaper.*	¿Hay alguien aquí que **sepa** cambiarle el pañal al bebé? *Is there anyone here* (does such a person exist?) *who knows how to change the baby's diaper?*
Conozco a una mujer que **quiere** ser química. *I know a woman* (she exists, is a specific person) *who wants to be a chemist.*	No conozco a nadie que **quiera** ser químico. *I don't know anyone* (there is no person within my experience) *who wants to be a chemist.*

It is the meaning of the main clause—and not the use of any particular word—that signals the choice of mood. Regardless of the way a particular sentence is phrased, the subjunctive is used in the subordinate clause whenever the main clause indicates that the person or thing mentioned is outside the speaker's knowledge or experience.

Not only does meaning signal the choice of mood for the speaker, but the speaker's choice of mood *conveys information* to the listener, who is unaware of the speaker's knowledge or experience. Compare the following sentences. What information do they convey to the listener?

Voy a mudarme a un apartamento que **tenga** tres baños.
Voy a mudarme a un apartamento que **tiene** tres baños.

I'm going to move to an apartment that has three bathrooms.

In the first example, the speaker is unsure whether such an apartment exists; in any case, he or she hasn't found it yet, so his or her move is still in doubt. In the second example, the indicative conveys certainty. The speaker is going to move to a specific, already-selected apartment.

PRÁCTICA Dé la forma correcta —presente de indicativo o de subjuntivo— de los infinitivos entre paréntesis.

1. ¿Ha conocido Ud. a alguien que (buscar) un cambio en su carrera?

2. Hay algunos hombres que (considerarse) feministas, pero creo que no hay ninguna mujer que (considerarse) machista.

3. ¿Has oído hablar de algún puesto que (pagar) bien y (ofrecer) un mes de vacaciones al año?

4. Sí, ya tengo un puesto que me (pagar) bien y me (dar) *dos* meses de vacaciones al año.

5. ¿Ha conocido Ud. a esa mujer que (estar) en la esquina?

6. Muchos queremos una sociedad en la cual (existir) la igualdad entre los sexos.

7. Hoy en día no hay tantas mujeres como antes que (preferir) ser solamente ama de casa.

8. Todo el mundo debe dedicarse a buscar una medicina que (curar) el cáncer; es una enfermedad que ya (haber) durado demasiado (*lasted too long*).

9. …

10. …

11. …

▪▪▪ 25 INTERCAMBIOS

AUTOPRUEBA Complete las siguientes oraciones con la forma apropiada del presente de indicativo o de subjuntivo de los infinitivos entre paréntesis, según el contexto.

1. Ofelia busca un nuevo puesto que (pagar) mejor que su empleo actual.
2. No conozco a nadie que (haber) viajado a China.
3. Alfredo ha encontrado una casa magnífica que (dar) al mar y que (tener) una piscina enorme.
4. Queremos una sociedad en la que (haber) paz e igualdad para todos.
5. Busco una computadora que (costar) menos de $500 y que (ser) más potente que la que tengo ahora.
6. Mis padres acaban de comprar un coche que no (usar) mucha gasolina.
7. Prefiero inscribirme en los cursos que me (interesar).
8. Samuel quiere vivir en una región que (estar) libre de la contaminación ambiental.

Respuestas: 1. pague **2.** haya **3.** da, tiene **4.** haya **5.** cueste, sea **6.** usa **7.** interesan **8.** esté

A Complete las siguientes oraciones con la forma apropiada del subjuntivo del verbo entre paréntesis. Luego, póngalas en el orden que mejor represente la importancia que cada una tiene para Ud. Finalmente, añada dos o tres características más que también sean importantes para Ud.

Quiero vivir en una sociedad que…

_____ no (permitir) ningún tipo de discriminación.

_____ (dar) trabajo a todos los que quieren trabajar.

_____ (ofrecerles) seguridad económica a los que no pueden trabajar.

_____ (estar) libre del crimen y de la violencia.

_____ (haber) eliminado la pobreza.

_____ (proteger) la libertad individual de todos sus miembros.

B ¡NECESITO COMPAÑERO! Háganse y contesten preguntas para averiguar la siguiente información. Tengan cuidado con el uso del subjuntivo o del indicativo y elaboren cada respuesta con más información. Luego, compartan las respuestas más interesantes con el resto de la clase.

¿Conoces a alguien que…

1. (haber) sacado «A» en todas sus clases el semestre pasado?
2. nunca (ponerse) furioso?
3. (saber) hablar más de dos lenguas?
4. (haber) dejado de fumar?
5. (haber) sufrido discriminación en el trabajo?
6. (estudiar) español todas las noches?
7. (ir) a cambiar la historia del mundo (un poquito)?
8. (tener) talento artístico?
9. nunca les (haber) pedido ayuda económica a sus padres?
10. (haber) visitado la Argentina?

C ENTRE TODOS Termine las siguientes oraciones con cláusulas adjetivales que describan detalladamente sus preferencias. Utilice por lo menos dos verbos en cada caso. Luego, contraste sus opiniones con las de sus compañeros de clase.

1. Prefiero los automóviles que…
   a. no (gastar) mucha gasolina.
   b. (ser) seguros (rápidos, económicos, modernos, deportivos, ¿ ?).
   c. (haber) sido fabricados en este país (en Europa, en Japón, ¿ ?).
   d. ¿ ?

2. Voy a elegir una carrera que…
   a. (estar) relacionada con las ciencias (las humanidades, los deportes, el arte, ¿ ?).
   b. (ofrecerme) la oportunidad de viajar (ayudar a otras personas, inventar cosas, ¿ ?).
   c. (hacerme) rico/a.
   d. ¿ ?

3. Busco profesores que…
   a. siempre (dar) buenas notas.
   b. (no) (ser) interesantes (aburridos, exigentes, ¿ ?).
   c. (promover) la participación de los estudiantes.
   d. ¿ ?

D GUIONES Describa las situaciones que se presentan en los siguientes dibujos. En su descripción, identifique a los individuos, explique lo que necesitan o lo que buscan e indique por qué.

1.

2.

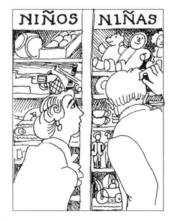

3.

4.

1. hacer una caminata (*to go for a hike*) **/** haber perdido el camino **/** buscar abrigo (*shelter*) **/** poder descansar **/** el perro, traerles alcohol **/** el mapa, indicarles la ruta

2. el motor, haberse descompuesto (*broken down*) **/** la grúa (*tow truck*), llevar el coche **/** el garaje, estar cerca **/** el mecánico, saber reparar coches importados

3. una pareja profesional, demasiado trabajo **/** la criada, llevarse bien con los niños **/** venir a la casa **/** ayudar con los quehaceres domésticos **/** ser responsable **/** no pedir mucho dinero

4. la tienda de juguetes **/** buscar juguetes **/** no reforzar estereotipos **/** no enseñar la violencia **/** estimular la creatividad **/** servir para niños y niñas

∎∎∎ PRO Y CONTRA

Primer paso: Observar y comentar

Trabajando con un compañero / una compañera, miren el siguiente anuncio y comenten tanto el «mensaje» como la estrategia que se ha empleado para comunicarlo. Las preguntas después del anuncio pueden servirles como punto de partida. Luego, compartan sus opiniones con el resto de la clase. ¿Hay mucha diferencia de opiniones?

1. ¿A quiénes se dirige el anuncio: a los hombres, a las mujeres o a ambos sexos?

2. ¿Qué mantiene el anuncio con respecto a los beneficios de la cirugía estética? ¿Es realista lo que promete? ¿Es deseable?

3. En su opinión, ¿es la cirugía estética igualmente importante para ambos sexos? ¿Quiénes se la hacen con más frecuencia: los hombres o las mujeres? ¿Cómo explican Uds. esta diferencia?

4. ¿Existe alguna diferencia entre la cirugía plástica y la cirugía estética? ¿Cuál es?

5. ¿Conocen Uds. a alguien que se haya hecho una operación de cirugía estética? ¿Lo/La ha ayudado el cambio? ¿En qué sentido?

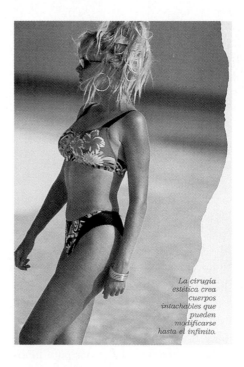

La cirugía estética crea cuerpos intachables que pueden modificarse hasta el infinito.

Segundo paso: Improvisar

Hay quienes creen que el énfasis que se pone en la belleza física en muchos anuncios es sexista... pero hay otros que no están de acuerdo con esa opinión. Imagínense que los editores de la revista que publicó el anuncio anterior han recibido tantas cartas denunciando este hecho que han decidido tener una reunión con varias de las personas que han protestado. Divídanse en cuatro grupos para representar en esta reunión a las siguientes personas:

1. los editores de la revista y los representantes de las empresas que pagan por esta clase de anuncio
2. un grupo de feministas que sostienen que los anuncios son sexistas
3. un grupo de personas que se oponen a los anuncios por otras razones (religiosas, raciales, socioeconómicas, sicológicas, etcétera)
4. un grupo de lectores de la revista, de diferentes edades, sexo, clase social, etcétera

Cada grupo debe expresar sus opiniones sobre los anuncios de este tipo y presentar las razones por las cuales hay que continuar publicándolos o eliminarlos.

■■■ ¡OJO!

	Examples	Notes
tener éxito **lograr** **suceder**	Viqui siempre **tiene éxito** en las competiciones. *Viqui is always successful in competitions.*	**Tener éxito** means *to be successful* (*in a particular field or activity*); it emphasizes the condition of being successful.
	Julio nunca **logra** bajar de peso. *Julio never manages to lose (never succeeds in losing) weight.* Los maestros esperan **lograr** un aumento de sueldo. *The teachers hope to obtain a salary increase.*	**Lograr** means *to succeed* (*in doing something*) or *to obtain or achieve a goal*; it emphasizes the action of achieving that goal. It can also mean *to manage to* (*do something*).
	No saben qué va a **suceder.** *They don't know what is going to happen.* Chrétien **sucedió** a Campbell como primer ministro del Canadá. *Chrétien succeeded Campbell as prime minister of Canada.*	**Suceder** means *to occur, happen* or *to follow in succession.*
(continúa)		

	Examples	Notes
asistir a **atender** **ayudar**	Pablo **asistió a** la reunión. *Pablo attended the meeting.*	**Asistir** is a false cognate. Its primary meaning is *to attend* (*a function*) or *to be present* (*at a class, a meeting, a play, etc.*). **Asistir** is always followed by the preposition **a.**
	El jefe va a **atender** a los clientes. *The boss is going to take care of the clients.*	*To attend* meaning *to take into account, to take care of,* or *to wait on* is expressed with **atender.**
	Nos **ayudaron** mucho. *They assisted (helped) us a great deal.*	*To assist* is expressed with **ayudar.**
ponerse **volverse** **llegar a ser** **hacerse**	**Se** van a **poner** furiosos. *They're going to get (become) angry.*	English *to become* has several equivalents in Spanish. Both **ponerse** and **volverse** indicate a change in physical or emotional state. **Ponerse** can be followed only by an adjective. **Volverse** signals a dramatic, often irreversible, change.
	¿Por qué **te has puesto** colorado? *Why have you turned red?*	
	Se volvió loca. *She went (became) crazy.*	
	Se está volviendo sordo. *He is going deaf.*	
	Con el tiempo, Elvis Presley **llego a ser** un símbolo nacional en los Estados Unidos. *With (the passing of) time, Elvis Presley became a national symbol in the United States.*	**Llegar a ser** and **hacerse** are used when *to become* conveys the meaning of *to get to be*—that is, a gradual change over a period of time. They can be followed by either nouns or adjectives. **Hacerse** usually implies a conscious effort on the part of the subject, whereas **llegar a ser** may describe an effortless change.
	Se hizo médica después de muchos sacrificios. *She became a doctor after much sacrifice.*	
	La situación **se hizo (se puso)** difícil. *The situation became difficult.*	**Hacerse** and **volverse** can express *to become* with reference to general situations. **Ponerse** can also be used in this manner, but again it can be followed only by adjectives.
	Nuestra relación **se ha vuelto (se ha hecho)** un problema constante. *Our relationship has become a constant problem.*	

A **VOLVIENDO AL DIBUJO** Elija la mejor opción en cada contexto. ¡Cuidado! También hay palabras de los capítulos anteriores.

Luis, Julia y José han salido a jugar al parque. Mientras juegan, sueñan (con/de/en)[1] el futuro. Los tres tienen aspiraciones muy altas. Julia piensa (asistir/atender)[2] a la universidad y (hacerse/ponerse)[3] jueza. Luis, que siempre ha (sucedido / tenido éxito)[4] en los deportes, quiere (llegar a ser / ponerse)[5] un famoso jugador de fútbol americano. En cuanto a José, a quien le (cuida/importa)[6] mucho el dinero, su mayor aspiración es (hacerse/ponerse)[7] rico. Él piensa (moverse/mudarse)[8] a una gran ciudad y (funcionar/trabajar)[9] en una empresa multinacional. Aunque tienen intereses distintos, los tres han sido amigos (cercanos/íntimos)[10] por varios años y se (asisten/ayudan)[11] mutuamente. ¡Ojalá (logren/sucedan)[12] sus metas!

    Entre juegos y sueños, (el tiempo / la vez)[13] ha pasado y deben (devolver/regresar)[14] a casa. ¡Qué tarde es! ¡Sus padres se van a (poner/volver)[15] furiosos!

B **ENTRE TODOS**

- ¿Cuáles son sus aspiraciones? ¿llegar a ganar mucho dinero? ¿ejercer una profesión? ¿tener éxito en el arte, los deportes, los negocios?

- ¿Qué pasos debe Ud. seguir para lograr sus metas? ¿Piensa asistir a una escuela profesional o de posgrado? ¿Qué cualidades o circunstancias pueden ayudarlo/la? ¿Es posible que la circunstancia de ser hombre o mujer lo/la ayude? ¿O será (*will be*) un obstáculo?

- ¿Qué metas ha logrado Ud. ya? ¿Qué actitudes o circunstancias lo/la han ayudado a lograrlas? ¿Es posible que el sexo a que pertenece haya tenido alguna influencia en sus aspiraciones y logros (*achievements*)? Explique.

■■■ REPASO

A Lea el siguiente párrafo y dé la forma apropiada de los verbos entre paréntesis, usando el imperfecto o el pretérito.

La historia de un ex novio (Parte 2)[°]

I looked up (**levantar la cabeza**)[1] and saw (**ver**)[2] Hector running toward me. His face was (**estar**)[3] red and angry, but I wasn't thinking about that (**pensar en eso**)[4]. I knew (**saber**)[5] that I could (**poder**)[6] outrun him. "Take that, you rat!" I yelled (**gritar**)[7], and I took off (**salir corriendo**)[8] down the street in the opposite direction. "I guess I showed him!" I was thinking (**pensar**)[9] when I arrived home (**llegar a casa**)[10]. When I opened (**abrir**)[11] the door, my mother was coming out (**salir**)[12] of the kitchen. "Where have you been?" she asked me (**preguntarme**)[13]. "Oh, down by Jane's house," I answered (**responder**)[14] casually. "She's the new girl at school." My mother smiled (**sonreír**)[15] and then explained (**explicar**)[16] that Jane's family was coming (**venir**)[17] to our house for dinner that evening and that she was happy (**gustarle**)[18] that Jane and I were already friends. I tried (**querer**)[19] to think of an excuse to get out of dinner: I had (**tener**)[20] an exam, I said (**decir**)[21], and needed (**necesitar**)[22] to study. But my mother already knew (**conocer**)[23] that excuse, so it couldn't (**poder**)[24] convince her. Finally, I told her (**decirle**)[25] that Jane and I were not (**no ser**)[26] exactly the best of friends. "What were you doing (**hacer**)[27] down by her house this afternoon, then?" she wanted (**querer**)[28] to know. "We were agreeing (**ponernos de acuerdo**)[29] to be enemies." My mother looked at me (**mirarme**)[30] strangely. "Perhaps this evening could be the turning point, then," she suggested (**sugerir**)[31], and she returned (**volver**)[32] to the kitchen. "But, Mom . . . !" I sputtered (**balbucear**)[33]. It was no use (**no haber remedio**)[34]. I would have to go through with it. I sat down (**sentarme**)[35] to figure out my strategy for the evening . . .

(*Continúa en el* Cuaderno de práctica, *Capítulo 6.*)

B GUIONES Trabajando en grupos de tres o cuatro personas, narren en el tiempo presente lo que pasa en la siguiente serie de dibujos. En su narración, incluyan información sobre lo siguiente.

[°]The first part of this story can be found in **Capítulo 3,** page 95.

LA ACCIÓN: ¿Qué pasa? ¿Qué quiere el uno que el otro haga? ¿Por qué? ¿Qué le ha pasado?

EL DILEMA: ¿Qué descubre el hombre? ¿Cómo se lo explica a la mujer? ¿Cuál es la reacción de ella? ¿Duda que… ? ¿Se pone furiosa que… ?

SUS OPINIONES: Expresen sus opiniones sobre lo que ocurre en cada escena. Por ejemplo, ¿creen Uds. que la mujer ha hecho bien el trabajo? ¿Qué opinan del hecho de que el hombre no ha tenido dinero para pagarle? ¿Es natural que la mujer se haya puesto furiosa?

LA RESOLUCIÓN: Inventen el final del cuento: ¿Qué va a pasar luego? ¿Le va a pedir la mujer al hombre que haga algo? ¿Qué le va a pedir el hombre a la mujer?

1.

2.

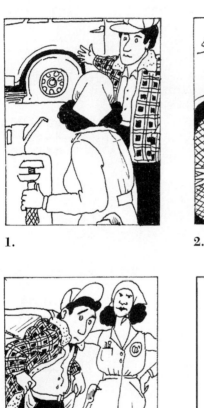

3.

4.

Vocabulario útil: el camión (*truck*), una llanta (que está) desinflada (*flat tire*), la mecánica (*mechanic*)

CAPÍTULO 7

El mundo de los negocios

Ciudad de México, México

Exploraciones

En casi todo el mundo se encuentran ahora almacenes o hipermercados, tiendas en donde se puede comprar de todo a precios módicos (*reasonable*). En España, por ejemplo, están Alcampo y El Corte Inglés, que son como Macy's y Bloomingdale's. Igual que en este país, en el mundo hispano muchos almacenes se encuentran dentro de las grandes galerías de tiendas o centros comerciales (*malls*). Muchas personas creen que comprar en estos lugares tiene sus ventajas, aunque otras personas creen que no es así. ■■■

A NIVEL PERSONAL

■ En su opinión, ¿cuáles son algunas de las ventajas y desventajas de los centros comerciales? ¿Dónde prefiere Ud. comprar, en centros comerciales o en tiendas especializadas? Por ejemplo, cuando tiene que comprar ropa, comida o electrodomésticos (*appliances*), ¿adónde va? Explique sus razones.

A NIVEL REGIONAL

■ ¿Qué cambios ha observado Ud. en el comercio durante los últimos años en su comunidad? ¿Hay más o menos centros comerciales que antes? En cuanto a las tiendas pequeñas especializadas, ¿hay más o menos? ¿Cómo cree que van a ser las tiendas dentro de diez años?

A NIVEL GLOBAL

■ ¿Qué sabe Ud. de los hábitos de compra en el mundo hispano? ¿Cuál cree que es más popular en los países hispanos, el mercado o el supermercado? ¿las tiendas especializadas o los centros comerciales? ¿Por qué opina así?

■ Busque en el Internet una tienda basada en un país hispanohablante. ¿Qué estrategias usa esa tienda para promocionar y vender sus productos? Imprima una página y tráigala a clase para compartirla con sus compañeros.

Describir y comentar

The *Pasajes Online Learning Center* (**www.mhhe.com/ pasajes6**) contains new interactive activities to practice the material presented in this chapter.

- En el dibujo se ven las actividades diarias del Banco en Quiebra, S.A. ¿Quién es la gerente? ¿Con quién habla? ¿Cree Ud. que es una buena gerente o no? ¿Por qué? ¿Qué indica la gráfica que se ve en su despacho?

- ¿Quién es la cajera? ¿Qué hace? ¿Y qué hace el Sr. Euro? ¿Qué quieren los Sres. Guaraní? ¿Progresa rápidamente su transacción bancaria? ¿Por qué sí o por qué no? ¿Por qué no ayudan al Sr. Euro el Sr. Bolívar y la Sra. Lempira? ¿Qué hacen ellos? ¿Es normal esto en un banco u oficina?

- ¿Por qué hacen cola los otros individuos? ¿Qué transacciones bancarias quieren hacer? ¿Cuál(es) de ellos piensa(n) retirar dinero de su cuenta? ¿pedir un préstamo? ¿cobrar un cheque? ¿Qué es posible que haga el niño con su dinero? ¿Y qué es probable que vaya a hacer cada cliente después de completar su transacción bancaria? ¿Están todos satisfechos con el servicio? Explique.

▪▪▪ VOCABULARIO ▪▪▪ *para conversar*

contratar to hire; to contract
despedir (i, i) to fire
entrevistar to interview
estar a la venta to be on/for sale
hacer cola to be / to wait in line
hacer horas extraordinarias to work overtime
renunciar (a) to quit (*a job*)
solicitar to apply (*for a job*)
tomar vacaciones to take a vacation

las acciones stock; shares of stock
  el/la accionista shareholder
el almacén department store
la Bolsa stock market
el/la cajero/a teller
  el cajero automático ATM
la compañía company
el contrato contract
el/la desempleado/a unemployed person
  el desempleo unemployment
el despacho office (*specific room*)
el/la empleado/a worker, employee
  el empleo work, employment
la empresa corporation
la entrevista interview
las ganancias earnings, profits
la gerencia management
  el/la gerente manager
el hombre de negocios, la mujer de negocios
  businessman, businesswoman
el mercado market
la oficina office (*general term*)
las pérdidas losses

el/la secretario/a secretary
el sindicato labor union
el/la socio/a partner, associate; member
la solicitud application form
la tienda store
la venta sale

Las transacciones monetarias/bancarias
ahorrar to save
cargar to charge (*to one's account*)
cobrar to charge (*someone for something*)
  cobrar un cheque to cash a check
gastar to spend
ingresar to deposit (*funds*)
invertir (i, i) to invest
pagar a plazos to pay in installments
pagar en efectivo to pay in cash
pedir (i, i) prestado/a to borrow
  pedir (i, i) un préstamo to request (take out)
    a loan
prestar to lend
retirar to withdraw (*funds*)

la cuenta account; bill
  la cuenta corriente checking account
  la cuenta de ahorros savings account
las deudas debts
los gastos expenses
las inversiones investments
el préstamo loan
la tarjeta de cajero ATM card
la tarjeta de crédito credit card

A Complete las siguientes oraciones con la palabra apropiada de la lista de vocabulario.

1. Un(a) accionista es una persona que _____ dinero en una empresa.

2. El objetivo de un(a) _____ es conseguir mejores condiciones de trabajo para los empleados.

3. Las _____ representan el dinero que puede recibir un(a) accionista como resultado de sus inversiones en la Bolsa; lo contrario de esto son las _____.

4. Durante la Gran Depresión de los años 30, la tasa (*rate*) del _____ era muy alta porque muchos individuos no podían encontrar trabajo.

5. Para conseguir un empleo, hay que llenar una _____ con mucho cuidado.

6. Antes de empezar a crear un nuevo producto, una compañía investiga el _____ para ver si tal producto será (*will be*) bien recibido o no.

7. Muchas personas piden un _____ para comprar un coche nuevo.

B ¿Cuándo se hacen las siguientes acciones?

1. hacer cola
2. utilizar una tarjeta de crédito
3. utilizar una tarjeta de cajero
4. renunciar al trabajo
5. pedir algo prestado
6. cobrar un cheque
7. pagar en efectivo
8. retirar fondos

C ¿Qué palabra no pertenece al grupo? Explique por qué.

1. la gerencia, el empleado / la empleada, el secretario / la secretaria, el sindicato
2. gastar, cobrar, prestar, comprar
3. la entrevista, la solicitud, la Bolsa, el contrato
4. ahorrar, tomar vacaciones, las ganancias, las inversiones

D Explique la diferencia entre cada par de expresiones.

1. pagar en efectivo / pagar a plazos
2. pedir prestado / tomar
3. la empresa / la oficina
4. la cuenta de ahorros / la cuenta corriente
5. la tienda / el almacén
6. retirar fondos / ingresar fondos

E Cuando Ud. tiene que pagar algo, ¿cómo lo hace normalmente? ¿Paga en efectivo o prefiere pagar con cheque? ¿Tiene una tarjeta de cajero? ¿Le gusta utilizarla o prefiere entrar al banco? ¿Por qué? Imagínese que su banco piensa eliminar el servicio de cajeros automáticos. ¿Qué le parece la idea, buena o mala? Si lo elimina, ¿para qué grupo(s) de clientes puede ser problemático? Explique.

F Según las impresiones que Ud. tiene del Banco en Quiebra, S.A., y sus empleados,° comente las siguientes afirmaciones usando las expresiones. Tenga cuidado con el contraste entre el indicativo y el subjuntivo, igual que con el contraste entre el presente de subjuntivo y el presente perfecto de subjuntivo.

Dudo que...   Es (im)posible que...   (No) Creo que...

1. La gerente recibe un salario muy alto.
2. El Sr. y la Sra. Guaraní han decidido tener otro hijo.
3. El Banco en Quiebra, S.A., ha ganado mucho dinero todos los años.

°The names of the employees and customers are currency names in the following countries: Spain (**euro**), Mexico (**peso**), Paraguay (**guaraní**), Peru (**sol**), Honduras (**lempira**), Venezuela (**bolívar**), and Costa Rica (**colón**).

Las prácticas empresariales entre culturas

EL AUMENTO DE LA POBLACIÓN en los países hispanoamericanos representa una oportunidad excelente de hacer negocios para las compañías norteamericanas. Sin embargo, si éstas quieren tener éxito, deben saber negociar efectivamente en el mercado hispano. Muchas de las prácticas empresariales hispanas, las cuales reflejan los valores de la cultura hispana, se diferencian de las prácticas norteamericanas.

En particular, es importante tener en cuenta el respeto personal cuando se trata con hispanos, sean éstos empresarios o no.[a] En la cultura hispana la cortesía exige que dos personas se traten mutuamente con atención y respeto aunque haya serias diferencias personales entre las dos. Por eso, es común tratarse de Ud. y usar títulos de respeto como «Señor(a)», «Licenciado/a»,[b] «Doctor(a)» y otros en la comunicación hablada y escrita.

Las negociaciones también tienden a tomar más tiempo en Hispanoamérica. Los empresarios norteamericanos tienen la costumbre de intercambiar cumplidos[c] y pasar inmediatamente a hablar del asunto por el cual se han reunido. Esta práctica se consideraría[d] muy descortés en los países hispanos, en donde los empresarios empiezan las negociaciones con preguntas de interés personal y hasta familiar y no se meten de inmediato al asunto.

Otra costumbre hispana que puede ser problemática para algunos norteamericanos es el concepto de salvar las apariencias,[e] por ejemplo, cuando uno tiene que comunicar malas noticias. La costumbre hispana es comunicar tales noticias indirectamente, tanto para no ofender a la persona que las recibe como para que el mensajero no se sienta incómodo al darlas. Al contrario, el típico empresario norteamericano tiende a comunicarse de una manera directa y precisa, no importa la gravedad de las noticias ni los sentimientos de los demás, «*it's just business*».

Es obvio que las fronteras entre los países van desapareciendo[f] y los mercados internacionales van expandiéndose más cada día. Con esta expansión, más oportunidades comerciales se presenten, pero al mismo tiempo los empresarios, tanto hispanos como norteamericanos, deben tener en cuenta sus diferencias culturales para prosperar y fomentar la comprensión mutua. ∎

Los vendedores deben saber negociar con sus clientes hispanos (Miami, Florida).

[a]sean… *whether or not they are businesspeople*   [b]*Used when addressing someone who has completed a* Licenciado (*similar to a Bachelor's degree*).   [c]intercambiar… *exchange pleasantries*   [d]se… *would be considered*   [e]salvar… *saving face*
[f]van… *are in the process of fading*

4. El banco despide al Sr. Bolívar y a la Sra. Lempira por conflicto de intereses.

5. Sol busca trabajo en el banco.

6. El anciano y el niño han venido a robar el banco.

7. El Sr. Euro hace horas extraordinarias todos los días.

8. El Sr. Bolívar tiene seis semanas de vacaciones cada año.

Lengua

■■ 26 Review of the Preterite

The third-person plural forms of the preterite provide the basis for the forms of the past subjunctive, which you will study later in this chapter. It will therefore be easier to learn the forms of the past subjunctive if you first review the preterite forms.

Remember that there are four main groups of preterite forms: (1) verbs that are regular in the preterite; (2) **-ir** stem-changing verbs; (3) verbs with irregular preterite stems and endings; and (4) **dar, ir,** and **ser.** Irregularities in the third-person plural of the preterite occur in all of these groups except group 1.°

PRÁCTICA   Dé las formas indicadas del pretérito.

1. despedir: el gerente, tú
2. vender: yo, Ud.
3. pagar: Uds., yo
4. morir: ella, ellos

5. hacer: tú, el secretario
6. irse: el cajero, los socios
7. venir: nosotros, los desempleados

■■■ 26 INTERCAMBIOS

AUTOPRUEBA   Complete las siguientes oraciones con la forma apropiada del pretérito del verbo entre paréntesis.

Los días festivos de fin de año pueden resultarle muy caros a mucha gente y así (ser)[1] para mí el año pasado. (Usar)[2] mis tarjetas de crédito al máximo para comprarle regalos a mi familia. Luego, (encontrarse)[3] en grandes dificultades cuando (llegar)[4] las cuentas. Al empezar el verano, (ponerse)[5] a pensar en las próximas fiestas y (resolver)[6] no repetir el mismo error. (Decidir)[7] depositar una cantidad de dinero en el banco cada mes para tener con qué[a] comprar regalos al fin del año.

En cambio, mi amigo Eduardo no (ser)[8] tan prudente. No había ahorrado nada durante el año. Y cuando (empezar)[9] los días festivos, (tener)[10] que usar sus tarjetas de crédito para comprar los regalos. En fin, cuando Eduardo (recibir)[11] las cuentas, me (pedir)[12] un préstamo para pagarlas.

[a]con... *something with which*

Respuestas: 1. fue **2.** Usé **3.** me encontré **4.** llegaron **5.** me puse **6.** resolví **7.** Decidí **8.** fue **9.** empezaron **10.** tuvo **11.** recibió **12.** pidió

°For a more detailed explanation of these verb forms, see grammar section 12. Further practice with them can also be found in the *Cuaderno de práctica* for this chapter.

A El siguiente recorte de un periódico anuncia el éxito de un joven político venezolano. Léalo con cuidado, indicando para cada espacio en blanco la forma apropiada del pretérito del verbo adecuado de la lista. Utilice todos los verbos, y no use ninguno más de una vez.

asumir (tomar)   proclamar
celebrar   resultar
participar

- ¿Cuántos años tiene el nuevo alcalde (*mayor*) de San Antonio de los Altos? En su opinión, ¿es uno demasiado joven a esa edad para ser un buen alcalde? ¿un buen gobernador? ¿un buen presidente? Explique. ¿Cree Ud. que hay una edad límite para este tipo de puesto? Explique.

- ¿A Ud. le gustaría (*would you like*) ser alcalde de un pueblo antes de llegar a los 30 años? ¿Por qué sí o por qué no? ¿Qué partido político representaría (*would you represent*)?

> ## Juramentan al alcalde más joven
>
> **CARACAS** - Venezuela _____ al alcalde más joven de América Latina, Juan Fernández Morales, de 25 años, quien _____ la víspera el cargo en el municipio Los Salias, de San Antonio de los Altos, se informó ayer.
>
> Fernández Morales _____ simultáneamente el jueves, la toma de posesión de la alcaldía Los Salias y su cumpleaños número 25, tras superar por 800 votos a su contendor más importante, dijeron sus allegados.
>
> El joven _____ electo cuando _____ como independiente por el Movimiento Proyecto Calidad de Vida, que permanecería en el poder por cuanto el alcalde saliente, Andrés López, también pertenece a ese grupo.

B ¡NECESITO COMPAÑERO! Trabajando en parejas, describan lo que pasó la última vez que cada uno de Uds. hizo las siguientes actividades. Para ayudarse a recordar las experiencias, utilicen este esquema como guía.

comer algo realmente delicioso   solicitar un trabajo
gastar mucho dinero   tomar vacaciones
hacer algo increíble   usar una tarjeta de crédito

■■ 27 Review of the Uses of the Subjunctive

Remember that the functions of tense and mood are different. *Tense* indicates when an event takes place (present, past, or future); *mood* designates a particular way of perceiving an event (indicative or subjunctive). In general, the indicative mood signals that the speaker perceives an event as fact or objective reality, whereas the subjunctive mood describes the unknown (what is beyond the speaker's knowledge or experience). Remember also that two conditions must be met for the subjunctive to be used: sentence structure (the sentence must contain a subordinate clause) and meaning.°

°For further information on the concept and uses of the subjunctive, see grammar sections 17, 22, 24, and 25. Additional practice with the subjunctive can be found in the *Cuaderno de práctica* for this chapter.

PRÁCTICA Dé la forma apropiada de los verbos entre paréntesis, según el contexto. Luego, explique por qué se ha usado el indicativo o el subjuntivo en cada caso.

1. No estoy seguro/a que José (recordar) el nombre del negocio.
2. Es verdad que se (exportar) muchos productos al extranjero.
3. Busco el restaurante en el que Juan y yo (comer) el sábado pasado.
4. Los socios quieren (comer) allí también.
5. El señor pide que nosotros lo (ayudar) con las inversiones.
6. Debemos buscar un puesto que (ofrecer) un sueldo mejor.

■■■ 27 INTERCAMBIOS

AUTOPRUEBA Complete el siguiente párrafo con la forma apropiada del presente de subjuntivo de los verbos entre paréntesis.

El gerente de nuestra oficina busca una nueva secretaria. No me sorprende que la secretaria actual (querer)[1] irse. Francamente, no es nada fácil trabajar para el gerente. Quiere alguien que (ser)[2] capaz de organizar toda su vida. Necesita una persona que (saber)[3] usar la computadora, que (hablar)[4] inglés, español, francés y japonés y que (tener)[5] la discreción de un diplomático. Además, es imposible que su secretaria (seguir)[6] [a] una vida personal normal. El gerente siempre le pide que (trabajar)[7] hasta muy tarde y que (ir)[8] a la casa de él para trabajar los fines de semana también. Espero que el gerente le (ofrecer)[9] un sueldo muy bueno a la persona que contrate. Pero, probablemente eso no importa. Dudo que la nueva secretaria (quedarse)[10] más de un año.

[a] *to lead*

_____

Respuestas: 1. quiera **2.** sea **3.** sepa **4.** hable **5.** tenga **6.** siga **7.** trabaje **8.** vaya **9.** ofrezca **10.** se quede

¡NECESITO COMPAÑERO! Trabajando en parejas, háganse y contesten preguntas para averiguar la importancia que tienen las siguientes cosas para Uds. Usen frases como **No es (nada) importante** y **Es (muy) importante** para valorar cada cosa. Luego, compartan lo que han aprendido con el resto de la clase. ¿Cuáles de estas cosas les importan más a sus compañeros? ¿Cuáles no les importan nada?

MODELO: ganar mucho dinero →
No es importante que él/ella gane mucho dinero. No le interesan las cosas materiales.

1. ganar mucho dinero
2. trabajar en una compañía prestigiosa

3. vivir en una ciudad grande

4. ser respetado/a por los colegas

5. invertir en la Bolsa

6. ser famoso/a

7. ayudar a resolver un problema que afecta a la humanidad

8. llegar al trabajo en avión propio

9. tener un coche de lujo

10. poder jubilarse a los 40 años

■■■ 28 DE ENTRADA

En la siguiente tira cómica Ud. puede ver lo que pasó ayer en las oficinas de la compañía de don Abundio. Ponga las oraciones en orden cronológico, según lo que sugieren los dibujos.

_____ Entre los tres amigos, no había ninguno que se diera cuenta del peligro. No les preocupaba que su jefe los viera charlando.

_____ Don Abundio vio que tres de sus empleados pasaban mucho tiempo charlando. Esto no le gustó; prefería que todos empezaran el día trabajando, no conversando.

_____ Como resultado, los ahora ex empleados tuvieron que continuar su charla en la agencia de empleos, donde esperaban que alguien los ayudara.

_____ Don Abundio volvió a pasar horas más tarde. Él no esperaba que ellos todavía estuvieran allí.

_____ Los empleados no sabían que su jefe los observaba.

_____ Don Abundio perdió la paciencia, los despidió y les dijo que se fueran a otra oficina a charlar.

Identifique en las oraciones anteriores los verbos o expresiones que exigen (requieren) el uso del subjuntivo en la cláusula subordinada. ¿Puede Ud. identificar los varios tiempos verbales que se utilizan en las oraciones? ¿Qué nota con respecto a las formas verbales que se usan en las cláusulas subordinadas? En la siguiente sección va a estudiar las formas y los usos del imperfecto de subjuntivo.

■■ 28 The Past Subjunctive: Concept; Forms

A. Concept

To use the past subjunctive (**el imperfecto de subjuntivo**) correctly, you do not have to learn any additional subjunctive cues but only the past subjunctive forms. Almost all the cues that signal the use of the subjunctive mood are applicable to both the present subjunctive and the past subjunctive. (You will learn when to use the present subjunctive versus the past subjunctive later in this section.)

B. Forms of the past subjunctive

Without exception, the past-subjunctive stem is the third-person plural form of the preterite minus **-on: hablar~~on~~** → **hablar-; comier~~on~~** → **comier-; vivier~~on~~** → **vivier-.** The past-subjunctive endings for *all* verbs are **-a, -as, -a, -amos, -ais, -an.** Note the accent mark on **nosotros/as** forms.

Past Subjunctive Forms					
Regular *-ar*		**Regular *-er***		**Regular *-ir***	
hablara	habláramos	comiera	comiéramos	viviera	viviéramos
hablaras	hablarais	comieras	comierais	vivieras	vivierais
hablara	hablaran	comiera	comieran	viviera	vivieran

Any stem change or irregularity found in the third-person plural of the preterite will be found in *all* persons of the past subjunctive of those verbs.

	Third-Person Plural Preterite Forms		Past Subjunctive
regular	comenzaron	→	comenzara, comenzaras, comenzáramos…
	entendieron	→	entendiera, entendieras, entendiéramos…
stem-changing	prefirieron	→	prefiriera, prefirieras, prefiriéramos…
	sirvieron	→	sirviera, sirvieras, sirviéramos…
	murieron	→	muriera, murieras, muriéramos…
irregular	tuvieron	→	tuviera, tuvieras, tuviéramos…
	pudieron	→	pudiera, pudieras pudiéramos…
	dieron	→	diera, dieras, diéramos…
	fueron	→	fuera, fueras, fuéramos…

C. Sequence of tenses: Present subjunctive versus past subjunctive

In Spanish, the tense—present or past—of the main-clause verb determines the subjunctive tense used in the subordinate clause.

- When the main-clause verb is in the present or present perfect, or is a command, a present subjunctive° form is generally used in the subordinate clause.

- When the main-clause verb is in the preterite or imperfect, a past subjunctive form is used in the subordinate clause.[†]

Here is a summary of the correspondences for the verb forms you have studied thus far.[‡]

A PROPÓSITO

An alternative set of past subjunctive forms is spelled with **-se** instead of **-ra**.

hablar: hablase, hablases, hablásemos…

comer: comiese, comieses, comiésemos…

vivir: viviese, vivieses, viviésemos…

These forms are less commonly used than the **-ra** forms, although usage varies among countries and among individuals within countries. Only the **-ra** forms will be used in *Pasajes: Lengua,* but you will see the **-se** forms frequently in literature and other texts.

Main Clause	Subordinate Clause
Present	**Present Subjunctive**
El gerente **dice**… *The manager says . . .*	…que Ud. **asista.** *. . . for you to attend.*
Present Perfect	**Present Subjunctive**
El gerente **ha dicho**… *The manager has said . . .*	…que Ud. **asista.** *. . . for you to attend.*
Command	**Present Subjunctive**
Gerente: **Dígale**… *Manager: Tell him . . .*	…que **asista.** *. . . to attend.*
Preterite	**Past Subjunctive**
El gerente **dijo**… *The manager said . . .*	…que Ud. **asistiera.** *. . . for you to attend.*
Imperfect	**Past Subjunctive**
El gerente **decía**… *The manager (often) said . . .*	…que Ud. **asistiera.** *. . . for you to attend.*

PRÁCTICA   Dé oraciones nuevas, según las indicaciones, para describir cómo era el mundo de los negocios en otros tiempos.

1. —¿Trabajaban Uds. muchas horas entonces?
   —Sí, era necesario que *trabajáramos muchas horas.* (empezar a trabajar temprano, hacer mucho trabajo manual, ser siempre puntuales, venir a trabajar seis o siete días a la semana)

2. —¿Tenían los obreros otras dificultades también?
   —Sí, los jefes no permitían que *tomaran vacaciones con sueldo.* (llegar tarde de vez en cuando, recibir atención médica gratis, tener breves descansos durante el día, volver al trabajo después de una larga enfermedad)

°Forms of the present subjunctive include the simple present and the present perfect: **hable, haya hablado; coma, haya comido.**

[†]Forms of the past subjunctive include the simple past and the pluperfect: **hablara, hubiera hablado; comiera, hubiera comido.** You will study the forms of the pluperfect subjunctive in grammar section 42.

[‡]The use of the pluperfect, the future, and the conditional with the subjunctive is practiced in grammar section 43.

3. —¿Tenían Uds. algunos beneficios?

—No, no teníamos muchos. Por ejemplo, no había ninguna compañía que *pagara dinero extra por hacer horas extraordinarias.* (dar un descanso pagado por la maternidad, ofrecer seguro médico, pedir sólo 40 horas a la semana, permitir alguna participación en la gerencia, seguir pagando a los empleados después de la jubilación, siempre mantener buenas condiciones de trabajo)

■■■ 28 INTERCAMBIOS

AUTOPRUEBA Complete el siguiente párrafo con la forma apropiada del imperfecto de subjuntivo de los verbos entre paréntesis.

La primera cita

El sábado pasado mi compañero Gustavo salió con una chica que se llamaba Graciela. Hacía mucho tiempo que quería salir con ella. Antes de salir, Gustavo se puso muy nervioso, en parte porque todo el mundo le daba consejos diferentes. Su hermano le dijo que (ponerse)[1] una camisa blanca, pero a su mamá le gustaba mejor la azul. Su hermana le sugirió que (llevar)[2] pantalones vaqueros, pero su papá le aconsejó que (vestirse)[3] más formalmente. Sus dos hermanos le dijeron que no (usar)[4] tanto perfume porque olía muy fuerte. Su mamá le pidió que (quitarse)[5] la camisa porque estaba arrugada[a] y ella quería plancharla. Por fin Gustavo les dijo a todos que lo (dejar)[6] en paz. Terminó de vestirse y se acercó a la puerta. Su mamá le dijo que (regresar)[7] a casa antes de medianoche y le aconsejó que (tener)[8] cuidado. Gustavo les contestó que no era necesario que ellos (preocuparse)[9] por él. Se abrazaron todos y Gustavo se fue.

[a]*wrinkled*

Respuestas: 1. se pusiera **2.** llevara **3.** se vistiera **4.** usara **5.** se quitara **6.** dejaran **7.** regresara **8.** tuviera **9.** se preocuparan

---

A Ignacio, un estudiante universitario, está por graduarse en economía y español. Hace unos días, mientras se preparaba para una entrevista con la AT&T, todos sus amigos, profesores y parientes le daban consejos. Empareje cada persona con la sugerencia que le ofreció a Ignacio.

MODELO: no estar nervioso →
        Su mejor amigo le dijo que no estuviera nervioso.

Personas: abuelo, madre, mejor amigo, novia, profesor de español

Sugerencias:

demostrar sus capacidades bilingües
hablar despacio y con seguridad
hacer preguntas inteligentes
pedir un sueldo en concreto

peinarse de manera conservadora
ponerse un traje de tres piezas
tener confianza en su preparación
    académica

B Complete las siguientes oraciones de una forma lógica. Cuidado con los contrastes entre el subjuntivo y el indicativo y entre el presente y el pasado.

1. En el pasado, era necesario que las mujeres trabajadoras _____. Ahora es posible que (ellas) _____.

2. En el pasado, casi no había ningún ejecutivo en el mundo de los negocios que _____. Hoy en día, hay muchos ejecutivos que _____.

3. Hoy en día, muchas empresas permiten que sus empleados _____. En el pasado, las empresas no querían que (ellos) _____.

4. En el pasado, muchos jóvenes creían que una carrera en el mundo de los negocios _____. Hoy en día, muchos jóvenes piensan que _____.

5. En el pasado, los jefes querían que su secretaria _____. Hoy las secretarias piden que su jefe _____.

C Pensando en las ocupaciones de las siguientes personas, ¿qué es seguro que han hecho recientemente? ¿Qué es sólo probable que hayan hecho? Dé el nombre de una persona determinada en cada categoría.

MODELO: un(a) artista de la televisión, del cine o del teatro →
Sé (Estoy seguro/a) que Jay Leno ha presentado su programa de televisión. Es probable que también haya hecho chistes sobre varios políticos.

1. un(a) artista de la televisión, del cine o del teatro
2. una persona muy rica
3. un político / una mujer político importante
4. un estudiante típico / una estudiante típica de esta universidad
5. una persona muy conocida de esta universidad
6. un deportista famoso / una deportista famosa
7. un pariente de Ud.

D Con el tiempo, nuestras actitudes cambian —no sólo con respecto a los negocios sino también hacia muchas otras cosas. Complete las siguientes oraciones para indicar si han cambiado sus actitudes. Cuidado con el uso del presente y del imperfecto de subjuntivo.

1. Cuando era niño/a, me parecía muy importante que _____. Ahora me parece más importante que _____.

2. De niño/a, dudaba que mis padres _____. Ahora (dudo / estoy seguro/a) que ellos _____.

3. Creo que en el pasado mis padres dudaban que yo _____. Ahora (dudan/ saben) que yo _____.

4. En el pasado pensaba que la educación _____. Ahora (creo / no creo) que _____.

5. Antes, las compañías buscaban empleados que _____. (Pero/Todavía) hoy buscan empleados que _____.

6. Hace unos años, yo no creía que el matrimonio _____. (Pero/Todavía) hoy me parece (que) _____.

E ENTRE TODOS El dibujo cómico de la página siguiente salió en una revista española. Se burla de (*It pokes fun at*) los anuncios y los métodos que utilizan las empresas para «vender» sus productos.

- ¿Cuáles son algunas de las técnicas de que se burla? ¿Pueden Uds. identificar por lo menos dos?

- En este país, ¿qué fama tienen los militares como hombres de negocios? ¿Son buenos para encontrar gangas (*bargains*)? ¿Cómo lo sabe Ud.?

 F **¡NECESITO COMPAÑERO!** Trabajando en parejas, investiguen sus experiencias personales con respecto a cuestiones de trabajo. Pueden utilizar las siguientes preguntas y agregar otras si quieren.

1. ¿Qué clase de trabajo buscabas cuando eras más joven? ¿Querías un trabajo de tiempo completo (*full-time*) o de tiempo parcial? ¿Por qué?

2. ¿Querías un trabajo de tipo intelectual o manual? ¿Preferías trabajar a solas o en equipo? ¿Por qué?

3. ¿Trabajabas por gusto o por necesidad? ¿Era indispensable que ganaras mucho dinero? ¿que recibieras algún entrenamiento especial?

4. ¿Qué opinaban tus padres con respecto a tu trabajo? ¿Creían que era bueno que trabajaras o se oponían? ¿Por qué?

5. ¿Cómo terminaban tus padres esta oración? «Queremos que tú trabajes como _____ porque así vas a _____.»

   - ganar mucho dinero
   - obtener experiencia muy valiosa en el mundo de los negocios
   - aprender a ser más independiente
   - pasar menos tiempo mirando la televisión
   - ¿ ?

Compartan con las otras parejas algo de lo que Uds. aprendieron. ¿Tuvieron todos algunas experiencias similares con respecto al trabajo?

Pasaje cultural

El Internet, herramienta (*tool*) útil

Muchos estarían de acuerdo (*would agree*) con la idea de que el Internet ha sido uno de los avances más útiles en el mundo de los negocios. Millones de personas alrededor del mundo recurren a (*resort to*) él a diario para hacer transacciones bancarias, comerciar (*trade*) en la Bolsa, vender y comprar productos y servicios, buscar información, bajar (*download*) programas y comunicarse con el resto del mundo.

Antes de ver

- ¿Usa Ud. el Internet? ¿Con qué frecuencia y para qué lo usa? Si lo usa en su trabajo, explique cómo lo usa allí.

- Pensando en sus respuestas a las preguntas anteriores, explique cómo hacía Ud., o cómo hacía la gente en general, las mismas actividades antes de que existiera (*existed*) el Internet.

- ¿Qué sabe Ud., o cuál es su impresión, del uso del Internet en el mundo hispano? ¿Cree Ud. que es tan popular en el mundo hispano como lo es en este país? Explique.

- Lea con cuidado la actividad en **Vamos a ver** antes de ver el vídeo.

Vamos a ver

Indique si las siguientes afirmaciones son ciertas (**C**) o falsas (**F**), según lo que Ud. aprende en el vídeo. Corrija las oraciones falsas.

Jean Pierre Noher, actor y músico argentino

	C	**F**
1. Según el narrador, Jean Pierre Noher° utiliza el Internet dos o tres veces por semana.	❏	❏
2. Noher trabaja en un despacho como los que se encuentran en las grandes empresas de este país.	❏	❏
3. Al principio, la compu (computadora) le dio a Noher la oportunidad de bajar canciones digitalizadas del Internet para aumentar su colección de música.	❏	❏
4. Luego, el Internet ayudó a Noher durante sus investigaciones sobre la vida y literatura de Jorge Luis Borges.	❏	❏
5. Actualmente, Noher está buscando una grabadora de CD en el Internet para comprarla.	❏	❏
6. Noher usa la tecnología para musicalizar (*add music to*) situaciones de emoción, esperanza, suspenso, etcétera.	❏	❏
7. Parece que este segmento de vídeo se presentó un poco antes de la salida de la película *Un amor de Borges*.	❏	❏

Después de ver

- ¿Qué impresión sobre el uso general de la tecnología en el mundo hispano le dio a Ud. el vídeo? ¿Tiene Ud. la misma impresión que tenía antes de ver el vídeo? Explique.

- Trabajando en grupos, hagan una lista de las maneras en que el Internet ha ayudado, está ayudando o va a ayudar en el futuro al mundo de los negocios en este país, en el mundo hispano y en el mundo entero. Luego, presenten sus ideas a la clase.

- Busque información sobre cómo el Internet influye en los negocios en el mundo hispano. Esto puede incluir anuncios para aparatos para la oficina, artículos de revistas electrónicas o cualquier cosa que represente la influencia del Internet en los negocios de hoy. Comparta su información con sus compañeros de clase.

°Jean Pierre Noher ha ganado múltiples premios como mejor actor por su interpretación de Jorge Luis Borges en la película *Un amor de Borges*, escrita y dirigida por Javier Torre.

■■■ 29 DE ENTRADA

¿Qué opina Ud.? Indique si está de acuerdo (**A**), si está en desacuerdo (**D**) o si no tiene ninguna opinión (**NO**) sobre las siguientes declaraciones.

1. _____ Voy a hacer cola en este banco hasta que me atiendan. Tengo que ingresar este dinero hoy y no tengo tarjeta de cajero.

2. _____ Pasarán (*Will pass*) dos o tres generaciones antes de que los hombres y las mujeres tengan igual sueldo.

3. _____ Cuando se invierte mucho dinero en el extranjero, la economía nacional se beneficia mucho como consecuencia.

4. _____ No se debe permitir que una persona obtenga una tarjeta de crédito hasta que consiga un trabajo fijo.

5. _____ Los profesores deben presentar todas las materias de modo que (*in such a way that*) tengan conexión con la vida real.

Ahora, estudie las oraciones para averiguar dónde se ha utilizado el subjuntivo. ¿En qué casos se anticipa una acción que no ha ocurrido todavía o una circunstancia que no existe? La siguiente explicación lo/la ayudará (*will help you*) a comprender mejor este uso del subjuntivo.

■■ 29 Use of Subjunctive and Indicative in Adverbial Clauses

An adverb is a word that indicates the manner, time, place, extent, purpose, or condition of a verbal action. It usually answers the questions *how? when? where?* or *why?*

| Vamos al cine **después**. | *Let's go to the movies* (when?) *afterward*. |

A clause that describes a verbal action is called an adverbial clause. It is joined to the main clause by an adverbial conjunction.

| Vamos al cine **después de que ellos cenen**. | *Let's go to the movies* (when?) *after they have dinner*. |

In the preceding sentence, **después de que ellos cenen** is the adverbial clause; **después de que** is the adverbial conjunction. Adverbial clauses are subordinate (dependent) to the main clause. As you know, there must be a subordinate clause in order for the subjunctive to be used.

A. Adverbial clauses: Time

These are some of the most common adverbial conjunctions of time:

cuando	*when*	mientras (que)	*while, as long as*
después (de)que	*after*	tan pronto como	*as soon as*
en cuanto	*as soon as*		
hasta que	*until*		

1. Future, anticipated outcomes versus present, habitual actions

■ When the actions of the main and subordinate clauses have not yet occurred (that is, they represent a future action and an anticipated outcome), the subordinate clause introduced by these adverbial conjunctions uses the subjunctive.

■ When the action of the subordinate clause is habitual, the indicative is used. Compare the sentences in the following chart.

Future, Anticipated: Subjunctive	Present, Habitual: Indicative
Te van a dar más crédito **después de que pagues** el balance de la cuenta. *They will give you more credit after you pay off the balance of the account.* (anticipated action—you haven't yet paid off the balance)	Siempre te dan más crédito **después de que pagas** el balance de la cuenta. *They always give you more credit after you pay off the balance of the account.* (habitual action—they always do this)
Piensan cobrar el cheque **tan pronto como** se lo **demos.** *They're planning to cash the check as soon as we give it to them.* (anticipated outcome—we haven't given them the check yet)	Todas las semanas, cobran el cheque **tan pronto como** se lo **damos.** *Every week, they cash the check as soon as we give it to them.* (habitual action—they do this every week)
Compraré acciones **cuando bajen** de precio. *I will buy stocks when the prices go down.* (anticipated outcome—the price hasn't gone down yet)	Siempre compro acciones **cuando bajan** de precio. *I always buy stocks when the prices go down.* (habitual action—I always do this)
Haga cola **hasta que llegue** el cajero. *Wait in line until the teller arrives.* (anticipated outcome—the teller hasn't arrived yet)	Cada mañana, los clientes hacen cola **hasta que llega** el cajero. *Every morning, the clients wait in line until the teller arrives.* (habitual action—they do this every morning)

2. **Past, anticipated/unknown outcomes versus past, known outcomes and past, habitual actions**

■ The past subjunctive is used when the action of the subordinate clause is viewed as an *anticipated* outcome *from the point of view of the subject in the main clause,* or as an *unknown* outcome *from the point of view of the speaker.*

■ The indicative (preterite or imperfect) is used when the action of the subordinate clause represents a *known outcome from the point of view of the speaker* that took place subsequent to the action in the main clause.

■ Additionally, the indicative (imperfect) is used when the action of the subordinate clause refers to an action that occurred several times in the past as a matter of habit.

Compare the sentences in the following chart.

Past, Anticipated/Unknown: Subjunctive	Past, Known or Past, Habitual: Indicative
La compañía planeaba seguir invirtiendo en la Bolsa **hasta que obtuviera** beneficios. *The company was planning to keep on investing in the stock market until it earned dividends.* (unknown outcome from the point of view of the speaker)	La compañía siguió invirtiendo en la Bolsa **hasta que obtuvo** beneficios. *The company kept on investing in the stock market until it earned dividends.* (known outcome from the point of view of the speaker)
Iban a hacer un viaje alrededor del mundo **después de que** ella **terminara** el proyecto, pero nunca la terminó y nunca hicieron el viaje. *They were going to take a trip around the world after she finished the project, but she never finished it and they never took the trip.* (anticipated outcome from the point of view of the subject in the main clause)	Siempre hacíamos un viaje alrededor del mundo **después de que** ella **terminaba** un proyecto. *We always took a trip around the world after she finished a project.* (habitual action)

■ The adverbial conjunction **antes de que** is always followed by the subjunctive because, by definition, it introduces an anticipated outcome.

Siempre cambia un cheque **antes de que vayan** de compras.

He always cashes a check before they go shopping.

Cambió un cheque **antes de que fueran** de compras.

He cashed a check before they went shopping.

PRÁCTICA Complete las siguientes oraciones con la forma apropiada del subjuntivo o indicativo del verbo entre paréntesis, según el contexto.

1. Voy a ingresar el cheque tan pronto como (llegar: nosotros) al banco.

2. Cuando se (escribir: impersonal) un cheque, siempre se debe apuntar su valor inmediatamente.

3. Después de que nos autorizaron el préstamo, por fin (poder: nosotros) comprar nuestra casa de ensueños (*dream house*).

4. Necesito retirar efectivo de un cajero automático antes de que (salir: nosotras).

5. Recuerdo que mi mamá ya no hablaba de las deudas después de que mi papá (ganar) la lotería.

6. Obviamente vas a seguir gastando hasta que te (cortar: ellos) las tarjetas de crédito.

7. Ayer, yo te iba a llamar tan pronto como Verónica (llamarme), pero nunca (llamarme: ella).

B. Adverbial clauses: Manner and place

■ The subjunctive is used with the following conjunctions to express speculation about an action or situation that is unknown to the speaker. The indicative is used to express what is actually known or has been experienced by the speaker.

aunque	*although, even if*	de modo que	*in such a way that*
como	*as, how*	donde	*where*
de manera que	*in such a way that*		

Unknown Situation: Subjunctive	Known Situation: Indicative
Lo voy a hacer **aunque sea** difícil. *I'm going to do it even if it's difficult.* (The speaker doesn't know if it will be difficult or not.)	Lo voy a hacer **aunque es** difícil. *I'm going to do it although it is difficult.* (The speaker already knows that it will be difficult from prior experience.)
Habló **de modo que la entendieran.** *She spoke in such a way that they might understand her.* (It is not known whether or not she was understood.)	Habló **de modo que la entendieron.** *She spoke in such a way that they understood her.* (She was understood.)

■ The adverbial conjunctions **ahora que, puesto que,** and **ya que** are always followed by the indicative since they convey the speaker's perception of reality as being already completed or inevitable.

Ya que vas a visitar, dime lo que quieres comer.

Since you're going to visit, tell me what you would like to eat.

Ahora que trabajas en ventas, vas a viajar mucho.

Now that you work in sales, you're going to travel a lot.

PRÁCTICA   Exprese las siguientes oraciones en inglés. En cada caso explique el uso del subjuntivo o del indicativo en los verbos *en letra cursiva azul*.

1. Aunque no *tenga* necesidad, creo que *voy* a trabajar. Aunque muchas personas no *están* de acuerdo conmigo, para mí el trabajo *es* interesante y hasta (*even*) divertido.

A PROPÓSITO

You have learned that a subordinate clause is present if a sentence contains two different subjects. However, in a sentence with no change of subject you should use the prepositions **antes de, después de,** and **hasta** followed by an infinitive rather than the conjunctions **antes (de) que, después (de) que,** and **hasta que** followed by a conjugated verb in the subjunctive.

Voy a sacar dinero **después de que pida** el préstamo. (*possible*)
Voy a sacar dinero **después de pedir** el préstamo. (*preferred*)
I'm going to withdraw money

$$\left\{ \begin{array}{l} \text{after I request} \\ \text{after requesting} \end{array} \right\} \text{the loan.}$$

Decidió ahorrar **hasta que se hiciera** millonario. (*possible*)
Decidió ahorrar **hasta hacerse** millonario. (*preferred*)
He decided to save

$$\left\{ \begin{array}{l} \text{until he became} \\ \text{until becoming} \end{array} \right\}$$

a millionaire.

2. En muchas escuelas secundarias *se enseñan* ahora las clases académicas de manera que los estudiantes *ven* la aplicación que *tiene* la materia en la vida práctica. Saben que, aunque un estudiante *se haya graduado* de la escuela secundaria, esto no significa que *tenga* suficientes conocimientos para funcionar en la sociedad moderna puesto que el mundo *es* cada vez más complicado.

3. A mi parecer (*In my opinion*), es necesario que la universidad *sea* más responsable con respecto al futuro de sus estudiantes. Aunque no lo *quieran* admitir, el futuro *está* en los negocios. Los estudiantes *pagan* mucho para prepararse de modo que *encuentren* buenos empleos después de recibir su título. Por consiguiente, no es bueno que la universidad *obligue* a los estudiantes a tomar clases que no *tengan* nada que ver con sus intereses profesionales. Debe permitir que los estudiantes *diseñen* su programa de estudios de manera que los *preparen* para el futuro.

▪▪▪ 29 INTERCAMBIOS

AUTOPRUEBA Complete las siguientes oraciones con la forma apropiada del verbo entre paréntesis. ¡Cuidado! En algunos casos se debe usar el indicativo y en otros el subjuntivo.

En la familia Sánchez los padres son muy exigentes.

1. Su hija mayor no podía salir con su novio hasta que ellos lo (conocer).

2. Los padres no permiten que su hijo menor juegue con sus compañeros antes de que (acabar) sus tareas.

3. Su hija menor no puede salir sola de la casa hasta que (tener) 13 años.

4. Los hijos no pueden hablar por teléfono con sus amigos hasta que los padres (contestar) para saber quién habla.

5. Los padres insisten en que los hijos obedezcan sus reglas mientras (vivir) en su casa.

6. El año pasado el hijo mayor dijo que (querer) vivir en otra ciudad para encontrar trabajo.

7. Pero sus padres le dijeron que no (poder) irse antes de graduarse.

8. Aunque los padres (ser) muy estrictos, quieren mucho a sus hijos.

Respuestas: 1. conocieron **2.** acabe **3.** tenga **4.** contestan **5.** vivan **6.** quería **7.** podía **8.** son

---

A Complete las siguientes oraciones de una forma lógica. Cambie el verbo entre paréntesis al indicativo o al subjuntivo, según el contexto. Cuidado con la secuencia de tiempos.

REALIDADES

Con respecto al trabajo...

1. Cuando yo (ser) estudiante de secundaria, _____.

ANTICIPACIONES

Cuando yo no (ser) estudiante universitario/a, _____.

2. Después de que mis amigos/as (graduarse) de la escuela secundaria, _____.

Después de que mis amigos/amigas (graduarse) de la universidad, _____.

3. De joven, en cuanto yo (ganar) algún dinero, yo _____.

En el futuro, en cuanto yo (ganar) algún dinero, yo _____.

Con respecto a los privilegios y responsabilidades...

4. Cuando yo (tener) 9 años, mis padres _____.

Cuando mis hijos/nietos (tener) 9 años, yo _____.

5. Tan pronto como yo (llegar) a casa después de la escuela, yo _____.

Tan pronto como mis hijos/nietos (llegar) a casa después de la escuela, ellos _____.

6. Cuando yo (sacar) notas muy malas, yo / mis padres _____.

Cuando mis hijos/nietos (sacar) notas muy malas, ellos/yo _____.

■ **B** ¡NECESITO COMPAÑERO! En muchos aspectos de la vida se nos imponen ciertas condiciones para hacer o tener ciertas cosas. A continuación hay algunas «condiciones» que se oyen con alguna frecuencia. ¿A Ud. le suenan (*ring a bell*) algunas? Trabajando en parejas, completen las oraciones de una manera lógica. Agreguen una condición más a cada lista para que sus compañeros de clase las completen.

Un padre le dice a su hijo...

1. No vas a poder manejar el auto hasta que _____.

2. Puedes mirar la televisión tan pronto como _____.

3. Puedes salir con chicas cuando _____.

4. No puedes comer el postre hasta que _____.

5. ¿ ?

Una profesora le dice a su estudiante...

1. No va a sacar buenas notas mientras que _____.

2. Puede sacar libros de la biblioteca en cuanto _____.

3. Va a ser entre los primeros en escoger sus clases cuando _____.

4. Levante la mano tan pronto como _____.

5. ¿ ?

Una gerente le dice a su empleado...

1. No va a tener éxito hasta que _____.

2. Va a recibir un mes de vacaciones después de que _____.

3. Le vamos a dar un reloj de oro cuando _____.

4. Le vamos a dar un mejor puesto antes de que _____.

5. ¿ ?

■ **C** Fíjese en los dibujos en el margen de la página 218. Descríbalos de varias maneras, incorporando las palabras de la lista en su descripción. ¿Quiénes son estas personas? ¿Cómo son? ¿Qué hacen?

ahora que   de manera que   mientras (que)
aunque   donde   tan pronto como
cuando   hasta que   ya que

1. el avión, correr, despegar, el hombre de negocios, llegar, el piloto

2. llevar, poder comprar cosas, reconocerlo, ser famoso, la tarjeta de crédito, viajar

3. colocar, hablar por teléfono, el mensajero, el paquete, pesado

D GUIONES   La siguiente tira cómica cuenta una historia. Trabajando en pequeños grupos, narren la historia en el pasado. Incorporen el vocabulario indicado de la página siguiente y agreguen por lo menos dos o tres detalles más (otras acciones o explicaciones) cuando hablen de lo que ocurrió en cada dibujo. Cuidado con el contraste entre el infinitivo, el indicativo y el subjuntivo. No se olviden de usar los complementos pronominales siempre que puedan.

1.

2.

3.

1. el paciente, ir / tan pronto como llegar / explicar
2. antes de examinar / el médico, pedir / quitarse la ropa
3. en cuanto quitarse la camiseta / observar / agujero (*hole*)
4. examinar y tocar / mientras que / desvestirse
5. antes de examinar / abrir el gabinete
6. sacar / mostrar / ofrecer / ya que

- ¿Quién en la clase ha tenido alguna experiencia parecida, una ocasión en que al ir a un lugar en busca de algún servicio se encontró con que le ofrecían o le querían vender algo que no esperaba? Cuénteselo a la clase.

- ¿Qué cree Ud. que hizo el paciente? Termine la historia.

E **¡NECESITO COMPAÑERO!** Trabajando en parejas, escriban anuncios para cinco productos, usando el modelo. Traten de usar cinco adjetivos y cinco verbos diferentes. Luego, compartan sus anuncios con la clase y voten por el mejor anuncio.

MODELO: ¡Compre _____! Su _____ va estar más _____ cuando / después de que / tan pronto como (Ud.) _____. →
¡Compre pan Bimbo! Su sándwich va a estar más delicioso cuando lo prepare con pan Bimbo.

1. ... 2. ... 3. ... 4. ... 5. ...

Enlace

■■■ SONDEO

¿Controla su vida el dinero? Estudios recientes indican que la actitud del norteamericano típico hacia el dinero es muy diferente hoy de lo que era hace treinta años. Según estos estudios, los norteamericanos ahora piensan más en cómo *gastar* el dinero y menos en cómo *ahorrarlo*. ¿Qué actitud tiene la clase? Hagan un sondeo para averiguarlo.

Primer paso: Recoger los datos

- Divídanse en tres grupos. El grupo 1 debe hacer las preguntas 1 a 5; el grupo 2, las preguntas 6 a 10; y el grupo 3, las preguntas 11 a 15.

- Cada uno de los miembros de cada grupo debe entrevistar a dos o tres compañeros de clase para obtener la información necesaria. Apunten el sexo de cada persona entrevistada: **M** (masculino) o **F** (femenino).

- Deben entrevistar a todos los miembros de la clase, pero tengan cuidado de no hacerle la misma pregunta dos veces a la misma persona.

¿Te describen las siguientes afirmaciones?

		A (M/F)	B (M/F)	C (M/F)
GRUPO 1	1. Quiero tener más dinero del que podría gastar (*I could ever spend*) en toda la vida.	SÍ NO	SÍ NO	SÍ NO
	2. Me siento molesto/a cuando compro algo y luego descubro que podría haberlo comprado (*I could have bought it*) más barato en otro sitio.	SÍ NO	SÍ NO	SÍ NO
	3. Me pone nervioso/a pensar que no tengo suficiente dinero.	SÍ NO	SÍ NO	SÍ NO
	4. Sueño con ser inmensamente rico/a algún día.	SÍ NO	SÍ NO	SÍ NO
	5. Tengo tres (o más de tres) tarjetas de crédito.	SÍ NO	SÍ NO	SÍ NO
GRUPO 2	6. Con dinero se puede comprar el amor.	SÍ NO	SÍ NO	SÍ NO
	7. Me cuesta (*I hate to*) tener que pagar por algo, no importa lo que sea.	SÍ NO	SÍ NO	SÍ NO
	8. El dinero controla lo que hago y no hago en la vida.	SÍ NO	SÍ NO	SÍ NO
	9. Siempre sé exactamente cuánto dinero tengo en el banco o en el bolsillo.	SÍ NO	SÍ NO	SÍ NO
	10. Como regalo, prefiero el dinero a cualquier otra cosa.	SÍ NO	SÍ NO	SÍ NO
GRUPO 3	11. Con frecuencia compro cosas impulsivamente.	SÍ NO	SÍ NO	SÍ NO
	12. Me quejo del precio de las cosas que compro.	SÍ NO	SÍ NO	SÍ NO
	13. Creo que el gastar mucho dinero en una cita es una pérdida de fondos.	SÍ NO	SÍ NO	SÍ NO
	14. Compro cosas para impresionar a otras personas.	SÍ NO	SÍ NO	SÍ NO
	15. Con frecuencia compro billetes de lotería.	SÍ NO	SÍ NO	SÍ NO

Segundo paso: Análisis de los datos

- Para recopilar los datos, reúnanse de nuevo en los grupos e indiquen para cada pregunta la respuesta (sí o no) que recibieron con mayor frecuencia de los hombres y la que recibieron con mayor frecuencia de las mujeres. Después, creen una tabla de resumen para los hombres y otra para las mujeres.

- ¿Qué revelan los resultados? Los autores del cuestionario ofrecen esta clave para interpretarlos.

Número de respuestas afirmativas	Poder del dinero para controlar la vida
0–1	casi ninguno
2–3	débil
4–5	moderado
6–7	fuerte
8+	absoluto

- ¿Influye el dinero mucho o poco en el estilo de vida de los miembros de la clase?

- ¿Qué le importa más a la clase en general —gastar el dinero o ahorrarlo?

- ¿Descubrieron diferencias entre la manera de pensar de los hombres y la de las mujeres? ¿Cuáles son? ¿Qué creen Uds. que significa esto?

■■■ ¡OJO!

	Examples	Notes
ya que como puesto que porque por	**Ya que** es muy rico, no tiene que trabajar. *Because (Since) he is very rich, he doesn't have to work.* **Como (Puesto que)** era muy niña, siempre hacía muchas pequeñas travesuras. *Since (Because) she was very young, she was always playing little pranks.* Lo hicieron **porque** no había remedio. *They did it because there was no alternative.*	The idea of *because* (*since*) is expressed in a number of ways in Spanish. Preceding a conjugated verb, **ya que, como, puesto que,** or **porque** can be used. Of these four expressions, only **porque** *cannot* be used to begin a sentence. Conversely, **como** (meaning *because*) must be placed at the beginning of a sentence.
(continúa)	Todos la admiraban **por** su bondad. *Everyone admired her for (because of) her kindness.*	When preceding a noun, always use **por.** This use corresponds to English *because of.*

	Examples	Notes
cuestión **pregunta**	Es una **cuestión** de gran importancia. *It's a question (matter) of great importance.*	*Question* in the sense of *matter, subject,* or *topic of discussion* is expressed in Spanish by **cuestión.**
	Ese niño hace muchas **preguntas** difíciles. *That child asks a lot of difficult questions.*	The word **pregunta** refers to a *question* or *interrogation.*
	La joven **hizo** muchas **preguntas** (**preguntó** mucho) sobre su abuela. *The girl asked a lot of questions about her grandmother.*	*To ask a question* is expressed in two ways in Spanish: **hacer una pregunta** and **preguntar.**
fecha **cita**	¿Cuál es la **fecha** de hoy? *What is today's date?*	*Date* has several equivalents in Spanish. A *calendar date* is expressed with **fecha.**
	¿Con quién tienes **cita**? *With whom do you have a date (appointment)?*	An *appointment* or *social arrangement* is expressed with **cita.**
	Él me acompañó a la fiesta. *He was my date for (accompanied me to) the party.*	Unlike the English word *date*, **cita** can never mean *a person.*
	Quiero presentarlo a mi amiga Victoria. *I'd like to introduce you to my date, Victoria.*	
los/las dos **ambos/as** **tanto... como...**	Tengo dos hijas y voy al partido con **las dos (ambas).** *I have two daughters and I'm going to the game with both of them.*	English *both* is expressed in Spanish with **los/las dos** and **ambos/as,** which agree in gender with the nouns to which they refer.
	Ambos (Los dos) socios quieren comprar las acciones. *Both partners want to buy the shares.*	
	Tanto los perros **como** los gatos son carnívoros. *Both dogs and cats are carnivorous.*	The English expression *both ... and ...* is expressed in Spanish with **tanto... como...** This construction is invariable.

VOLVIENDO AL DIBUJO Elija la palabra que mejor completa cada oración. ¡Cuidado! También va a encontrar palabras de los capítulos anteriores.

El Sr. y la Sra. Guaraní habían hecho[a] una (cita/fecha)[1] con un empleado del Banco en Quiebra, S.A. Ellos tenían un negocio en su propia casa y, como el negocio crecía, necesitaban (moverse/mudarse)[2] a otra casa más grande. Tenían (un cuento / una cuenta)[3] en el banco y ahora iban a pedir un préstamo. Por eso, querían hacerle algunas (cuestiones/preguntas)[4] al Sr. Euro. La expansión de su negocio dependía (al / del / en el)[5] dinero que pudieran obtener, y por eso (buscaban/miraban)[6] la oportunidad de hacer una buena transacción. Sin embargo, llevaron al banco a su hijita Sol, que era una niña insoportable y nunca (pagaba/prestaba)[7] atención a lo que le decían sus padres. Ella no comprendía que no era (hora/tiempo/vez)[8] de jugar sino de (buscar/mirar)[9] dinero. Lo (buscaba/miraba)[10] todo y tocaba lo que estaba (cerca/cercano)[11] y también lo que estaba lejos. No (cuidaba / le importaba)[12] nada el caos que causaba con sus travesuras.

La Srta. Colón, que trabaja en el Banco en Quiebra, S.A., no (se siente / siente)[13] muy segura en su trabajo. Es natural, (por/porque)[14] hace muy poco tiempo que empezó a (funcionar/trabajar)[15] en este banco. ¡Claro que es sólo una (cuestión/pregunta)[16] de tiempo antes de que tenga confianza en sus habilidades! Ella (hace mucho caso / presta mucha atención)[17] a las operaciones del banco. No (apoya/mantiene/soporta)[18] el chisme[b] ni la holgazanería;[c] es amable con todos, pero es firme. (Por/Porque)[19] su paciencia y buen humor, los otros empleados la respetan mucho. (Mira/Parece)[20] que ella va a (suceder / tener éxito)[21] en esta empresa.

[a] habían… *had made*   [b] *gossip*   [c] *laziness*

B ENTRE TODOS

■ Ya que Ud. estudia en la universidad, ¿qué aspectos de la escuela secundaria cree que lo/la prepararon mejor para la universidad? ¿Cómo completaría (*would you complete*) la siguiente oración? «Cuando llegó el momento de elegir una universidad, era cuestión de _____ (dinero/lugar/prestigio/tamaño/¿ ?).» ¿Por qué cree que esta universidad lo/la aceptó?

■ ¿Tiene Ud. obsesión con la hora? ¿Está siempre pendiente de la hora y la fecha? ¿Tiene un reloj que indique tanto la fecha como el día? ¿que le indique cuando tiene una cita? Cuando tiene cita, ¿llega siempre antes de la hora o a tiempo? ¿Le fastidia que alguien llegue tarde? Cuando tiene cita con su novio/a o mejor amigo/a, ¿tienden ambos a llegar a tiempo?

■■■ REPASO

A Complete la siguiente historia, dando la forma apropiada de cada verbo. Cuando se dan varias palabras entre paréntesis, escoja la palabra apropiada. ¡Cuidado! La historia empieza en el tiempo presente, pero luego cambia al pasado.

El mercantilismo

Aunque hay muchas diferencias entre el sistema político económico norteamericano y el de los países de Hispanoamérica, es interesante notar que en los dos continentes hay varias coincidencias históricas. Se ha dicho que los exploradores ingleses (venir)[1] al Nuevo Mundo para colonizarlo y desarrollarlo[a] mientras que los españoles (llegar)[2] con la intención de conquistarlo y explotarlo. Hay que admitir que eso (ser/estar)[3] verdad, pero sólo hasta cierto punto.

En ambos casos, la llegada de los europeos (significar)[4] el estableci-miento de un sistema económico muy beneficioso para Inglaterra y España, pero desastroso para sus colonias. Este sistema (llamarse)[5] el «mercantilismo». Se creía que la economía de una colonia (deber)[6] complementar la de la madre patria. Según el mercantilismo, la colonia (dar)[7] los productos que la madre patria (necesitar)[8] y a su vez[b] (recibir)[9] productos fabricados por su patrón. Pero no (ser/estar/haber)[10] libre comercio[c] ni mucho menos. Las naciones europeas —Inglaterra y España en este caso— querían que sus colonias (ser/estar/tener)[11] éxito económico sólo si esto servía a sus propios intereses. (Ser/Estar)[12] bueno que las colonias (producir)[13] materias primas[d] y especialmente aquellos productos agrícolas que no (cultivarse)[14] en Europa, pero al mismo tiempo no se permitía el cultivo de ningún producto que (poder)[15] ser competitivo. Los comerciantes americanos, tanto los del norte como los del sur, (odiar)[16] las restricciones que (imponerles)[17] Inglaterra y España. Estas normas, además del deseo de lograr la libertad de expresión, luego (convertirse)[18] en una de las principales causas de las guerras por la independencia.

[a]*develop it*   [b]a*... in turn*   [c]*libre... free trade*   [d]*materias... raw materials*

B Complete las siguientes oraciones de una forma lógica. ¡Cuidado! A veces hay que usar el imperfecto de subjuntivo. Luego, compare sus oraciones con las de los otros miembros de la clase. ¿Cuántas experiencias o creencias tiene Ud. en común con ellos?

1. Como niño/a, no podía creer que los bancos (no) _____.

2. Como adolescente, creía que como adulto/a querría (*I would want*) trabajar en una compañía que _____.

3. Cuando llegué a la universidad por primera vez, creía que _____.

4. Al terminar mi primer semestre (trimestre) aquí, estaba contento/a de (que) _____.

5. Cuando solicité una tarjeta de crédito, (no) sabía que _____.

6. Ayer me puse furioso/a porque _____.

CAPÍTULO 8

Creencias e ideologías

1. *Chichicastenango, Guatemala*   **2.** *Mijas (Málaga), España*   **3.** *Santa Fe, Nuevo México*

Exploraciones

En la mayor parte de Hispanoamérica, el catolicismo, y últimamente el protestantismo evangélico, y sus ritos ejercen una gran influencia en la vida de los habitantes. En este país la religión tiene gran importancia también. Las iglesias no sólo les ofrecen a sus miembros una educación religiosa sino también actividades sociales. ■■■

A NIVEL PERSONAL
- ¿Cree Ud. que las personas que no pertenecen a ninguna religión pierden un aspecto importante de la vida? ¿Por qué sí o por qué no? ¿Cree que la religión limita el desarrollo de las personas o que lo enriquece?
- ¿Qué importancia tiene la religión en su vida? ¿en la vida de su familia?
- En su opinión, ¿es más importante hoy la religión en la vida de los jóvenes de lo que era hace diez o quince años? Explique.

A NIVEL REGIONAL
- ¿Cuántas religiones diferentes se practican en su comunidad? ¿Hay mezquitas en su ciudad? ¿sinagogas? ¿templos budistas? ¿Qué otros sitios sagrados (*sacred*) hay?
- En su opinión, ¿qué importancia tiene la religión en su región en comparación con otras regiones de este país?

A NIVEL GLOBAL

- ¿Cree Ud. que la religión tiene más importancia en la vida diaria de los habitantes en los países hispanohablantes o en este país? Explique.
- ¿Cree Ud. que hay muchas religiones diferentes en el mundo hispanohablante? ¿Qué religiones cree que predominan? ¿Qué otras religiones hay?
- En Hispanoamérica, hay muchos ejemplos de sincretismo (una mezcla de creencias) como la santería y el vudú (*voodoo*), por ejemplo. Busque información sobre una de estas prácticas religiosas. Comparta su información con sus compañeros de clase.

Describir y comentar

 The *Pasajes Online Learning Center* (**www.mhhe.com/ pasajes6**) contains new interactive activities to practice the material presented in this chapter.

■ ¿Puede Ud. identificar a los participantes en los siguientes acontecimientos (*happenings*) históricos en que la religión y los derechos humanos han desempeñado un papel importante? Identifíquelos en el dibujo.

ACONTECIMIENTO	PARTICIPANTES
1. _____ la creación de la Iglesia anglicana	**a.** los afroamericanos y el gobierno
2. _____ las Cruzadas	**b.** los árabes y los israelitas
3. _____ los derechos civiles en los Estados Unidos	**c.** los soldados y los frailes españoles
4. _____ el descubrimiento y la colonización del Nuevo Mundo	**d.** Enrique VIII y sus esposas
5. _____ el conflicto en el Oriente Medio	**e.** los musulmanes y los cristianos

■ ¿Puede Ud. identificar las religiones que motivaron los conflictos?

animar   to encourage; to enliven

cambiar de opinión   to change one's mind
competir (i, i)   to compete
comprometerse   to make a commitment
convertir(se) (ie, i)   to convert
cooperar   to cooperate
dedicarse a   to dedicate oneself to
defender (ie)   to defend
fomentar   to promote, stir up
motivar   to provide a reason for; to motivate
negociar   to negociate
predicar   to preach
   predicar con el ejemplo   to practice what
      one preaches
rezar   to pray

la bendición   blessing
el clero   clergy
la competencia   competition
la conversión   conversion
la creencia   belief
la cruzada   crusade
el cura   priest
los derechos   rights
el ejército   army
el/la evangelizador(a)   evangelist
la fe   faith
la iglesia   church (*building*)
   la Iglesia   church (*organization*)
la mezquita   mosque
el/la militar   career military person
el/la misionero/a   missionary
la monja   nun
   el monje   monk

la oración   prayer
el/la pastor(a)   pastor
el propósito   purpose; end, goal
el/la rabino(a)   rabbi
el sacerdote   priest
la sinagoga   synagogue
el templo   temple
el valor   value

comprometido/a   committed

Creenzas y creyentes*
el/la agnóstico/a   agnostic
el/la altruista   altruist
el/la anglicano/a   Anglican
el/la ateo/a   atheist
el/la budista   Buddhist
el/la católico/a   Catholic
el/la conservador(a)   conservative
el/la (no) creyente   (non)believer
el/la derechista   rightist (*a member of the
      political right*)
el/la egoísta   egotist, selfish person
el/la hipócrita   hypocrite
el/la izquierdista   leftist (*a member of the
      political left*)
el/la judío/a   Jew
el/la liberal   liberal
el/la materialista   materialist
el musulmán, la musulmana   Muslim
el/la pagano/a   pagan
el/la protestante   protestant

---

*The adjective and noun forms of all the words in this section are identical.

A Examine la lista de vocabulario y luego organice todas las palabras que pueda según las siguientes categorías. ¿Qué otras palabras o expresiones sabe Ud. que también se podrían colocar (*could be placed*) en alguna de estas categorías?

B Escoja la palabra de la lista a la derecha que mejor corresponda a cada definición a la izquierda. Luego, dé una definición en español de las palabras que quedan sin definir.

1. _____ incitar, motivar, instigar (una rebelión)
2. _____ las expediciones a la Tierra Santa contra los infieles durante la Edad Media
3. _____ una persona que no es católica ni judía ni musulmana pero que sí es creyente
4. _____ una persona que dice una cosa pero hace lo contrario

a. competir
b. convertir
c. las Cruzadas
d. fomentar
e. el/la hipócrita
f. el/la liberal
g. el/la misionero/a
h. el/la protestante
i. el valor

C ¿Qué palabra no pertenece al grupo? Explique por qué.

1. sincero/a, generoso/a, egoísta, altruista
2. los conservadores, los derechistas, los materialistas, los izquierdistas
3. dedicarse, cambiar de opinión, comprometerse, cooperar
4. rezar, la oración, negociar, la fe
5. los militares, la conversión, los soldados, el ejército

D Las creencias religiosas pueden inspirar y hasta impulsar a los seres humanos a entrar en acción, de eso no hay duda. Pero hay otras creencias y principios que también motivan a muchos a la acción. Por ejemplo, ¿qué convicciones éticas o políticas asocia Ud. con los siguientes eventos?

1. el discurso «*I have a dream*» del Dr. Martin Luther King, Jr.
2. las restricciones sobre la tala de árboles (*logging*) en los bosques de los Estados Unidos
3. las restricciones sobre el fumar en lugares públicos

4. las manifestaciones (a veces violentas) contra ciertas clínicas para mujeres

5. la creación de milicias y otros grupos paramilitares en varios lugares del mundo

6. el trabajo realizado por organizaciones como la United Way y la Cruz Roja

7. las grandes huelgas (*strikes*) laborales de los años 30 en los Estados Unidos que culminaron con la creación de la United Auto Workers

En el cuadro La familia presidencial, *pintado por el colombiano Fernando Botero, el pintor agrupa en una sola «familia» a todos los que tradicionalmente comparten el poder en Hispanoamérica. ¿Quiénes son los miembros de esta «familia»? ¿Comparten todos el poder igualmente o son algunos más poderosos que otros? ¿Cómo sería* (would be) *el retrato de «la familia presidencial» en los Estados Unidos? ¿Qué grupos se incluirían* (would be included)*?*

E En su opinión, ¿cuál es más importante en la cultura norteamericana, la cooperación o la competencia (*competition*)? Cuando Ud. era muy joven, ¿qué tipo de actividades fomentaban más sus padres, aquéllas en que Ud. podía ganar premios (*awards, prizes*) o aquéllas en que debía ayudar a otras personas de alguna manera? ¿Era necesario que Ud. compartiera sus cosas o su cuarto con otra persona? Explique. ¿Cree que esto es una experiencia positiva para un niño / una niña? Explique.

La medicina alternativa en Hispanoamérica

EN HISPANOAMÉRICA se usa una gran variedad de recursos para curar las enfermedades, tanto físicas como emocionales y aun espirituales. Por supuesto, hay muchos hospitales modernos y médicos competentes, graduados de las mejores universidades locales o extranjeros. Pero al mismo tiempo mucha gente depende de los métodos alternativos tradicionales, que no se basan en las ciencias, para curar las enfermedades.

Las personas que ejercen este tipo de medicina se llaman «curanderos» y sus métodos se originan en parte en las prácticas curativas de los indígenas de la época precolombina. También reflejan las contribuciones de otros grupos, incluso las de los africanos que fueron importados como esclavos en los siglos XVII y XVIII, y las de los grupos evangélicos que se han establecido en la región más recientemente.

Las civilizaciones indígenas que ocupaban el continente americano antes de la llegada de los europeos contaban con especialistas en varios aspectos de la medicina. Algunos se especializaban en el uso de plantas medicinales y otros en el tratamiento de los males[a] espirituales. Éstos creían que la salud se relacionaba no sólo con el cuerpo físico sino también con el espíritu. Por eso, sus remedios se aplicaban con el propósito de devolver la salud del cuerpo y también la del alma y del espíritu. A veces, esto incluía la práctica de ceremonias para exorcizar algún espíritu maligno[b] que se ocupara el cuerpo de un enfermo. Como se pedía la intervención de los dioses para curar al paciente, esta actividad se consideraba sagrada y los curanderos recibían la estimación de un sacerdote.[°]

En algunas culturas hasta la ropa puede tener una función curativa. En los países andinos, se tejen[c] símbolos especiales en la ropa para garantizar la buena salud u otro beneficio. Hay ropa para mujeres que lleva símbolos de niños o cosechas que representan la fertilidad y el deseo de reproducirse. Otras prendas de ropa llevan símbolos como el sol, la luna, las montañas, los animales y los ríos que expresan el deseo de una vida sin hambre, inundaciones, sequía,[d] incendios u otras calamidades naturales.

El uso de las plantas desempeña un papel importante en la medicina alternativa también. Muchas de estas plantas se encuentran en las selvas tropicales de la región y los curanderos afirman que tienen propiedades medicinales.

Hoy, algunas empresas farmacéuticas extranjeras investigan los atributos de algunas de estas plantas para ver si se pueden ofrecer la cura de alguna enfermedad «incurable».

El movimiento evangélico actual en Hispanoamérica también se asocia con la curación de los enfermos. En este caso, son los pastores de las iglesias quienes tratan los males de los creyentes, siguiendo el ejemplo de Jesucristo, quien, según el Nuevo Testamento, curaba a los enfermos. Los creyentes afirman que la imposición de manos puede aliviar sus dolencias[e] y creen que la buena salud depende de la integración de la mente, cuerpo y espíritu.

Aunque hay escépticos que todavía dudan que los remedios alternativos sean eficaces, muchos médicos norteamericanos han comenzado a reconocer el valor de tratar al paciente en términos emocionales y espirituales —y no sólo sus síntomas físicos. ■

Hierbas medicinales (Puerto Vallarta, México)

[a]*ills* [b]*evil* [c]*se... are woven* [d]*inundaciones... floods, drought* [e]*afflictions*

[°]*Teniendo en cuenta esta idea, considere la relación entre las palabras **el cura** (priest) y **la cura** (cure).*

Lengua

■■■ 30 DE ENTRADA

En las siguientes oraciones se cuenta la primera parte de la historia de Cristóbal Colón. Según lo que Ud. sabe de esta historia, busque en la segunda columna la frase que termine cada oración de la primera.

1. _____ Cristóbal Colón creía que se podía llegar al Oriente navegando hacia el oeste…
2. _____ Colón no podía hacer nada…
3. _____ Colón le pidió dinero a la Reina Isabel I de Castilla…
4. _____ Isabel le dio dinero…
5. _____ Muchos hombres querían unirse a la expedición de Colón…

a. a menos que alguien le diera dinero para financiar el viaje.
b. a condición de que él conquistara nuevas tierras en nombre de ella.
c. aunque mucha gente pensaba que estaba loco.
d. a fin de hacerse ricos.
e. para poder hacer la expedición.

Algunos de los verbos en las frases a la derecha están en el subjuntivo. ¿Puede Ud. identificarlos? ¿Por qué se usa el subjuntivo en algunos casos y no se usa en otros? En la siguiente sección Ud. aprenderá (*you will learn*) otros usos del subjuntivo.

■■ 30 The Subjunctive in Adverbial Clauses: Interdependence

In **Capítulo 7** you learned to use the subjunctive with adverbial conjunctions that express what is unknown to the speaker. The adverbial conjunctions in this section indicate that the actions in the main clause and subordinate clause are interdependent in special ways. When events take place simultaneously, one event will not take place unless the other does too, or one event happens so that another will happen.

Mi propósito era hablarle **para que cambiara** de opinión.	*My purpose was to talk to him so that he might change his mind.*
Ud. no puede ganar la elección **a menos que tenga** el apoyo del pueblo.	*You cannot win the election unless you have the support of the people.*

Here are the most common adverbial conjunctions of interdependence.

a condición (de) que	*provided that*	en caso (de) que	*in case*
a fin de que	*so that*	para que	*so that, in order that*
a menos que	*unless*	sin que	*without*
con tal (de) que	*provided that*		

Unlike the adverbial conjunctions in **Capítulo 7,** which take either the indicative or the subjunctive according to whether they refer to something known or unknown, habitual or anticipated, *adverbial conjunctions of interdependence are always followed by the subjunctive when there is a change of subject.* When there is no change of subject, the **que** is usually dropped and replaced by the infinitive depending on which adverbial conjunction is being used.

- With **para que** and **sin que,** the **que** is always dropped.

  No puedo salir **sin despedirme**   *I can't leave without saying*
  de mis padres.   *good-bye to my parents.*

- With **a condición (de) que, a fin de que, con tal (de) que,** and **en caso (de) que,** it is possible, though not necessary, to drop the **que.**

  Voy a ir a la reunión **con tal**
  de que tenga tiempo.   *I'm going to go to the meeting*
  Voy a ir a la reunión **con tal**   *provided I have time.*
  de tener tiempo.

- However with the conjunction **a menos que,** the subjunctive is always used even when there is no change of subject.

  No vamos a resolver nada   *We're not going to solve*
  a menos que cooperemos.   *anything unless we cooperate.*

PRÁCTICA   Aquí continúa la historia de Cristóbal Colón. Junte las oraciones con las frases entre paréntesis, usando una de las conjunciones de la lista anterior. Use el subjuntivo o el infinitivo como sea necesario.

1. Colón compró más de una carabela (*caravel: an ocean-going ship*). (una perderse en alta mar [*at sea*])

2. Colón partió inmediatamente. (la reina no cambiar de opinión)

3. Colón y los marineros (*sailors*) que lo acompañaban llevaban muchas provisiones. (ellos poder soportar un largo viaje)

4. Colón les prometió muchas riquezas a los marineros. (ellos descubrir la ruta)

5. Colón tenía muchas dudas sobre el viaje. (los marineros saberlo)

■■■ 30 INTERCAMBIOS

AUTOPRUEBA   Complete las siguientes oraciones con la forma correcta del verbo entre paréntesis. ¡Cuidado! Debe usar el subjuntivo o el infinitivo.

1. Miguel les explicó el problema a sus padres para que (cambiar) de opinión.
2. Los padres les avisaron a sus hijos que no podían ir al cine antes de (terminar) los quehaceres.
3. Marisela nos va a llamar en caso de que no (poder) acompañarnos esta noche.
4. A menos que el gobierno (negociar) con los revolucionarios, éstos no van a liberar a los rehenes (*hostages*).
5. El entrenador de fútbol grita para (animar) a sus jugadores.

6. El pastor dice que vamos a alcanzar lo que pedimos con tal de que (rezar) todas las noches.
7. Los políticos aprobaron la ley sin que (estar) presentes todos.
8. Mi familia dona mucho dinero a la iglesia a fin de que (construir) la catedral nueva.

A A continuación hay algunas oraciones sobre los Zúñiga, una familia de inmigrantes. Usando palabras o frases de la siguiente lista, junte las oraciones con las frases entre paréntesis. Use el subjuntivo, el indicativo o el infinitivo como sea necesario.

a condición de (que)	aunque	hasta (que)
a fin de (que)	cuando	para (que)
a menos que	de modo que	sin (que)
antes de (que)	en cuanto	

1. Los señores Zúñiga llegaron a Nueva York en 1995. (ser muy difícil dejar su patria)
2. Trabajaron mucho. (comer sus hijos)
3. Nunca se compraron ropa nueva. (ser una necesidad absoluta)
4. Enseñaron a sus hijos mucho sobre la cultura de su patria de origen. (entender y apreciar los valores de esa cultura)
5. Lo compraron todo de segunda mano. (ahorrar dinero)
6. Trataron de mantener la unidad familiar. (esto ser parte de su tradición cultural)
7. Los padres insistieron en que sus hijos se dedicaran a sus estudios. (graduarse de la escuela secundaria)
8. Los padres querían que sus hijos asistieran a la universidad. (tener buenas oportunidades de empleo)
9. Los hijos nunca se olvidaron de sus raíces. (estar lejos de sus padres)

¿Qué puede Ud. deducir sobre los valores de la familia Zúñiga según las experiencias que tuvieron y las decisiones que tomaron? ¿Conoce Ud. a algunas familias de inmigrantes? ¿Qué sabe Ud. de las experiencias de ellos? ¿Fueron similares a las de la familia Zúñiga o fueron diferentes? ¿Tuvieron las mismas experiencias los antepasados de Ud.? Explique.

B ¡NECESITO COMPAÑERO! En la columna a la izquierda, hay palabras que reflejan algunos valores y creencias; en la columna a la derecha, hay algunos individuos. Trabajando en parejas, indiquen con quién(es) se asocia cada palabra y por qué.

1. _____ animar
2. _____ la competencia
3. _____ convertir
4. _____ la cooperación
5. _____ predicar
6. _____ negociar

a. un jugador / una jugadora de baloncesto
b. un evangelizador / una evangelizadora
c. un político / una mujer político

Ahora, completen las siguientes oraciones de la manera en que Uds. creen que lo harían (*would do*) los individuos indicados. Luego, inventen una oración más para cada individuo, usando las conjunciones adverbiales **a condición de (que), a fin de (que), a menos que, cuando, en caso de (que), para (que), por** o **sin (que)**.

Un jugador / Una jugadora de baloncesto

1. No aceptaré (*I won't accept*) su oferta para jugar en el equipo de su universidad a menos que _____.

2. Pienso estudiar aquí sólo hasta que _____.

3. Me gustaría (*I would like*) tener un maestro particular (*tutor*) en caso de que _____.

4. ¿ ?

Un evangelizador / Una evangelizadora

5. Le pido a la gente (mi público) que me mande dinero para que _____.

6. Es importante usar la televisión como medio de comunicación para que _____.

7. La comercialización de las fiestas religiosas no debe continuar ya que _____.

8. ¿ ?

Un político / Una mujer político

9. Para tener éxito en el mundo de la política, es tan importante tener atractivo físico como ser inteligente ya que _____.

10. Yo nunca miento a menos que _____.

11. Hoy nadie puede ganar una campaña política sin que _____.

12. ¿ ?

Compartan sus nuevas oraciones con los demás para ver si sus compañeros las completaron de la misma manera que Uds. ¿Cuál(es) de los valores de la actividad anterior revela cada oración? ¿Están de acuerdo las nuevas oraciones con el análisis que Uds. acaban de hacer, o revelan otros valores? Expliquen.

C GUIONES   Describe los siguientes dibujos de varias maneras, incorporando algunas de estas palabras en cada descripción.

a fin de que	en caso de que	sin que
a menos que	para que	ya que
ahora que	puesto que	

1. cortar, estar sentado, ser bonito, ver mejor
2. beber, despertarse, salir, servir

1.

2.

3. casarse, estar enamorados, saberlo nadie, tener 21 años
4. aceptar, gritar, predicar, no escuchar

3.

4.

D ¡NECESITO COMPAÑERO!   Todo lo que se hace tiene un propósito. Por ejemplo, se imprime un trabajo (en vez de escribirlo a mano) para que se pueda leer con facilidad o para que los lectores tengan una buena impresión. ¿Con qué propósito hacen las siguientes personas estas acciones?

MODELO: un marinero: tatuarse →
Un marinero se tatúa para que las mujeres crean que es muy macho.

1. unos jóvenes: entrar en el ejército
2. unos estudiantes: estudiar español
3. los padres: bautizar a su hijo/a
4. un hombre / una mujer de negocios: llevar un traje de tres piezas
5. unos estudiantes: inscribirse en una *fraternity* o *sorority*
6. unos ciudadanos: negarse a votar
7. una persona divorciada: asistir a la universidad
8. un hombre: fumar una pipa
9. un(a) estudiante: escribirles cartas a sus padres
10. un(a) joven: escribirle poemas a la persona a quien ama

Compartan sus respuestas con los otros de la clase. ¿Hay mucha diferencia de opiniones? ¿Tienen Uds. otros ejemplos que podrían incluirse (*could be included*) en esta lista?

E ¡NECESITO COMPAÑERO!   Muchas veces hacemos algo *con tal de que* existan determinadas circunstancias. ¿Qué circunstancias tendrían (*would have*) que existir para que Uds. hicieran ciertas cosas diferentes o contrarias a lo que siempre hacen? Trabajando en parejas, háganse y contesten las siguientes preguntas para averiguarlo.

MODELO: ¿Con tal de qué aceptarías (*would you accept*)° a un inquilino o inquilina (*tenant, boarder*) en tu casa?
Lo normal: →
Normalmente no acepto a inquilinos en mi casa.

Circunstancias necesarias para hacer algo diferente:→
Pero lo haría (*I would do it*) con tal de que no fumara y me pagara muy bien.

°One use of the conditional is to indicate things that people *would* do. With few exceptions, the following endings are added to the infinitive to form the conditional: **-ía, -ías, -ía, -íamos, -íais, -ían.** See grammer point 38 for a list of verbs that are irregular in the conditional.

aceptar**ía**	aceptar**íamos**
aceptar**ías**	aceptar**íais**
aceptar**ía**	aceptar**ían**

1. ¿Con tal de qué saldrías con una persona desconocida?
2. ¿Con tal de qué participarías en un experimento sicológico?
3. ¿Con tal de qué comprarías un coche de segunda mano?
4. ¿Con tal de qué le prestarías dinero a una persona desconocida?
5. ¿Con tal de qué permitirías que alguien manejara tu coche?
6. ¿Con tal de qué comerías algo sin saber lo que es o lo que contiene?

¿Qué revelan los resultados de su entrevista? Por lo general, ¿actúan Uds. con precaución o les gusta tomar riesgos? ¿Qué tipo de motivación (económica, sicológica, ¿ ?) necesitan para cambiar su manera de pensar? Compartan sus resultados con las demás parejas de la clase. ¿Hay diferencias entre la manera de pensar de los hombres y la de las mujeres?

■■■ 31 DE ENTRADA

¿Para dónde, por dónde y para qué fue? ¿Cuánto sabe Ud. acerca de los viajes que hizo Cristóbal Colón al continente americano? Por ejemplo, ¿cuáles de las siguientes oraciones cree Ud. que se aplican a los viajes de Colón y cuáles no?

		SÍ	NO
1.	Decidió hacer el viaje para buscar especias (*spices*) y riquezas.	❑	❑
2.	Trabajó para el Gran Kan Kubilai.	❑	❑
3.	Atravesó Asia pasando por Mongolia.	❑	❑
4.	Por sus ideas extraordinarias, muchas personas pensaron que estaba loco.	❑	❑
5.	Creía que llegaría (*he would arrive*) a la India por el oeste.	❑	❑
6.	Para establecer el dominio español, hizo diez viajes al Nuevo Mundo.	❑	❑
7.	Viajó por el Atlántico en tres carabelas.	❑	❑

En las oraciones anteriores hay varios ejemplos de **por** y **para.** A continuación Ud. tendrá la oportunidad de repasar los usos de estas preposiciones.

■■ 31 *Por* and *Para*

Prepositions establish relationships between the noun that follows them and other elements in the sentence.

    *The book is **on** the table.*   *This is for you*.

Although most prepositions have a specific meaning, their use is not always consistent with that meaning. For example, in English we arbitrarily say *to ride **on** a bus* and *to ride **in** a car,* even though the relationship between the two vehicles and a passenger is the same.

A single preposition can have many different and seemingly unrelated meanings. Think about the many different uses of the preposition *on* in the following phrases: *to turn **on** the lights, to be **on** the right, to be **on** fire, to be **on** time* (which is quite different from *to be **in** time*), *to put **on** the dog's collar, to be or get high **on** something,* and so *on.*

The use of prepositions in Spanish can be equally arbitrary. Although each preposition has a basic meaning, the choice of the correct preposition for some situations depends on usage, and many Spanish prepositions have a number of English equivalents.

Two Spanish prepositions that have several different English equivalents are **por** and **para.** The choice between them can radically affect the meaning of a sentence.

A. *Por* versus *para:* **Cause and effect**

Por expresses the motive for an action or the agent performing the action. **Para** expresses the goal of an action or the recipient of the action. **Por** points back toward the cause (←); **para** points forward toward the effect (→).

POR (←)	PARA (→)
Lo mataron **por** odio.	Estudia **para** ingeniera.
They killed him out of (motivated by) hate.	*She is studying (in order) to become an engineer.*
Lo hago **por** mi hermano.	Lo hizo **para** sobrevivir.
I'm doing it for (on behalf of, on account of) my brother.	*He did it (in order) to survive.*
El libro fue escrito **por** Jaime.	El libro es **para** Ud.
The book was written by Jaime.	*The book is for you.*
Mandaron **por** el médico.	Son juegos **para** niños.
They sent for the doctor (motive of the call).	*They are games for* (to be used by) *children.*
Fue a la tienda **por** café.	Es una taza **para** café.
He went to the store for coffee (motive of the errand).	*It's a coffee cup* (a cup intended to be used for coffee).

B. *Por* versus *para:* **Movement through versus movement toward**

To express movement in space and time, **para** retains its basic meaning of movement toward an objective (→|). **Por** takes on a different meaning, of duration or movement through space or time with no destination specified (↦).

POR (↦)	PARA (→|)
Pablo **va por** el pueblo.	Pablo **va para** el pueblo.
Pablo goes through the town.	*Pablo heads toward the town.*
Estaremos en clase **por** la mañana.	Termínenlo **para** mañana.
We will be in class during (in) the morning.	*Finish it by (for) tomorrow.*
Ana estará en México **por** tres días.	Ana estará en México **para** el tres de junio.
Ana will be in Mexico for (a period of) three days.	*Ana will be in Mexico by the third of June.*

C. *Por* versus *para:* **Other uses**

- **Por** and **para** also have uses that do not fit into the preceding categories.

  Por expresses *in exchange for* or *per* in units of measurement, as well as the means by which an action is performed.

Te doy cinco dólares **por** el libro.   *I'll give you five dollars (in exchange) for the book.*

El camión sólo corre 20 kilómetros **por** hora.   *The truck only goes 20 kilometers per hour.*

Lo mandaron **por** avión/barco.   *They sent it by plane/boat.*

■ **Para** expresses *in comparison with* and also *in the opinion of.*

Para (ser) perro, es muy listo.   *For a dog, he's very smart.*

Para mí, la fe tiene mucha importancia.   *For me (In my view), faith is very important.*

PRÁCTICA   Exprese las siguientes oraciones en inglés. Luego, explique el uso de **por** o **para** en cada caso.

1. Anoche tuvimos que guardar la comida para el cura.
2. Permanecieron allí por las negociaciones.
3. Debido a (*Due to*) la lluvia, los militares no salieron para las montañas.
4. Hicimos un giro (*tour*) por la catedral.
5. Las noticias corrieron por todo el partido liberal.
6. Para ser tan egoísta, muestra mucho interés en los demás.
7. Lo llamaron por teléfono.
8. Julio pagó $20,00 por la radio.
9. La conversión de su hijo fue muy importante para la madre.
10. Fueron a la tienda por helado.

■■■ 31 INTERCAMBIOS

AUTOPRUEBA   Complete las siguientes oraciones con **por** o **para,** según el contexto.

1. Eva estuvo en España _____ tres semanas.
2. Van a construir un convento nuevo _____ las monjas.
3. El pueblo (*people*) se levantó _____ defender su país contra los invasores.
4. _____ una persona muy tradicional, Alfonso es muy abierto a las nuevas ideas.
5. Los evangelizadores pasaron _____ la región, predicando a la gente.
6. Te voy a enviar la carta _____ avión _____ que llegue a tiempo.
7. Siempre rezo _____ la mañana después de levantarme.

———————————

Respuestas: 1. por **2.** para **3.** para **4.** Para **5.** por **6.** por, para **7.** por

A   Cambie las palabras *en letra cursiva azul* por **para** o **por.**

1. *A causa de* la guerra, se perdieron todas las cosechas.
2. No podían respirar *a causa de* la contaminación.
3. El volcán estuvo en erupción *durante* un mes.
4. Corrieron *a lo largo de* la sinagoga.

Remember that the prepositions that follow some English verbs are incorporated into the meaning of the corresponding Spanish verb.

buscar *to look for*
esperar *to wait for*
pagar *to pay for*
pedir *to ask for*

English *to ask about someone,* however, is expressed with a preposition: **preguntar por.**

Preguntaron por ti en la reunión.
They asked about you at the meeting.

5. Nos dio un regalo *a cambio de* nuestra ayuda.

6. Salieron *con destino a* la ciudad.

7. Tengo que acabar el sermón *antes de* las 6:30.

8. Estudia *a fin de* ser sacerdote.

9. Querían que la monja fuera *en busca del* cura.

10. Fueron a El Salvador *a fin de* trabajar como misioneros.

11. Le dieron un premio *debido a* sus sacrificios.

12. Me gusta mucho trabajar *durante* la mañana, cuando todo el mundo duerme todavía.

B Dé la palabra española que mejor corresponda a la palabra *en letra cursiva azul*. ¡Cuidado! A veces puede ser que la palabra no se exprese con preposición (examine el verbo con cuidado). Luego, comente si Ud. está de acuerdo o no con la idea expresada en cada oración.

1. The Muslims were in Spain *for* seven centuries.

2. *For* Christians, the cross is a symbol of love and salvation.

3. If students ask their professors *for* an extension on a paper, the professors will usually agree.

4. *For* a Spanish book, this text is incredibly interesting.

5. People say that horoscopes are only read *by* those who are superstitious.

6. *To* get votes, politicians always look *for* nice things to say about their opponents.

7. People who look *through* others' windows are nosy.

8. When parents tell a child to clean his or her room *by* the end of the day, they are only joking.

9. People will work harder *because of* fear than *because of* love.

10. Women have done more *for* this country than men.

C Lea el siguiente texto y luego complételo con **por** o **para,** según el contexto.

En las últimas décadas del siglo XX hubo una horrenda guerra civil en El Salvador que resultó en la muerte de miles de inocentes. El Salvador tiene una larga historia de conflictos entre el grupo relativamente pequeño que controla el país desde hace mucho tiempo y los campesinos pobres, muchos de los cuales viven sin agua corriente, escuela, atención médica y, a veces, lo básico _____^{1} vivir. El conflicto se originó en los años 70 cuando un grupo de padres jesuitas y otros activistas se propusieron luchar _____^{2} los derechos humanos de los pobres. Los campesinos se organizaron _____^{3} obtener un mejor precio _____^{4} las cosechas que cultivaban. Otros grupos comenzaron a trabajar _____^{5} construir escuelas y clínicas _____^{6} mejorar la vida de los pobres. El gobierno salvadoreño desaprobó esas iniciativas, viendo en ellas una tentativa de disminuir su control. Acusaron a los activistas de promover el establecimiento de un gobierno comunista en el país. Poco después, iniciaron una campaña de terror y muchos clérigos fueron asesinados _____^{7} agentes que tenían el apoyo del gobierno. Los militares bombardearon muchos pueblos donde supuestamente vivían simpatizantes comunistas. Estos ataques sirvieron _____^{8} aterrorizar a los campesinos, muchos de los cuales huyeron a otros países centroamericanos _____[9] escapar la brutalidad. Finalmente, después de la matanza brutal de cuatro sacerdotes jesuitas en la Universidad de Centroamérica en San Salvador en 1989, la comunidad internacional se puso tan indignada que obligó al gobierno salvadoreño a negociar un tratado de paz con las fuerzas opositoras. El tratado se firmó en 1992, poniendo así fin a la guerra.

Hoy, todavía hay problemas graves. La tasa de mortalidad infantil es muy alta y mucha gente es analfabeta. Muchos grupos internacionales trabajan _____[10] proporcionar agua potable a la gente que no la tiene y _____[11] facilitar la creación de empleos. Algunos construyen clínicas y escuelas _____[12] que los salvadoreños de pocos recursos llevan una vida más sana y los niños aprendan a leer y a escribir.

Pasaje cultural

El Señor de los Milagros en el Perú y el carnaval de Oruro, Bolivia

En Bolivia y el Perú, la gente se reúne en fechas conmemorativas en torno a la Virgen de la Candelaria y al Cristo —o Señor— de los Milagros, respectivamente. Estas celebraciones demuestran claramente el sincretismo de la cultura y religión indígenas e hispanas. Aunque el tipo de celebración es diferente en los dos países, la devoción de toda la gente es notable en ambos eventos. Todos participan por igual, sin importar sus diferencias de edad, clase social o nivel económico.

Antes de ver

- ¿Qué sabe Ud. de las celebraciones religiosas en Hispanoamérica? ¿Qué tipo de eventos espera encontrar en este vídeo?

- ¿Qué imágenes asocia con la palabra «carnaval»? ¿Piensa que la palabra «carnaval» se usa aquí con el mismo significado que tiene la palabra *carnival* en inglés?

- Ahora lea con cuidado la actividad en **Vamos a ver** antes de ver el vídeo por primera vez.

Lima, Perú

Vamos a ver

¿Cuáles de las siguientes afirmaciones se refieren a la celebración de Bolivia (**B**) y cuáles a la del Perú (**P**)? ¿Cuáles se refieren a ambas celebraciones (**A**)?

1. _____ La gente se reúne en fechas conmemorativas en torno a las figuras de Santa Rosa de Lima y el Señor de los Milagros.

2. _____ Se celebra en el mes de octubre.

3. _____ Es un carnaval en honor a la Virgen de la Candelaria y al Diablo o Tío, guardián de las minas de plata y estaño (*tin*).

4. _____ La gente se viste de color morado, que simboliza la devoción.

5. _____ Los niños participan en la celebración.

6. _____ Se pueden comprar cirios o velas blancos y morados en las calles.

7. _____ Participan miles de danzantes en comparsas (*masquerades*) o grupos de devotos.

8. _____ Los participantes danzan por 3,5 kilómetros sin parar.

Oruro, Bolivia

Después de ver

■ ¿En qué fechas conmemorativas u otros días feriados de este país participa toda la gente sin importar su clase social, nivel económico o edad? ¿Son patrióticas, religiosas o carnavalescas estas celebraciones? ¿Qué se conmemora en ellas? ¿Qué actividades se realizan?

■ Trabajando en grupos, inventen una celebración para su comunidad en la que participe todo el mundo. Deben incluir a muchos grupos diferentes de la población. Se debe inventar un nombre para la celebración, explicar el motivo, diseñar cuatro o cinco eventos principales y pensar en maneras de atraer el máximo número de participantes. Compartan sus ideas con sus compañeros de clase.

■ Busque información sobre celebraciones religiosas en algún país hispanohablante. Busque evidencia de sincretismo. Comparta su información con sus compañeros de clase.

■■■ 32 DE ENTRADA

Los siguientes dibujos representan varias actividades comunes. Examínelos con cuidado. En algunos, se ven *acciones reflexivas* (**R**). (El sujeto se hace algo a o para sí mismo.) En otros, se ven acciones que describen *un proceso* o *cambio* de estado físico o mental (**P**). Otros presentan simples verbos activos (**A**). ¿Cómo clasificaría Ud. (*would you classify*) la acción de cada dibujo?

1. _____

2. _____

3. _____

4. _____

5. _____

6. _____

7. _____

8. _____

9. _____

Como Ud. ya sabe, las acciones reflexivas (los números 1, 4 y 9 de la actividad anterior) siempre utilizan los pronombres reflexivos, mientras que los verbos activos (los números 5 y 7) no los necesitan. Las acciones que describen procesos (los números 2, 3, 6 y 8) también utilizan los pronombres reflexivos. En la siguiente sección, Ud. va a repasar todas estas construcciones.

■■ 32 The Process *se*

You have already learned many of the different meanings of the pronoun **se:** to express the impersonal agents *one, you,* or *people;* to express passive constructions; and to signal both reflexive (*self*) and reciprocal (*each other*) actions, in which the agents and the objects of the action involve the same persons.

IMPERSONAL:	**Se vive** muy bien aquí.	*People live very well here.*
PASSIVE:	**Se malgastaron** millones de dólares en la campaña.	*Millions of dollars were wasted in the campaign.*
REFLEXIVE:	La monja **se miró** en el espejo.	*The nun looked at herself in the mirror.*
RECIPROCAL:	Las monjas **se miraron** con sorpresa.	*The nuns looked at each other in surprise.*

In the **¡Ojo!** section of **Capítulo 6,** you learned how **se** can be used with certain verbs to express the idea of *get* or *become.*

El niño **se puso** furioso.	*The child got (became) angry.*
Se hizo rica trabajando día y noche.	*She got (became) rich by working day and night.*

This use of reflexive pronouns to signal inner feelings or processes, especially changes in physical, emotional, or mental states or changes in position (location), is very frequent in Spanish. It occurs with many verbs, several of which are already familiar to you.

Enrique **se convirtió** al judaísmo el año pasado.	*Enrique converted to Judaism last year.*
Al principio, Carolina no **se llevó** bien con Alberto, pero luego **se enamoró** de él y **se casaron** un año después.	*At first, Carolina did not get along well with Alberto, but later she fell in love with him and they got married a year later.*

These processes are sometimes expressed in English with *become, get,* or an *-en* suffix: *to become bright, to get bright, to brighten.* Often, however, as in the preceding examples about Enrique and Carolina, English has no special way to indicate a process. In the phrases *the water freezes* and *the snow melts,* it is clear from the context that the water and the snow are not performing actions but rather are undergoing a process, in this case a change in physical state. In English, processes can often be understood from the context; in Spanish, a process is always signaled by a reflexive pronoun.

El niño **se enfermó.**	*The child got sick.*
Todos **nos levantamos** cuando entró y luego **nos sentamos** todos a la vez.	*We all stood up when he entered, and then we all sat down at the same time.*
Me asusté al recibir las noticias.	*I became frightened upon receiving the news.*

A PROPÓSITO

Because both reflexive and process constructions use the same set of pronouns, the two structures look very similar. In addition, many verbs can be used with both meanings.

REFLEXIVE

El niño **se secó** después del baño.
The child dried himself off after his bath.

PROCESS

El café **se seca** al sol por varias semanas.
The coffee dries (out)(is dried [out]) in the sun for several weeks.

Actually, the process use of **se** is much more common than the reflexive use. You may find that being aware of this meaning helps you interpret many constructions when context makes the reflexive meaning unlikely.

The following verbs are frequently used to signal processes.*

Physical Change			
acostarse (ue)	to lie down; to go to bed	enfriarse	to get cold, cool down
calentarse (ie)	to get warm, warm up	levantarse	to rise, get up
despertarse (ie)	to wake up, awaken	mojarse	to get wet
dormirse (ue, u)	to fall asleep	secarse	to become dry, dry out
enfermarse	to get sick	sentarse (ie)	to sit down

Emotional or Mental Change			
alegrarse (de)	to get happy (about)	enfadarse (con)	to get angry (with)
asustarse (de)	to become frightened (of)	enojarse (con)	to get angry (with)
casarse (con)	to get married (to)	oponerse (a)	to be opposed (to)
comprometerse (a)	to make a commitment (to)	preocuparse (por)	to worry (about)
divertirse (ie, i)	to enjoy oneself, have a good time	quejarse (de)	to complain (about)
divorciarse (de)	to get divorced (from)		
enamorarse (de)	to fall in love (with)		

---

*Most of these verbs can also be used without the reflexive pronouns. They then have a nonprocess meaning. For example, **acostar** means *to put someone to bed,* **despertar** means *to wake someone up,* **dormir** means *to sleep,* **levantar** means *to raise* or *to lift something,* and **sentar** means to *seat someone.*

PRÁCTICA Complete las siguientes oraciones, usando los verbos indicados y un complemento apropiado, según el contexto. Cuidado con el uso del subjuntivo y del indicativo.

1. En esta clase no hay nadie que _____. (asustarse de, oponerse a, preocuparse por)
2. En mi iglesia (familia, mezquita, sinagoga, templo), hay algunas personas que _____. (alegrarse de, comprometerse a, enojarse con)
3. Todos mis amigos _____. (alegrarse de, preocuparse de, quejarse de)
4. De niño/a, no me gustaba que (*nombre de una persona*) _____. (enamorarse de, enojarse con, quejarse de)

■■■ 32 INTERCAMBIOS

AUTOPRUEBA Complete las siguientes oraciones con la forma apropiada del verbo entre paréntesis y el pronombre **se.**

1. Los niños entraron en la casa para (calentarse).
2. (Invertir) millones de dólares en las últimas elecciones.
3. Mis padres (casarse) en 1960.
4. Jaime y su primo australiano (escribirse) por correo electrónico cada semana.
5. No hay nadie que (oponerse) a cenar en un restaurante esta noche.
6. Los indígenas (convertirse) al catolicismo después de la llegada de los europeos.
7. Los niños (quedarse) en casa ayer porque su mamá no quería que (enfermarse).
8. El teléfono sonó por diez minutos sin que Sergio (despertarse) para contestarlo.
9. Los niños (asustarse) cuando ven películas de horror.

Respuestas: 1. calentarse **2.** Se van a invertir / Van a invertirse / Se invertirán **3.** se casaron **4.** se escriben **5.** se oponga **6.** se convirtieron **7.** se quedaron, se enfermaran **8.** se despertara **9.** se asustan

---

A Organice los verbos reflexivos de las listas anteriores, según las categorías indicadas en el siguiente dibujo.

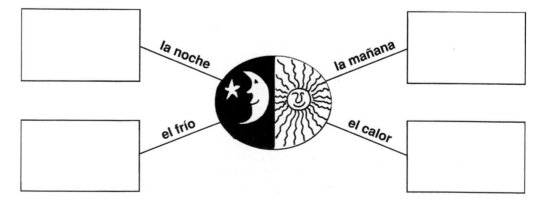

B Vuelva a mirar los verbos de las listas anteriores. ¿Qué verbos asocia Ud. con el siguiente dibujo?

la felicidad   la tristeza

C ¡NECESITO COMPAÑERO! Trabajando en parejas, usen las siguientes expresiones para hacerse y contestar preguntas. Luego, compartan con la clase lo que han aprendido.

1. a quién / familia / parecerse más
2. gustar / quedarse en casa por la noche / salir
3. hora / levantarse / hoy
4. reaccionar / alguien reírse de ti
5. de qué aspecto / universidad / quejarse más / este semestre
6. con qué postura política / enojarse más
7. en qué situación / divertirse más / este año
8. en qué situación / ponerse nervioso/a
9. qué solución / usar / calmarse

D ENTRE TODOS

■ A continuación hay varios grupos de personas. A su parecer, ¿en qué grupos suele haber diferencias de opinión? ¿Son pequeñas o grandes? Explique.

1. personas de distintas generaciones
2. personas de distintas religiones
3. personas de distintos partidos políticos
4. personas de distintas razas
5. las mujeres y los hombres
6. personas de distintos grupos étnicos
7. personas de distintas clases sociales

■ ¿A Ud. le importan las creencias políticas de sus amigos? ¿su religión? ¿su origen étnico? ¿Se divierte con un amigo / una amiga que es muy optimista? ¿altruista? ¿temerario/a (*foolhardy*)? ¿prudente? ¿Le irrita que un compañero / una compañera tienda a ser egoísta o pesimista? Explique.

E GUIONES En la página siguiente hay dibujos que representan un episodio en la vida de la familia Valdebenito que ocurrió el año pasado. Incluye varias imágenes que pueden expresar conceptos reflexivos, recíprocos o de proceso. Trabajando en grupos de tres o cuatro personas, narren la historia en el pasado, usando los verbos indicados para cada dibujo y añadiendo otros detalles necesarios. ¡Cuidado! En cada caso hay que decidir si la forma con **se** es necesaria o no.

- ¿Quiénes son estas personas y cuál es la relación entre ellas?
- ¿Cuál era el contexto del episodio? ¿Qué planeaba el protagonista? ¿Cuáles eran sus motivos?
- ¿Qué pasó?
- ¿Cómo reaccionaron los miembros de la familia? ¿Por qué?

   Vocabulario útil: calvo/a, el ejército, el peligro, peligroso/a, el recluta, el sargento, el soldado, el uniforme

1. alistar(se), animar(se), comprometer(se), entusiasmar(se), estrechar(se) (*to shake*) la mano
2. asustar(se), cambiar de opinión, convencer(se), disuadir, luchar, preocupar(se)
3. abrazar(se), despedir(se), quedar(se), sentir(se)
4. afeitar(se), hacer cola, horrorizar(se), mirar(se), reírse de
5. acostar(se), enojar(se), gritar(se), levantar(se), motivar(se), predicar con el ejemplo
6. alegrar(se), sentir(se), vestir(se), volver(se)

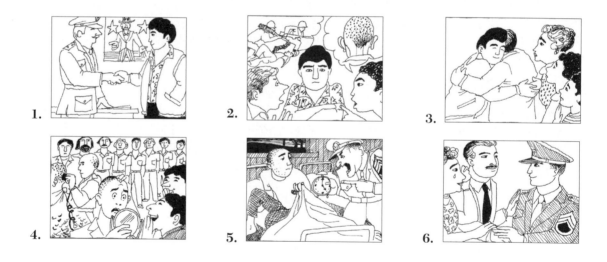

■■ **33** Review of the Subjunctive: An Overview

Two conditions must be met for the subjunctive to be used.°

1. **Sentence structure:** The sentence must contain at least two clauses, an independent (main) clause and a dependent (subordinate) clause. The subjunctive occurs in the subordinate clause.

°These rules are discussed in grammar sections 17, 18, 22, 25, 29, and 30.

| Los liberales se alegraron de que **nombráramos** a una mujer. | *The liberals were happy that we named (nominated) a woman.* |
| Los conservadores se pusieron furiosos de que **gastáramos** tanto dinero en el bienestar social. | *The conservatives became furious that we spent so much money on social welfare.* |

2. **Meaning:** There are three basic types of messages that cue the subjunctive.

    a. **Nonexperience:** when the subordinate clause describes or refers to something that is unknown to the speaker, that is, beyond his or her experience, and is thus not considered real or factual

Prefiero que no **vayas** a Europa.	*I prefer that you not go to Europe.*
Dudaban que **fuera** tan egoísta.	*They doubted that he was such an egotist (so egotistical).*
El optimista buscaba una solución que les **sirviera** a todos.	*The optimist searched for a solution that would serve everyone.*
Van a firmar el contrato tan pronto como **se arreglen** los detalles.	*They're going to sign the contract as soon as the details are finalized.*

    b. **Subjective reaction:** when the main clause makes a value judgment or expresses a subjective, emotional reaction

| Es increíble que ella **sea** tan derechista. | *It's incredible that she is so right wing (politically to the right).* |
| Me sorprendió que **hubiera** tanta gente en la procesión. | *It surprised me that there were so many people in the procession.* |

    c. **Interdependence:** when the main clause describes the conditions under which the event in the subordinate clause will take place

| Te entrego el dinero con tal de que me **des** las fotos. | *I will hand the money over to you provided that you give me the pictures.* |
| Los derechistas votaron por ese candidato para que los liberales **no pudieran** controlar el Senado. | *The right-wingers voted for that candidate so that the liberals couldn't control the Senate.* |

PRÁCTICA Dé oraciones nuevas, según las palabras entre paréntesis.

1. —¿Les das dinero a ciertas organizaciones?
   —Sí, claro, se lo doy *puesto que* hacen mucho bien. (a fin de que, ahora que, con tal de que, para que, porque)

2. *Es increíble* que haya conflicto en esa parte del mundo. (Es posible, Es verdad, Me pone triste, No creo, Sabemos)

3. —¿Contribuía la gente a causas sociales?
   —Sí, lo hacía *después de que* se lo pidieron. (a menos que, antes de que, cuando, sin que, ya que)

AUTOPRUEBA Complete las siguientes oraciones con la forma apropiada de los verbos entre paréntesis.

1. Los niños (alegrarse) que sus abuelos (estar) aquí.
2. El año pasado, los ciudadanos (enojarse) porque los militares (intervenir) en el gobierno.
3. (Salir: nosotros) para la playa en cuanto nuestros amigos (llegar).
4. Raquel (buscar) un apartamento que (cubrir) todas sus necesidades, pero nunca lo encontró.
5. Nos (sorprender) que (costar) tanto viajar a México.
6. Gabriela me (dar) las fotos ayer para que no (perderse).
7. La novia de Álvaro (salir) por la ventana de su dormitorio anoche sin que sus padres (saber).
8. El médico (decir) que iba a llamar cuando (tener) los resultados.

Respuestas: 1. se alegran, estén **2.** se enojaron, intervinieron **3.** Salimos, lleguen **4.** buscaba, cubriera **5.** sorprende, cueste **6.** dio, se perdieran **7.** salió, supieran **8.** dijo, tuviera

---

A Los ultraliberales y los ultraconservadores representan puntos de vista extremos. En su opinión, ¿cómo reaccionarían (*would react*) estos individuos a las siguientes noticias? Use una de las frases de la lista para describir sus reacciones. Luego, explique por qué cree que reaccionarían así.

se alegran de   se escandalizan de   se preocupan de
se enojan de   se oponen a

MODELO: El gobierno legaliza la marihuana. →
Los ultraliberales se alegran de que el gobierno legalice la marihuana ya que no la consideran una droga realmente peligrosa. Los ultraconservadores se oponen a que el gobierno la legalice porque creen que va a contribuir al deterioro de la sociedad.

1. El gobierno les aumenta los impuestos a las grandes empresas.
2. El congreso recorta el presupuesto (*budget*) social para poder equilibrar el presupuesto nacional.
3. El gobierno permite el rezar en las escuelas públicas.
4. La Corte Suprema prohíbe el aborto.

¿Tiene Ud. más ideas en común con los ultraliberales o con los ultraconservadores?

B Usando las oraciones de la actividad anterior, comente cómo reaccionarían un(a) pacifista y un soldado tipo «Rambo» a las siguientes noticias. Luego, explique por qué cree que reaccionarían así.

1. Este país declara la guerra a Cuba.
2. El gobierno declara ilegal la venta de toda clase de armas de fuego.
3. Los Estados Unidos y China deciden eliminar por completo las armas nucleares.
4. Una mujer es elegida presidenta de los Estados Unidos.

¿Tiene Ud. más ideas en común con un(a) pacifista o con un soldado tipo «Rambo»?

C IMPROVISACIONES Los conservadores, los moderados y los liberales tienen actitudes muy distintas con respecto a los siguientes temas. Trabajando con uno o dos compañeros de clase, preparen el discurso político de una persona conservadora, moderada o liberal sobre varios de los temas indicados. Inventen un lema (*slogan*) o *sound bite* convincente para su candidato/a también. Al final, algunos estudiantes deben presentar su discurso a la clase, la cual tratará (*will try*) de identificar la afiliación política del candidato / de la candidata. Traten de incluir en su discurso algunas de las expresiones adverbiales de este capítulo.

- el aborto
- la acción afirmativa
- la asistencia pública
- el control de las armas de fuego
- el crimen y la violencia
- el déficit federal

- el (des)empleo
- la educación
- la participación de las minorías en el gobierno
- el presupuesto militar
- el seguro médico

Enlace

■■■ SONDEO

¿Cuáles de los siguientes atributos son de mayor importancia en un candidato político ideal? Hagan un sondeo para averiguar la opinión de los miembros de la clase.

Primer paso: Recoger los datos

- Divídanse en tres grupos. El grupo 1 hará (*will do*) las preguntas 1 a 5; el grupo 2, las preguntas 6 a 10; y el grupo 3, las preguntas 11 a 15.
- Cada uno de los miembros de cada grupo debe entrevistar a dos o tres compañeros de clase para obtener la información necesaria.
- Apunten (en la página siguiente) el sexo de cada persona entrevistada (**M** = masculino, **F** = femenino) y utilicen esta escala para las respuestas.

  3 = mucha importancia   2 = importancia mediana   1 = poca importancia
- Deben entrevistar a todos los miembros de la clase, pero tengan cuidado de no hacerle la misma pregunta dos veces a la misma persona.

¿Qué importancia tiene este aspecto en un candidato político ideal?

		ENTREVISTADOS		
		A (M/F)	B (M/F)	C (M/F)
GRUPO 1	**1.** el sexo	_____	_____	_____
	2. la juventud	_____	_____	_____
	3. la inteligencia	_____	_____	_____
	4. la experiencia	_____	_____	_____
	5. el atractivo físico	_____	_____	_____
GRUPO 2	**6.** la educación	_____	_____	_____
	7. la profesión	_____	_____	_____
	8. la religión	_____	_____	_____
	9. el lugar de origen	_____	_____	_____
	10. la clase social	_____	_____	_____
GRUPO 3	**11.** la honradez	_____	_____	_____
	12. la capacidad de inspirar confianza	_____	_____	_____
	13. la capacidad de tomar decisiones	_____	_____	_____
	14. la originalidad	_____	_____	_____
	15. la fidelidad matrimonial	_____	_____	_____

Segundo paso: Análisis de los datos

- Reúnanse en su grupo y juntos calculen un promedio para cada pregunta. Después, hagan una tabla de resumen para sus datos y elijan a un miembro del grupo para escribir los resultados en la pizarra.

- ¿Cuáles son los tres atributos de mayor importancia en un candidato político, según los resultados del sondeo? ¿Cuáles son los tres atributos de menor importancia? ¿Y si es una candidata? ¿Hay alguna diferencia entre las respuestas de los hombres y las de las mujeres? ¿Hay algunas características importantes que se hayan omitido en el sondeo? Expliquen.

- ¿Creen Uds. que el líder actual de este país tiene los tres atributos más importantes? ¿y el líder anterior? ¿y los candidatos para las próximas elecciones?

- Los candidatos políticos se aprovechan de todos los medios de comunicación, especialmente de la televisión, para hacer su campaña. ¿Cómo beneficia a un candidato la televisión? ¿Beneficia a una candidata de la misma manera? ¿Creen Uds. que la televisión también beneficia al público durante las campañas electorales? Expliquen.

- En su opinión, ¿le da la prensa demasiada importancia a la vida privada de los candidatos? ¿Por qué sí o por qué no?

■■■ ¡OJO!

	Examples	Notes
dato **hecho**	Los **datos** del estudio indican que el tabaco causa cáncer. *The results of the study indicate that tobacco causes cancer.*	*Fact* has two equivalents in Spanish. Use **dato(s)** when referring to *findings, results,* or *data.*
	El descubrimiento del cobre fue un **hecho** de gran importancia para el país. *The discovery of copper was an event of great importance for the country.*	Use **hecho** to refer to *a proven fact, deed,* or *event.*
	Es un hecho que (De hecho,) se va en junio. *It's a fact that (In fact,) he's leaving in June.*	Three expressions that contain the word **hecho** are **el hecho es que...** (*the fact is* [*that*] . . .), **es un hecho que** (*it's a fact* [*that*]), and **de hecho** (*in fact*).
	El hecho es que no podemos invertir más dinero todavía. *The fact is, we can't invest any more money yet.*	
realizar **darse cuenta (de)**	El estudiante **realizó** su sueño; sacó «A» en el curso. *The student realized his dream; he got an A in the course.*	**Realizar** means *to realize* in the sense of *to achieve a goal or an ambition,* that is, *to accomplish something.*
	No **me di cuenta (de)** que había una venta. *I didn't realize (that) there was a sale.*	**Darse cuenta (de)** means *to realize* as in *to be aware* or *to understand.*

A VOLVIENDO AL DIBUJO Este dibujo es parte del que Ud. vio en la sección **Describir y comentar.** Mírelo con atención y luego escoja la palabra que mejor complete cada oración. ¡Cuidado! También hay palabras de los capítulos anteriores.

El año 1492 es (una cita / un dato / una fecha)[1] muy importante (a causa de / porque)[2] ese año Cristóbal Colón (realizó / se dio cuenta de)[3] su primer viaje a lo que él creía ser las Indias. El (dato/hecho)[4] es que Colón nunca (realizó / se dio cuenta de)[5] que había descubierto[a] todo un nuevo continente. Más tarde, y con los (datos/hechos)[6] que él llevó a los Reyes Católicos, los conquistadores comenzaron a llegar a esas tierras. Al llegar, encontraron indígenas, gente diferente, a la cual intentaron cambiar. Es un (dato/hecho)[7] que trataron de convertirlos al cristianismo y de españolizarlos. Desgraciadamente, los españoles también introdujeron enfermedades nuevas entre los indígenas y, como consecuencia, muchos de éstos[b] murieron.

[a]había... *had discovered*   [b]*the latter*

Es un (dato/hecho)[8] histórico interesante que Enrique VIII quisiera divorciarse de Catalina de Aragón, hija de los Reyes Católicos de España, después de 18 años de matrimonio. Enrique y Catalina tenían una hija, Mary, pero Enrique quería un heredero y además se había enamorado[c] (a/con/de)[9] una bella joven de la corte. (Porque / Puesto que)[10] la Iglesia católica no permitía el divorcio, el papa de aquel entonces, Clemente VII, se lo prohibió. Como Enrique VIII (se sentía / sentía)[11] muy poderoso, no le hizo (atención/caso)[12] al papa. Se separó de la Iglesia católica y (llegó a ser / se hizo)[13] jefe de la Iglesia anglicana.

[c]se... *had fallen in love*

B ENTRE TODOS

- ¿Qué sueños importantes realizó Ud. durante la primera década de su vida? ¿Qué sueños quiere realizar durante la próxima década? ¿Tiene un sueño imposible de realizar? ¿Cuál es? ¿Por qué no lo va a poder realizar?

- ¿Cuándo se dio Ud. cuenta de que quería hacer estudios universitarios? ¿Cuándo se dio cuenta de que quería estudiar en esta universidad? ¿Cuándo se dieron cuenta sus padres de que Ud. ya era adulto/a? Explique sus respuestas.

■■■ REPASO

A Complete el párrafo, dando la forma apropiada del verbo entre paréntesis y expresando en español las frases en inglés. Cuando se dan dos palabras entre paréntesis, escoja la palabra apropiada.

El mito del Quinto Sol

Todas las religiones, tanto las modernas como las antiguas, tienen una explicación de la creación del mundo. Probablemente no hay nadie de la tradición judeocristiana que no conozca la historia bíblica. Los aztecas tenían una explicación más complicada de la creación. Se llamaba la historia del Quinto Sol.

Según este mito, (*many, many years ago*)[1], no había nada en el mundo. A los dioses no les gustaba que el universo (ser)[2] tan oscuro y por eso un día
(reunirse)[3] para resolver el problema. El malévolo dios de la noche (hablar)[4] primero. «Es evidente que nosotros (necesitar)[5] un sol. Y para que Uds. (ver)[6] mi poder y mi fuerza,[a] ¡yo lo crearé[b]»

De repente, (aparecer)[7] un sol grande y esplendoroso. Pero todavía no había hombres que (habitar)[8] la tierra, sólo gigantes monstruosos. Al cabo[c] de 13 siglos, unos jaguares enormes (devorar)[9] y (destruir)[10] el sol. Por eso los dioses le (poner)[11] a este primer sol el nombre de Sol del Jaguar.

Entonces fue necesario que los dioses (empezar)[12] de nuevo. Como cada dios quería que los otros dioses lo (admirar)[13], uno después de otro trató de crear un sol duradero.[d] Ninguno tuvo suerte. Unos huracanes horribles (devastar)[14] el segundo sol; sólo hubo unos pocos hombres (*of those that*)[15] se habían creado[e] que (poder)[16] escapar la destrucción.

[a]*strength* [b]*yo... I shall create it!* [c]*final* [d]*lasting* [e]se... *had been created*

Subieron a los árboles y se convirtieron en monos. Una tercera y una cuarta vez los dioses usaron su magia sin que ninguno (tener)[17] éxito. Durante el tercer sol apareció una misteriosa lluvia de fuego, *(which)*[18] quemó toda la tierra menos a algunos hombres que se convirtieron en pájaros. Después de la creación del cuarto sol, una horrible inundación (cubrir)[19] el mundo. Algunos hombres sobrevivieron al convertirse en peces.[f]

Después del cuarto sol los dioses (decidir)[20] reunirse una vez más. (Saber: ellos)[21] que no (ir)[22] a poder crear un sol perfecto a menos que (hacer)[23] un sacrificio especial, un sacrificio divino. Dos dioses se ofrecieron para el sacrificio. Mientras ellos *(were preparing themselves)*[24], los otros dioses construyeron un gran fuego. Al quinto día, los dos dioses (arrojarse)[25][g] al fuego. Los otros dioses esperaron nerviosos. Pronto (descubrir)[26] su error: por el cielo subían dos discos rojos. ¡Qué horror!

No era posible que (vivir: ellos)[27] con dos soles. El calor sería[h] demasiado intenso. Por eso, uno de los dioses (arrojar)[28] un conejo[i] contra uno de los soles, reduciendo así un poco su luz. Este sol se convirtió en la luna. (Hasta hoy los mexicanos no hablan del hombre de la luna sino[j] del *conejo* de la luna.)

Pero el otro sol todavía (estar)[29] muy débil. «Puedo empezar a cruzar el cielo —les anunció ese sol— con tal de que Uds. (darme)[30] su corazón».

Todos los dioses (arrojarse)[31] al fuego y el sol (comer)[32] los corazones. El quinto sol, ahora fuerte y brillante, empezó a caminar lentamente por el cielo, donde lo podemos ver hoy. Los otros soles se pueden ver también en el famoso calendario azteca que hay en el Museo de Antropología de México.

[f]*fish*   [g]*to throw oneself*   [h]*would be*   [i]*rabbit*   [j]*but rather*

B Exprese Ud. su opinión sobre cada uno de los siguientes temas, usando las conjunciones de la lista.

a condición (de) que	con tal (de) que	sin que
a fin de que	en caso (de) que	
a menos que	para que	

MODELO: los grupos evangélicos →
Creo que los grupos evangélicos deben poder fomentar sus creencias con tal de que respeten las costumbres ya establecidas.

1. la expansión de la Iglesia protestante en Hispanoamérica
2. la oración en las escuelas públicas
3. el sacrificio de animales en ritos religiosos
4. el ateísmo y el agnosticismo
5. el matrimonio de los sacerdotes católicos
6. la Inquisición Española
7. la separación de Estado e Iglesia
8. el fanatismo religioso
9. la santería y el vudú

CAPÍTULO 9

Los hispanos en los Estados Unidos

Jackson Heights, Ciudad de Nueva York

Exploraciones

La población de los Estados Unidos se compone de numerosos grupos étnicos que han emigrado por razones económicas o políticas. Los hispanos, o latinos, son uno de los muchos grupos étnicos que se han establecido en el territorio estadounidense y su influencia en el país ha sido y será (*will be*) cada vez mayor. ■■■

A NIVEL PERSONAL

■ ¿A qué grupo(s) étnico(s) pertenecen sus propios antepasados? Si no eran indígenas, ¿de dónde vinieron, cuándo llegaron y por qué motivo dejaron su país natal?

A NIVEL REGIONAL

■ ¿Hay una población hispana importante en su región? ¿Sabe Ud. de qué origen es la mayoría de los hispanos en su región? ¿Se han observado cambios en su comunidad relacionados con el aumento de los hispanos en los últimos años? Explique.

A NIVEL GLOBAL

■ ¿Puede Ud. pensar en datos u otra evidencia del aumento de los hispanos en los Estados Unidos en general? ¿Cree Ud. que los hispanos tienden a conservar su cultura sin integrarse en la cultura estadounidense? Explique su opinión. ¿Cree Ud. que los hispanos deberían (*should*) integrarse más o mantener su propia identidad?

■ Busque información sobre grupos de presión (*lobbyists*) que representan a los hispanos en los Estados Unidos. Algunos ejemplos son el National Council of La Raza y la Cuban-American National Foundation. ¿Cuáles son las preocupaciones sociales y los objetivos políticos de estas organizaciones? ¿Qué piensa al respecto? Comparta su información con sus compañeros de clase.

Describir y comentar

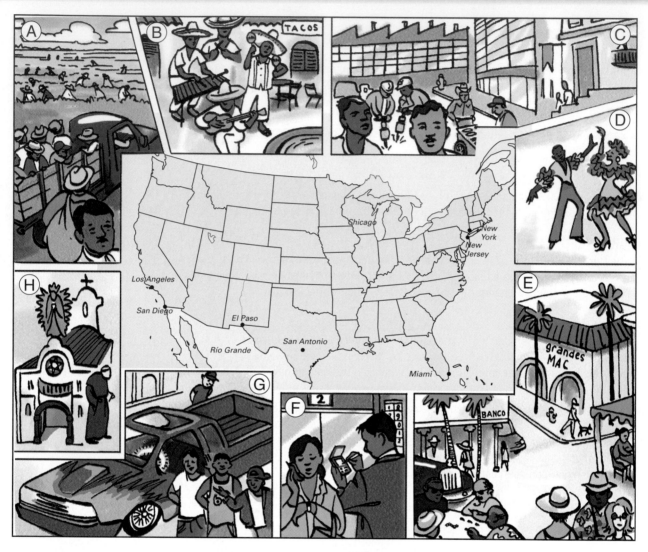

The *Pasajes Online Learning Center* (**www.mhhe.com/ pasajes6**) contains new interactive activities to practice the material presented in this chapter.

■ ¿Cuál es su reacción a la forma en que se representan los grupos hispanos en estos dibujos? ¿Cree Ud. que representan estereotipos o la realidad? ¿Por qué cree que existen y se mantienen estos estereotipos?

■ ¿Qué sabe Ud. ya de la población hispana en los Estados Unidos? Conteste las siguientes preguntas para averiguarlo. (Encontrará [*You will find*] las respuestas en este capítulo.) ¿En qué zona(s) hay mayor concentración de chicanos? ¿de puertorriqueños? ¿de cubanos? ¿Cuáles son los aportes artísticos, económicos y culturales de los miembros de cada grupo a la región en que viven? En general, ¿qué costumbres hispanas (comida, música, expresiones idiomáticas, fiestas, etcétera) se han incorporado a la cultura norteamericana? ¿Qué ejemplos específicos puede Ud. dar?

■■■ VOCABULARIO ••• *para conversar*

acoger to welcome

acostumbrarse (a) to become accustomed (to)

adaptarse (a) to adapt (to)

aportar to bring, contribute

asimilarse to become assimilated

emigrar to emigrate

establecerse to get settled, established

inmigrar to immigrate

el anglosajón, la anglosajona Anglo-Saxon

el aporte contribution

el/la canadiense Canadian

el/la chicano/a Chicano, Mexican-American°

la ciudadanía citizenship

  el/la ciudadano/a citizen

el crisol melting pot

la emigración emigration

  el/la emigrante emigrant

el/la estadounidense American (*from the United States*)

el/la exiliado/a exile

la herencia heritage

el/la hispano/a Hispanic, Hispanic American°

la identidad identity

la inmigración immigration

  el/la inmigrante immigrant

el/la latino/a Latino, Latin American°

la mayoría majority

la minoría minority

el orgullo pride

el/la refugiado/a refugee

acogedor(a) welcoming

bilingüe bilingual

mayoritario/a majority

minoritario/a minority

orgulloso/a proud

Las nacionalidades hispanas

el/la argentino/a Argentine

el/la boliviano/a Bolivian

el/la chileno/a Chilean

el/la colombiano/a Colombian

el/la costarricense Costa Rican

el/la cubano/a Cuban

el/la dominicano/a Dominican (*from the Dominican Republic*)

el/la ecuatoriano/a Ecuadoran

el/la español(a) Spaniard

el/la guatemalteco/a Guatemalan

el/la hondureño/a Honduran

el/la mexicano/a Mexican

(continúa)

°Terms used to designate ethnic groups often provoke intense debate and typically change over time. Within the United States, different terms have evolved to refer to individuals who trace their ancestry to Spanish America. U.S. residents of Mexican ancestry were formerly referred to as Mexican-Americans, but during the 1960s and 1970s political activists favored the term *Chicano/a,* which is now widely used. Residents of Spanish-American ancestry are classified by the U.S. government as *Hispanic.* More recently, the term *Latino/a* has gained currency. Different speakers use it in different ways: from all-inclusive definitions, designating all individuals who come from Spain and Latin America (including areas where Spanish is not spoken, such as Brazil and Haiti), to very limited usages, referring to American-born or -educated individuals who trace their origins to the Spanish-speaking Caribbean. The definition of *Latino/a* is evolving over time and takes on different nuances according to political, social, and geographic factors.

el/la nicaragüense Nicaraguan	**el/la puertorriqueño/a** Puerto Rican
el/la panameño/a Panamanian	**el/la salvadoreño/a** Salvadoran
el/la paraguayo/a Paraguayan	**el/la uruguayo/a** Uruguayan
el/la peruano/a Peruvian	**el/la venezolano/a** Venezuelan

A Explique la diferencia entre las palabras.

1. anglosajón / norteamericano
2. chicano / latino / hispano
3. la inmigración / la emigración
4. el exiliado / el ciudadano
5. aceptar / acoger
6. adaptarse / establecerse

B Dé ejemplos de las siguientes personas, grupos o conceptos.

1. los inmigrantes
2. el aporte de distintos grupos a este país
3. algunos grupos bilingües
4. la herencia cultural

C Dé una definición en español de las siguientes palabras.

1. bilingüe   2. el exiliado   3. emigrar   4. el crisol   5. el refugiado

D ¡NECESITO COMPAÑERO! Trabajando en parejas, hagan un mapa semántico para las siguientes palabras y expresiones. Primero pongan la palabra objeto en el centro del mapa. Luego complétenlo escribiendo todas las ideas o palabras que se asocien con la palabra objeto en las cuatro categorías indicadas. No es necesario limitarse a las palabras de la lista de vocabulario.

MODELO: bilingüe →

1. emigrar   2. asimilarse   3. el crisol

El futuro del inglés en los Estados Unidos

MUCHA GENTE DEBATE la influencia de los inmigrantes hispanos en el dominio del inglés como lengua mayoritaria en los Estados Unidos. La mayoría de los expertos en lingüística dice que los recién llegados van a adquirir el inglés como todas las generaciones anteriores. Pero otros insisten en que muchos hispanos resisten aprenderlo y que el hecho de que continúen usando el español resultará[a] en la creación de un sistema de instituciones sociales para acomodar a las personas que eligen no aprender el inglés y en la fragmentación del país.

Algunos sociólogos están a favor de que se apoye el uso del español en las escuelas y de proporcionar algunos servicios esenciales. Proponen que darle ayuda en español en las oficinas públicas a la gente que lo necesita es cuestión de cortesía y que el negarlo es muy mala educación. Dicen que es importante que las escuelas les den instrucción en español a los estudiantes hispanohablantes para que éstos no se atrasen en sus estudios. En las escuelas muchos de los jóvenes hispanos son mayores que sus compañeros anglohablantes debido a las dificultades lingüísticas que experimentan aquéllos.[b]

[a]*will result*   [b]*the former*

Esta situación contribuye a que el 40% de los adolescentes hispanos abandone sus estudios antes de graduarse de la escuela secundaria.

Hay algunos que creen que los hispanohablantes que emigran a los Estados Unidos no aprenden el inglés, pero algunas estadísticas indican que el 75% de los inmigrantes hispanos hablan inglés con regularidad después de vivir 15 años en los Estados Unidos. Para estas personas, el español llega a ser su segundo idioma y algunos de ellos dejan de usarlo totalmente. En cuanto a sus hijos, más del 70% usa el inglés como su primer idioma. De hecho, la tercera generación de las familias inmigrantes usa el español muy poco —o no lo usa

nunca. Algunos críticos afirman que la presencia de tantos hispanohablantes en el país contradice estos datos.

Es obvio que es un tema bastante complicado, pero la mayoría de los sociólogos concluyen que el uso actual del español no constituye ninguna amenaza para el dominio del inglés en los Estados Unidos sino una oportunidad. El aumento en el número de consumidores en Hispanoamérica tiene el potencial de beneficiar la economía estadounidense y sería muy útil que los hispanohablantes conservaran su español para poder trabajar con las compañías hispanoamericanas y prosperar en el siglo XXI. ¿Qué opina Ud.? ■

En una clase bilingüe de California

E ¿Qué grupo étnico vive desde hace siglos en lo que es hoy territorio de los Estados Unidos? ¿Qué grupos tienen una concentración de exiliados políticos? ¿de inmigrantes recién llegados? ¿Por qué cree Ud. que muchos hispanos emigraron a los Estados Unidos y no a otros países?

F ENTRE TODOS

■ En la página siguiente, ¿cómo se llama el programa de radio que presenta este anuncio? ¿Dónde y cuándo se transmite? ¿Cuál es su contenido? ¿A quiénes se dirige?

Tel. (718) 478-8382

Aqui Ecuador 79-09 Roosevelt Avenue · Jackson Heights, N.Y. 11372

WNWK 105.9 FM

De Lunes a Viernes a las 5 y 30 p.m.

Usted tiene una cita con AQUI ECUADOR con ANGEL ISSAC CHIRIBOGA
ofreciendole en 30 minutos.

La Información que Usted necesita . Las Primicias que quiere
escuchar . El Acontecer Deportivo . Los Hechos y Personajes
que son noticia en Ecuador y los Ecuatorianos que hacen noticia en
los Estados Unidos

Recuerde su CITA: Lunes a Viernes a las 5 y 30 p.m.
por WNWK 105.9 de su dial F.M.
Escuchando AQUI ECUADOR usted se pone al día con su Patria

- En muchos lugares de los Estados Unidos hay gran variedad de revistas, periódicos y programas de radio y de televisión en español. ¿Cómo puede influir esto en la adaptación de las comunidades hispanas? Por ejemplo, ¿puede demorar (*delay*) su adaptación? ¿Contribuye de alguna forma al mantenimiento de la identidad de las comunidades hispanas? ¿a su asimilación a la cultura mayoritaria? Explique.

- ¿Qué impacto —lingüístico, cultural, político o económico— tienen los medios de comunicación hispanos en los Estados Unidos?

Lengua

■■■ 34 DE ENTRADA

Últimamente, el tema de la inmigración ha provocado muchos debates políticos. ¿Cuáles de las siguientes opiniones comparte Ud.? ¿Con cuáles está en desacuerdo? Exponga sus propias opiniones al respecto.

OPINIONES	DE ACUERDO	EN DESACUERDO
1. Los Estados Unidos es un país de inmigrantes y todos tienen derecho a *ser aceptados*.	❏	❏
2. Sólo la gente culta y calificada debe *ser admitida* en los Estados Unidos.	❏	❏
3. La inmigración controlada debe continuar, pero sólo si *se hacen* ajustes económicos y sociales para permitir la adaptación de los inmigrantes.	❏	❏
4. *Se debe* facilitar el proceso de inmigración legal para los hispanos ya que representan una fuerza laboral necesaria para algunas industrias estadounidenses como, por ejemplo, la agricultura en California.	❏	❏

Las expresiones *en letra cursiva* están en la voz pasiva. ¿Cuáles de ellas tienen una estructura similar a la voz pasiva en inglés (*to be + past participle*)? ¿Cuáles son diferentes? A continuación se explican los usos y la estructura de las dos formas pasivas que existen en español.

■■ 34 The Passive Voice

In both English and Spanish, actions that have objects can be expressed either actively or passively. In the active voice (**la voz activa**), the agent, or doer, of the action is the subject of the sentence, and the receiver of the action is the direct object. In the passive voice (**la voz pasiva**), the functions are reversed: the receiver of the action is the subject, and the agent, or doer, is expressed in English with a prepositional phrase (*by* + agent).

Spanish has two ways of expressing the passive idea: the passive with **ser** and the passive **se.**

Active Voice	Passive Voice
subject/agent + **verb** + object/recipient	subject/recipient + *to be* (**ser**) + past participle + agent
Laura **pintó** la casa. *Laura painted the house.*	La casa **fue** pintada por Laura. *The house was painted by Laura.*
El gobierno **ha ayudado** a los inmigrantes. *The government has helped the immigrants.*	Los exiliados **han sido** ayudados por el gobierno. *The exiles have been helped by the government.*
Los inmigrantes **van a solicitar** la ciudadanía. *The immigrants are going to request citizenship.*	La ciudadanía **va a ser** solicitada por los inmigrantes. *Citizenship is going to be requested by the immigrants.*

A. The passive with *ser*

The passive construction with **ser** is very similar to the English passive: a form of the verb *to be* (**ser**) followed by the past participle and the agent introduced with *by* (**por**). The past participle functions as an adjective, agreeing in gender and number with the subject.

	SINGULAR	PLURAL
MASCULINE	**El** libr**o** fue escrit**o** por Elena. *The book was written by Elena.*	**Los** libr**os** fueron escrit**os** por Elena. *The books were written by Elena.*
FEMININE	**La** fiesta siempre ha sido planead**a** por Carlos. *The party has always been planned by Carlos.*	**Las** fiest**as** siempre han sido planead**as** por Carlos. *The parties have always been planned by Carlos.*

PRÁCTICA   Conjugue el verbo **ser** en un tiempo verbal lógico, según el contexto, y utilice la forma apropiada del participio pasado del verbo entre paréntesis para formar oraciones con la voz pasiva con **ser** como en el modelo. ¡Cuidado! Es posible que en algunos casos haya más de una forma correcta del verbo **ser.**

MODELOS: Los países sudamericanos (colonizar) principalmente
por los españoles. →
Los países sudamericanos fueron colonizados principalmente
por los españoles.

La herencia hispana que hay en este país (aportar) por inmigrantes
de varios países de habla española. →
La herencia hispana que hay en este país ha sido aportada por
inmigrantes de varios países de habla española.

1. El crisol que son los Estados Unidos (crear) por la variedad de razas que inmigraron a este país.

2. A algunas personas les gustaría que el español (adaptar) como una lengua oficial de este país.

3. Las costumbres de algunos inmigrantes (perder) cuando éstos llegan a un nuevo país.

4. Algunos creen que esas costumbres deben (aceptar) y (mantener) por la nueva cultura.

5. Nombre algunos de los grupos hispanos que (admitir) en este país.

B. The passive *se*

Spanish has another way of expressing the passive idea: the passive **se.** Note the following comparison.

PASSIVE WITH **ser**	Las casas **fueron construidas** por los inmigrantes. *The houses were built by the immigrants.*
PASSIVE **se**	**Se construyeron** las casas en 1993. *The houses were built in 1993.*

As you learned in grammar section 6, the passive **se** construction always has three parts.

---

se + third-person verb + receiver (object) of the action

Se reciben miles de peticiones cada año.	*Thousands of petitions are received every year.*
Se aprueba sólo un pequeño **porcentaje** de ellas.	*Only a small percentage of them is approved.*
Se rechazaron los **aportes** de ese grupo.	*The contributions of that group were rejected.*

The passive **se** verb agrees in number with the recipient of the action (**miles, porcentaje, aportes**).

PRÁCTICA Convierta las siguientes oraciones activas en oraciones pasivas usando el **se** pasivo.

1. Muchos inmigrantes hispanos han ocupado muchos trabajos que no quiere el estadounidense medio.

2. Los grupos minoritarios han aportado muchas costumbres al crisol estadounidense.

3. Cada año el gobierno estadounidense regala varias visas en una lotería.

4. Recientemente, muchos han discutido el tema de la inmigración ilegal.

5. Hace pocos años el estado de California canceló sus programas de educación bilingüe.

C. The passive with *ser* versus the passive *se*

These two constructions differ in meaning as well as in form.

- Whenever the passive with **ser** is used, the agent of the action is either stated in the sentence or is very strongly implied. When mentioned, the agent is introduced by the preposition **por.**

AGENT MENTIONED	Los países hispanoamericanos **fueron colonizados** por los españoles en el siglo XVI. *The countries of Spanish America were colonized by the Spanish in the sixteenth century.*
AGENT IMPLIED BY PREVIOUS CONTEXT	Los españoles llegaron al Nuevo Mundo a finales del siglo XV. Los países hispanoame-ricanos **fueron colonizados** en el siglo XVI. *The Spanish arrived in the New World at the end of the fifteenth century. The countries of Spanish America were colonized in the sixteenth century.*

- In general, when the agent is known, Spanish will use an active construction instead of the passive with **ser.**

ENGLISH PASSIVE	SPANISH ALTERNATIVES
*The laws **were passed by** Congress.*	*Active* (common) **El Congreso aprobó** las leyes. *Passive with **ser*** (infrequent) Las leyes **fueron aprobadas por el Congreso.**

The passive with **ser** is used relatively infrequently in speech and is only slightly more common in writing, where writers may use it to vary their style.

- When the agent of the action is unknown or unimportant to the message, the idea should be expressed by using a passive **se** construction. In a passive **se** sentence, the speaker simply wants to communicate that an action is, was, or will be done to someone or something. This construction is used regularly in both written and spoken Spanish.

ENGLISH PASSIVE	SPANISH ALTERNATIVE
Money was sent to the exiles. (Who sent the money is not known or is unimportant.)	*Passive **se*** **Se mandó dinero** a los exiliados.
*Many **machines were bought.*** (Who bought them is not known or is unimportant.)	*Passive **se*** **Se compraron** muchas **máquinas.**

PRÁCTICA Imagínese que Ud. se ha decidido a emigrar a otro país. ¿Adónde quiere ir? Conteste según el modelo. ¡Cuidado! Como no es un país determinado, tiene que usar el subjuntivo.

MODELO: ayudar al individuo a asimilarse →
Quiero ir a un país donde se ayude al individuo a asimilarse.

1. cometer menos crímenes
2. ofrecer mejores sueldos
3. tener más libertad de expresión
4. ofrecer muchas oportunidades para instruirse
5. disfrutar de (*to enjoy*) un mejor nivel de vida
6. poder vivir cerca de la naturaleza
7. no pagar tantos impuestos
8. proteger los derechos humanos
9. no necesitar prestar servicio militar
10. hablar español

∎∎∎ 34 INTERCAMBIOS

AUTOPRUEBA A continuación hay dos categorías de oraciones: algunas con el **se** pasivo, otras con la voz pasiva con **ser.** Escriba cada oración de nuevo, usando la otra construcción que no se usó originalmente.

1. La fortaleza fue construida por los militares en el siglo XVIII.
2. Las costumbres fueron perdidas después de la llegada de los europeos.
3. La oferta ha sido rechazada por los miembros del otro partido.
4. Se han descubierto muchas joyas en la isla.
5. Se cometieron muchos robos en esa zona de la ciudad.
6. Se fundó la ciudad en 1757.

Respuestas: 1. Se construyó la fortaleza en el siglo XVIII. **2.** Se perdieron las costumbres después de la llegada de los europeos. **3.** Se ha rechazado la oferta. **4.** Muchas joyas han sido descubiertas en la isla. **5.** Muchos robos fueron cometidos en esa zona de la ciudad. **6.** La ciudad fue fundada en 1757.

A Dé información sobre los siguientes hechos históricos, usando oraciones pasivas.

MODELO: América **/** descubrir → América fue descubierta en 1492.

1. Abraham Lincoln **/** asesinar
2. la bombilla eléctrica y el fonógrafo **/** inventar
3. la ciudad de Hiroshima **/** bombardear
4. este país **/** fundar
5. las civilizaciones indígenas de Sudamérica **/** someter (*to subdue*)
6. miles de inmigrantes **/** ¿ ?

B Imagínese que la Asociación de Estudiantes Latinos de esta universidad está preparando una lista de peticiones para el rector (*president*). Exprese sus demandas, utilizando los verbos entre paréntesis para formar oraciones con el **se** pasivo. ¡Cuidado! Es necesario usar el subjuntivo.

MODELO: patrocinar (*to sponsor*) programas destinados a la difusión de la cultura hispana (pedir)→
Pedimos que se patrocinen programas destinados a la difusión de la cultura hispana.

1. crear un programa de estudios hispanoamericanos (solicitar)
2. aumentar el número de profesores hispanos en toda la universidad (desear)
3. admitir más estudiantes hispanos (proponer)
4. exigir (*to demand*) el estudio de una lengua extranjera como requisito para graduarse (recomendar)
5. ofrecerles más ayuda económica a los estudiantes hispanos (insistir en)
6. promover programas de intercambio estudiantil en España e Hispanoamérica (necesitar)

¿Cuáles de estas demandas anteriores cree Ud. que se pueden aplicar a su universidad? Explique.

C Exprese su opinión sobre los siguientes temas, utilizando una de las formas de la voz pasiva siempre que sea posible.

MODELOS: promover la educación bilingüe →
Creo que es necesario que se promueva la educación bilingüe para facilitar la asimilación de los inmigrantes y al mismo tiempo permitirles conservar su propia identidad cultural.

muchas noticias / distorsionar / los medios de comunicación →
Es una lástima que muchas noticias sean distorsionadas por los medios de comunicación. Creo que toda información debe ser presentada desde diversos puntos de vista.

1. declarar el inglés como única lengua oficial de este país
2. apreciar el aporte hispano a la cultura de este país
3. los inmigrantes ilegales / deportar / el gobierno
4. proteger a los exiliados políticos
5. el orgullo patriótico / conservar / los emigrantes

D Mire los anuncios de la página siguiente.

- ¿Qué se vende en estos anuncios? ¿En cuál de ellos se adapta la comida hispana al estilo de vida estadounidense? Explique.
- ¿En qué anuncio se introduce la comida estadounidense al público hispano?
- Exprese sus impresiones sobre estos intercambios culinarios (los motivos, las consecuencias, etcétera). ¿Qué otras adaptaciones e influencias similares puede Ud. mencionar?

¡Tan Ricos Como Se Hacen En Casa!
Congelados Clásicos del Caribe **GOYA**

A Nuestro Gusto
Sabor Criollo

Con ingredientes puros y naturales.
Hervidos o en microondas . . .
¡siempre deliciosos!
ARROZ con POLLO, ASOPAO de Pollo,
ARROZ con GANDULES, CARNE GUISADA,
PICADILLO, ROPA VIEJA y POLLO en
FRICASÉ, todos con arroz.

GOYA.
¡Algo nuevo en congelados!

Si es GOYA, tiene que ser bueno.

El pan que te mantiene
en circulación

El pan de avena de Country
Hearth es una deliciosa
manera de ayudar a reducir
el colesterol.

Su fibra soluble de avena absorbe el exceso
de colesterol en el cuerpo. Exceso que de no
eliminarse, podría causar problemas de
circulación o del corazón.

Además el pan de avena de Country Hearth
está elaborado con los mejores ingredientes
naturales como miel, jugo de pasas y
melaza. Y no contiene preservativos
artificiales.

Así que, para siempre estar en buena
circulación, mantén una dieta baja en grasas
saturadas y saborea el pan de avena de
Country Hearth.

Country Hearth
Oatmeal

E ¡NECESITO COMPAÑERO!   Es cierto que todo país tiene que limitar la entrada de inmigrantes, pero no hay ningún acuerdo respecto al criterio para hacerlo. Trabajando en parejas, decidan cuáles de los siguientes factores son los más importantes a la hora de aceptar o rechazar a quienes solicitan una visa de residente.

1. la afiliación política
2. la edad
3. la salud
4. la raza
5. los antecedentes penales (*criminal*)
6. el país de origen
7. el nivel de educación
8. el tener parientes radicados (*established*) en este país

9. la evidencia de ser víctima de persecución política o personal en su país de origen
10. las inclinaciones personales (la orientación sexual, el uso de drogas, etcétera)
11. la religión
12. el tener una habilidad especial
13. la posición social
14. la preparación profesional

Comparen sus decisiones con las de los demás miembros de la clase. ¿Hay factores que la mayoría indicó que eran más importantes? ¿menos importantes? ¿Se puede formular una política que sea aceptable para todos?

F ENTRE TODOS   ¿Cuáles son los «usos y abusos» de los términos «hispano» y «latino»? En grupos de tres o cuatro personas, comenten los siguientes puntos, utilizando la voz pasiva siempre que sea posible. Luego, compartan sus conclusions con el resto de la clase.

1. ¿Qué estereotipos se asocian con el término «hispano»? Expresen sus opiniones sobre cada uno de los siguientes aspectos.

Vocabulario útil: se considera, se cree, se piensa, son calificados de (adjetivo)

- la delincuencia
- la educación
- la familia

- la raza
- el trabajo
- la vida social

2. ¿Qué se entiende por «hispano»? ¿Representa un grupo lingüístico? ¿un grupo cultural? Para ser hispano/a, ¿es necesario ser hispanohablante? ¿ser católico/a? ¿haber nacido en un país de habla española? ¿ser descendiente de hispanohablantes? ¿conocer las tradiciones, costumbres, comidas y bailes típicos de los países de habla española? ¿Se trata de un grupo homogéneo o heterogéneo? Expliquen.

G **¡NECESITO COMPAÑERO!**   Imagínense que Uds. deciden inscribirse en el Cuerpo de Paz, pero sólo pueden escoger entre los siguientes lugares. ¿A cuál les va a ser más difícil adaptarse? ¿Por qué? Por fin, ¿cuál de los lugares disponibles eligen? ¿Por qué?

1. un país poco desarrollado donde no existen las comodidades —electricidad, teléfono, agua corriente— a que Uds. están acostumbrados

2. un país con un clima radicalmente diferente al de aquí

3. un país en el que los hombres y las mujeres no tienen las mismas oportunidades de trabajo

4. un país en el que hay poca libertad de expresión

5. un país en el que se habla una lengua que Uds. no saben

6. un país en el que no hay tolerancia para quien no practica la religión oficial (y Uds. *no* la practican)

■■■ 35 DE ENTRADA

Lea la siguiente historia, y luego ponga los dibujos en orden cronológico (de 1 a 4), según la historia.

Para prevenir los frecuentes robos en cierta zona de la ciudad, todas las tiendas *fueron cerradas* por la policía a las 7:00 de la noche. Lógicamente, cuando a las 12:00 de la noche llegó el responsable de los robos, encontró que todas las tiendas *estaban cerradas.* Esto no era un problema para él, pues sabía romper las ventanas sin que se activara el sistema de alarma. Cada ventana *fue rota* por el ladrón con mucho cuidado, y así pudo entrar sin ser descubierto. A la mañana siguiente, los empleados descubrieron —¡sorpresa!— que las ventanas *estaban rotas,* y que muchos artículos habían sido robados. ¡La policía tiene que usar una estrategia más inteligente si quiere atrapar (*catch*) al ladrón!

Ahora observe que todas las expresiones *en letra cursiva* en la historia combinan el participio pasado de los verbos **cerrar** y **romper** con los verbos **ser** y **estar.** ¿Sabe Ud. por qué se usa el verbo **ser** en algunos casos y el verbo **estar** en otros? La siguiente explicación puede aclarar sus dudas al respecto.

■■ 35 Resultant State or Condition Versus Passive Voice

In **Capítulo 1** you learned about using **estar** with a past participle to express a state or condition resulting from some prior action.

Los niños rompieron la ventana jugando al béisbol; todavía **estaba rota** cuando yo fui de visita dos días después.	*The children broke the window playing baseball; it was still broken when I visited two days later.*

In Spanish, the contrast between an action and a state or condition is always marked by the choice between **ser** and **estar.**

Action: *ser*	Condition: *estar*
La ventana **fue rota** por el ladrón. *The window was broken by the thief.*	No pude abrir la ventana porque **estaba rota.** *I couldn't open the window, because it was broken.*
Las tiendas **fueron cerradas** por la policía para impedir el saqueo. *The stores were closed by the police to prevent looting.*	Ya para las 7:00, todas las tiendas **estaban cerradas.** *By seven o'clock, all the stores were closed.*

PRÁCTICA   Indique las oraciones que correspondan mejor a cada dibujo.

a. La leña (*firewood*) fue hacinada (*stacked*).

b. La cena está preparada.

c. La cena fue preparada.

d. La leña está cortada.

e. La leña está hacinada.

f. La mesa fue puesta (*set*).

1.

2.

3.

4.

■■■ 35 INTERCAMBIOS

A Escoja el verbo apropiado, según el contexto.

1. Los cubanos que llegaron a los Estados Unidos en la segunda oleada (*wave*) no (estaban/fueron) tan bien recibidos como los de la primera oleada.

2. Al principio, los inmigrantes pueden experimentar choques culturales ya que (están/son) acostumbrados a otro ritmo de vida.

3. En el pasado, grandes cantidades de inmigrantes (estaban/fueron) traídos a este país en barco e incluso pasaron semanas en el viaje.

4. No necesitábamos ayudarlos porque cuando los conocimos, ellos ya (estaban/fueron) bien establecidos.

5. Los papeles de ciudadanía que les dieron a los inmigrantes (estaban/fueron) escritos en inglés.

6. ¿Cuándo (estuvieron/fueron) trasladados (*transferred*) los refugiados al otro campamento?

B ¡NECESITO COMPAÑERO! Es muy probable que la mayoría de los miembros de la clase tenga parientes, amigos o conocidos inmigrantes. ¿Por qué motivos emigraron esas personas? ¿Cómo era su vida al llegar a este país? Trabajando en parejas, preparen un cuestionario usando las siguientes frases para formar sus preguntas. ¡Cuidado! Es necesario escoger entre **ser** y **estar.** Tengan cuidado también con los tiempos verbales.

MODELO: tener **/** parientes (amigos, conocidos) **/** originarios de otro país →
¿Tienes parientes (amigos, conocidos) que sean originarios de otro país?

1. en qué país **/** establecidos antes de emigrar
2. cuándo **/** admitidos como residentes en este país
3. cuáles **/** los motivos por los cuales emigraron
4. cómo **/** tratados por los habitantes de este país al principio

5. tener ellos **/** parientes que ya **/** radicados en este país

6. cómo **/** acogidos por otros de su misma cultura

7. qué tradiciones de su patria **/** mantenidas por ellos hasta hoy

8. hoy ellos ya **/** nacionalizados (*naturalized*) en este país

Luego, cada uno de Uds. debe utilizar el cuestionario para entrevistar a otro compañero / otra compañera de clase acerca de las experiencias que vivieron sus parientes, amigos o conocidos como inmigrantes. Después de hacer las entrevistas, compartan con la clase lo que han aprendido. ¿Tuvieron muchos experiencias similares?

■■ 36 "No-Fault" *se* Constructions

The passive **se** construction is also used with a group of Spanish verbs to indicate unplanned or unexpected occurrences (**el «se inocente»**).

A Elena se le perdieron los papeles.	*Elena lost her papers. (Her papers "got lost.")*
Se me olvidó el asunto.	*I forgot about the matter. (The matter slipped my mind.)*

Note that since these are passive **se** constructions, the third-person verb agrees with the recipient: **papeles, asunto.** The indirect object indicates the person or persons involved—usually as "innocent victims"—in the unplanned occurrence.

Here are some verbs that are frequently used in the "no-fault" construction. You have already used most of them in active constructions.

acabar	Se nos acabó la gasolina.	*We ran out of gas.*
caer	Se le cayeron los libros.	*He dropped his books.*
ocurrir	¿Se te ocurre alguna solución?	*Can you come up with a solution? (Does a solution come to mind?)*
olvidar	Se le olvidaron las gafas.	*She forgot her glasses.*
perder	Se me perdió el carnet.	*I lost my I.D.*
quedar	Se les quedó el discurso en casa.	*They left the speech at home.*
romper	Se le rompieron los pantalones.	*His trousers split (tore).*

PRÁCTICA   Exprese las siguientes oraciones en inglés.

1. Al niño se le rompió la camisa.

2. Se me quedaron las gafas en el hotel.

3. Bueno, ya se nos acabó el tiempo; son las 10:00.

4. ¡Cuidado! No quiero que se te caigan los platos.

5. Se me durmió la pierna.

Ahora, exprese estas oraciones en español.

6. Oh! My watch broke!

7. His books got lost.

8. They forgot the word in English.

9. She dropped her keys.

10. A great idea just hit us!

■■■ 36 INTERCAMBIOS

A   Dé razones para justificar los siguientes hechos, utilizando el «**se** inocente» que acaba de estudiar. ¡Cuidado! Preste atención al nuevo sujeto.

MODELO: No podemos resolver el problema. No (ocurrir) ninguna
solución. →
No podemos resolver el problema. No se nos ocurre
ninguna solución.

1. Tenemos que tomar el tren, por que (acabar) la gasolina.
2. Me dieron una mala nota porque (olvidar) la tarea.
3. No puedes sacar libros de la biblioteca si (quedar) el carnet en casa.
4. Ella cojeaba (*was limping*) porque (romper) el tacón del zapato.
5. Dicen que deben irse, ya que (acabar) el tiempo.
6. Lamento no haberte llamado. Es que (perder) tu número de teléfono.
7. La radio está rota porque al niño (caer) esta mañana.
8. Tenemos que volver a casa porque (acabar) el dinero.

B   Vea los siguientes modelos y escriba cinco preguntas para sus compañeros de clase, usando los verbos **ocurrir, olvidar, perder, quedar** y **romper** para saber si les han pasado ciertas cosas. Deje un espacio en blanco al lado de cada pregunta. Luego, hágales sus preguntas a varios compañeros de clase. Si responden afirmativamente, pídales que firmen su papel. Trate de conseguir cinco firmas diferentes. Después, reporte a la clase la información sobre sus compañeros.

MODELO: Ud.: —¿**Se te perdieron** las llaves alguna vez?
Otro/a estudiante: —Sí, **se me perdieron** una vez.
Ud.: —Firma aquí, por favor.

MODELO: (*para reportar a la clase*): A _____ (nombre del / de la
estudiante) **se le perdieron** las llaves una vez.

C GUIONES El Sr. Pereda trabaja en la Oficina de Inmigración, Ayer tuvo un día fatal. Trabajando en grupos de tres o cuatro personas, narren en el pasado lo que le pasó, usando el pretérito y el imperfecto, según las circunstancias. ¡Cuidado! La historia contiene varios usos de **se**.

Vocabulario útil: acabarse la paciencia, el artista, la camisa, cortar(se), el cuarto de baño, la cuchilla de afeitar, el jefe, el lavabo (*sink*), la mancha, manchar(se), mojado, mojar(se), el pijama, (poner) el despertador

1. 2. 3. 4.
5. 6. 7. 8.

■■ 37 A and *en*

As you know, in most languages prepositions do not have a single meaning. Even though we generalize and say that the preposition *on* in English means *on top of,* we also say things like *get on the bus* (we are really *in* it), *hang the picture on the wall* (it is not really the same as *on the shelf*), and *arrive on time* (no relation whatsoever to *on top of*). In Spanish the prepositions **a** and **en** generally mean *to* and *in,* respectively, but often they have different meanings.

A. The uses of *a*

■ **movement toward: A** basically expresses *movement toward* in a literal and figurative sense. Note that this same idea is sometimes expressed with *to* in English when the movement is directed toward a noun, but it is usually not expressed with any preposition at all when the movement is directed toward another verb.

Fue **a la oficina.**	*She went to the office.*
Les mandó el paquete **a sus abuelos.**	*He sent the package to his grandparents.*
Comenzaron **a llegar** en 1981.	*They began to arrive in 1981.*

Here are some of the most common verbs that are followed by the preposition **a** to imply *motion toward.*

acostumbrarse	comenzar (ie)	ir
adaptarse	empezar (ie)	llegar
aprender	enseñar	salir
asimilarse	entrar*	venir (ie)
ayudar	invitar	volver (ue)

■ **by means of: A** occurs in a number of set phrases to indicate *means of operation or locomotion,* or *how something was made.* English often uses *by* or *on* to express the same idea.

Está hecho **a mano.**	*It is made by hand.*
Lo hicieron **a máquina.**	*They made it by machine.*
Viajó **a caballo.**	*He traveled on horseback.*
Salió Ud. **a pie,** ¿verdad?	*You left on foot, right?*

■ **a point in time or space, or on a scale:** English *at* is expressed in Spanish by **a** when *at* expresses *a particular point in time or on a scale,* or when *a point in space* means *position relative to some physical object.*

Tengo clase **a las 8:00.**	*I have class at 8:00.*
Al principio, no querían quedarse.	*At the beginning (At first), they didn't want to stay.*
Los compré **a 10 dólares** la docena.	*I bought them at 10 dollars a dozen.*
Manejó **a 80 millas** por hora.	*She drove (at) 80 miles per hour.*
Todos se sentaron **a la mesa.**	*Everyone sat down at the table.*

B. The uses of *en*

■ **position on or within: En** normally expresses English *in, into,* or *on.*

Viven **en una casa vieja.**	*They live in an old house.*
Los pusieron **en la maleta.**	*They put them in(to) the suitcase.*
La carta está **en la mesa.**	*The letter is on the table.*

In time expressions **en** has the sense of *within.*

Lo hicimos **en una hora.**	*We did it in (within) an hour.*
Tendremos el dinero **en dos días.**	*We will have the money in (within) two days.*

English sometimes uses the preposition *at* to express the idea of *within an enclosure.* Spanish uses **en.**

¿Has estudiado **en la universidad**?	*Have you studied at the university?*
Estaban **en casa** cuando ocurrió el robo.	*They were at home when the robbery occurred.*

---

*In Spain, **entrar** is commonly used with **en** to express *motion toward;* in some areas of Latin America, it is used with **a.**

- **observation of, or participation in, an event:** English distinguishes between being *at* an event as an observer and being *in* an event as a participant. Spanish does not, using the preposition **en** for both meanings. Additional context usually clarifies the sense intended.

¿Estuviste **en la boda**?   Were you $\begin{Bmatrix} in \\ at \end{Bmatrix}$ the wedding?

Estuvieron **en el partido.**   They were $\begin{Bmatrix} in \\ at \end{Bmatrix}$ the game.

Here are some of the more common verbs that take the preposition **en.**

consistir	inscribirse
convertirse (ie, i)	insistir
entrar	tardar

PRÁCTICA   Elija la preposición apropiada para completar las siguientes oraciones.

1. Ayer pasé tres horas (a/en) la biblioteca.
2. Mis abuelos inmigraron (a/en) este país por razones económicas.
3. Hay una ceremonia de entrega de la ciudadanía (a/en) las 3:00 (a/en) el estadio.
4. Muchos de los obreros migratorios mexicanos fueron invitados (a/en) trabajar (a/en) los Estados Unidos porque se necesitaba mano de obra en el campo.
5. Lo pasamos muy bien (a/en) la fiesta.

■■■ 37 INTERCAMBIOS

AUTOPRUEBA   Completa las siguientes oraciones con la preposición **a** o **en,** según el contexto.

1. Cuando hace buen tiempo, voy (a/en) pie a la universidad. Cuando llueve, tomo el autobús.
2. Los Hernández viven (a/en) una casa grande.
3. (A/En) dos días vamos a salir de vacaciones.
4. La policía multó (*fined*) a Osvaldo por manejar (a/en) 160 kilómetros por hora.
5. Aquí se vende la gasolina (a/en) 2 dólares el galón.
6. Ponga los platos (a/en) la mesa, por favor.
7. Hemos invitado (a/en) todos nuestros amigos (a/en) una fiesta mañana.
8. El novio de Florencia va a llegar (a/en) tres días.
9. Había más de 40.000 personas (a/en) la fiesta.

Respuestas: 1. a 2. en 3. En 4. a 5. a 6. en 7. a, a 8. a 9. en

A **GUIONES** Describa los siguientes dibujos, incorporando el vocabulario indicado y utilizando las preposiciones **a** o **en,** según el contexto.

1. besar, la princesa, el príncipe, el trono (*throne*)

2. convertirse, correr, la rana (*frog*)

3. manejar, pensar, ponerle una multa, seguir

4. (no) exceder el límite de velocidad, explicar, la hija, el hospital, insistir

B Haga oraciones, juntando elementos de la lista con otros del cuadro. No se olvide de usar todas las preposiciones necesarias.

convertirse	estar	ir
empezar	inmigrar	llegar
establecerse	insistir	volver

MODELO: Muchas personas que emigran a otro país luego se convierten en ciudadanos del país.

el mercado   el cine   la universidad
emigrar
aprender
otro país
otra persona   estudiar   la oficina

C Repase las reglas para el uso de **por** y **para** (*grammar section 31*). Luego, complete el siguiente texto con la preposición apropiada, según el contexto: **a, en, por** o **para.** ¡Cuidado! No se necesita preposición en todos los contextos.

El crisol

(Por/Para)[1] muchos estadounidenses, la cultura de los Estados Unidos está representada (por/para)[2] el concepto del crisol. (Por/Para)[3] muchos años los inmigrantes han llegado (a/en)[4] los Estados Unidos. Viajan (por/para)[5] barco y avión y cuando llegan, no saben (a/en)[6] hablar inglés y desconocen las costumbres del país. Pero, según ellos, el crisol empieza (a/en)[7] funcionar desde los primeros momentos y los inmigrantes no tardan (a/en)[8] aprender (a/en)[9] expresarse en el nuevo idioma y buscan (a/por/para)[10] maneras de adaptarse a la cultura.

Otros niegan la existencia del crisol. (Por/Para)[11] ellos, la realidad es otra. El inmigrante en realidad nunca se convierte (a/en)[12] «estadounidense» en el sentido de renunciar (a/en)[13] ser lo que era. Después de tres o cuatro generaciones, el italiano católico sigue siendo católico y el escandinavo protestante, protestante. (Por/Para)[14] razones de su cultura y de su religión, los judíos suelen casarse con otros judíos, y los anglosajones muchas veces buscan (a/por/para)[15] alguien de su mismo origen étnico. No es que no haya ninguna mezcla, pero es menos frecuente y menos rápida de lo que se cree.

Pasaje cultural

Néstor Torres, músico puertorriqueño

El puertorriqueño Néstor Torres, destacado (*outstanding*) intérprete de la música afrocubana, es uno de los millones de hispanos que viven en los Estados Unidos. En este segmento de vídeo, él habla de sus recuerdos de Mayagüez —su pueblo natal— y de sus impresiones sobre la vida de los hispanos en los Estados Unidos. La música de Néstor Torres ha obtenido el primer lugar de sintonía (*theme song*) en encuestas de radio.

Antes de ver

- ¿Ya conoce Ud. la música de Néstor Torres? ¿Escucha Ud. música hispana? ¿Qué sabe de los varios tipos de música hispana? ¿Cómo será (*might it be like*) la música afrocubana?

- ¿Cuáles pueden ser algunas de las razones por las que un músico como Néstor Torres se mudó de Puerto Rico a Nueva York?

- Ahora lea con cuidado la actividad en **Vamos a ver** antes de ver el vídeo por primera vez.

Vamos a ver

Indique si las siguientes oraciones son ciertas (**C**) o falsas (**F**), según la información que Ud. obtuvo de este segmento de vídeo. Luego, corrija las oraciones falsas.

Néstor Torres, músico puertorriqueño

	C	F
1. Hay más de 7 millones de mexicanos en Miami, la capital del sol.	❏	❏
2. De muy pequeñito, Néstor Torres vivió en Nueva York.	❏	❏
3. Néstor comía mandarinas y toronjas (*grapefruit*) en la casa de su abuelo.	❏	❏
4. Los Ángeles es la ciudad de los rascacielos (*skyscrapers*).	❏	❏
5. Néstor experimentó por primera vez la libertad de pensamiento y de expresión en Nueva York.	❏	❏
6. Néstor opina que la lucha de los hispanos en los Estados Unidos es una lucha positiva porque la dificultad y el esfuerzo son buenos para desarrollar el carácter de una persona.	❏	❏
7. Según Néstor, en Nueva York se disfruta más de la vida que en Puerto Rico.	❏	❏
8. Néstor Torres define su música como Jazz Latino-Pop.	❏	❏

Después de ver

- Entre toda la clase, prepárense para entrevistar a alguien que tenga conexiones con la comunidad hispana en su ciudad. En primer lugar, decidan a quién quieren entrevistar. Puede ser su profesor(a), un compañero / una compañera de clase o un invitado / una invitada. Luego, trabajando en grupos, preparen una serie de preguntas para la entrevista. Consideren temas como su lugar de origen, lo que ha observado sobre las diferencias culturales y su opinión sobre la asimilación, etcétera.

- El día después de la entrevista, comparta lo que han aprendido en la entrevista con la clase.

- Busque información sobre algunas figuras hispanas destacadas en el arte, la política, los deportes, etcétera, que viven o que han vivido en este país. Comparta su información con sus compañeros de clase.

Enlace

■■■ SONDEO

Los tres grupos más numerosos de hispanos que han inmigrado a los Estados Unidos son distintos. Comparten ciertas características, pero por razones históricas y culturales, representan tres grupos diversos. ¿Reconocen Uds. algunas de las cualidades que los hacen diferentes? ¡Hagan un sondeo para investigarlo!

Primer paso: Recoger los datos

■ Divídanse en tres grupos. El grupo 1 hará (*will do*) las preguntas 1 a 4; el grupo 2, las preguntas 5 a 8; el grupo 3, las preguntas 9 a 12.

■ Cada uno de los miembros de cada grupo debe entrevistar a dos o tres compañeros de clase para obtener la información necesaria. Hay que conjugar los infinitivos *en letra cursiva azul* en la forma apropiada del pretérito o del imperfecto. Luego escribir la letra del grupo o de los grupos que la persona entrevistada dice que corresponde(n) a cada afirmación (**P** = puertorriqueños, **C** = cubanos, **M** = mexicanos). ¡Cuidado! Algunas características pueden aplicarse a más de un grupo.

■ Deben entrevistar a todos los miembros de la clase, pero tengan cuidado de no hacerle la misma pregunta dos veces a la misma persona.

¿Quiénes son?

	ENTREVISTADOS		
	A	B	C
GRUPO 1			
1. *Viajar* a los Estados Unidos como refugiados políticos.	_____	_____	_____
2. *Llegar* a principios del siglo XX.	_____	_____	_____
3. Son el grupo hispano más numeroso de los Estados Unidos.	_____	_____	_____
4. Muchos tienen sangre indígena.	_____	_____	_____
GRUPO 2			
5. *Ganar* su independencia de España al final del siglo XIX.	_____	_____	_____
6. *Luchar* en una guerra contra los Estados Unidos en el siglo XIX.	_____	_____	_____
7. *Servir* como soldados en el ejército estadounidense durante la Segunda Guerra Mundial y en todas las siguientes guerras.	_____	_____	_____
8. Practican la religión católica.	_____	_____	_____

	A	B	C

GRUPO 3

9. Son ciudadanos de los Estados Unidos. ____ ____ ____

10. Ya *estar* establecidos en los Estados Unidos cuando *estallar* la revolución americana. ____ ____ ____

11. *Utilizar* el boicoteo como arma contra condiciones de trabajo injustas. ____ ____ ____

12. La mayoría vive en las grandes ciudades del noreste de los Estados Unidos. ____ ____ ____

Segundo paso: Análisis de los datos

■ ¿Cuánto sabía la clase con respecto a estos tres grupos hispanos? Reúnanse en su grupo para compartir la información obtenida y hacer una tabla de resumen para sus datos. Una persona de cada grupo debe servir de secretario/a para apuntar los resultados.

■ Luego, cada grupo debe elegir a un miembro que escriba su tabla de resumen en la pizarra para mostrarles los resultados a la clase.

■■■ ¡OJO!

	Examples	Notes
perder **faltar a** **echar de menos** **extrañar**	María llegó tarde y **perdió** el tren. *María arrived late and missed the train.* Joaquín estaba enfermo y **faltó a** la reunión. *Joaquín was sick and missed the meeting.* Cuando mi esposo sale de viaje, siempre lo **echo de menos (extraño)** mucho. *When my husband leaves town, I always miss him a lot.*	*To miss an opportunity or deadline* because of poor timing is expressed in Spanish with **perder.** *To miss an appointment or an event* in the sense of *not attending it* is expressed with **faltar a.** *To miss a person* who is away or absent can be expressed by either **echar de menos** or **extrañar.**
ahorrar **salvar** **guardar**	Hoy en día es difícil **ahorrar.** *Nowadays, it's difficult to save (money).* El salvavidas **salvó** al niño. *The lifeguard saved the child.* José **guardó** un trozo de pan. ¿Te lo **guardo**? *José saved a piece of bread. Shall I keep it for you?*	All of these words mean *to save.* **Ahorrar** is used to refer to money (savings). **Salvar** refers to *rescuing or saving a person or thing from danger.* *To save* in the sense of *to set aside* is expressed with **guardar,** which also means *to keep.*

Examples	Notes
llevar **tomar** **hacer un viaje** **tardar en** Los padres **llevan** a los niños al parque. *The parents take their children to the park.*	*To take* is generally expressed in Spanish with two verbs, **llevar** and **tomar. Llevar** means *to transport* or *to take someone or something from one place to another.*
Siempre **tomo** cuatro clases. *I always take four classes.*	**Tomar** is used in almost all other cases: *to take something in one's hand(s), to take a bus (train, etc.), to take an exam, to take a vacation.*
¿**Tomamos** el autobús de las 4:00? *Shall we take the 4:00 bus?*	
Acabamos de **hacer un viaje** por toda África. *We just took a trip through all of Africa.*	Two common exceptions are *to take a trip,* expressed with **hacer un viaje,** and *to take a certain amount of time to do something,* expressed by **tardar** + *amount of time* + **en** + *infinitive.*
¿Cuánto (tiempo) **tardas en** llegar a clase? *How long does it take you to get to class?*	
De niño, Paco siempre le quitaba los juguetes a su hermanita. *As a child, Paco always took toys away from his sister.*	As a general rule, when English *take* occurs with a preposition, it is expressed in Spanish by a single verb other than **tomar** or **llevar.** Here are some of the most common verbs of this type; **bajar** *to take down* **devolver** *to take back, return* **quitarle (algo) a alguien** *to take (something) away from someone* **quitarse** *to take off (clothing)* **sacar** *to take out* **subir** *to take up*
¿Puedes subirle una taza de té? *Can you take a cup of tea up to her?*	

A VOLVIENDO AL DIBUJO   Elija la palabra o expresión que mejor complete cada oración. ¡Cuidado! También hay palabras de los capítulos anteriores.

Después de la Revolución Cubana de 1959, muchas personas de las clases media y alta decidieron (moverse/trasladarse)[1] a Miami. (Como/Porque)[2] muchos de ellos (llevaron/tomaron)[3] consigo el dinero que habían (ahorrado/ salvado)[4] en Cuba, pudieron fundar negocios y no (llevaron/tardaron)[5] en prosperar. Además, por ser exiliados, el gobierno estadounidense los acogió bien y los (asistió/ayudó)[6] con dinero, documentos y trabajo, para que (sucedieran / tuvieran éxito)[7] en su adaptación. Así se formó la colonia cubana de la Florida, que (ha llegado a ser / se ha puesto)[8] una de las comunidades hispanas más prósperas de los Estados Unidos. (Por / Ya que)[9] su estatus económico, esta comunidad ha (logrado/sucedido)[10] una significativa influencia en las (cuestiones/preguntas)[11] políticas estadounidenses. Pero, como es natural, todos ellos (extrañan/pierden)[12] a su patria y (echan de menos / faltan)[13] a sus familiares. Muchos sueñan (con/de/en)[14] el día en que puedan (devolver/regresar)[15] a su país, lo cual depende (con/de/en)[16] que cambie la situación política de Cuba.

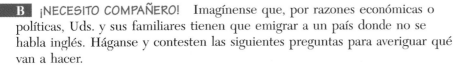 **B** ¡NECESITO COMPAÑERO! Imagínense que, por razones económicas o políticas, Uds. y sus familiares tienen que emigrar a un país donde no se habla inglés. Háganse y contesten las siguientes preguntas para averiguar qué van a hacer.

1. ¿A qué país van a trasladarse Uds.? ¿Por qué?

2. ¿Por qué medio(s) de transporte pueden hacer el viaje? ¿Cuánto tiempo van a tardar en llegar? ¿Qué van a llevar? ¿Qué es lo que más van a echar de menos?

3. ¿Piensan establecerse en el nuevo país para siempre o van a ahorrar dinero con la esperanza de regresar a su patria algún día?

4. ¿Creen que van a ser bien acogidos en el nuevo país? ¿Qué tendrán que hacer para adaptarse y tener éxito? ¿Van a lograr asimilarse? ¿Van a hacerse bilingües? ¿Van a mantenerse unidos y defender su propia herencia cultural? Expliquen sus respuestas.

■■■ REPASO

A Complete el párrafo, dando la forma apropiada de los verbos y expresando en español las frases en inglés. Cuando se dan dos palabras entre paréntesis, escoja la palabra apropiada.

El barrio Pilsen

(Twenty years ago)[1], si uno caminaba (por/para)[2] el barrio Pilsen en Chicago, se sentía profundamente deprimido. El barrio (mirar/parecer)[3] quieto y apagado, casi a punto de derrumbarse.[a] Hoy la misma caminata[b] produce una impresión completamente distinta. No hay duda que una parte de Pilsen —una buena parte, dirían[c] algunos— todavía (tener)[4] el aspecto gris y monótono de cualquier barrio pobre. Pero acá y allá *(are seen)*[5] brillantes colores rojos, verdes y amarillos. Ahora viejos coches Ford y Chevrolet comparten las calles con héroes de la historia de México. Gigantescas figuras aztecas y mayas luchan contra el deterioro urbano. *(It is)*[6] el muralismo.

Durante la Revolución Mexicana (1910–1920), el arte mural (ayudar)[7] a crear una nueva conciencia nacional entre los mexicanos, un nuevo orgullo cultural. Aquí en Pilsen, el pequeño México de Chicago, (ser/estar)[8] evidente que los murales (tener)[9] el mismo objetivo y el mismo efecto. (Por/Para)[10] ser un arte público, el muralismo (prestarse)[11] fácilmente a expresar los objetivos y las ansias de una generación de artistas *(who)*[12] tratan de afirmar su propia identidad cultural. La mayoría de los murales sugiere que la clave del progreso (por/para)[13] los hispanos actuales (ser/estar)[14] en su pasado indígena, no en la tradición europea.

(A short while back),[15] las obras de los muralistas *(were exhibited:* exhibir)[16] (por/para)[17] el Museo de Arte Contemporáneo de Chicago como parte de una exposición itinerante de arte hispano, «Raíces Antiguas / Visiones Nuevas», que *(was realized:* realizar)[18] en diez museos de los Estados Unidos. Sin embargo, (por/para)[19] los muralistas, el impacto de su arte en su propia comunidad es más importante. Este arte callejero[d] *(is welcomed)*[20] con entusiasmo por los residentes de Pilsen; esto no debe sorprendernos, ya que los murales *(are aimed:* dirigir)[21] a la comunidad y (ser/estar)[22] pintados por artistas *(who)*[23] viven en ella. En el barrio, donde antes (haber)[24] una melancólica decadencia, ahora *(is found)*[25] un naciente sentimiento de orgullo y nuevas ansias de reconstrucción.

[a]*falling apart* [b]*walk* [c]*would say* [d]*of the streets*

B ENTRE TODOS   Divídanse en grupos de tres a cinco estudiantes. Cada grupo va a estudiar los antecedentes étnicos de otro grupo de individuos que todos conocen: por ejemplo, la gente que vive en cierto piso de una residencia, los habitantes de una casa de apartamentos, la gente que vive en una calle determinada, los profesores de un departamento de la universidad, etcétera. Deben enterarse de cuándo llegaron los antepasados de cada individuo a este país, por qué salieron de su país de origen y cómo llegaron a la ciudad donde viven ahora. También deben averiguar la opinión de esas personas en cuanto a las leyes de inmigración de este país.

Luego, comparen los resultados de todos los estudios.

■ ¿Qué semejanzas y diferencias hay entre los grupos estudiados?

■ ¿Hay algún acuerdo con respecto a las leyes de inmigración?

CAPÍTULO 10

La vida moderna

Los Picos de Europa, Asturias, España

Exploraciones

La vida moderna está llena de contradicciones. Por una parte, un ritmo de vida rápido crea la necesidad de liberarse de la presión. Para lograr esta liberación, se adoptan frecuentemente hábitos que pueden perjudicar (*damage*) la salud: el alcohol, las drogas, el tabaco, etcétera. Al mismo tiempo, la sociedad reacciona con una gran preocupación por la salud, lo cual se refleja en la importancia que se da a las dietas y al ejercicio físico. ■■■

A NIVEL PERSONAL

■ Haga dos listas: una con algunas costumbres beneficiosas para la salud y otra con algunos hábitos perjudiciales.

■ ¿Qué conclusión puede Ud. sacar de estas listas?

■ ¿Se considera Ud. una persona saludable o no? ¿Qué le gustaría cambiar de su vida?

A NIVEL REGIONAL

■ ¿Cuáles son algunos hábitos y dependencias comunes en su región? ¿Se puede observar en su comunidad alguna preocupación por la salud? ¿Qué evidencia hay? ¿Hay muchos gimnasios o restaurantes y tiendas de comida dietética (*health food*)?

■ Comparada con otras regiones de este país, ¿cree Ud. que en su región hay una preocupación particular por la salud? Explique.

A NIVEL GLOBAL

■ ¿Cree Ud. que la salud tiene más importancia en este país que en otras partes del mundo? ¿Qué diferencias cree que puede haber entre los hábitos y costumbres de este país y los de otros países? Considere temas como el alcohol, el tabaco, las drogas, la comida chatarra (*junk food*), el ejercicio y las dietas.

■ Busque información sobre un plato típico de un país o una región hispanohablante. ¿Cómo clasificaría (*would you classify*) este plato, muy saludable, un poco saludable o no saludable? Comparta su información con sus compañeros de clase.

Describir y comentar

 The *Pasajes Online Learning Center* (**www.mhhe.com/ pasajes6**) contains new interactive activities to practice the material presented in this chapter.

■ Describa lo que pasa en estos dibujos. ¿Qué hacen las personas? ¿Qué edad tienen? ¿Cómo se comportan? ¿Por qué se comportan así?

■ ¿Dónde hay alguien que fuma? ¿que se droga? ¿que se emborracha? ¿que hace ejercicio? ¿que sigue su dieta? ¿Dónde hay teleadictos?

■ Use el vocabulario de la página siguiente para hacer una lista de los hábitos y costumbres que se ven en estos dibujos. ¿Cuáles de estas actividades clasificaría (*would you classify*) como perjudiciales para la salud? Póngalas en orden de gravedad, justificando su clasificación. ¿Cuáles clasificaría como beneficiosas?

■ De todas las personas en estos dibujos, ¿cuál cree que es la más feliz? ¿Por qué? ¿Cree que sigue una vida feliz o que solamente parece feliz en este momento?

aprobar (ue) to approve
bajar de peso to lose weight
comportarse to behave
consumir drogas to take drugs
desaprobar (ue) to disapprove
emborracharse to get drunk
fumar to smoke
hacer daño to harm, injure
hacer ejercicio to exercise
prohibir to forbid, prohibit
subir de peso to gain weight
tomar una copa to have a drink

el/la adicto/a addict
el alcohol alcohol
los alucinógenos hallucinogens
el azúcar sugar
la borrachera drunkenness; drinking spree, binge
el café coffee
   la cafeína caffeine
el calmante sedative
el cigarrillo cigarette
la cocaína cocaine
la comida chatarra junk food
el comilón, la comilona heavy eater
el contrabando contraband, smuggling

la dependencia dependence
el ejercicio aeróbico aerobic exercise
el estrés stress
el/la fumador(a) smoker
el gimnasio gym, health club
el hábito habit
la heroína heroin
la marihuana marijuana
la nicotina nicotine
las pastillas pills
la receta médica prescription
el régimen special diet, regimen
la salud health
la sobredosis overdose
el tabaco tobacco; cigarettes
la televisión television (programming)
   el televisor television (set)
la toxicomanía (drug) addiction
   el/la toxicómano/a (drug) addict
el vicio bad habit, vice

beneficioso/a beneficial
borracho/a drunk
goloso/a sweet-toothed; greedy (*about food*)
perjudicial damaging, harmful
saludable healthy

A ¿Qué palabra no pertenece al grupo? Explique por qué.

1. el alcohol, tomar una copa, el toxicómano, la borrachera
2. el comilón, el cigarrillo, goloso/a, los dulces
3. la toxicomanía, consumir drogas, drogarse, aprobar
4. régimen, hacer ejercicio, el contrabando, saludable

B Explique la diferencia entre cada par de palabras.

1. desaprobar / prohibir
2. tomar una copa / emborracharse
3. la televisión / el televisor
4. el hábito / el vicio
5. los alucinógenos / las pastillas

C Identifique los estimulantes y calmantes de la lista de vocabulario. Indique cuáles de ellos son prohibidos en este país y cuáles no.

- ¿Cuáles han sido prohibidos en el pasado pero ya no lo son? ¿Por qué se cambiaron las leyes?

- ¿Cree Ud. que en el futuro van a cambiarse las leyes que regulan algunas de estas sustancias? ¿las de cuáles sustancias?

- ¿Cuáles son los beneficios y los peligros de la legalización del tabaco? ¿del alcohol? ¿de la marihuana? ¿de la cocaína y otras drogas parecidas?

D ¡NECESITO COMPAÑERO! Trabajando en parejas, decidan cuáles de las palabras de la lista de vocabulario se pueden clasificar según las siguientes categorías. Cada palabra puede colocarse en una sola categoría.

Causan problemas	Resultan de problemas	Resuelven problemas

Cuando terminen su clasificación, compárenla con la de sus otros compañeros de clase. ¿Hay gran diferencia de opiniones? ¿Hay palabras que en realidad se *necesiten* colocar en más de una categoría? Expliquen.

E ENTRE TODOS

- ¿Opina Ud. que se debe limitar el uso de la televisión de alguna manera?

- ¿Hay semejanzas entre los intentos de controlar la televisión y los intentos de controlar la venta de tabaco? ¿Cuáles son?

- ¿Es posible controlar a las personas muy comilonas, ya que se hacen daño a sí mismas?

¿Qué le dice el hijo a su padre? ¿Qué quiere hacer el padre? ¿Cómo justifica su hábito? ¿Cree Ud. que la avanzada edad del padre es una justificación para su adicción al tabaco? ¿para otras dependencias? Cuando Ud. tenga 80 años, ¿va a permitirse el lujo de tener algunos vicios?

La televisión en el mundo hispano

EN ESTE PAÍS estamos tan acostumbrados a la televisión que realmente no pensamos mucho en ella. La encendemos[a] por muchas razones: para enterarnos de las últimas noticias, para informarnos sobre algún asunto de interés personal, para reírnos, para escuchar música o simplemente para relajarnos después de un día difícil. Hay programas para todos los intereses, incluyendo canales hispanohablantes. También la televisión tiene un papel muy importante en el mundo hispano.

En Hispanoamérica, mucha gente tiene acceso a los mismos programas que vemos en este país todos los días. Aún en los pueblos más pequeños y remotos se puede ver al lado de muchas casas antena parabólica para televisión por satélite. Y el gran número de países hispanohablantes en Hispanoamérica significa que la gente de un país puede disfrutar de los programas que se producen en otro. Por ejemplo, se exportan muchas telenovelas[b] de Venezuela, Colombia y México a sus países vecinos. Otros programas en español llegan de este país, donde se estrenan[c] originalmente para el mercado hispano y luego son enviados a otros países. Y claro que los aficionados al fútbol americano y a otros deportes norteamericanos pueden ver los partidos de su equipo favorito.

Al mismo tiempo, los norteamericanos no tienen que perder sus programas preferidos cuando están de visita en Hispanoamérica. Pueden ver su programa favorito —doblado[d] en español o a veces en inglés si la parabólica puede captar la señal[e] original. Tampoco tienen que preocuparse por no estar al día[f] en cuanto a lo que pasa en su país durante una ausencia. A veces en la televisión hispana hay más noticias sobre este país que sobre los países hispanoamericanos. Además, muchos hispanoamericanos están bien informados de las últimas tendencias de la cultura popular en este país, por ejemplo, los últimos éxitos musicales, películas y ropa de moda.

Sin embargo, hay algunas diferencias también. Los hispanoamericanos no suelen encender el televisor al despertarse en la mañana y dejarlo encendido hasta la hora de acostarse como se hace en muchas casas norteamericanas. Tampoco es común tener televisores por toda la casa. En el mundo hispano, ver la televisión tiende a ser una actividad que se comparte con toda la familia. El televisor generalmente es el centro de la sala donde se encuentra, y durante el programa, frecuentemente se hacen comentarios sobre lo que se ve. Lo que sí es cierto es que la televisión ha llegado a ser una parte importante en la vida cultural de los países hispanos como lo es en este país. ■

A los miembros de esta familia española, les gusta ver la televisión juntos.

[a]La... *We turn it on* [b]*soap operas* [c]*se... are premiered* [d]*dubbed* [e]*signal* [f]*estar... to be up to date*

- De todas las dependencias, ¿cuáles tienen mayores repercusiones en la vida de los amigos y familiares de la persona adicta? ¿Por qué?

- ¿Cuáles son las mejores formas de mantenerse en buena salud? ¿En qué consiste una dieta equilibrada?

- ¿Es posible tener algunos vicios y al mismo tiempo mantener una vida saludable? Dé ejemplos específicos para justificar su respuesta.

Lengua

■■■ 38 DE ENTRADA

Muchas personas piensan que se ha iniciado una nueva era de paz y armonía entre los seres humanos y que sus efectos serán más notorios en las próximas décadas. ¿Qué opina Ud. de las siguientes predicciones para el futuro? ¿Cree que podrían realizarse en los próximos 100 años? ¿Por qué sí o por qué no? Todos los verbos conjugados en el siguiente párrafo están en el tiempo futuro (*will*) o en el tiempo condicional (*would*). ¿Puede Ud. identificar algunos ejemplos? A continuación va a estudiar las formas y los usos de estos dos tiempos verbales.

En el año 2050 será legal drogarse, pero nadie tendrá ninguna dependencia puesto que todos estarán más interesados en su desarrollo personal que en la satisfacción de intereses egoístas. Terminará el contrabando de estimulantes, y todos los vicios serán reemplazados por un sentimiento de bienestar general. En teoría, podríamos ser comilones, borrachos, fumadores, toxicómanos o teleadictos, pero nadie querrá serlo porque viviremos en un mundo de colaboración creativa. Todos podremos aportar lo mejor que tenemos y no nos interesará competir con los demás ni juzgar su modo de vivir. ■

■■ 38 Future and Conditional

In general, the Spanish future (**el futuro**) corresponds to English *will;* the conditional (**el condicional**) corresponds to English *would.*

A. Forms of the future and conditional

Unlike other verb forms you have learned, regular forms of both the future and conditional use the entire infinitive as the stem. Note that only the **nosotros/as** forms of the future do not have a written accent, and all verbs—regular and irregular— use the endings shown in the following chart.

Future		Conditional	
hablaré	hablar**emos**	hablaría	hablar**íamos**
hablarás	hablar**éis**	hablarías	hablar**íais**
hablará	hablar**án**	hablaría	hablar**ían**
comeré	comer**emos**	comería	comer**íamos**
comerás	comer**éis**	comerías	comer**íais**
comerá	comer**án**	comería	comer**ían**
viviré	vivir**emos**	viviría	vivir**íamos**
vivirás	vivir**éis**	vivirías	vivir**íais**
vivirá	vivir**án**	viviría	vivir**ían**

Twelve verbs have irregular stems in the future and conditional.°

caber → **cabr-**	poner → **pondr-**	decir → **dir-**
haber → **habr-**	salir → **saldr-**	hacer → **har-**
poder → **podr-**	tener → **tendr-**	
querer → **querr-**	valer → **valdr-**	
saber → **sabr-**	venir → **vendr-**	

B. Use of the future and conditional

In both Spanish and English, the most common use of the future and conditional is to indicate a subsequent action. The future describes an action that will take place sometime after a *present* reference point; the conditional describes an action that will take place sometime after a *past* reference point.

REFERENCE POINT		SUBSEQUENT ACTION
PRESENT	Prometen que	**no fumarán** otra vez.
	They promise that	*they won't smoke again.*
PAST	Prometieron que	**no fumarían** otra vez.
	They promised that	*they wouldn't smoke again.*

The use of the future tense, however, is less frequent in Spanish than in English. There are two common alternatives to the future tense.

1. **The simple present tense.** For actions that occur in the immediate future, the simple present tense is used.

Los estudiantes **se reúnen** con el decano en 10 minutos.	*The students will meet with the dean in 10 minutes.*
Nos vemos mañana.	*We'll see each other tomorrow.*

2. **The *ir a* + *infinitive* construction.** To express the future, **ir** is conjugated in the present tense; to express the conditional, it is conjugated in the imperfect.

Pedro **va a asistir** mañana.	*Pedro is going to attend (will attend) tomorrow.*
Sara pensaba que todos **iban a llegar** temprano.	*Sara thought that everyone was going to arrive (would arrive) early.*

The simple future often implies a stronger commitment or sense of purpose on the part of the speaker than the **ir a** + *infinitive* construction. Compare these examples.

¡**Iré** al concierto!	*I will go to the concert!*
Voy a ir al concierto esta noche.	*I'm going to go to the concert tonight.*

Besides indicating a subsequent action, the Spanish future and conditional have another common use: to express conjecture or uncertainty. The future expresses English *probably* + *present tense;* the conditional expresses English *probably* + *past tense.*

°Most compound verbs have the same irregularities: **mantener** → **man*tendr*-, proponer** → **pro*pondr*-,** etc. However, a few compound verbs maintain the infinitive as the stem for the future and conditional: **predecir** (*to predict*) → **pre*decir*-, bendecir** (*to bless*) → **ben*decir*-.**

A PROPÓSITO

English *would* does not always correspond to the Spanish conditional. Note the following uses.

- Polite requests with *would* in English can be expressed with the conditional or the past subjunctive in Spanish.

  ¿**Podrías** dejar de fumar?
  ¿**Pudieras** dejar de fumar?
  Would/Could you (please) stop smoking?

- English *would* meaning *used to* is expressed with the imperfect in Spanish.

  Siempre **fumábamos** un cigarrillo después de comer.
  We always would (used to) smoke a cigarette after eating.

	Expression of a Fact	Probability or Conjecture
present	¿Qué hora **es**? *What time is it?* **Son** las 3:00. *It's 3:00.*	¿Qué hora **será**? *I wonder what time it is.* **Serán** las 3:00. *It's probably 3:00.*
past	¿Cuántos años **tenía**? *How old was she?* **Tenía** 30 años. *She was 30 years old.*	¿Cuántos años **tendría**? *I wonder how old she was.* **Tendría** 30 años. *She was probably 30 years old.*

As in English, the future tense can also be used to express commands.

Comerás las espinacas.   *You will eat your spinach.*
No **matarás**.   *Thou shalt not kill.*

PRÁCTICA   Paco es un adolescente de 15 años. No le gusta obedecer a sus padres para nada y, por lo tanto, cada vez que ellos le dicen que haga algo, les contesta que lo hará al día siguiente. Imaginándose que Ud. es Paco, conteste los siguientes mandatos y peticiones de sus padres. No se olvide de usar los complementos pronominales cuando sea posible.

     MODELO: Paco, limpia tu habitación. → La limpiaré mañana.

1. Paco, saca la basura.
2. Paco, deja de fumar.
3. Paco, echa esos cigarrillos a la basura.
4. Paco, haz ejercicio.
5. Paco, ¿podrías poner la mesa?
6. Paco, tráeme unas galletas.
7. Paco, ¿pudieras hacerme un postre para la fiesta?
8. Paco, sal a caminar.

■■■ 38 INTERCAMBIOS

AUTOPRUEBA   Complete el siguiente texto con la forma apropiada del futuro o del condicional de los verbos entre paréntesis.

Antes de presentarme para el examen para sacar mi licencia de conducir, creía que no (haber)[1] ningún problema. Había practicado[a] mucho y todos me aseguraban que el examen (ser)[2] muy fácil. Mi amigo Hugo me explicó exactamente lo que yo (tener)[3] que hacer. (Entrar: yo)[4] en la oficina y le (dar)[5] mi nombre a la recepcionista. (Esperar)[6] unos minutos hasta que el examinador me llamara. Los dos (ir)[7] al coche y el examinador (verificar)[8] que el coche estaba en buenas condiciones. (Subir: nosotros)[9] al coche y yo (seguir)[10] las indicaciones del examinador. ¡Fácil!

Pero no fue nada fácil. De hecho, fue un desastre. Me negaron[b] la licencia y estaba muy triste. La próxima vez me (aprobar: ellos)[11]. (Estar: yo)[12] menos nervioso. (Salir)[13] a practicar cada mañana. (Poder)[14] hacerlo todo automáticamente sin tener que pensar. Y al final del examen, ¡(tener)[15] la licencia!

^aHabía... *I had practiced* ^bMe... *They refused to give me*

Respuestas: 1. habría 2. sería 3. tendría 4. Entraría 5. daría 6. Esperaría 7. Iríamos 8. verificaría 9. Subiríamos 10. seguiría 11. aprobarán 12. Estaré 13. Saldré 14. Podré 15. tendré

A ¡NECESITO COMPAÑERO! Trabajando en parejas, háganse y contesten las siguientes preguntas. Luego, compartan con la clase lo que han aprendido, usando el condicional según el modelo.

MODELO: ESTUDIANTE A: ¿Qué harás al salir de esta clase?
ESTUDIANTE B: Iré a mi clase de biología.
ESTUDIANTE A: (Nombre de ESTUDIANTE A) dijo que iría a su clase de biología.

1. ¿Qué harás al salir de esta clase?
2. ¿Qué harás al llegar a casa esta noche?
3. ¿Qué harás antes de cenar?
4. ¿Qué harás para ser más feliz el próximo semestre/trimestre?
5. ¿Qué harás cuando te gradúes?
6. ¿Qué harás este año para ayudar a otra persona?
7. ¿Qué vicio dejarás en el futuro? ¿Cómo lo dejarás?

B Cuando Ud. era más joven, ¿cómo creía que reaccionaría ante las siguientes experiencias? Use los verbos indicados, más uno que le parezca apropiado, para inventar una oración para cada experiencia. No es necesario usar todos los verbos en una sola oración, ni usarlos en el mismo orden en que aparecen. Si Ud. nunca ha tenido ninguna experiencia de éstas, ¿cómo cree que será?

MODELO: la universidad (aprender, asistir, vivir, ¿ ?) →
Creía que asistiría a una universidad lejos de mi casa, que viviría en la residencia durante mi primer año, que aprendería muchas cosas nuevas y que conocería a mucha gente interesante.

1. la primera cita (llevar, pagar, salir, ¿ ?)
2. las drogas (consumir, experimentar, gustar, ¿ ?)
3. el examen para conseguir la licencia de conducir (chocar, practicar, tener problemas, ¿ ?)
4. el primer trabajo (emplear, ganar, poder, ¿ ?)
5. la primera experiencia con el alcohol (descubrir, emborracharse, tomar, ¿ ?)
6. vivir lejos de la familia (escribir, estar, ser difícil/fácil, ¿ ?)

C GUIONES Ud. no conoce a las personas que aparecen en los dibujos de la página siguiente, pero fijándose en los detalles de cada dibujo, puede especular sobre su personalidad, su estilo de vida, su pasado, etcétera. Trabajando en grupos de tres o cuatro personas, describan a los individuos y las escenas que se ven. Usen el futuro o el condicional, según el caso.

MODELO: Los niños tendrán 10 años. Ésta será la primera vez que fuman. Una de las mujeres será la madre de los niños y la otra será la esposa de un clérigo. La madre… La otra mujer… Los niños…

1.

2.

3.

4.

D ¡NECESITO COMPAÑERO! Imagínese que Ud. y un amigo / una amiga realizaron las siguientes actividades. Descríbanlas, incorporando en su descripción las respuestas a estas preguntas generales.

- ¿Qué motivos tendrían para hacerlas?
- Cómo se sentirían al hacerlas?
- ¿Cómo se sentirían inmediatamente después?
- ¿Qué sentirían al día siguiente?
- ¿Les gustaría repetir la experiencia? ¿Por qué sí o por qué no?

MODELO: bailar toda la noche →
Tal vez estaríamos celebrando el fin de los exámenes. Nos sentiríamos muy contentos. Inmediatamente después, estaríamos cansadísimos, pero no querríamos ir a casa a dormir porque tendríamos hambre. Al día siguiente tendríamos mucho sueño y no podríamos levantarnos. ¡Claro que lo haríamos otra vez. Pero quizás bailaríamos un rato solamente, y después, nos iríamos a casa.

1. mirar la televisión por cinco horas seguidas
2. fumar marihuana
3. comer una comida grandísima
4. beber diez tazas de café durante el día
5. correr un maratón
6. comer en un restaurante vegetariano

Pasaje cultural

«Niño gordito, niño sanito», es un refrán que ha demostrado la actitud tradicional hacia la alimentación de los niños en el mundo hispano. Hace algunas décadas, esta filosofía no causaba tantos problemas. Pero hoy, debido a varios factores de la vida moderna, tal actitud puede ser bastante perjudicial para los niños de temprana edad.

El problema de la obesidad infantil en Chile

En una cafetería preescolar en Chile

Antes de ver

■ No es gran novedad (*It's nothing new*) que la obesidad sea un problema en este país. ¿Cuáles son algunos de los factores que han contribuido a la extensión de este problema en nuestro país?

■ Pero, dirían algunos, por cada factor que contribuye al problema de la obesidad, hay otro que puede servir como un recurso para eliminarlo. ¿A qué recursos tenemos acceso en este país para eliminar este problema? Incluya en su respuesta cómo estos recursos pueden servir para enflaquecer (*to make thinner*) a la gente de este país y anular los efectos de esta epidemia nacional.

■ ¿Cuáles son algunas de las complicaciones médicas que pueden amenazar (*threaten*) a los que sufren de obesidad?

■ ¿Cree Ud. que éste es uno de los problemas que sí se resolverán en este país algún día? Explique su respuesta.

■ Ahora lea con cuidado la actividad en **Vamos a ver** antes de ver el vídeo por primera vez.

Vamos a ver

Indique si las siguientes afirmaciones son ciertas (**C**) o falsas (**F**), según lo que Ud. aprende en el vídeo. Corrija las oraciones falsas.

		C	F
1.	Según el Dr. Ricardo Uauy, el hecho de que la diarrea y otras infecciones sean menos frecuentes ahora que antes ha contribuido al aumento del índice de la obesidad.	❏	❏
2.	Factores como la televisión y la comida chatarra realmente no han fomentado el problema tanto como se podría pensar.	❏	❏
3.	El índice de la obesidad en Chile se ha triplicado (*tripled*) y, sorprendentemente, hay niños de temprana edad que sufren de problemas con el colesterol.	❏	❏
4.	Pero Chile no está acercándose al grado que este problema presenta para los Estados Unidos.	❏	❏

		C	F
5.	Una buena estrategia contra la obesidad debe incluir la prevención.	☐	☐
6.	Desafortunadamente, organizaciones como la JUNJI (Junta Nacional de Jardines Infantiles [*Kindergartens*]) y la JUNAEB (Junta Nacional de Auxilio Escolar y Becas) no tienen los recursos económicos para hacer investigaciones y tratar de eliminar la epidemia.	☐	☐
7.	Los de la JUNAEB no saben si sus esfuerzos están afectando el índice de obesidad a nivel preescolar o no.	☐	☐
8.	No es necesario que las familias y los jardines infantiles trabajen juntos para asegurar la buena alimentación de los niños.	☐	☐
9.	Desafortunadamente, la actitud de «niño gordito, niño sanito» sigue siendo muy popular en las casas chilenas de hoy.	☐	☐

Después de ver

- Qué impresión le da a Ud. el vídeo sobre el problema de la obesidad infantil en Chile?

- Trabajando en grupos, hagan una lista de los factores que han influenciado en el problema de la obesidad infantil en Chile. También hagan una lista de algunas de las estrategias que la sociedad podría aprovechar en el futuro para eliminar el problema de la obesidad infantil y general en este país o a nivel mundial. ¿Creen Uds. que se adoptarán algunas de las estrategias de su lista en el futuro? ¿Por qué sí o por qué no?

- Busque mayor información sobre el problema de la obesidad en el mundo hispano. Ud. puede incluir información sobre organizaciones como las de Chile que se mencionaron en el vídeo: la JUNJI, la JUNAEB o el Instituto de Nutrición y Tecnología de los Alimentos (INTA). Pero también trate de encontrar detalles específicos sobre algunos de los remedios que se están realizando actualmente para eliminar esta epidemia mundial. Comparta su información con sus compañeros de clase.

▪▪▪ 39 DE ENTRADA

Empareje las siguientes condiciones con su resultado lógico. Después, exponga sus propias opiniones al respecto.

CONDICIONES

1. Si se eliminara la industria del tabaco,…
2. Si desarrolláramos nuestra creatividad,…
3. Si tomas demasiado café,…
4. Si se legalizara el consumo de drogas,…

RESULTADOS

a. no podrás dormir esta noche.
b. los fumadores buscarían otros vicios.
c. terminaría el contrabando de narcóticos.
d. tendríamos menos interés en los vicios.

¿Cuáles de estas oraciones describen algo que es probable o muy posible que ocurra? ¿Y cuáles describen situaciones hipotéticas (es decir, más o menos remotas)? ¿Qué tiempos y modos verbales se utilizan en cada caso? La siguiente explicación puede ayudarlo/la a aclarar esto.

▪▪ 39 *If* Clauses with Simple Tenses

An *if* clause is joined to a result clause. The two clauses can occur in either order.

> If you have time (*if* clause), you should see that movie (result clause).
> They will let us know (result clause) if they need anything (*if* clause).

If clauses can introduce two different perceptions of reality: (1) as possible or probable; (2) as hypothetical (contrary to fact). In Spanish, the first of these messages is expressed with the indicative; the second is expressed with the past subjunctive.

A. Possible or probable situation: Indicative

If the situation in the *if* clause is perceived as possible or probable, the indicative mood is used. The most common sequences of tenses in these sentences are shown in the following chart. Remember, the clauses can occur in either order.

If Clause	Result Clause
si + present indicative	present indicative future command

Si me **llevas** a la fiesta, te **pago** la gasolina.	*If you take me to the party (probable), I'll pay for the gas.*
Lo **veré** si **voy** a España.	*I will see him if I go to Spain (possible).*
Escríbeme si **tienes** tiempo.	*Write me if you have time (possible).*

The phrase **como si** (*as if*) is *always* followed by the past subjunctive in Spanish because it signals a hypothetical situation.

Habla **como si tuviera** experiencia personal.
He speaks as if he had first-hand experience.

Anda **como si estuviera** borracha.
She walks as if she were drunk.

B. Hypothetical (contrary to fact) situation: Past subjunctive

When the situation is perceived as hypothetical (contrary to fact), the past subjunctive is used in the *if* clause and the conditional is used in the result clause.

If Clause	Result Clause
si + past subjunctive	conditional

Si **tuviera** mucho dinero, **me comportaría** mejor.
If I had a lot of money (but I don't), *I would behave better.*

Cambiaría esa ley si yo **tuviera** el poder de hacerlo.
I would change that law if I had the power to do so (but I don't).

In most dialects of Spanish, the present subjunctive *never* occurs in an *if* clause. When a situation is hypothetical, it must be expressed in the past subjunctive.

Sometimes the *if* clause is only implied, not explicitly stated. In this case the result clause is still expressed in the conditional.

¿Qué **haría** Ud.?
What would you do (if you were in that situation, if you were I, etc.)?

No lo **diría** yo, claro.
I wouldn't say that, of course (if I were asked, etc.).

PRÁCTICA   Diga si se debe usar el subjuntivo o el indicativo en las siguientes oraciones. Luego, exprese en español las palabras *en letra cursiva azul*.

1. If this *is* a French restaurant, *I'll eat* my hat.
2. If *I knew* the answer, *I wouldn't ask*.
3. If *he weren't* so egotistical, *he wouldn't say* that.
4. *You can call* if *you need* anything.
5. *He speaks* as if *he approved* of it all.
6. My friends *would understand* if *I arrived* late.
7. If *you come, bring* your compact disks.
8. If *I see* him, *I'll tell* him you called.

■■■ 39 INTERCAMBIOS

AUTOPRUEBA   Complete las siguientes oraciones con la forma apropiada de los verbos entre paréntesis, según el contexto. ¡Cuidado! Algunas oraciones representan situaciones hipotéticas y otras situaciones posibles.

Situaciones hipotéticas:

1. Jorge bebe demasiada cerveza. Si (tomar) menos, no (tener) resaca (*hangover*) cada mañana.

2. Uds. fuman mucho. Si no (fumar) tanto, no (toser [*to cough*]) tanto.

3. ¡Qué comilón eres! (Poder) bajar de peso si (comer) menos.

4. No he tomado café hoy. (Estar) más alerta si (tomar) un café ahora mismo.

Situaciones posibles:

5. (Comprar: tú) pan si (pasar) por la panadería hoy.

6. Si (hace) sol mañana, (ir: nosotros) a la playa.

Respuestas: 1. tomara, tendría **2.** fumaran, toserían **3.** Podrías, comieras **4.** Estaría, tomara **5.** Compra, pasas **6.** hace, iremos/vamos

---

A Pasamos mucho tiempo pensando en cómo sería nuestra vida si cambiáramos algunos de nuestros hábitos. En la lista que sigue aparecen algunos de los hábitos que tienen ciertas personas. Explique qué pasaría si dejaran esos hábitos.

MODELO: Antonio consume drogas. →
   Si no las consumiera, tendría menos problemas en el trabajo.

1. María Pilar es muy comilona.

2. Antoñito se entretiene con videojuegos todo el día.

3. Pedro se emborracha todas las noches.

4. Ángela fuma.

5. Rafael escucha música fuerte (*loud*) todo el día.

6. Amalia bebe diez tazas de café al día.

B Una de las causas socioculturales de los vicios son las connotaciones positivas que se asocian con las personas que los tienen. Por ejemplo, si uno fuma pipa, los demás creerán que es una persona intelectual o refinada. ¿Qué ideas «positivas» se asocian con los siguientes vicios?

1. Si uno fuma cigarrillos Marlboro,…

2. Si uno bebe vinos caros,…

3. Si uno fuma marihuana,…

4. Si uno puede beber mucho whisky sin emborracharse,…

5. Si uno juega con frecuencia en los casinos,…

6. Si uno tiene relaciones sexuales con muchas personas diferentes,…

7. Si uno inhala cocaína,…

8. Si uno se droga con extasis (heroína, ¿ ?),…

¿Cree Ud. que son ciertas estas connotaciones «positivas»? ¿Son aplicables a personas de ambos sexos? Explique.

C Todos tenemos nuestra manera de manejar las pequeñas molestias (*hassles*) de todos los días. ¿Cómo reacciona Ud. en las siguientes situaciones comunes? Puede usar una de las reacciones que se dan en la lista a la derecha o puede inventar otras.

SITUACIONES COMUNES	REACCIONES POSIBLES
1. Si estoy nervioso/a, _____.	comer chocolate
2. Si estoy aburrido/a, _____.	dormir
3. Si estoy preocupado/a por mis clases, _____.	empezar un régimen
	fumar
4. Si tengo mucho trabajo y poco tiempo, _____.	hacer ejercicio
	ir de compras
5. Si tengo mucho tiempo y poco trabajo, _____.	llamar a un amigo / una amiga
	mirar la televisión
6. Si estoy preocupado/a por mi peso, _____.	sonreír
	tomar una copa
7. Si ¿ ?, _____.	¿ ?

¿Cuáles son los mecanismos que se utilizan con más frecuencia para poder soportar las molestias? ¿Hay diferencias entre los usados por los hombres y los que usan las mujeres? ¿Cree Ud. que las respuestas serían diferentes si se entrevistara a personas de diferentes generaciones?

Ahora, indique qué haría Ud. en una situación menos común, como una de las siguientes.

8. Si me suspendieran (*they flunked*) en un examen importantísimo, _____.

9. Si ganara un millón de dólares en la lotería, _____.

10. Si un amigo / una amiga me dijera que él/ella tenía problemas a causa del consumo de alguna droga, _____.

11. Si *todos* los pantalones me quedaran demasiado estrechos (*tight*), _____.

D ¡NECESITO COMPAÑERO! Trabajando en parejas, háganse y contesten las siguientes preguntas. Luego, compartan con la clase lo que han aprendido.

1. Si dieras una fiesta y un invitado / una invitada te preguntara si allí se podía fumar marihuana, ¿qué le dirías?

2. Si ganaras un viaje para dos personas a cualquier país del mundo, ¿a quién invitarías? ¿Adónde irían Uds.?

3. Si pudieras cambiar algún aspecto de tu personalidad o de tu cuerpo, ¿cuál cambiarías? ¿Por qué? ¿Qué aspecto *no* cambiarías por nada del mundo?

4. Si la MGM te ofreciera un papel en una película de Hollywood, ¿lo aceptarías? ¿Con tal de qué?

5. Si todos pudiéramos leer los pensamientos de los demás, ¿cómo sería la vida social? ¿la vida política? ¿las relaciones entre enamorados?

Ante las drogas nadie puede esconder la cabeza.
Porque es un problema que nos afecta a todos.

E Observe el anuncio a la izquierda y conteste las preguntas.

■ ¿Qué sugiere la imagen del avestruz que escoge la cabeza?

■ ¿Es ésta una manera lógica de resolver los problemas? ¿Por qué sí o por qué no?

■ ¿Conoce Ud. a personas que actúen como si la toxicomanía no fuera problema de todos?

■ ¿Nos afecta a todos el consumo de drogas? Explique.

F **¡NECESITO COMPAÑERO!** Muchos avances tecnológicos nos hacen la vida más fácil. Trabajando en parejas, imagínense qué harían si las siguientes comodidades no existieran.

- las computadoras
- los estéreos
- los gimnasios
- los hornos microondas

- el Internet
- los teléfonos celulares
- la televisión
- ¿ ?

▪▪▪ 40 DE ENTRADA

¿Cuáles son las dependencias más perjudiciales? Seleccione las palabras de la lista que expresan sus propias opiniones para completar las siguientes oraciones. Algunas palabras pueden usarse más de una vez.

el alcohol	el café	la heroína	el tabaco
el azúcar	la cocaína	la marihuana	la televisión

1. _____ hace menos daño que _____.
2. Los efectos de _____ son mayores que los de _____.
3. _____ es tan perjudicial como _____.
4. _____ crea tanta dependencia como _____.
5. _____ es el vicio más peligroso de todos.

En estas oraciones se utilizan los comparativos y superlativos del español. La siguiente explicación lo/la ayudará a emplearlos correctamente.

▪▪ 40 Comparisons

Comparisons establish equality (*as big as, as small as,* etc.) or inequality (*bigger than, smaller than,* etc.) between two or more objects. Comparisons may involve adjectives, nouns, adverbs, or verbs.

ADJECTIVE	He is *taller than* she is.
NOUN	We have *as many books as* they do.
ADVERB	She runs *faster than* anyone else does.
VERB	We read *as much as* Henry does.

The form of Spanish comparisons is determined by what is being compared and by whether the statement expresses equality or inequality.

A. Comparisons of equality

Comparisons of equality (**las comparaciones de igualdad**) are expressed with three forms: one for adjectives and adverbs, one for nouns, and one for verbs. All contain the word **como.**

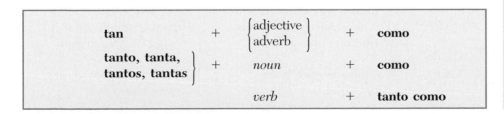

Table shown in image:

tan	+	adjective / adverb	+	**como**
tanto, tanta, tantos, tantas	+	*noun*	+	**como**
		verb	+	**tanto como**

◥◥◥◥ A PROPÓSITO ◥◥

In addition to their comparative meanings, expressions with **tan(to)** also have quantitative meanings:

tanto/tantos = *so much/many,* **tan** = *so.*

¡Tengo **tantos problemas!**
I have so many problems!

¡Era **tan joven!**
He was so young!

No debes **fumar tanto.**
You shouldn't smoke so much.

▲▲▲▲▲▲▲▲▲

- When adjectives are involved, the adjective always agrees with the first noun mentioned. Adverbs do not show agreement.

ADJECTIVE	La cerveza es **tan embria-gadora como** el vino.	*Beer is as intoxicating as wine.*
	El vino es **tan embriagador como** la cerveza.	*Wine is as intoxicating as beer.*
ADVERB	La cerveza no te afecta **tan rápido como** el vino.	*Beer does not affect you as quickly as wine (does).*

- When nouns are involved, **tanto** agrees with the noun in number and gender. **Como** is invariable.

Ud. tiene **tantos amigos como** un millonario.	*You have as many friends as a millionaire (does).*
Le darán a él **tanta ayuda como** a los otros.	*They'll give as much help to him as to the others.*

- When verbs are the point of comparison, the expression **tanto como** follows the verb. This expression shows no agreement.

Trabaja **tanto como** un mulo.	*He works as hard as a mule.*
Beben **tanto como** yo.	*They drink as much as I do.*

Note that subject pronouns are used after **como.**

B. Comparisons of inequality

Comparisons of inequality (**las comparaciones de desigualdad**) are expressed with two forms in Spanish: one for adjectives, adverbs, and nouns; one for verbs. Both forms contain **más/menos** and **que.**

más/menos	+	$\begin{cases} adjective \\ adverb \\ noun \end{cases}$	+	**que**
verb	+	**más/menos**	+	**que**

Comparisons of inequality are very similar to comparisons of equality.

- As in comparisons of equality, the adjective agrees with the first noun. Adverbs do not show agreement.

ADJECTIVE	El tabaco es **menos peligroso que** la cocaína.	*Tobacco is less dangerous than cocaine.*
ADVERB	Hoy, la marihuana se consume **más frecuentemente que** en el pasado.	*Today marijuana is used more frequently than in the past.*
NOUN	Hay **más narcotráfico** hoy **que** en el pasado.	*There is more drug trafficking today than in the past.*
VERB	Cristóbal merece **ganar más que** yo.	*Cristóbal deserves to earn more than I (do).*

- As with comparisons of equality, subject pronouns are used after **que.**
- When a number (including any form of the indefinite article **un**) follows an expression of inequality, **que** is replaced by **de.**[*]

| Tienen **menos de un** dólar. | *They have less than one dollar.* |
| Hay **más de 10.000** personas. | *There are more than 10,000 people.* |

C. Irregular comparative forms

A few adjectives have both regular and irregular comparative forms. Note that the irregular forms do not use the word **más.**

Adjectives	Regular	Irregular
grande/pequeño	**más grande / más pequeño** (*size*) Filadelfia es **más grande que** Boston, pero **más pequeña que** Nueva York. *Philadelphia is larger than Boston, but smaller than New York.*	**mayor/menor** (*importance or degree*) Los efectos de la cocaína son **mayores que** los de la marihuana pero **menores que** los de la heroína. *The effects of cocaine are greater than those of marijuana but less than those of heroin.*
viejo	**más viejo / más nuevo** (*age of objects*) Mi carro es **más viejo que** el tuyo. *My car is older than yours.*	**mayor** (*age of people*)[†] Tengo una hermana **mayor que** yo. *I have a sister older than I (am).*
joven	**más joven** (*appearance of people; age relative to another time*) Hoy pareces **más joven que** hace un año. *Today you seem younger than (you did) a year ago.* Cuando yo era **más joven** (que ahora), me gustaba mucho mirar la televisión. *When I was younger (than I am now), I really liked to watch TV.*	**menor** (*age of people*) Soy **menor que** mi hermana *I am younger than my sister.*

(continúa)

---

[*]**Que** is retained with numbers in the expression **no** + *verb* + **más que** + *number* when it means *only* and no comparison is implied: **No tenemos más que 10 dólares.** (*We have only 10 dollars.*)

[†]Note that **mayor** is the best word to use whenever you want to communicate the idea of *old* or *older* with reference to people, regardless of the actual age involved: ¡Ay, **los mayores** nunca entienden nada! (*Oh, grown-ups never understand anything!*)

Adjectives	Regular	Irregular
bueno/malo	**más bueno / más malo** (*moral behavior*) Don Carlos es **más bueno que** su hermano. *Don Carlos is better (kinder, more good-hearted) than his brother.* Luisito no es **tan malo como** Carlitos. *Luisito isn't as bad (naughty, obnoxious) as Carlitos.*	**mejor/peor°** (*quality; abilities*) ¡Los precios están cada vez **peores**! *Prices are getting worse all the time!* Soy **mejor** estudiante **que** ellos. *I'm a better student than they (are).*

PRÁCTICA Combine las dos oraciones para expresar una comparación de igualdad.

1. Paco es comilón. Su hermana Celia es comilona también.
2. Se toma mucha cerveza aquí. También se toma mucho vino.
3. Marisa bajó de peso rápidamente. Felipe bajó de peso rápidamente también.
4. Jorge hace mucho ejercicio. Berta hace mucho ejercicio también.
5. El alcohol le hace daño al cuerpo. El tabaco también le hace daño.
6. Juan se emborrachaba con frecuencia. Su padre se emborrachaba mucho también.
7. Los cigarrillos franceses son muy fuertes. Así son los cigarrillos españoles también.

D. Superlatives

A statement of comparison requires two elements: one bigger (smaller, better, and so forth) than the other. In a superlative statement more than two elements are compared, with one being set apart from the others as the biggest (smallest, best, and so forth) of the group.

	COMPARATIVE	SUPERLATIVE
John is *tall*.	John is *taller* than Jim.	John is the *tallest* (of a specified or implied group).

In Spanish, the superlative (**el superlativo**) of adjectives and nouns is formed by adding the definite article to the comparative form. A comparison group, when mentioned, is preceded by the preposition **de.**

	COMPARATIVE	SUPERLATIVE
Juana es **alta**.	Juana es **más alta** que Jaime.	Juana es **la más alta** (**de**l grupo).

°**Mejor** and **peor** are also the irregular comparative forms of the adverbs **bien** and **mal.**

No, no cantas **tan mal como** Ernesto. *No, you don't sing as badly as*
Cantas **peor.** *Ernesto (does). You sing worse.*

| Nevada es un estado **grande.** | Texas es **más grande** que Nevada. | **De** todos los estados, Texas y Alaska son **los más grandes.** |
| Este helado es **bueno.** | Este helado es **mejor** que ése. | Este helado es **el mejor** (**de** los tres). |

Note the following contrast between Spanish and English in the word order of superlative statements.

Spanish						
article	+	*noun*	+	*más* / *menos*	+	*adjective*
la		profesora		más		interesante
English						
article	+	*most* / *least*	+	*adjective*	+	*noun*
the		*most*		*interesting*		*professor*

The four irregular forms **mayor, menor, mejor,** and **peor,** however, precede rather than follow the noun: **Es *la mejor profesora de* la universidad.**

PRÁCTICA   Gilda siempre dice que sus amigos, parientes o experiencias son mejores o peores que los de todos los demás. ¿Qué contestaría Gilda a las siguientes afirmaciones?

MODELO: Vivo en una calle muy segura. →
Puede ser, pero yo vivo en la calle más segura de la ciudad.

1. Nací en una región bellísima.
2. Compré un coche muy moderno.
3. Mi amiga tiene un ego grandísimo.
4. Mi ciudad tiene grandes problemas.
5. ¡Mi jefe es tan estúpido!
6. Probé un helado buenísimo.

■■■ 40 INTERCAMBIOS

AUTOPRUEBA   Complete las siguientes oraciones con las palabras apropiadas para hacer comparaciones, según las indicaciones.

1. Comer legumbres es _____ [+] saludable _____ comer carne roja o dulces.
2. El helado de fresa es _____ [–] delicioso _____ el helado de chocolate.
3. La abuela de Pablo es _____ [*older*] _____ su abuelo.
4. La comida mexicana es _____ [=] sabrosa _____ la italiana.
5. La familia Vicario dona _____ [+] _____ 1.000 dólares al año a su caridad favorita.
6. La región donde vive Carlos es la _____ [+] bonita _____ todo el país.

(continúa)

7. Leo _____ [=] novelas _____ cuentos (*short stories*).
8. Mis hijos duermen _____ [=] _____ los tuyos.
9. Rosalba habla francés _____ [+] _____ Teresa.

A ¿Está Ud. de acuerdo o no con las siguientes afirmaciones? Si no está de acuerdo, cambie la oración para que exprese su opinión.

1. Se toma tanto alcohol en este país como en España.
2. Las mujeres se emborrachan tanto como los hombres.
3. Se fuma menos hoy que antes.
4. Los adultos consumen menos azúcar que los niños.
5. Las mujeres se preocupan por la salud más que los hombres.
6. La comida mexicana es más saludable que la comida italiana.
7. El azúcar no refinado es mejor para el cuerpo que el azúcar refinado.
8. La televisión es tan peligrosa para los adultos como para los niños.

B Exprese sus opiniones sobre los siguientes temas, usando comparaciones de igualdad o de desigualdad según sea necesario.

MODELO: aprender a hablar otro idioma / difícil / aprender a escribirlo →
Es más (menos) difícil aprender a hablar otro idioma que aprender a escribirlo.

1. el español / interesante / la historia
2. un coche nacional / bueno/a / un coche importado
3. pedir dinero / fácil / prestarlo
4. los perros / inteligente / los gatos
5. las drogas / peligroso/a / el alcohol
6. trabajar / importante / divertirse
7. el azúcar / hacerle daño al cuerpo / la cafeína
8. los mosquitos / malo/a / las cucarachas
9. dar regalos / agradable / recibirlos
10. vivir solo/a / bueno / tener compañero/a

C ¡NECESITO COMPAÑERO! Trabajando en parejas, den tres cosas, animales o tipos de persona que pertenecen a las siguientes categorías. Luego, compárenlas según el modelo.

MODELO: tres profesores → los profesores de idiomas
los profesores de química
los profesores de sicología

Los profesores de sicología son los más locos de los tres.
Los profesores de idiomas son los más habladores de los tres.
Los de química son los más serios.

1. tres animales
2. tres bebidas
3. tres milagros (*miracles*) de la ciencia moderna
4. tres programas de televisión
5. tres actividades saludables
6. tres coches
7. tres aparatos electrónicos
8. tres vicios

D Exprese sus opiniones sobre los siguientes temas. Justifique sus respuestas.

1. ¿Cuál es la mejor marca de coche (café, desodorante, helado)?

2. ¿Cuál es el estado (la ciudad, el premio, la universidad) más prestigioso/a de este país?

3. ¿Cuál es el/la peor (actor, actriz, clase, película, vicio) de todos/as?

4. ¿Cuál es el mayor problema de este/a (estado, mundo, país, universidad)?

5. ¿Quién es la persona más (aventurera, calmada, impulsiva, nerviosa, ¿ ?) de su familia?

E Describa los siguientes anuncios.

- ¿Qué vicio intentan combatir?

- ¿Cuál de ellos invita a pensar en la salud de la persona adicta? ¿Cuál enfoca en las repercusiones que tiene en los demás miembros de la sociedad?

- En su opinión, ¿es una de estas técnicas más efectiva que la otra? ¿O es tan efectiva la una como la otra? Explique.

- Si Ud. pudiera inventar la técnica más efectiva de todas, ¿cuál sería? ¿Cómo ayudaría a las personas que tienen esta dependencia?

¿QUIEN CONSUME A QUIEN?

El tabaco es perjudicial para la salud.
MINISTERIO DE SANIDAD Y CONSUMO

NADIE TIENE POR QUE PAGAR TUS MALOS HUMOS.

Gracias por no fumar
MINISTERIO DE SANIDAD Y CONSUMO

F ¡NECESITO COMPAÑERO! Trabajando en parejas, imagínense que están en las siguientes situaciones. ¿En qué aspectos sería su vida diferente de la que llevan ahora? Utilicen comparativos de igualdad, inferioridad y superioridad para mostrar por lo menos tres contrastes.

MODELO: Si no existiera la televisión,... →
Si no existiera la televisión, participaríamos en más actividades familiares y cultivaríamos más el arte de la conversación. No pasaríamos tanto tiempo en casa como ahora. Tal vez habría menos violencia en la familia y en la sociedad. Leeríamos más y buscaríamos otras maneras más creativas de pasar el tiempo, pero nuestro pensamiento sería menos «visual».

1. Si éste fuera un país del Tercer Mundo,...
2. Si no existieran los automóviles,...
3. Si fuera legal el consumo de la marihuana, la cocaína, la heroína, etcétera,...
4. Si no necesitáramos dormir,...
5. Si no hubiera hispanos en este país,...
6. Si nadie tuviera que trabajar,...

G Compare los siguientes aspectos de la vida en este país al principio del siglo XX con los de la vida moderna. Use expresiones comparativas y superlativas cuando sea posible. ¿Era mejor la vida en aquel entonces (*back then*) que ahora, o viceversa?

MODELO: la comida →

En aquel entonces se hacía la compra con más frecuencia que hoy en día, pero no se compraban tantos productos cada vez que se iba de compras. Se comía más comida fresca que hoy y se comía menos comida enlatada. Era más saludable, pero había menos variedad.

1. el fumar
2. la contaminación
3. el consumo del alcohol
4. la familia
5. los medios de comunicación
6. los medios de transporte
7. el consumo de las drogas
8. el sistema educativo
9. el estrés de la vida diaria (*daily*)

H Lea el siguiente párrafo y luego conteste las preguntas.

La tele, droga dura

Los niños españoles pasan alrededor de tres horas diarias delante del televisor. Pero eso no es nada si se compara con las cinco horitas que los estadounidenses permanecen atentos a sus pantallas. Más moderados son los franceses y los belgas, con una media de dos horas por día y comedidísimos resultan los alemanes, que «sólo» pasan unos 75 minutos amarrados al duro aparato. El público infantil, vienen a decir algunos especialistas, necesita de la televisión con la misma ansiedad con la que un heroinómano busca su «papelina» diaria o un alcohólico su botella.

■ Según el párrafo, ¿cuál es el país en que se ve más la televisión? ¿En cuál de todos se ve menos?

■ ¿Pasan menos tiempo frente al televisor los españoles que los franceses?

■ ¿En qué nación se ve tanto la televisión como en Francia?

■ ¿Qué dependencias se comparan con la dependencia de la televisión en este párrafo? Describa estas comparaciones. ¿Está Ud. de acuerdo con ellas o no? ¿Por qué sí o por qué no?

Ahora, reúnanse en grupos de tres personas para comentar las siguientes preguntas. Después, compartan sus conclusiones con el resto de la clase.

1. En su opinión, ¿cuáles son los mayores méritos y los peores defectos de la televisión? ¿Cuáles serán algunas de las causas de la teleadicción?

2. Si Uds. observaran que sus hijos (¡o Uds. mismos!) se estaban volviendo teleadictos, ¿qué harían para evitarlo?

Enlace

▪▪▪ SONDEO

¿Teleadicción? ¿Creen Uds. que el mirar la televisión realmente puede llegar a convertirse en una adicción? ¿en qué circunstancias? En algunos casos, ¿hasta qué punto puede la televisión llegar a controlar la vida de uno? Hagan un sondeo para averiguar qué hábitos tienen sus compañeros al respecto. Apunten el sexo de cada persona entrevistada (**M** = masculino, **F** = femenino).

Primer paso: Recoger los datos

■ Divídanse en tres grupos. El grupo 1 será responsable de hacer las preguntas 1 a 4; el grupo 2, las preguntas 5 a 8; el grupo 3, las preguntas 9 a 12.

■ Cada miembro de cada grupo debe entrevistar a dos o tres compañeros de clase para obtener la información necesaria.

■ Deben entrevistar a todos los miembros de la clase, pero tengan cuidado de no hacerle la misma pregunta dos veces a la misma persona.

¿Te describen las siguientes afirmaciones?

		ENTREVISTADOS					
		A (M/F)		B (M/F)		C (M/F)	
GRUPO 1	**1.** Para relajarme, me gusta mirar la televisión más que nada (*more than anything*).	SÍ	NO	SÍ	NO	SÍ	NO
	2. Con frecuencia arreglo mi horario para poder ver cierto programa de televisión.	SÍ	NO	SÍ	NO	SÍ	NO
	3. Me sé de memoria varios anuncios comerciales cantados en la televisión.	SÍ	NO	SÍ	NO	SÍ	NO
	4. ¿Cuántas horas al día miras la televisión?	——		——		——	
GRUPO 2	**5.** El televisor casi siempre está puesto en mi casa; no importa que nadie lo esté mirando.	SÍ	NO	SÍ	NO	SÍ	NO
	6. Hay más de un televisor en mi casa.	SÍ	NO	SÍ	NO	SÍ	NO
	7. Con frecuencia miro la televisión aunque no me interese el programa.	SÍ	NO	SÍ	NO	SÍ	NO
	8. ¿Cuántos programas miras de costumbre a la semana?	——		——		——	

(continúa)

		ENTREVISTADOS		
		A (M/F)	B (M/F)	C (M/F)
9.	Creo que el televisor debe estar en el cuarto de la casa donde la gente pasa más tiempo.	SÍ NO	SÍ NO	SÍ NO
10.	Me irrita que alguien o algo me interrumpa mientras estoy mirando mi programa favorito.	SÍ NO	SÍ NO	SÍ NO
11.	Algunos de los personajes de la televisión me parecen tan reales como si los conociera personalmente.	SÍ NO	SÍ NO	SÍ NO
12.	Me gustaría tener un televisor móvil.	SÍ NO	SÍ NO	SÍ NO

(GRUPO 3 — questions 9–12)

Segundo paso: Análisis de los datos

- Para crear la tabla de resumen, fórmense de nuevo en los grupos. Calculen un promedio (*average*) para las preguntas 4 y 8. No se olviden de calcular la frecuencia de las respuestas afirmativas/negativas entre las mujeres en comparación con los hombres.

- ¿Qué revelan los resultados? Los autores del sondeo ofrecen la siguiente clave para interpretarlos.

Número de respuestas afirmativas	Poder de la tele en la vida
0–1	casi ninguno
2–3	débil
4–5	moderado
6–7	fuerte
8+	absoluto

- ¿Hay teleadictos en la clase? ¿Descubrieron Uds. diferencias o semejanzas entre la conducta de los hombres y las mujeres? Explíquenlas. ¿Creen que mirar mucho la televisión es más frecuente hoy en día de lo que era en el pasado? ¿Qué consecuencias negativas tiene esto? ¿Y qué consecuencias positivas?

■■■ ¡OJO!

	Examples	Notes
grande largo	El Sahara es el desierto más **grande** del mundo. *The Sahara is the largest desert in the world.*	**Grande** is used to convey the notion of *large* or *big*.
	(continúa)	

	Examples	Notes
grande **largo**	Necesitamos un salón más **grande.** *We need a bigger room.* ¡Es una **gran** persona! *She's great (a great person)!* ¡Es un **largo** camino! *It's a long way!* El Nilo es el río más **largo** del mundo. *The Nile is the longest river in the world.*	When **grande** precedes the noun it describes, it is shortened to **gran** and expresses the idea of *great*. **Largo** is a false cognate; it doesn't mean *large* but *long*.
dejar de **impedir** **detener(se)**	Por fin **dejé de** fumar. *I finally stopped smoking.* **No dejes de** visitar las ruinas mayas. *Don't fail to visit the Mayan ruins.* ¿Les **impidió** el paso la nieve? *Did the snow stop (impede) you (get in your way)?* Le van a **impedir** que se vaya. *They are going to stop (prevent) him from leaving.* La nieve nos **detuvo** por más de una hora. *The snow detained us for over an hour.* **Detuvieron** a los contrabandistas en la frontera. *They stopped (to question or to arrest) the smugglers at the border.* **Me detuve** un instante antes de entrar en la reunión de Alcohólicos Anónimos. *I paused for a moment before entering the Alcoholics Anonymous meeting.*	Each of these expressions means *to stop*. **Dejar de** + *infinitive* means *to stop doing something*. When used negatively, it means *not to fail to* or *not to miss out on doing something*. **Impedir** means *to get in the way, to hinder, prevent,* or *to stop someone from doing something*. With the latter meaning, **impedir** is often followed by the subjunctive. **Detener** means *to stop* or *to detain* in the sense of *to slow down* or *to hold up progress* and also in the sense of *to arrest*. The reflexive **detenerse** means *to stop moving* or *to pause*.
doler **lastimar** **hacer daño** **ofender**	Me **duelen** mucho los pies. *My feet hurt (ache) a lot.* Trabajar en ese ambiente le **hizo daño** a (**lastimó**) los pulmones. *Working in that environment hurt (damaged) her lungs.* Se marchó sin despedirse y eso me **ofendió (dolió).** *She left without saying goodbye, and that hurt (grieved) me.*	*To hurt* meaning *to ache* (physically, mentally, or emotionally) is expressed with **doler**. Other English verbs that correspond to **doler** are *to grieve* and *to distress*. When *to hurt* means *to cause someone bodily injury*, use **hacer daño** or **lastimar**. **Hacer daño** can also be used in a figurative sense to mean *to hurt someone's standing or status*. When *to hurt* means *to injure someone's feelings*, the appropriate Spanish verb is **ofender,** although **doler** is also used.

A VOLVIENDO AL DIBUJO Elija la palabra o expresión que mejor complete las siguientes oraciones. ¡Cuidado! También hay palabras de los capítulos anteriores.

¡Bailaremos toda la noche! Vamos a celebrar el fin del semestre y no (dejaremos de / impediremos)[1] bailar hasta la madrugada.[a] Es una (gran/larga)[2] oportunidad para divertirnos y nos (haremos daño / ofenderemos)[3] si alguno de nuestros amigos más (cerca/íntimos)[4] decide (extrañar / faltar a)[5] la fiesta. ¡Todos deberán (asistir/atender)[6]!

(Porque / Ya que)[7] nos proponemos estar alegres y sin problemas en la fiesta, nadie querrá consumir sustancias que le (hagan daño / ofendan)[8] al cuerpo. Haremos lo posible para crear un ambiente en el que (nos sintamos / sintamos)[9] muy contentos. El (éxito/suceso)[10] de nuestra fiesta dependerá (de/en)[11] que todos nos (apoyemos/mantengamos)[12] y pensemos (de/en)[13] los demás tanto como (de/en)[14] nosotros mismos. ¡Nada (detendrá/impedirá)[15] que ésta sea la mejor noche del semestre!

La (cita/fecha)[16] de la fiesta es el 15 de diciembre. La (hora/vez)[17], las 8:00 de la noche. Podrás quedarte (el tiempo / la vez)[18] que quieras y no importa si decides (hacernos/pagarnos)[19] una visita (baja/breve)[20] o (grande/larga)[21]. ¡No te olvides de (llevar/tomar)[22] tu música favorita! Te esperamos. ¡Epa!

[a]*dawn*

B ENTRE TODOS

- Imagínese cómo serán algunos vicios, hábitos y costumbres en el año 2050. ¿Qué hará la gente para sentirse mejor o para escaparse de los problemas?

- ¿Qué comidas se considerarán saludables que ahora no lo son? ¿y viceversa? Explique.

- Hoy en día, se practican más y más los deportes «extremos». ¿Qué deportes extremos se practicarán en el año 2050? ¿Y cuáles ya no se practicarán? ¿Por qué?

▮▮▮ REPASO

A Complete el siguiente párrafo, dando la forma apropiada de los verbos y expresando en español las frases en inglés. Cuando se dan dos palabras entre paréntesis, escoja la palabra apropiada.

Un hábito peligroso

En todas partes (*are heard*)[1] graves advertencias[a] sobre las consecuencias del uso de las drogas y (*are organized*)[2] campañas nacionales para educar y convencer al público de su peligro. En Washington, Ottawa y en otras ciudades capitales del mundo, hay organizaciones (*that*)[3] se dedican a tratar de detener el tráfico mundial de las drogas. Aparte de los traficantes, parece que no hay nadie que (apoyar)[4] su consumo. Es evidente que las drogas (causar)[5] mucho sufrimiento y otros problemas.

[a]*warnings*

Sin embargo, hay muchos que (afirmar)[6] que aun si (*were eliminated*)[7] la marihuana y la heroína, todavía habría otro hábito igual de peligroso —según ellos— y aun más extendido. ¿Qué dependencia es ésta que (empezar)[8] antes de los 7 años de edad y nos (acompañar)[9] hasta la muerte? Los científicos lo (conocer/saber)[10] como $C_{12}H_{22}O_{11}$, o la sacarosa refinada. (*It is bought*)[11] y (*consumed*)[12] en grandes cantidades bajo el nombre de azúcar.

El azúcar (ser/estar)[13] tan peligroso porque su consumo produce calorías vacías, es decir, energía sin nutrimentos. Para un funcionamiento eficaz (ser/estar/hay)[14] necesario (mantener)[15] en el organismo humano un delicado equilibrio químico. La ingestión excesiva de azúcar produce un constante desequilibrio que tarde o temprano (afectar)[16] todos los órganos del cuerpo, incluso el cerebro. Está comprobado[b] que el azúcar (causar)[17] obesidad y (provocar)[18] síntomas de diabetes, cáncer y enfermedades del corazón. Puede que el azúcar (producir)[19] energía momentánea, pero su efecto a largo plazo[c] es la fatiga, la nerviosidad y una debilidad general. ¿Cuánto azúcar consume Ud.?

[b]*proven*   [c]*a... in the long run*

B **¡NECESITO COMPAÑERO!** Trabajando en parejas, inventen y describan una droga nueva, uno de los milagros de la ciencia futura. ¿Para qué servirá la droga? ¿Qué enfermedades o problemas curará? ¿Por qué será mejor que otras marcas? ¿Cuáles serían las consecuencias si la gente la usara? ¿y si no la usara?

CAPÍTULO 11

La ley y la libertad individual

Santiago de Chile

Exploraciones

Hay algunas infracciones de la ley que son más serias que otras y hay algunas que casi todos cometemos alguna vez. ■■■

A NIVEL PERSONAL

■ ¿Qué leyes le parecen injustas a Ud.? ¿Cómo las cambiaría? Piense, por ejemplo, en las leyes del tráfico o del consumo de drogas y alcohol.

A NIVEL REGIONAL

■ ¿Cuáles son los delitos (*crimes*) más comunes en su ciudad? ¿Cree Ud. que en su comunidad se cometen delitos más graves que en otras partes del país?

■ ¿Le parece que el número de delitos se está aumentando o disminuyendo en su ciudad?

A NIVEL GLOBAL

■ Todos saben que hay más homicidios en los Estados Unidos que en cualquier otro país del mundo. ¿Cuáles cree Ud. que son los delitos más comunes en algunos países hispanohablantes? ¿Cuáles cree que son los castigos (*punishments*) para estos delitos? ¿Serán más o menos severos que los de este país?

■ Busque información sobre las leyes de un país hispanohablante sobre la posesión de armas de fuego. ¿Cómo se comparan estas leyes con las de este país? Comparta su información con sus compañeros de clase.

■ Imagínese que Ud. es testigo del episodio que se ve en esta serie de dibujos. Describa a los personajes y narre lo que pasa, contestando las siguientes preguntas: ¿Quién? ¿Qué? ¿Dónde? ¿Cuándo? ¿Por qué?

atrapar to catch, capture

castigar to punish

cometer un crimen (una infracción) to commit a crime

encarcelar to imprison

hacer cumplir to enforce

juzgar to judge

poner una multa to (give a) fine

prohibir to outlaw, prohibit

violar la ley to break the law

el/la abogado/a lawyer

　el/la abogado/a defensor(a) defense attorney

el/la acusado/a accused

las autoridades authorities

la cadena perpetua life imprisonment

la cárcel prison, jail

el castigo punishment

el crimen crime (*in general*)

　el/la criminal criminal

la delincuencia delinquency; criminal activity

　el/la delincuente delinquent; criminal

el delito crime; criminal act

el/la fiscal prosecuting attorney

el/la juez judge

el jurado jury

la multa fine

la pena de muerte the death penalty

la policía police force

　el policía, la mujer policía police officer

el/la testigo witness

la víctima victim

la violencia violence

prohibido/a forbidden, prohibited

seguro/a safe, secure

Los delitos y los delincuentes

asaltar to attack, assault

asesinar to murder; assassinate

atracar to hold up, mug

chantajear to blackmail

espiar to spy

falsificar to forge, falsify

hacer trampa(s) to cheat

plagiar to plagiarize

robar to rob, steal

secuestrar to kidnap, hijack

sobornar to bribe

violar to rape

volar (ue) to blow up

el asalto attack, assault

el asesinato murder

　el/la asesino/a murderer

el atraco hold-up, mugging

el chantaje blackmail

el/la espía spy

　el espionaje spying, espionage

la estafa graft, fraud

　el/la estafador(a) person who commits graft

la falsificación forgery

el ladrón, la ladrona thief, robber

el plagio plagiarism

el robo theft, robbery

el secuestro kidnapping, hijacking

el soborno bribery

el terrorismo terrorism

　el/la terrorista terrorist

la trampa trap

　el/la tramposo/a cheater

la violación rape

A Haga un mapa o cuadro conceptual para «la delincuencia», organizando todas las palabras de la lista de vocabulario (u otras palabras apropiadas que no estén en la lista), según las siguientes categorías.

individuos que la combaten		actos para combatirla
	LA DELINCUENCIA	
individuos contribuyentes		actos contribuyentes

¿Hay palabras que puedan colocarse en más de una categoría? Explique cómo o en qué contextos puede clasificarse una palabra en otra categoría.

B ¡NECESITO COMPAÑERO! Trabajando en parejas, pongan los siguientes delitos en orden de gravedad. Después, comparen su análisis con los de los demás grupos de la clase. ¿Hay mucha diferencia de opiniones? ¿Qué criterio(s) se ha(n) usado para ordenar los delitos?

_____ el asesinato　　　_____ la estafa　　　_____ el soborno

_____ el atraco　　　　_____ el plagio　　　_____ el terrorismo

_____ el chantaje　　　_____ el secuestro　　_____ la violación

C Explique la diferencia entre cada par de palabras.

1. el policía / la policía
2. el abogado defensor / el fiscal
3. violar la ley / castigar
4. el robo / el secuestro
5. la víctima / el criminal
6. hacer trampas / asaltar

D ¡NECESITO COMPAÑERO! Trabajando en parejas, pongan los siguientes castigos en orden de gravedad. ¿A qué delitos creen Uds. que se debe aplicar cada uno de ellos?

_____ la cadena perpetua

_____ encarcelar

_____ la pena de muerte

_____ poner una multa

E ENTRE TODOS

■ Mencione algunas leyes relacionadas con el reglamento de tránsito. ¿Cuáles de estas leyes protegen a los conductores? ¿Cuál es el propósito de las otras? ¿Cuáles se desobedecen con mayor frecuencia?

■ ¿Se debe prohibir el manejar sin ponerse el cinturón de seguridad (*safety belt*)? ¿montar una moto o bicicleta sin llevar casco (*helmet*)?

■ ¿Se les debe exigir a los conductores mayores de 70 años que tomen un examen de conducir cada año?

Los gobiernos militares del Cono Sur[a] y los desaparecidos

LOS AÑOS 60 Y 70 fueron muy violentos en los países del Cono Sur. Durante esta época la inestabilidad económica fomentó tremendos conflictos entre los grupos marginados y los que luchaban por mantener su predominio político y social. Mucha gente temía que los izquierdistas tomaran el poder,[b] lo cual abriría la puerta a gobiernos comunistas. Sus temores no se aplacaron[c] cuando el socialista Salvador Allende fue elegido presidente de Chile en 1970. Después de algunos éxitos iniciales, rápidamente se deterioraron las condiciones del país. Hubo huelgas,[d] la inflación subió el 500% al año y muchas fábricas se cerraron. Por fin, una junta militar dirigida por el general Augusto Pinochet dio un golpe de estado[e] contra el gobierno de Allende en 1973. Durante el golpe Allende murió, aunque todavía no se sabe si se suicidó o lo asesinaron los militares.

En el Uruguay, ese mismo año el ejército se apoderó del[f] gobierno, poniendo fin a varios años de disturbios encabezados por los Tupamaros, una organización clandestina de guerrilleros izquierdistas que eran responsables de muchos asesinatos, secuestros y robos. Mientras tanto, en la Argentina, la situación siguió empeorando[g] debido a los mismos problemas que habían sufrido los chilenos y los uruguayos, hasta que los militares derrocaron[h] a la presidenta María Estela Martínez de Perón.

Estos derrocamientos iniciaron un período de represión severa en estos países del que todavía se están recuperando a principios del siglo XXI. En cada país, los militares decidieron erradicar cualquier resistencia al nuevo gobierno, creyendo que el país no volvería a estabilizarse hasta eliminaran a sus opositores. Así empezó la horrible masacre de miles de personas: políticos, sindicalistas,[i] estudiantes, amigos y parientes de personas sospechosas de actividades «subversivas» o de afiliaciones comunistas. Miles de personas fueron secuestradas y transportadas a varios sitios sin que sus familiares y amigos supieran dónde estaban. Muchos de ésos eran hombres, aunque también desaparecieron mujeres, algunas de ellas embarazadas, y aún niños. Luego, los militares simplemente los fusilaron[j] o los torturaron y los mataron después por métodos horrendos. Al final escondieron los cadáveres sin avisar a nadie para que no hubiera evidencia de las atrocidades.

Pero los ciudadanos de estos países no se quedaron callados. Los parientes de las víctimas, sobre todo las madres y abuelas, se pusieron a preguntar dónde estaban sus familiares y amigos desaparecidos, y por eso se les dio a éstos el nombre de «los desaparecidos». Las mujeres empezaron a manifestar[k] regularmente en las plazas de las ciudades, donde levantaban grandes fotos de los desaparecidos. Al mismo tiempo, otros grupos insistieron en una vuelta a la democracia. Por fin hubo elecciones libres en la Argentina en 1983, en el Uruguay en 1985 y en Chile en 1990.

Sin embargo, la historia no concluyó con las elecciones. En cada país, los militares obligaron al nuevo gobierno a que les diera amnistía para impedir el castigo por sus acciones. Algunos de esos militares emigraron a otros países donde no había ninguna posibilidad de extradición, mientras las familias de los desaparecidos seguían investigando lo que les había pasado a sus parientes y amigos.

Últimamente se han descubierto muchos documentos que describen la tortura y la matanza de los desaparecidos durante los años 70 y 80, además de varios sitios donde se cometieron las atrocidades. Se está usando esta evidencia para insistir en la investigación del destino final de los desaparecidos y los tribunales de esos países han revocado la amnistía de algunos de los militares para llevarlos a juicio. El último capítulo de esta triste historia está para escribirse todavía. ∎

En la Plaza de Mayo, Buenos Aires

[a]Cono… la Argentina, Chile y el Uruguay [b]*power* [c]*no… were not assuaged* [d]*strikes* [e]golpe… *military coup* [f]se… *took over the* [g]seguió… *kept getting worse* [h]*overthrew* [i]*union leaders* [j]*shot* [k]*demonstrate*

■■■ 41 DE ENTRADA

¿De qué fueron acusados los siguientes individuos? ¿Qué habían hecho? Empareje cada nombre de la lista de la izquierda con el crimen de que se le había acusado de la lista de la derecha.

1. _____ Bonnie & Clyde
2. _____ Saddam Hussein
3. _____ Scott Peterson
4. _____ Al Capone
5. _____ O.J. Simpson
6. _____ Edipo (*Oedipus*)

a. había cometido parricidio (*patricide*)
b. había asesinado a su ex esposa y al amigo de ésta
c. había ordenado la matanza de muchísimas personas en Irak
d. habían robado bancos
e. había matado a su esposa embarazada
f. no había pagado los impuestos

¿Qué sabe acerca de la forma verbal que se utiliza en las frases de la lista de la derecha? Se llama **el pluscuamperfecto;** a continuación Ud. va a repasar ésta y las otras formas del perfecto de indicativo.

■■ 41 Other Forms of the Perfect Indicative

Each simple tense in Spanish has a corresponding perfect form. Remember that the perfect forms consist of a conjugated form of **haber** plus the past participle of the main verb. The conjugation of **haber** shows person/number, tense, and mood. The past participle, when used with forms of **haber,** does not change.°

A. Forms of the perfect indicative

In grammar section 23 you learned that the present perfect indicative is formed with the present tense of **haber** and the past participle: **he comido, he estudiado, he vivido.** Here are the other forms of the perfect indicative.

Pluscuamperfecto†	Futuro perfecto	Condicional perfecto
había andado	habré vivido	habría visto
habías andado	habrás vivido	habrías visto
había andado	habrá vivido	habría visto
habíamos andado	habremos vivido	habríamos visto
habíais andado	habréis vivido	habríais visto
habían andado	habrán vivido	habrían visto

°The past participle does change when used as an adjective with **ser** or **estar.** See pages 21 and 263 and grammar section 35.

†Literally, the *imperfect perfect*. There are also preterite perfect forms in Spanish: **hube trabajado, hubiste trabajado, hubo trabajado,** and so on. The preterite perfect is gradually disappearing; however, its use is now limited primarily to literature.

B. Uses of the perfect indicative

With these forms the word *perfect* implies *completion;* that is, the action described by the verb is viewed as completed with respect to some point in time. The present perfect expresses an action completed prior to a point in the present; the pluperfect (**el pluscuamperfecto**) expresses an action completed prior to a point in the past.

Lo detuvieron porque **había cometido** tres asaltos.°	*They arrested him because he had committed three assaults.*

Similarly, the future and conditional perfect forms express actions that will be completed before an anticipated time.

Sé que lo **habrán detenido** para mañana.	*I know that they will have arrested him by tomorrow.*
Sabía que lo **habrían detenido** para el día siguiente.	*I knew that they would have arrested him by the next day.*

The future and conditional perfect can also be used, like the simple future and conditional (**Capítulo 10,** pages 293–294), to signal conjecture or probability.

¡¿Qué **habrá hecho** para merecerse eso?!	*What do you suppose he did (might have done) to deserve that?!*
Las autoridades **habrían consultado** con varios expertos.	*The authorities had probably consulted with various experts.*

In both English and Spanish, the future and conditional perfect are complex tenses that are used relatively infrequently. In this chapter, you will practice the present perfect and pluperfect verb forms and learn to recognize the future and conditional perfect.

PRÁCTICA   Complete las siguientes oraciones, conjugando los verbos entre paréntesis en el pluscuamperfecto.

1. Nosotros no (pensar) en las consecuencias de nuestras acciones antes de realizarlas.
2. El fiscal (recomendar) una multa de $100, pero le pusieron una de $1.000 al defendiente.
3. El jurado (examinar) toda la evidencia antes de declarar inocente al acusado.
4. Yo (descubrir) la verdad, pero nadie me creía.
5. Los testigos dijeron que me (ver).
6. Era obvio que los periodistas (manipular) el testimonio cuando anunciaron el castigo.

▪▪▪ 41 INTERCAMBIOS

AUTOPRUEBA   Complete las siguientes oraciones con la forma apropiada del pluscuamperfecto del verbo entre paréntesis.

1. Yo creía que tú me (llamar) antes de irte, pero no fue así.
2. Las mujeres ya (salir) antes de que llegáramos.

(continúa)

°In this example, the point in the past is indicated by the verb **detuvieron.** He had committed the assaults before that point.

3. Todos estábamos en casa porque se (anunciar) que se acercaba una tormenta.
4. La policía nos avisó que (violar: nosotros) la ley por protestar en público sin autorización.
5. Los terroristas (asesinar) a diez personas antes de anunciar sus demandas.

_____

Respuestas: 1. habías llamado **2.** habían salido **3.** había anunciado **4.** habíamos violado **5.** habían asesinado

◼ **A** Complete las siguientes oraciones de una manera lógica, usando la forma apropiada del perfecto de indicativo según las indicaciones. Use el punto de referencia A para las oraciones 1 a 4, y el punto de referencia B para las oraciones 5 a 8. Luego, explique las circunstancias.

A. Punto de referencia: este momento (el presente)
Se describen acciones completadas antes del punto de referencia. ◼

MODELO: Este año yo (recibir) [número de] multa(s) por... →
Este año he recibido una sola multa por exceso de velocidad. Iba atrasada a la clase de español y por eso excedía la velocidad permitida. El policía me habló cortésmente, pero ¡no aceptó mi excusa! ¡Esa multa me costó $60!

1. Este año yo (sacar) notas más [adjetivo]...
2. Durante los últimos meses mis amigos y yo (ver) dos o tres películas realmente [adjetivo]...
3. Este semestre yo (conocer) a personas [adjetivo]...
4. Últimamente mi compañero/a de cuarto / esposo/a (hacer) cosas realmente [adjetivo]...

B. Punto de referencia: matricularse en la universidad (momento en el pasado)
Se describen acciones completadas antes del punto de referencia. ◼

MODELO: (Cumplir: yo) [número de] años antes de... →
Antes de matricularme en la universidad, sólo había cumplido dieciséis años. La mayoría de mis amigos había cumplido dieciocho y por eso me sentía algo inseguro.

5. Mi madre/padre y yo (visitar) varias universidades...
6. (Decidir: yo) vivir en [lugar] porque...
7. Ya (cambiar de idea: yo) mil veces con respecto a...
8. Todavía no (tener: yo) la oportunidad de...

◼ **B** Complete las oraciones de una manera lógica, usando la forma apropiada del perfecto de indicativo de un verbo lógico.

MODELO: Cuando yo tenía 10 años, ya _____. →
Cuando yo tenía 10 años, ya había aprendido a montar en bicicleta.

1. Cuando yo tenía 10 años, ya _____.

2. Mi padre/madre me dijo que a los 10 años, él/ella ya _____.

3. Este mes, por primera vez en mi vida, yo _____.

4. Se dice que el delincuente típico, antes de cumplir los 20 años, ya _____.

5. Cuando los detectives llegaron, el criminal ya _____.

6. El ladrón pudo entrar fácilmente en la casa porque nadie _____.

7. Luego, pudieron identificarlo porque él _____ muchos muebles en la casa y no _____ guantes.

C ¡NECESITO COMPAÑERO! Inspirado por el ejemplo de los Siete Samuráis, un pueblo con un elevado índice de delincuencia decidió contratar a unos expertos para resolver el problema del crimen y de la violencia. Un mes después de su llegada, todo estaba en orden. Trabajando en parejas, indiquen cuáles de las siguientes medidas (*measures*) habrían adoptado los expertos para resolver el problema, y también añadan algunas otras.

❑ Se habrían incautado (*confiscated*) todas las armas.

❑ Habrían repartido armas entre todos los ciudadanos.

❑ Habrían encarcelado a todos los hombres que tenían entre 18 y 35 años de edad.

❑ Habrían encontrado empleo para todos los adultos.

❑ Habrían instituido «la vergüenza pública» como castigo para varios delitos no violentos.

❑ Habrían modificado las leyes para que muchas actividades antes prohibidas ya no se consideraran ilegales.

❑ ¿ ?

Compartan su análisis con los demás de la clase. ¿Hay mucha diferencia de opiniones? ¿Hay alguna línea de conducta (*course of action*) que todos hayan recomendado? ¿Hay alguna que no haya recomendado nadie?

D ¡NECESITO COMPAÑERO! Trabajando en parejas, háganse y contesten las siguientes preguntas. Luego, compartan con la clase lo que han aprendido.

1. ¿Qué habías hecho antes de venir a esta universidad que influyó en tu decisión de estudiar aquí?

2. Desde que llegaste, ¿qué experiencia(s) ha(n) tenido gran impacto en tu vida? ¿qué persona(s)? Explica.

3. ¿En qué sentido ha sido diferente este semestre/trimestre del semestre/ trimestre pasado? ¿Ha sido mejor o peor? ¿Por qué?

4. ¿Qué han hecho recientemente tus padres, o tus amigos, para que tu vida sea más cómoda o más feliz? ¿Qué favor le has hecho tú a alguno de tus amigos?

5. ¿Qué experiencia has tenido que crees que es única comparada con las experiencias de otras personas? ¿Cómo te ha afectado?

E ENTRE TODOS

■ A través de la historia, *todas las medidas* de la **Actividad C** se han recomendado para hacerle frente al crimen. ¿Cuál podría ser la justificación o razonamiento que se ha dado para cada línea de conducta? Explique.

■ Se dice que van en aumento los problemas de disciplina en las escuelas. ¿Cree Ud. que de veras ha habido un cambio en la conducta de los

Podéis ver un par de asesinatos más y un atraco, pero después ¡a la cama!

estudiantes? ¿En qué consiste este cambio? ¿Cómo cambian los problemas a medida que los alumnos pasan de la escuela primaria a la secundaria? ¿Qué ejemplos de mala conducta presenció Ud. (*did you demonstrate*) mientras asistía a la escuela primaria o secundaria?

■ ¿Cometió Ud. alguna falta de disciplina alguna vez? ¿Se consideraba a sí mismo/a como delincuente juvenil? Explique. ¿Cuáles son algunos de los estereotipos de los delincuentes juveniles? ¿Cree Ud. que es más difícil ser «un buen chico» o «una buena chica» hoy de lo que era hace diez o quince años? Explique.

■ ¿Qué acciones están prohibidas en esta universidad? En su opinión, ¿cuál es la más grave de éstas? Explique. ¿Qué motivos se pueden tener para no obedecer las reglas universitarias?

■ En el pasado, los estadounidenses consideraban que el terrorismo era el problema «de otros». Para 2001 esta opinión ya había cambiado para siempre. ¿Por qué? ¿Qué había pasado?

■ ¿Cree Ud. que los terroristas son diferentes de los criminales corrientes (típicos)? ¿Por qué sí o por qué no? ¿Qué medios se han usado para eliminar o impedir el terrorismo? ¿Qué otras medidas deberían ponerse en práctica?

■■■ 42 DE ENTRADA

En el siguiente dibujo se pueden ver varios actos en progreso. ¿Cuál asocia Ud. con cada una de las siguientes oraciones?

1. _____ El empleado tiene mucha prisa; es probable que la alarma haya sonado, avisando a la policía.

2. _____ Ella se alegra de que la dependienta no la haya visto.

3. _____ Nadie puede creer que ellos hayan salido de casa sin sus padres.

4. _____ El juez se impacienta porque esperaba que la sesión hubiera terminado para las 5:00 de la tarde, ya son las 8:20.

5. _____ Un hombre le dijo al otro que dudaba que hubiera aprendido a manejar. Claro, el otro se ofendió enormemente y así empezó la pelea.

En las oraciones anteriores hay varios ejemplos de las formas perfectas. ¿Están en el modo indicativo o subjuntivo? ¿Qué nota Ud. con respecto a las formas del subjuntivo? ¿Sabe Ud. la razón por la cual hay formas diferentes? Si no, no se preocupe —a continuación puede repasar las reglas.

■■ 42 The Perfect Subjunctive

There are only two perfect subjunctive forms: the present perfect, which you learned in grammar section 24, and the pluperfect.

Presente perfecto de subjuntivo	Pluscuamperfecto de subjuntivo
haya leído	**hubiera** comprado
hayas leído	**hubieras** comprado
haya leído	**hubiera** comprado
hayamos leído	**hubiéramos** comprado
hayáis leído	**hubierais** comprado
hayan leído	**hubieran** comprado

The cues for the choice of the perfect forms of the subjunctive versus the indicative are the same as for the simple forms of the subjunctive. Like the present perfect indicative, the present perfect subjunctive expresses an action completed prior to the point in the present indicated by the main verb. The pluperfect subjunctive expresses an action completed prior to the point in the past indicated by the main verb.

Me alegro de que me **haya escrito.**	*I'm glad that she has written (wrote) me.*
Me alegraba de que me **hubiera escrito.**	*I was glad that she had written (wrote) me.*

In both examples, the act of writing is completed before the act of becoming glad.

PRÁCTICA   Conteste las preguntas, según el modelo.

> MODELO: ¿Qué le molestaba al juez? (criminal / haber violar la ley) →
> Le molestaba que el criminal hubiera violado la ley.

1. ¿De qué dudaba la presidenta de la universidad? (estudiante / haberle decir la verdad)
2. ¿Qué negaba el hombre? (su hija / haber conducir / 80 millas por hora)
3. ¿Qué les enfadó a los jueces? (los abogados / no haber llegar / a tiempo)
4. ¿Qué no le gustaba al ladrón? (los perros / haberle seguir / la pista [*trail*])
5. ¿Qué esperaba el delincuente? (amiga / haber traer / una lima [*file*])
6. ¿Con qué soñaban los Moreno? (su hijo / haber ganar / un premio en la lotería)

■■■ 42 INTERCAMBIOS

AUTOPRUEBA   Complete las siguientes oraciones con la forma apropiada del presente perfecto de subjuntivo o del pluscuamperfecto de subjuntivo, según el contexto.

1. Me alegro de que Uds. (venir) a visitarme esta semana.
2. A la víctima le sorprendía que el juez no (castigar) más severamente al ladrón.
3. A los vecinos les gusta que la policía (llegar) tan rápido.
4. Esperábamos que el testigo (ver) a la persona que había desaparecido.
5. A mis padres les enfada que yo no les (decir) la verdad.

(continúa)

6. El niño negaba que se le (romper) la ventana.
7. Dudo que las autoridades (detener) a una persona inocente.

¿VES TODO ESTO, HIJO MÍO? PUES ALGÚN DÍA SERÁ TUYO

A Mire el dibujo a la izquierda. ¿Dónde están el padre y su hijo? ¿En qué contexto es normal que un padre le diga esto a su hijo? ¿Por qué son irónicas las palabras en este caso?

Ahora, haga comentarios, juntando las expresiones con las oraciones. ¡Cuidado! Será necesario cambiar el verbo en la segunda parte de cada nueva oración.

Dudo que   (No) Es posible que
(No) Es chistoso que   (No) Me sorprende que

MODELO: El padre le ha dicho tal cosa a su hijo. →
         No es chistoso que el padre le haya dicho tal cosa a su hijo.

1. El hijo ha visitado a su padre en la cárcel.
2. Las autoridades han permitido la visita.
3. El padre no ha podido ofrecerle otra cosa como herencia a su hijo.
4. El artista ha presentado una visión tan pesimista.
5. La intención del artista ha sido criticar la sociedad.
6. El padre ha visto el futuro de su hijo de esa forma.

¿En qué sentido expresa el dibujo cierto pesimismo acerca de los seres humanos y de la sociedad? ¿Está Ud. de acuerdo con este punto de vista? ¿Por qué sí o por qué no?

B Entre los años 1994 y 1995, el mundo siguió con gran interés el juicio de O.J. Simpson. ¿Recuerda Ud. algunos de los detalles de este famoso caso? Complete las siguientes oraciones con la forma apropiada del pluscuamperfecto (o indicativo o subjuntivo) de los verbos entre paréntesis, según el contexto.

1. Detuvieron a O.J. Simpson diciendo que él (matar) a Nicole Brown Simpson y a un amigo de ella, Ron Goldman.
2. La policía creía que el asesino (dejar) caer en el jardín de la casa de Simpson uno de los guantes que (llevar) al cometer el crimen.
3. Además, los investigadores sabían que el asesino (cortarse) al cometer el crimen, ya que la policía (encontrar) huellas de sangre entre los cadáveres y la casa de Simpson.
4. Según los fiscales, los análisis de sangre que (hacer) los expertos indicaban que sólo Simpson (entre mil millones de individuos) pudo haber cometido el crimen. Para ellos, no había duda que Simpson (hacerlo).
5. ¿El motivo? Es verdad que Simpson (ver) a su ex esposa con otro hombre; era probable que (ponerse) celoso y violento.
6. Al terminar la presentación de la evidencia, los fiscales estaban seguros de que (ganar) el caso.

LENGUAJE Y CULTURA

Gran parte del lenguaje que tiene que ver con la delincuencia es bastante coloquial. ¿Cómo se pueden expresar o explicar en español las siguientes palabras y expresiones?

- *to frisk*
- *to plead the Fifth*
- *a snitch*
- *hit man*
- *white-collar crime*
- *to con*

7. Los miembros del jurado, por otra parte, tenían dudas. No creían que Simpson (dejar) caer el guante en su jardín; pensaban que uno de los detectives (ocultarlo) allí para incriminar a Simpson.

8. Además, recordaron que cuando Simpson (probarse) el guante, ¡(quedarle) demasiado pequeño!

9. Los análisis de la sangre tampoco los convencieron del todo; era posible que uno (o varios) de los investigadores (contaminar) las muestras (*samples*).

10. Los miembros del jurado declararon inocente a Simpson; (deliberar) sólo cuatro horas.

C ENTRE TODOS

- Dentro de la cultura estadounidense, hay casos en que los criminales son o han sido objeto de admiración y hasta respeto. ¿Pueden Uds. dar algunos ejemplos de estos casos? ¿A qué se debe este fenómeno?

- En algunas películas estadounidenses —en *Training Day*, por ejemplo— se ha presentado una imagen negativa de algunos policías: como figuras corruptas y malas. ¿Qué otros ejemplos conocen Uds.? ¿Quiénes son «los buenos» y quiénes son «los malos» en películas como éstas? ¿Es éste un tema raro en las películas o es común? ¿Y en la vida real? Comenten.

- En muchos países europeos la policía no lleva armas. ¿Cree Ud. que esto sería posible en los Estados Unidos? ¿Cómo es la relación entre los ciudadanos estadounidenses y la policía?

- Para mejorar las relaciones entre la policía y la población, se ha propuesto que todo ciudadano sirva como policía durante un breve período de tiempo. ¿Mejoraría las relaciones este sistema? ¿De qué manera? ¿Qué desventajas tendría?

■■ 43 More on the Sequence of Tenses

Remember that the tense of the subjunctive—present or past—used in the subordinate clause is determined by the verb form used in the main clause. Here is the summary of sequences you saw on pages 206–207, with all the forms included.

Main Clause	Subordinate Clause
present present perfect future future perfect command	present subjunctive present perfect subjunctive
preterite imperfect pluperfect conditional conditional perfect	past subjunctive pluperfect subjunctive

A. Main verb present → subordinate verb present

When the main-clause verb is in the present, present perfect, future, or future perfect, or is a command, the subordinate-clause verb is usually in the present subjunctive.

- The present perfect subjunctive is used when the action in the subordinate clause occurs *before* the action of the main-clause verb.
- The present subjunctive expresses an action that occurs at the *same time* as the action of the main-clause verb or *after* it.

	Main Clause	Subordinate Clause
before	**PRESENT** **Espera** que Diego… *He hopes that Diego …*	**PRESENT PERFECT SUBJUNCTIVE** ya le **haya hablado.** *has already spoken to him.*
simultaneous	**PRESENT** **Insiste** en que Diego… *He insists that Diego …*	**PRESENT SUBJUNCTIVE** le **hable** todos los días. *speak to him every day.*
after	**PRESENT PERFECT** **Ha insistido** en que Diego… *He has insisted that Diego …* **FUTURE** **Insistirá** en que Diego… *He will insist that Diego …* **FUTURE PERFECT** **Habrá insistido** en que Diego… *He will have insisted that Diego …* **COMMAND** **Insista** en que Diego… *Insist that Diego …*	**PRESENT SUBJUNCTIVE** le **hable** mañana. *speak to him tomorrow.*

B. Main verb past → subordinate verb past

When the main-clause verb is in the preterite, imperfect, pluperfect, conditional, or conditional perfect, the subordinate-clause verb is in the past subjunctive (simple or perfect).

- The pluperfect subjunctive is used when the action in the subordinate clause occurs *before* the action of the main-clause verb.
- The imperfect subjunctive expresses an action that occurred at the *same time* as the action of the main-clause verb or *after* it.

	Main Clause	Subordinate Clause
before	**IMPERFECT** **Era** bueno que Diego… *It was good that Diego …*	**PLUPERFECT SUBJUNCTIVE** ya le **hubiera hablado.** *had already spoken to him.*
simultaneous	**IMPERFECT** **Era** bueno que Diego… *It was good that Diego …*	**IMPERFECT SUBJUNCTIVE** le **hablara** todos los días. *spoke to him every day.*

	Main Clause	Subordinate Clause
after	**PRETERITE** El lunes **pidió** que Diego… *On Monday he asked that Diego . . .* **IMPERFECT** **Pedía** que Diego… *He used to ask that Diego . . .* **PLUPERFECT** El lunes **había pedido** que Diego… *On Monday he had asked that Diego . . .* **CONDITIONAL** **Pediría** que Diego… *He would ask that Diego . . .* **CONDITIONAL PERFECT** **Habría pedido** que Diego… *He would have asked that Diego . . .*	**IMPERFECT SUBJUNCTIVE** le **hablara** luego. *speak to him later on.*

PRÁCTICA   Exprese las siguientes oraciones en inglés y explique si la acción del verbo en el subjuntivo ocurre antes, al mismo tiempo o después que la acción del verbo principal. En algunos casos, hay más de una traducción posible.

1. Es bueno que María nos llame.
2. Recomendaban que saliéramos de su país.
3. Dudaban que tú lo hubieras hecho.
4. Negarán que sus padres lo hayan mandado.
5. No me gusta que vuelvas a las 2:00 de la mañana.
6. Habían pedido que lo trajeran al día siguiente.
7. Nadie quería que emigraran.
8. Es una lástima que no nos hayan escrito.

■■■ 43 INTERCAMBIOS

AUTOPRUEBA   Complete el siguiente párrafo con la forma verbal apropiada de los verbos entre paréntesis. ¡Cuidado! Se puede usar cualquiera de los tiempos del subjuntivo que se han estudiado, según el contexto.

El año que viene voy a California a estudiar en la UCLA. Será la primera vez que habré vivido fuera de la casa de mis padres. Estoy muy entusiasmada. Mis padres están orgullosos de que la universidad me (ofrecer)[1] una beca, pero al mismo tiempo están tristes que pronto su querida hija (irse)[2]. Querían que yo (escoger)[3] una universidad más cercana, pero al final no encontré ninguna que me

(continúa)

(gustar)[4] tanto como la UCLA. Cuando informé a la universidad de mi ciudad que ya había aceptado la oferta de la UCLA, me ofrecieron más dinero a condición de que yo (estudiar)[5] ciencias. Pero no quería especializarme en ciencias, y por eso les dije que no podía aceptar su oferta. Ahora creo que fue bueno que (aceptar)[6] la primera oferta porque habría sido una gran tentación quedarme cerca de mi familia. Además, ¡Elena, mi mejor amiga, acaba de inscribirse en la UCLA también! Quiere que (compartir: nosotras)[7] un cuarto en la residencia y quiere acompañarme cuando (visitar)[8] la universidad por primera vez en julio. ¡Nos va a encantar la vida allí!

Respuestas: 1. haya ofrecido **2.** se vaya **3.** escogiera **4.** gustara **5.** estudiara **6.** hubiera aceptado **7.** compartamos **8.** visite

---

A Haga oraciones completas, juntando una frase de la primera columna y el sujeto indicado con una frase de la segunda. Luego, añada información explicativa.

MODELO: Será difícil que ellos llamen al juez porque la última vez que estuvieron en la corte se portaron tan mal con ese mismo juez que él se enfadó y les dijo que no lo llamaran jamás.

1. La acción de la segunda columna ocurre *al mismo tiempo* o *después que* la de la primera.

No me gusta		fumar marihuana…
Es imposible	que ellos	ser delincuentes…
Será difícil		llamar al juez…
Dudo		conseguir la custodia de los hijos…

2. La acción de la segunda columna ocurrió *antes que* la de la primera.

Es increíble		atrapar al criminal…
Temo	que Uds.	no obedecer la ley…
Me alegro mucho de		ponerle una multa…
Me parece mentira		darle la pena de muerte…

B Haga oraciones completas, juntando una frase de la primera columna y el sujeto indicado con una frase de la segunda. Luego, añada información explicativa. La acción de la segunda columna ocurría *al mismo tiempo* o *después que* la de la primera.

Insistían en		leer el documento secreto…
No querían	que (nosotros)	ver al abogado…
Era injusto		copiar en el examen…
Estaban tristes		ser detenidos…

C Complete las siguientes oraciones usando un tiempo verbal apropiado.

MODELO: Cuando yo tenía 8 años,… →

| ACCIÓN FUTURA | ACCIÓN YA COMPLETADA |
| temía que los demás se rieran de mí. | me alegraba de que ya hubiera aprendido a escribir. |

1. Cuando llegué a la clase de español una mañana, temía…
2. Después de ver mis notas el semestre/ trimestre pasado, dudaba…
3. Para mi próximo cumpleaños, quiero…
4. Después de morir, espero…
5. Al graduarme de la universidad, mis padres temen…

D GUIONES Imagínese que Ud. y su esposo/a han invitado a cenar a su casa a otra pareja. De repente, ellos notan la placa que Uds. recibieron el año pasado por su heroísmo al atrapar a varios ladrones peligrosos. Trabajando con un compañero / una compañera de clase, cuéntenles la historia de todo lo que ocurrió y cómo se solucionó el caso gracias a su astucia (*cunning*) y valor. Traten de usar lo siguiente en su narración, cuando sea apropiado.

- el subjuntivo
- los complementos pronominales
- algunos ejemplos del «**se** inocente»
- las formas perfectas de los verbos

¡Usen la imaginación para darle un final interesante a la historia!

Pasaje cultural

La vida de muchos niños hispanoamericanos es muy dura. Este segmento de vídeo presenta el caso de Ricardo, un joven de 15 años, que hace trucos (*tricks*) y acrobacias (*acrobatics*) en la calle para poder sobrevivir. Ricardo es uno de los miles de gamines (*street children*) hispanoamericanos, muchos de los cuales tienen que pedir limosna (*panhandle*) o robar para poder comer. En Bogotá, Colombia, se ha establecido un taller (*shop*) como parte de un programa especial para ayudar a los gamines.

De la calle al trabajo: El caso de Bogotá, Colombia

Antes de ver

- ¿Sabe Ud. de algunos programas especiales en este país para ayudar a los jóvenes bajo riesgo (*at risk*) de convertirse en delincuentes? ¿Cómo son esos programas? ¿Cómo se imagina que es este programa en Colombia? ¿Qué tipos de servicio o beneficio cree que les ofrece este programa a los jóvenes?

- Ahora lea con cuidado la actividad en **Vamos a ver** antes de ver el vídeo por primera vez.

*En el taller de Bogotá,
Colombia*

Vamos a ver

Indique si las siguientes afirmaciones son ciertas (**C**) o falsas (**F**). Luego, corrija las oraciones falsas.

1. _____ Ricardo vive en la calle porque no tiene padres ni otros parientes.

2. _____ Gran número de los gamines ha usado drogas.

3. _____ Algunos gamines están en la calle para escaparse del abuso de los adultos.

4. _____ En el taller de Bogotá se fabrican juguetes.

5. _____ Ricardo es uno de varios gamines que ha encontrado trabajo en el taller.

6. _____ Como parte del programa, Jaime, William y Carlos van a la escuela durante el día y después empiezan su turno (*shift*) en el taller.

7. _____ El propósito básico del programa es ayudar a los jóvenes a volver a vivir con su familia.

8. _____ El programa se preocupa por estimular el amor propio de los jóvenes.

Después de ver

- En el vídeo se presenta sólo el trabajo en el taller como una manera de hacer frente a (*to face*) los problemas de los gamines. ¿Cree Ud. que es suficiente el trabajo para ayudar a los jóvenes a convertirse en ciudadanos responsables y útiles a la sociedad? ¿O cree que necesitan también una preparación académica para tener éxito en la vida? ¿Necesitan programas para superar (*overcome*) los problemas de las drogas y también programas que los ayuden a relacionarse con su familia?

- Divídanse en dos grupos. Un grupo defenderá la siguiente declaración:

  «Los jóvenes pueden aprender todo lo necesario a través del trabajo bien supervisado; el lugar de trabajo es la mejor escuela.»

El otro grupo defenderá ésta:

  «Los jóvenes necesitan otros programas para aprender a comportarse en la comunidad y necesitan asistir a la escuela para prepararse intelectualmente.»

Después del debate, comenten todos juntos los pro y los contra del asunto.

- Busque información sobre los porcentajes de niños de diferentes edades que asisten a la escuela en dos o tres países hispanohablantes. (Sugerencia: Vaya a las páginas oficiales del gobierno de cada país para encontrar estas estadísticas.) ¿Qué conclusión puede inferir de estos resultados sobre las condiciones sociales de estos países? Comparta su información con sus compañeros de clase.

Enlace

▪▪▪ ESCENARIOS

Trabajando en grupos de tres o cuatro estudiantes, lean las siguientes historias y comenten entre todos las preguntas al final de cada una. ¿Cómo deciden Uds. estos casos de conciencia?

1. Una mujer estaba muriéndose de un tipo de cáncer muy raro. Había sólo una droga que la podía curar: una forma de radio (*radium*) descubierta hace poco por una empresa farmacéutica. La fabricación de la droga era costosa y la empresa solía vendérsela a sus clientes por diez veces más de lo que la empresa le costaba producirla. Con mucho trabajo, Juan (el esposo de la mujer enferma) pudo obtener la mitad del dinero para comprar el medicamento. Le pidió a los de la empresa que se lo vendiera a un precio más bajo o que por lo menos le permitiera pagarlo a plazos. Pero le dijeron que no, afirmando que habían descubierto la droga y que querían hacer negocio con ella. Algunas noches después, Juan, desesperado, forzó la puerta de una farmacia local y robó el medicamento para su mujer.

■ ¿Estuvo bien que Juan robara el medicamento? ¿Por qué sí o por qué no?

■ ¿Es el deber de un esposo robar o cometer cualquier delito para salvar la vida de su esposa si no le queda otro remedio? ¿Por qué sí o por qué no?

■ ¿Qué aspectos del caso deben tener en cuenta las autoridades?

■ Ya que no había ninguna ley que regulara los precios, ¿tenía derecho la empresa farmacéutica de cobrar tanto? ¿Por qué sí o por qué no?

2. Debido a un problema serio, dos hermanos necesitaban dinero para poder dejar su pueblo de inmediato. Alexis (el mayor, de 25 años) entró en una tienda y se llevó $500. José (el menor, de 22 años) fue a hablar con un viejo del pueblo que tenía fama de ser generoso. Le dijo al viejo que estaba muy enfermo y que necesitaba $500 para pagar los gastos de una operación. Aunque el viejo no lo conocía, le prestó el dinero. José prometió devolvérselo, aunque no tenía ninguna intención de hacerlo.

■ ¿Quién cometió el delito más grave, Alexis o José? Expliquen.

■ Alexis violó la ley, robando una tienda. ¿Por qué no se debe violar la ley?

■ José mintió. Aunque no hay leyes que prohíban hacerlo, ¿por qué no se debe mentir?

■ ¿A quién se le hizo más daño, al dueño de la tienda robada o al viejo que le prestó el dinero a José? ¿Por qué?

■ ¿A quién debe tratar más duro la ley, al que roba abiertamente como Alexis o al que hace trampas como José? ¿Por qué?

■■■ ¡OJO!

	Examples	Notes
pero sino sino que no sólo	Joaquín es muy inteligente, **pero** estudia mucho de todas formas. *Joaquín is very bright, but he studies a lot anyway.*	English *but* is expressed as **pero, sino,** or **sino que** in Spanish. All three are conjunctions; they join two elements of a sentence. When the element preceding *but* is affirmative, **pero** is used.
	Quique no es muy inteligente, **pero** es buen estudiante. *Quique isn't very bright, but he's a good student.*	**Pero** can also be used after a negative element to mean *but* in the sense of *however*, introducing information that *contrasts with* or *expands* the previously mentioned concepts.
	El coche no es nuevo **sino** viejo. *The car isn't new but (rather) old.* No quiero que me ayudes **sino que** te vayas. *I don't want you to help me but (rather) (that you) go away.*	**Sino** and **sino que** are used only after a negative element. They introduce information that *contradicts and replaces* the first element. They mean *but* in the sense of *rather*. **Sino** connects a word or phrase (but not a clause) to the sentence; **sino que** connects a clause.
	No sólo trajeron pan **sino** también queso. *They brought not only bread but also cheese.* **No sólo** vino **sino que** trajo a sus amigos. *She not only came but (also) brought her friends.*	English *not only . . . but (also)* is expressed in Spanish by **no sólo… sino (que).**
intentar tratar de trartar probar(se)	Voy a **intentarlo.** No sé si tendré éxito. *I'm going to try (it). I don't know if I'll succeed.* No sé. **Trataré de** hacer todo lo posible. *I don't know. I'll try to do all I can.*	All of these words can express English *to try.* **Intentar** means *to try* or *to make an attempt,* as does **tratar de,** which is always followed by an infinitive in this meaning. In contrast, **intentar** can be used either alone or with **lo.**
	Este libro **trata de** La Raza. *This book deals with La Raza.* **Se trata de** la justicia. *It's a question of justice.*	**Tratar de** can also mean *to deal with.* The expression **se trata de** means *it's about* or *it's a question of* and can never be used with a specific subject.
	Los **trató** sin respeto. *He treated them without respect.*	When used without **de, tratar** means *to treat someone or something* in a particular way.
(continúa)		

	Examples	Notes
intentar tratar de trartar probar(se)	**¡Prueba** el vino! *Try the wine!* Van a **probar**te. No les digas nada. *They're going to test you. Don't tell them anything.*	**Probar** means *to try* or *to taste something*, or *to try someone* in the sense of *testing* him or her.
	Voy a **probar**me estos pantalones antes de comprarlos. *I'm going to try on these pants before buying them.*	**Probarse** means *to try on* (an article of clothing).
preguntar (hacer una pregunta) pedir	No entiendo lo que me **preguntas.** *I don't understand what (question) you're asking me.* Los niños **hicieron** muchas **preguntas** durante su visita al museo. *The kids asked a lot of questions during their visit to the museum.*	As you reviewed in **Capítulo 7** (page 222), *to ask a question* is expressed in Spanish by either **preguntar** or **hacer una pregunta.**
	Ella les **pidió** que hablaran en voz baja. *She asked them to speak softly.* Te quiero **pedir** un favor. *I want to ask you a favor.*	*To ask* in the sense of *requesting something from someone*—an object, a favor, an action—is expressed in Spanish by **pedir.**

A VOLVIENDO AL DIBUJO Elija la palabra que mejor completa cada oración. ¡Cuidado! También va a encontrar palabras de los capítulos anteriores.

El año pasado trajeron una serie de cuadros de Frida Kahlo al museo de arte de mi ciudad. Se había discutido mucho la (cuestión/pregunta)¹ de la seguridad y fue una sorpresa cuando decidieron (darse cuenta de / realizar)² la exposición. No es que haya mucho crimen en mi ciudad, (pero / sino / sino que)³ había habido robos en el museo anteriormente y (por / por que)⁴ eso los ladrones pensaban (de/en/que)⁵ sacar algo de nuestro museo era pan comido.ᵃ Sin embargo, a por lo menos un ladrón,

ᵃpan… *a piece of cake*

se le había escapado un detalle importante: contábamos con[b] el mejor departamento de policía del país.

Una noche ese ladrón entró por el techo de la sala Frida Kahlo y se (llevó/tomó)[6] uno de los cuadros. De repente, sonó la alarma y el ladrón se fue corriendo. (Intentó/Trató)[7] escaparse (pero/sino)[8] no (tuvo éxito / sucedió)[9] porque la policía ya había llegado y (dejó/detuvo)[10] al pobre ladrón. La policía (devolvió/volvió)[11] el cuadro al museo y (llevó/tomó)[12] al ladrón a la cárcel.

(Poco tiempo / Poca vez)[13] después, en el tribunal, el abogado defensor (trató / trató de)[14] (asistir/ayudar)[15] a su cliente, diciendo que la policía lo había (dejado/impedido)[16] robar el cuadro sólo para mejorar su fama como «el mejor departamento de policía del país». (Pero/Sino)[17] el jurado no aceptó (esa cuenta / ese cuento)[18] y declaró culpable al acusado. La juez mandó que lo encarcelaran y ahora el pobre ladrón tiene (mucho tiempo / mucha vez)[19] que pensar (a/de/en)[20] lo que hizo.

[b]contábamos... *we had*

■ **B** **ENTRE TODOS**

■ En los últimos años ha habido un aumento en la delincuencia juvenil. ¿Cuáles son algunos de los grupos en su comunidad que tratan de ayudar a los jóvenes delincuentes? ¿Qué hacen estos grupos? ¿También hay programas para ayudar a los padres de estos jóvenes?

■ ¿Cree Ud. que se debe tratar a los adolescentes delincuentes como si fueran adultos? ¿Cuáles son algunos de los argumentos que se han presentado a favor y en contra de esta propuesta?

■ En algunos lugares se ha sugerido que los padres sean forzados a responder por los delitos de sus hijos menores de edad. ¿Qué piensa Ud. de esto? ¿Equivale a tratar a los padres como delincuentes comunes? ¿Por qué sí o por qué no?

■■■ REPASO

A Complete los párrafos, dando la forma apropiada de los verbos y expresando en español las frases en inglés. Cuando se dan dos palabras entre paréntesis, escoja la palabra apropiada.

Cómo llegar a ser policía

Yogi y Mark trabajan (por/para)[1] la policía británica. (*Both Yogi and Mark*)[2] están entre los muchos policías y detectives famosos (*who*)[3] (*have worked*)[4] en la gran Scotland Yard de Londres. Pero cuando Yogi y Mark comentan su trabajo entre sus amigos, no (hacer)[5] referencia al largo «brazo» de la ley (pero/sino)[6] a la larga «pata».[a] Yogi y Mark (ser/estar)[7] perros policía.

La policía británica (utilizar)[8] más de 1.500 perros que están especialmente (*trained:* entrenar)[9] para (colaborar)[10] en los distintos aspectos de la guerra contra el crimen, especialmente contra el tráfico de drogas y en la búsqueda de personas (*lost*)[11]. En un solo año casi 14.000 arrestos fueron efectuados (por/para)[12] perros policía.

Aunque (*dogs have been used*)[13] como guardianes desde el antiguo Egipto, no fue hasta los años 40 que (*were established*)[14] los primeros centros de entrenamiento (por/para)[15] perros policía. Allí (*is developed:* desarrollar)[16] su olfato[b] y (*they learn*)[17] técnicas de rastreo.[c] Es necesario que las lecciones (ser/estar)[18] breves y que los entrenadores (*repeat them*)[19] hasta que las reacciones de los perros (*become*)[20] automáticas. Se insiste mucho en la obediencia absoluta: Durante todas las fases del entrenamiento, es importante que cada perro (*be trained by*)[21] una sola persona para que luego (obedecer)[22] a una sola voz.

La relación entre el perro y su amo empieza temprano; desde los tres meses el cachorro[d] que (*will be*)[23] perro policía vive en la casa del policía (*who*)[24] lo va a (cuidar/importar)[25], a fin de que (establecerse)[26] los lazos[e] de cariño y comprensión sin los cuales no puede existir una total confianza entre (*both*)[27]. En realidad, (*they will not be*)[28] simplemente perro y amo (pero/sino)[29] verdaderos compañeros.

[a]*paw*   [b]*sense of smell*   [c]*tracking*   [d]*puppy*   [e]*bonds*

B Imagínese que Ud. es la madre / el padre de Linda, una adolescente de 17 años. Su hija ha salido esta noche con amigas y Ud. está preocupado/a. Hable con su esposo/a de sus preocupaciones. Siga el modelo, usando expresiones de emoción y creando oraciones lógicas.

MODELO: robarle el coche →
Espero que Linda haya cerrado bien el coche. Temo que se lo roben.

1. quitarle la bolsa
2. recibir una multa por conducir demasiado rápido
3. consumir drogas
4. violarla
5. ir a una fiesta «rave»
6. acabársele la gasolina
7. perderse en un barrio peligroso
8. fumar o drogarse

CAPÍTULO 12

El trabajo y el ocio

Marbella, España

Exploraciones

En toda cultura, los momentos de ocio son tan importantes como los momentos dedicados a actividades profesionales. Pero el tipo de diversión, al igual que la profesión u ocupación que uno elige, está relacionado con la personalidad y formación del individuo. El nivel económico, la preparación intelectual y la clase social pueden hacer que uno prefiera ciertas diversiones y no otras. ■■■

A NIVEL PERSONAL

■ A Ud., ¿qué le gusta hacer en su tiempo libre? ¿Prefiere los pasatiempos más activos o los más sedentarios? ¿Qué actividades prefiere hacer cuando está de vacaciones y qué actividades prefiere hacer durante el curso académico?

■ ¿Trabaja Ud.? ¿Piensa continuar este tipo de trabajo cuando se gradúe o piensa hacer algo diferente?

A NIVEL REGIONAL

■ ¿Qué suele hacer la gente de su región en su tiempo libre? ¿Cuáles son algunas de las actividades más populares?

■ ¿Cuáles son los trabajos más comunes en su región?

■ Estudie la siguiente lista de profesiones y ocupaciones y la de actividades recreativas y determine a qué actividades se inclinarían más los individuos mencionados. Luego, explique por qué Ud. cree que sería así.

Profesiones y ocupaciones	Actividades recreativas
una cirujana especializada en hacer trasplantes de corazón	asistir a conciertos
	correr
un cura	hacer muebles de madera
un experto en computadoras	ir a un bar a tomar cerveza
una jardinera	jugar al golf
un jugador de fútbol profesional	leer novelas
un policía	montar en bicicleta
un profesor de español	reparar coches viejos
una secretaria	ver películas extranjeras

■ Ahora, nombre otras ocupaciones y profesiones y las actividades recreativas que le parezcan más apropiadas para personas que ejercen cada ocupación.

A NIVEL GLOBAL

■ ¿Cree Ud. que se trabaja más o menos en este país que en los países hispanohablantes? ¿Hay estereotipos asociados con el trabajo y el ocio en los países hispanohablantes?

■ Elija una ciudad hispanohablante e investigue lo que se puede hacer allí para divertirse. Apunte varias actividades y traiga esta información a la clase. Trabajando en grupos, decidan qué lugar preferirían visitar.

The *Pasajes Online Learning Center* (**www.mhhe.com/ pasajes6**) contains new inter- active activities to practice the material presented in this chapter.

■ Identifique las profesiones y oficios que se ven en este dibujo y explique qué hace el individuo que ejerce cada uno. ¿Qué rasgos de personalidad y qué habilidades tendrá la persona que escoja estas ocupaciones? ¿Qué tipo de preparación se requiere en cada caso?

■ En su opinión, ¿cuál de estas ocupaciones es la más peligrosa? ¿la más (des)agradable? ¿la más lucrativa? ¿Con qué culturas o regiones se asocian algunos de estos oficios? ¿con qué clase social? ¿con qué sexo? Explique sus puntos de vista al respecto.

convenir to be appropriate

ejercer una profesión to practice a profession

entrevistar to interview

   entrevistarse en to have an interview with; to be interviewed by

escoger to choose

especializarse en to specialize in; to major in

estar de vacaciones to be on vacation

ir de vacaciones to go on (a) vacation

jubilarse to retire

relajarse to relax

tomar vacaciones to take time off

valorar to value; to appreciate

el aprendizaje apprenticeship

el descanso rest; leisure

las diversiones amusements

el entrenamiento (sports) training

el entretenimiento entertainment

la entrevista interview

la especialización major

el ocio leisure time; relaxation

el pasatiempo pastime; hobby

la preparación preparation; job training

el prestigio prestige

el tiempo libre free time

las vacaciones vacation

Profesiones y oficios

el/la artista artist; movie star

el bailarín, la bailarina dancer

el/la basurero/a garbage collector

el/la beisbolista° baseball player

el bombero, la mujer bombero firefighter

el/la enfermero/a nurse

el/la maestro/a teacher

el/la músico[†] musician

el/la oficinista office clerk

el/la periodista journalist

el/la piloto/a pilot

el/la reportero/a reporter

el soldado, la mujer soldado soldier

el/la torero/a bullfighter

el/la vaquero/a cowboy, cowgirl

el/la vendedor(a) salesperson

A ¿Qué palabra o frase de la segunda columna asocia Ud. con cada palabra o frase de la primera? Explique en qué basa su asociación. ¡Cuidado! Hay varias respuestas posibles en cada caso.

1. el aprendizaje
2. el ocio
3. ejercer una profesión
4. la entrevista
5. tomar vacaciones

a. escoger una especialización
b. la preparación
c. la solicitud
d. relajarse
e. el tiempo libre

°The ending **-ista** can be added to many sports to indicate the individual who plays that sport: **futbolista, tenista, basquetbolista.** Remember that in most parts of the world, **fútbol** refers to soccer; thus a **futbolista** is a soccer player.

[†]The ending **-ista** can be added to many musical instruments to indicate the individual who plays that instrument: **pianista, guitarrista, flautista.**

LENGUAJE Y CULTURA

En el mundo hispano existen muchas opiniones diferentes sobre cómo formar el femenino de las profesiones que tradicionalmente han ejercido sólo los hombres. En muchos casos, la forma femenina puede hacerse simplemente cambiando la **-o** final en **-a** (**el médico / la médica**) o añadiendo una **-a** cuando la forma masculina termina en consonante (**el contador / la contadora**). Si el sustantivo termina en otra vocal, el artículo que lo acompaña generalmente indica el sexo de la persona (**el artista / la artista**). Pero si la forma femenina ya existe con otro significado, estas reglas no pueden aplicarse. (Por ejemplo, **el químico** significa *male chemist,* pero **la química** significa *chemistry.*) También problemático es el hecho de que en algunos casos la forma femenina se refiera a la esposa del hombre que ejerce la profesión indicada: en muchos países, por ejemplo, así se entiende **la presidenta.** Otra solución es referirse a la mujer profesional de la siguiente manera: **la mujer** + *nombre de profesión.* Así se crean pares como **el policía / la mujer policía** y **el soldado / la mujer soldado.**

B Explique la diferencia entre cada par de palabras.

1. el descanso / la preparación
2. el oficio / la profesión
3. jubilarse / tomar vacaciones
4. el entretenimiento / el pasatiempo
5. valorar / despreciar

C ¡NECESITO COMPAÑERO! Trabajando en parejas, hagan una lista de cinco de los oficios o profesiones que más les interesen. Luego póngalos en una lista de acuerdo con los años de preparación que exige cada uno.

D ¿Qué cualidades de la lista A son características indispensables de las personas que ejercen las profesiones de la lista B? Explique.

A		B	
la afabilidad	la elocuencia	abogado/a	médico/a
la agresividad	la fuerza física	artista de cine	militar
la ambición	la imaginación	basurero/a	modelo
la astucia	la independencia	bombero / mujer bombero	piloto/a
la capacidad de organización	la inteligencia		pintor(a)
	la paciencia	científico/a	político / mujer político
la curiosidad	la valentía (*bravery*)	escritor(a)	
la destreza física		futbolista	sacerdote
		maestro/a	secretario/a

Ahora, ponga en orden las profesiones según el mayor o menor prestigio que tienen dentro de la sociedad.

■ ¿A qué se debe ese prestigio (o la falta de él)? ¿al sueldo que gana una persona que ejerce esa profesión? ¿a la fama? ¿a los años de preparación necesarios para lograr la profesión? ¿a la importancia de los servicios que prestan esas personas a la sociedad? ¿ ?

■ ¿Está Ud. de acuerdo con el prestigio que tiene cada profesión? ¿Hay profesiones que deban tener más (o menos) prestigio del que tienen actualmente? Comente.

IMÁGENES

El tiempo libre a la hispana[a]

PARA LOS HISPANOS el tiempo libre es muy importante. Sin embargo, sus actividades en los días de descanso difieren de las de otros grupos. Como la población hispana va aumentándose rápidamente en este país, muchas compañías quieren saber qué hacen los hispanos en su tiempo libre para poder venderles sus productos y servicios más efectivamente a los hispanos. Las investigaciones de estas compañías revelan que a los hispanos les gustan más las actividades recreativas que pueden hacer con la familia y los amigos. Este hecho revela la importancia que se da a las relaciones interpersonales en la cultura hispana.

En la cultura norteamericana, es posible que cada miembro de la familia participe en una actividad diferente, según sus propias preferencias. Por ejemplo, mientras que el padre juega al golf, la madre va de compras, el hijo practica un deporte y la hija va al cine. Esto es menos común entre las familias hispanas. En muchos casos los miembros de una familia pasan tiempo juntos. Frecuentemente van a la casa de un familiar, en donde todos comen y charlan y gozan de la compañía de los demás. Cuando salen, es normal que vayan en grupos de tres, cuatro o más para comprar un helado o un refresco o sólo para pasear y hablar con otros amigos. También tienden a ver la televisión menos que otros grupos culturales, prefiriendo otras actividades que tienen un elemento social más fuerte.

Esta tendencia de hacer las cosas en grupo puede explicar por qué el excursionismo,[b] el montañismo[c] y otras actividades más individuales son menos populares entre los hispanos. Por ejemplo, una encuesta tomada por el Servicio de Bosques Nacionales[d] en California revela que los hispanos prefieren ir a los parques para hacer un picnic o visitar alguna atracción natural como las Cataratas de Niágara con toda la famila.

Otra encuesta demuestra que los hispanos en los Estados Unidos viajan tanto o más que otros grupos culturales. El 48% de las familias hispanas dijo que habían salido de vacaciones durante el año anterior, sobre todo a los parques de atracciones,[e] a la playa o a sitios históricos. También viajan al extranjero con frecuencia, no sólo a los países hispanohablantes sino a Europa, Asia y otros lugares. En total, las costumbres hispanas en cuanto a lo que hacen en su tiempo libre comprueban la importancia que asignan a sus relaciones con los amigos y la familia. ■

Una tarde en el Parque Chapultepec, México, D. F.

[a]a... *Hispanic style*   [b]*hiking*   [c]*mountain climbing*   [d]Servicio... *National Forest Service*   [e]parques... *amusement parks*

E ¡NECESITO COMPAÑERO! A veces lo más atrayente de una profesión son las condiciones de trabajo o la satisfacción personal que la profesión proporciona al individuo. Aquí hay una lista de beneficios y condiciones de trabajo. Trabajando en parejas, elijan los cuatro más importantes y los cuatro de menor importancia. Luego, expliquen su decisión a la clase.

Queremos un trabajo...

1. ❏ que nos permita resolver problemas internacionales.
2. ❏ que nos ofrezca seguridad económica para el resto de la vida.
3. ❏ que nos permita ser líderes (ser jefes, manejar personal, etcétera).

4. ❏ que nos ofrezca la oportunidad de viajar mucho.
5. ❏ en el que el horario sea flexible.
6. ❏ en el que tengamos varios meses de vacaciones anuales.
7. ❏ que sea bien pagado y de mucho prestigio.
8. ❏ en el que podamos ejercer nuestra creatividad.
9. ❏ que nos permita quedarnos en casa la mayor parte del tiempo.
10. ❏ que consista en aportar algo significativo a la sociedad.
11. ❏ en el que nuestros compañeros de trabajo sean simpáticos.
12. ❏ de gran/poca responsabilidad.
13. ❏ que sea interesante y siempre variado.
14. ❏ en el que logremos fama nacional o mundial.

Lengua

■■ 44 Review of Verb Forms

There are three main groups of Spanish verbs, those with infinitives ending in **-ar, -er,** and **-ir.** A conjugated verb has two main parts: a stem and an ending. The stem identifies the action (**habl-**), and the ending indicates the tense, mood, and person/number of the action (**-amos**) **hablamos.**

You have learned five indicative forms: present, imperfect, preterite, future, and conditional. Each of these has a perfect equivalent: the corresponding form of **haber** + the past participle.° You have also learned two subjunctive tenses, the present and the past, with their corresponding perfect forms. The imperative does not show tense; the different forms of the imperative correspond to the subject (formal, informal, singular, and plural) and to whether the command is affirmative or negative.

The following charts show the verbs **hablar, comer,** and **vivir** conjugated in all of these forms in the third-person singular. Also listed are the imperative forms. Can you give the remaining forms of each conjugation?

		Simple Verb Forms				
		Indicative	Subjunctive	Imperative		
					Aff.	Neg.
	present	habla	hable	Ud.	hable	hable
	imperfect	hablaba	hablara	Uds.	hablen	hablen
-ar	preterite	habló		tú	habla	hables
	future	hablará		vosotros/as	hablad	habléis
	conditional	hablaría				

°As stated earlier in the first footnote on p. 322, the perfect forms of the preterite are disappearing. They are included here only for the sake of instruction.

Simple Verb Forms

		Indicative	Subjunctive	Imperative	Aff.	Neg.
-er	present	come	coma	Ud.	coma	coma
	imperfect	comía	comiera	Uds.	coman	coman
	preterite	comió		tú	come	comas
	future	comerá		vosotros/as	comed	comáis
	conditional	comería				
-ir	present	vive	viva	Ud.	viva	viva
	imperfect	vivía	viviera	Uds.	vivan	vivan
	preterite	vivió		tú	vive	vivas
	future	vivirá		vosotros/as	vivid	viváis
	conditional	viviría				

Prefect Verb Forms: *haber* + Past Participle

	Indicative	Subjunctive	Past Participle
present	ha	haya	hablado
pluperfect	había	hubiera	comido
preterite	hubo		vivido
future	habrá		
conditional	habría		

PRÁCTICA Complete las siguientes oraciones con la forma apropiada del verbo entre paréntesis. ¡Cuidado! A veces hay más de una posibilidad.

1. Mis padres (ponerse) furiosos cuando les dije que (querer: yo) especializarme en la sicología de los gatos. Ellos deseaban que yo (ejercer) una profesión prestigiosa, en la que (tener: yo) un sueldo muy alto. Pero a mí siempre me ha fascinado el comportamiento de los gatos. ¡Me gustaría (ser) una de ellos, pues así tal vez los comprendería mejor!

2. Si no quieres que los extraterrestres te (llevar) a otro planeta, no (salir: tú) a la calle a montar en bicicleta a las 3:00 de la mañana. Si lo haces, bajarán en su platillo volador y te (ellos: poner), junto con tu bicicleta, en una botella para hacer sus experimentos.

3. Anoche, cuando llegó Cecilia, hacía dos horas que la fiesta (terminar), pero algunos de nosotros todavía (estar) allí. Cecilia (ponerse) muy triste por no haber llegado a tiempo y lloró tanto que (decidir: nosotros) comenzar la fiesta otra vez. ¡A Cecilia (gustarle) mucho las fiestas!

4. Mi madre se habría vuelto loca si mi padre (jubilarse) hace diez años, porque ahora ella no lo (soportar) en casa todo el día. Él prometió que no (hacer) nada cuando ya no tuviera que trabajar, y hasta hoy (cumplir) su promesa.

5. El médico le dijo a la paciente que le (convenir) tomar vacaciones, pues era necesario que (relajarse: ella). Eso fue después de que ella le (contar) que (ver: ella) un fantasma todas las noches, al salir del trabajo.

6. En muchos países, es necesario que uno (escoger) su especialización antes de entrar a la universidad. Si Ud. hubiera estudiado en uno de esos países, ¿en qué profesión (especializarse)?

■■■ 44 INTERCAMBIOS

AUTOPRUEBA Complete el siguiente texto con la forma verbal apropiada de los verbos entre paréntesis, según el contexto. ¡Cuidado! Se puede usar cualquiera de las formas verbales que se han estudiado.

Hace un año que estudio en la universidad. (Divertirse: yo)[1] mucho, aunque a veces ha sido difícil. Mis padres no estaban contentos cuando les (decir)[2] que quería estudiar arte. Habrían preferido que (especializarse: yo)[3] en algo que me (tener)[4] que ver con las ciencias, pero al final los convencí de que es más importante que (estudiar: yo)[5] algo que me (interesar)[6].

Mi mejor amiga Elena y yo todavía compartimos una habitación en la residencia. Durante el otoño ella (enamorarse)[7] de un chico que vive en otra residencia, pero después de unos meses (romper)[8] con él porque (preocuparse)[9] por sus estudios. Siempre le digo que necesita (relajarse)[10] de vez en cuando, pero no me (escuchar)[11]. Elena quiere que (vivir: nosotras)[12] en un apartamento el año que viene, pero no estoy segura. Este año (conocer: yo)[13] a muchas personas interesantes y las (extrañar)[14] si no viviera aquí. (Ver: nosotras)[16] qué pasa.

15. Veremos

10. relajarse 11. escucha 12. vivamos 13. he conocido / conocí 14. extrañaría

5. estudie 6. interese 7. se enamoró 8. rompió 9. se preocupaba

Respuestas: 1. Me he divertido **2.** dije **3.** me especializara **4.** tuviera

A Imagínese que Ud. es consejero/a en la universidad y que los siguientes estudiantes lo/la visitan para que los aconseje sobre las clases que deben tomar. Dados los planes que tienen ellos para el futuro, ¿qué clases les recomienda Ud.?

MODELO: Carmen quiere hacerse periodista. →
Sería conveniente que estudiara inglés y ciencias políticas. También convendría que tomara algunas clases de oratoria (*public speaking*).

1. Laura quiere hacerse médica.

2. Roberto quiere hacerse beisbolista.

3. Julio quiere hacerse hombre de negocios.

4. Mercedes quiere hacerse abogada.

5. Francisco quiere hacerse sicólogo.

6. Pedro quiere ser torero.

B ¡NECESITO COMPAÑERO! En este país, la norma establecida es trabajar 40 horas a la semana en cinco días (de 9:00 a 5:00). Pero quizás sería posible mejorar el sistema si se hicieran algunos cambios. Trabajando en parejas, completen las siguientes oraciones con las formas apropiadas del imperfecto de subjuntivo de los verbos *en letra cursiva azul* y comenten las ventajas o desventajas que resultarían si se hicieran esos cambios. Luego, háganse preguntas para averiguar el porqué de sus respuestas.

1. Sería (mejor/peor/igual) si se *poder* trabajar 40 horas en menos de cinco días.

2. Sería (mejor/peor/igual) si se *empezar* y *terminar* la jornada (*workday*) a la hora que la persona quisiera (con tal de trabajar el total de horas debido).

3. Sería (mejor/peor/igual) si se *mantener* una edad límite obligatoria para la jubilación.

4. Sería (mejor/peor/igual) si los papás también *recibir* un descanso pagado por el tiempo que pasan cuidando a sus hijos recién nacidos.

5. Sería (mejor/peor/igual) si se *permitir* que una persona *empezar* a trabajar jornada de tiempo completo a la edad que quisiera.

6. Sería (mejor/peor/igual) si se *permitir* que una persona *aceptar* dinero extra en vez de asistencia médica (*health benefits*).

De todos los cambios sugeridos, ¿cuál es el que Uds. creen que tendría el efecto más beneficioso? Compartan con la clase lo que han decidido.

C ENTRE TODOS

- Cuando Ud. era niño/a, ¿qué profesión u oficio querían sus padres que Ud. ejerciera de adulto/a? ¿Por qué? ¿Estaba de acuerdo con los deseos de sus padres o tenía otras ambiciones? ¿Cuáles eran?

- De las profesiones y oficios nombrados por los miembros de la clase, ¿cuál se menciona con mayor frecuencia? ¿Por qué cree Ud. que a tantos niños les atrae esa profesión? ¿Qué ocupación se menciona menos? ¿Cómo se explica esto?

- ¿Cuántos de Uds. todavía quieren llegar a ejercer el oficio que les atraía de niño/a? Los que han cambiado de idea deben explicar por qué.

D Mire el anuncio a la derecha. ¿Qué servicios les ofrece a los negociantes el Club El Nogal de

Bogotá? ¿Qué tipo de negociante lo usaría? En la lista de servicios que se ofrecen, ¿cuáles se usan para los negocios? ¿para la diversión? ¿para ambos? En su opinión, ¿es preferible combinar el trabajo con el ocio o prefiere Ud. separarlos? Explique.

E ENTRE TODOS

■ Una de las técnicas que se usan para reducir las tensiones relacionadas con el ejercicio de una profesión es alternar el trabajo con el ocio. En su opinión, ¿es normal que toda ocupación cause tensiones? ¿Por qué sí o por qué no?

■ Hoy en día, hay empresas que les ofrecen a sus empleados un gimnasio, con todo el equipo moderno. ¿Le parece a Ud. un servicio útil? ¿A quién(es) intenta beneficiar? ¿Qué otros servicios les deben ofrecer las empresas a sus empleados para disminuir el estrés que les causa el trabajo?

■ ¿Tendrá menos estrés una persona que trabaja en una ocupación que le gusta? En general, ¿trabaja la gente por gusto o por necesidad?

■ ¿Puede considerarse como «trabajo» el preparar la comida en casa? ¿el escribir un poema? ¿Qué es lo que para Ud. constituye «trabajo»?

F ¡NECESITO COMPAÑERO! La tensión relacionada con el trabajo es uno de los peligros más serios para el individuo en la sociedad actual. ¿Qué oficios causarán más tensiones? El texto a la derecha presenta los resultados de una investigación sobre este tema. Trabajando en parejas, lean el texto y después contesten las siguientes preguntas.

1. De las profesiones que menciona el texto, ¿cuáles causan estrés? ¿Por qué razones? ¿Cuáles de ellas les parecen menos estresantes? Expliquen sus respuestas, intentando identificar las causas del estrés relacionado con cada ocupación. ¿Hay otras profesiones que producen más tensiones que las que menciona el texto?

2. Si Uds. tuvieran un trabajo estresante, ¿qué estrategias usarían para reducir el estrés? En general, ¿qué cambios podrían efectuarse en la sociedad actual para mejorar las condiciones del trabajo? (Piensen en el horario, las vacaciones, las horas extraordinarias, la edad mínima para jubilarse, el ambiente, los muebles, etcétera.) ¿Qué consecuencias tendrían estos cambios en el mundo laboral?

EL HIT-PARADE DE LAS PROFESIONES CON RIESGO DE ESTRÉS

No todas las profesiones requieren el mismo esfuerzo y la misma atención y por esta razón los resultados frente al estrés según la ocupación dan distintos índices de peligrosidad. Según un estudio realizado por INSERM y especialistas del Instituto americano, las quince profesiones que tienen más riesgo de contraer enfermedades producidas por el estrés son las siguientes:

1. Controlador aéreo.
2. Piloto de avión.
3. Conductor de tren.
4. Profesores y catedráticos.
5. Institutriz.[a]
6. Agente de cambio y bolsa.
7. Mayorista.[b]
8. Minero.
9. Dentista.
10. Camarero.
11. Ejecutivo de una empresa.
12. Cajera de un supermercado.
13. Policía.
14. Programador.
15. Periodista.

[a]*Governess.* [b]*Wholesaler.*

▪▪▪ 45 DE ENTRADA

Se supone que el siguiente párrafo describe el dibujo. Sin embargo, el texto contiene algunos errores. ¿Puede Ud. encontrarlos y corregirlos?

> Como es un espléndido día de invierno, la Sra. Martínez está pescando en el mar. Desde su bote, observa a la gente que se está divirtiendo en la playa. Hay algunas personas nadando y varios niños peleándose o construyendo castillos de arena. Muchas personas están tomando el sol o leyendo bajo su sombrilla. Algunos estarán durmiendo a pesar del ruido. Una pareja de aventureros ha estado explorando las profundidades del mar con su equipo de buceo.[a] Es una lástima que esté lloviendo, pero eso a nadie le importa. Todos seguirán disfrutando todo el día.

[a]*scuba diving*

Ahora busque en el texto las formas verbales que terminan en **-ndo.** Estas formas son el gerundio (*present participle*) de los verbos y se combinan con el verbo **estar** para hacer las formas progresivas. ¿Puede Ud. encontrar algunos ejemplos de estas formas progresivas en el texto? La siguiente explicación le indicará la formación y usos de estas formas verbales.

▪▪ 45 Progressive Forms

A. Formation of the progressive

The progressive consists of a conjugated form of the auxiliary verb **estar** plus the present participle (**el gerundio**). In English, the present participle ends in *-ing: singing, writing.* The Spanish present participle ends in **-ndo: cantando, escribiendo.** The present participle ends in **-ando** for **-ar** verbs and in **-iendo** for **-er** and **-ir** verbs.[*]

cantar → **cantando**   correr → **corriendo**   vivir → **viviendo**

---

[*]The present participles of **ir** and **poder** are irregular: **yendo** and **pudiendo.** They are used infrequently.

The preterite progressive conveys both a completed action (implicit in the preterite auxiliary) and the sense of an action in progress (indicated by the use of the present participle). For this reason, its use is limited to contexts where the end of the action is clearly indicated.

Estuvimos hablando hasta la madrugada.
We were talking until dawn.

If the stem of an **-er** or **-ir** verb ends in a vowel, the **i** of the participle ending changes to **y.**

caer → ca**y**endo	leer → le**y**endo
constru**i**r → constru**y**endo	o**í**r → o**y**endo

-Ir stem-changing verbs show the second stem change in the participle: **e → i, o → u.***

p**e**dir → p**i**diendo	d**o**rmir → d**u**rmiendo

As with the perfect forms, only the auxiliary verb shows tense, mood, and person/number; the form of the present participle never changes.

The five simple forms of the indicative have corresponding progressives, as do the two simple forms of the subjunctive. Can you complete the conjugations of these verbs?

	El progresivo	
	Indicativo	**Subjuntivo**
presente	estoy bailando	esté terminando
imperfecto	estaba riendo	estuviera oyendo
pretérito	estuve bebiendo	
futuro	estaré diciendo	
condicional	estaría viendo	

B. Placement of object pronouns with progressive forms

Object pronouns may precede the auxiliary verb or follow and be attached to the participle.

Se está **entrevistando** en la IBM. ⎫
Está **entrevistándose** en la IBM.† ⎬ *He's interviewing with IBM.*

PRÁCTICA Imagínese que Ud. ayuda a redactar (*edit*) un manuscrito. En ciertos párrafos, el autor quiere poner énfasis en la idea de que la acción que describe está en progreso. Para lograrlo, Ud. necesita cambiar los siguientes verbos por la forma progresiva, usando el verbo **estar.** ¿Qué forma se debe usar en cada caso?

1. mira	**6.** dieran	**11.** repetían
2. decías	**7.** puse	**12.** vea
3. se despertará	**8.** nos bañamos	**13.** leerían
4. morirían	**9.** traigo	**14.** te afeitas
5. viste	**10.** duermas	**15.** lo oyéramos

---

*When the **e → i** stem change produces a stem ending in **i,** the **i** of the progressive ending is dropped: **reír: ri- + -iendo → riendo.**

†Note the use of a written accent mark when the pronoun is attached to the participle. See Appendix 1.

C. Uses of the progressive forms

Whereas the perfect forms describe actions that are completed at some point in the past, the progressive forms describe actions that are ongoing or in progress. Because both the simple present tense and the simple imperfect tense can also describe actions in progress, it is important to learn the difference between those two simple tenses and the progressive forms.

The progressive is used in Spanish:

■ to indicate an *action in progress* at the moment of speaking.

No puede hablar con Ud. porque **está durmiendo.**	*He can't speak with you because he's sleeping.*
¿Qué **estará haciendo**?	*What can she be doing?*

■ to describe an *action that is different from what is normal* or customary, whether or not it is in progress at the moment of speaking.

Este semestre **estoy tomando** cinco cursos.	*I'm taking five classes this semester.* (I usually take four.)
Estaba pasando las vacaciones en casa.	*He was spending his vacation at home.* (He usually took a trip.)

■ to *add emotional impact* to the narration of an ongoing action.

¡Qué diablos **estará pensando**!	*What in the world could he be thinking!*
¡Por fin **estamos terminando** este libro!	*We are finally finishing this book!*

The subjunctive progressive expresses the same three meanings as the indicative progressive. It is used whenever the structural and message criteria for the use of the subjunctive are met. The choice between present and past progressive forms of the subjunctive is determined by the same criteria as for the simple forms.

Dudo que el niño **esté divirtiéndose** en este momento. Mírele la cara.	*I doubt that the child is having a good time right now. Look at his face.*
¡**Nos alegraba** mucho que ella **estuviera especializándose** en física!	*We were really pleased that she was majoring in physics!*

In general, the progressive forms are used much less frequently in Spanish than in English. The progressive is *not* used in Spanish:

■ to indicate a future or anticipated action; simple forms are used for this purpose.

Nos casamos en junio.	*We are getting married in June.*
Dijo que **iban** con Raúl.	*She said they were going with Raúl.*

■ with the verbs **ser, ir, venir, poder,** and **tener** (except in very infrequent cases); use the simple forms with these verbs.

Tenemos muchos problemas últimamente.	*We are having lots of problems lately.*
Venían a la fiesta cuando ocurrió el choque.	*They were coming to the party when the crash occurred.*

Other verbs that can be used as auxiliaries with the progressive include **seguir, continuar, ir, venir,** and **andar.** The use of each changes the meaning of the progressive slightly.

seguir/continuar + *participle:* to continue in progress, to keep on (doing something)

La semana que viene **seguiremos hablando** de las profesiones en la sociedad actual.	*Next week we will continue talking about professions in contemporary society.*

ir + *participle:* to focus on progress toward a goal

Vamos avanzando en la construcción de la casa.	*We are making progress in the construction of the house.*

venir + *participle:* to emphasize the repeated or uninterrupted nature of an action over a period of time

Desde hace tiempo **vienen diciendo** lo mismo.	*For some time now they have kept on saying the same thing.*

andar + *participle:* to imply that the action in progress is disorganized or unfocused

Anda pidiéndoles ayuda a todos.	*He's going around asking everyone for help.*

PRÁCTICA   Decida si se debe usar un tiempo simple o una forma progresiva para expresar los verbos *en letra cursiva azul.* Luego, dé la forma apropiada.

1. They *are having* problems with crime in that area.
2. What *are you doing*? Stop that!
3. Don't talk so loud; your father *is sleeping.*
4. He *is going to get* another interview.
5. They *are visiting* Tahiti later this summer.
6. *Will* you *be arriving* by plane or by boat?
7. They're *leaving* at 9:00.
8. It was time for reforms—the workers *were causing* many problems.

■■■ 45 INTERCAMBIOS

AUTOPRUEBA   Complete las siguientes oraciones con uno de los tiempos progresivos de los verbos entre paréntesis, según el contexto.

1. Graciela no puede contestar el teléfono ahora porque (dormir).
2. Mientras mi padre estaba leyendo el periódico, yo (comer) mi desayuno.
3. Son las 8:00 de la noche y en este momento mis padres (ver) la televisión.
4. Dudo que (llover) ahora porque veo el sol por la ventana.
5. ¿Quién (tocar: *conjecture*) a la puerta a estas horas de la noche?

6. (Limpiar) la casa ayer durante ocho horas.
7. ¿Por qué (hacer) cola todo el mundo en la calle?
8. Me sorprende que Juan (hablar) con Marisol porque me dijo que no se llevaba bien con ella.

A Complete las siguientes oraciones con una forma progresiva. Use pronombres cuando sea posible.

MODELO: Suelo estudiar español por la mañana, pero hoy _____ porque _____. →
Suelo estudiar español por la mañana, pero hoy estoy estudiando por la tarde porque fui a una fiesta anoche, volví a casa muy tarde y dormí hasta el mediodía.

1. En mi familia, normalmente desayunamos a las 7:00 de la mañana porque mi padre va al trabajo poco después. Pero últimamente _____ porque _____.

2. Antes, casi nadie compraba una computadora personal, pero ahora todas las familias _____ porque _____.

3. Anteriormente, sólo los deportistas hacían ejercicio en el gimnasio. Ahora, en cambio, cada vez más personas _____ porque _____.

4. Por lo general, no pedimos comida a domicilio (*take out*), pero hoy _____ porque _____.

B Tanto en español como en inglés, para expresar que el tiempo se nos pasa sin que nos demos cuenta, decimos: «¡Cómo vuela el tiempo!» (*How time flies!*) Pero, ¿en qué pasamos el tiempo? Ordene las siguientes actividades según la cantidad de tiempo que Ud. cree que pasa haciéndolas. ¿En cuáles considera que está haciendo algo útil y en cuáles cree que está perdiendo el tiempo?

_____ buscando objetos perdidos
_____ comiendo
_____ durmiendo
_____ esperando a personas con quienes tiene cita
_____ esperando en los semáforos
_____ haciendo cola

_____ haciendo tareas domésticas
_____ leyendo la propaganda comercial que llega por correo
_____ leyendo y mandando correo electrónico
_____ marcando números de teléfono
_____ vistiéndose
_____ ¿ ?

Ahora, compare sus resultados con los de sus compañeros de clase. ¿Cuáles son las actividades en que la mayoría de los estudiantes pasa más tiempo? ¿Y en cuáles pasa la mayoría menos tiempo? Entre todos, comenten las varias posibilidades hasta llegar a un acuerdo sobre las maneras más «típicas» de pasar el tiempo. Si quieren saber los resultados de una investigación al respecto, ¡miren el texto de la **Actividad F** en la página 357!

C GUIONES   Trabajando en grupos de tres o cuatro personas, expliquen lo que están haciendo las personas en los siguientes dibujos. Contesten las preguntas e incorporen complementos pronominales cuando sea posible. ¡Usen la imaginación!

- ¿Dónde están y qué están haciendo las distintas personas?
- ¿Por qué están haciendo lo que hacen?
- ¿Qué estación del año se ve en cada dibujo? ¿Cómo se sabe eso?

1.

Vocabulario útil: caer, correr, empujar, el equipo, esperar, las hojas, jugar al fútbol (americano), montar en bicicleta, patear (*to kick*), pedalear, la pelota, saltar (*to jump*), sonreír, tirar (*to throw*)

2.

Vocabulario útil: adentro, afuera, animar (*to cheer*), caer, el cesto, la chimenea, deslizarse en trineo (*to go sledding*), esquiar, ganar, gritar, el humo, los jugadores, jugar al baloncesto, mirar, la nieve, patinar (*to skate*), perder, el público, rebotar (*to bounce*) la pelota

D ENTRE TODOS

- ¿Cree Ud. que la gente hoy en día practica más deportes que antes o menos? ¿Qué motivaciones tendrá la gente para hacer más ejercicio? ¿para hacer menos?
- En general, parece que en esta sociedad las mujeres participan en los deportes menos que los hombres. ¿Por qué cree Ud. que ocurre esto? ¿Cree Ud. que esto ha cambiado o está cambiando entre la gente joven? ¿entre la gente mayor? Explique.
- ¿Practica Ud. algún deporte? ¿Está entrenándose ahora para alguna competencia? Comente.

- ¿Cuáles son algunas de las nuevas diversiones que están apareciendo hoy en día? ¿Cree Ud. que los videojuegos ayudan a los niños a desarrollar nuevas aptitudes? Expliquen.

E ¡NECESITO COMPAÑERO! Trabajando en parejas, háganse y contesten preguntas para descubrir qué actividades —verdaderas o imaginarias— podrán estar haciendo las personas citadas en los momentos indicados.

MODELO: Acaban de otorgarte (*They've just awarded you*) el Premio Nobel de matemáticas. ¿Y tu maestro de matemáticas de la escuela secundaria? →
Estará sufriendo un ataque al corazón.

1. Los Sres. Alonso acaban de llegar al teatro. ¿Y la niñera? ¿Y sus hijos, en casa?
2. Acabas de nacer. ¿Y tu padre?
3. Acabas de conocer al hombre / a la mujer de tus sueños. ¿Y él/ella?
4. Acabas de llegar a casa después de estudiar todo el día. ¿Y tus compañeros?
5. Los de tu clase se gradúan hoy de la universidad. ¿Y tú y tus amigos?
6. Tus amigos te miran asombrados y te aplauden. ¿Y tú?

F El siguiente texto presenta los resultados de una investigación que se hizo sobre la cantidad de tiempo que pasamos haciendo actividades poco productivas. ¿Cómo se compara la ordenación que Ud. hizo en la **Actividad B** con los datos que presenta este texto? ¡Léalo para averiguarlo!

¿EN QUÉ PERDEMOS EL TIEMPO?

A lo largo de nuestra vida pasamos cinco años esperando en las colas, seis meses parados ante los semáforos y dos años marcando números de teléfono. Datos tan curiosos como éstos y otros muchos han salido a la luz tras los estudios de un investigador en gestión del tiempo, Michael Fortino, que preside la Priority Management Pittsburgh, Inc. El trabajo de Fortino y sus colegas se realizó entre la población de los Estados Unidos y arrojó resultados como los siguientes: el ciudadano medio norteamericano pasa seis años de su vida comiendo, un año buscando efectos personales —el paraguas, una zapatilla, la cartera…— en casa o en la oficina; tres años esperando a las personas con las que está citado, ocho meses abriendo cartas que no le interesan y cuatro años haciendo labores del hogar. La conclusión es que a la gente lo que le importa no es no perder el tiempo sino perderlo como le da la gana.

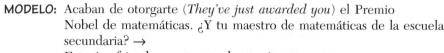

LENGUAJE Y CULTURA

A veces el lenguaje deportivo en inglés puede ser difícil de entender para las personas que no son hablantes nativos, ya que muchas veces incluye frases o palabras que se usan con sentido metafórico. Explique en español el significado *no* deportivo de las siguientes expresiones. ¿Puede Ud. dar otras expresiones de la jerga (*jargon*) deportiva que se usan metafóricamente?

- *to drop the ball*
- *to be out in left field*
- *to be in the home stretch*
- *to throw in the towel*

▪▪▪ **46** DE ENTRADA

Indique si las siguientes oraciones se refieren al dibujo A (**A**), al dibujo B (**B**) o a ambos dibujos (**AD**).

1. _____ Al hombre que mira por la ventana le gusta robar.
2. _____ El hombre que lleva camisa blanca está muy nervioso.
3. _____ La mujer que lo entrevista es muy seria.
4. _____ Había leído un anuncio en que se ofrecía este trabajo.
5. _____ Después de bajar del auto, corrieron hacia la puerta.
6. _____ Parecía que la única solución era escaparse, pero ya era tarde.

Si Ud. tradujera estas oraciones al inglés, ¿en cuáles usaría una forma verbal que terminara en *-ing*? En casi todas, ¿verdad? Sin embargo, observe que en ninguna

A.

B.

de estas oraciones se utiliza el gerundio (la forma que termina en **-ndo**) en español. A continuación Ud. repasará algunos casos en los que *-ing* en inglés no corresponde a **-ndo** en español.

■■ 46 Restrictions on the Use of the *-ndo* Form

A. Present participle versus conjugated verb

In English, the present participle can be used as an adjective. In most cases where the English present participle functions as an adjective, this idea is expressed in Spanish with an adjective clause introduced by **que**. Compare these sentences.

La mujer **que canta** es roquera.	*The woman singing is a rock star.*
Recibieron una carta **que describía** el puesto.	*They got a letter describing the job.*

PRÁCTICA   Exprese en español las palabras entre paréntesis, según el contexto.

1. El hombre (*reading*) allí es un consejero (*working*) con los delincuentes.
2. ¿Cómo se llama el chico (*relaxing*) en aquel banco?
3. No logro encontrar el texto (*dealing*) de aprendizaje.
4. La persona (*interviewing*) a ese hombre es el jefe del departamento.
5. La científica (*entering*) con el policía tenía un enorme pájaro en el hombro.
6. Ese hombre (*wearing*) una camisa blanca es un escritor famosísimo.

B. *-Ndo* form versus infinitive

In English, the *-ing* form can function as a noun. It can be the subject or direct object of a sentence or the object of a preposition. In Spanish, the **-ndo** form can *never* function as a noun. The only Spanish verb form that can do so is the infinitive. Compare these sentences.

SUBJECT	**(El) Leer** es mi pasatiempo favorito.	*Reading is my favorite pastime.*
DIRECT OBJECT	Prefieren **nadar** en una piscina	*They prefer swimming in a pool.*
OBJECT OF A PREPOSITION	Después de **comer** la fruta, se sintió mal.	*After eating the fruit, he felt sick.*

PRÁCTICA   Escoja la forma apropiada para completar las siguientes afirmaciones.

1. Antes de (tomar/tomando) una decisión importante, consulto con mis padres.
2. (Vivir/Viviendo) en una residencia estudiantil, uno aprende muchas cosas importantes de la vida.
3. A los estudiantes de hoy les gusta (meterse/metiéndose) en asuntos políticos o sociales.
4. (Sufrir/Sufriendo) es bueno para el alma (*soul*).
5. Una persona que pasa mucho tiempo cada día (mirar/mirando) la televisión es poco creativa.

---

*The use of **el** with the infinitive when it functions as a subject or direct object is optional.

6. La mayor parte de lo que he aprendido en la universidad, lo aprendí (leer/leyendo) libros.

7. (Escribir/Escribiendo) los ejercicios en el cuaderno realmente me ayudó a mejorar mi español.

8. Es muy difícil tener éxito en el mundo de la política sin (tener/teniendo) mucho dinero.

9. En este país, (trabajar/trabajando) es más importante que (relajarse/relajándose).

■■■ 46 INTERCAMBIOS

AUTOPRUEBA Complete las siguientes oraciones con el infinitivo, el gerundio o la fórmula **que** + *verbo conjugado* de los verbos entre paréntesis, según el contexto.

1. (Vivir) en una playa de Costa Rica es mi sueño.
2. Carlos se enfermó después de (esperar) bajo la lluvia durante dos horas.
3. Llamamos a la policía cuando oímos a una mujer (gritar) afuera.
4. Pablo es muy perezoso; pasa la mayor parte del día (dormir).
5. Verónica se probó cuatro pares de zapatos antes de (decidirse).
6. (Repetir) los números en voz alta varias veces me ayudó a recordarlos.
7. Todos los niños se ríen del perro (hablar) español.
8. Por la ventana de la biblioteca vimos a toda la gente (estudiar).
9. No nos interesa (cocinar).
10. Francisco me mandó una tarjeta postal (describir) su viaje.

Respuestas: 1. Vivir / El vivir **2.** esperar **3.** gritando/gritar **4.** durmiendo **5.** decidirse **6.** Repetir / El repetir **7.** que habla **8.** estudiando/estudiar **9.** cocinar **10.** que describa

A ¿Qué actividades siguen y preceden a las siguientes acciones? Siga el modelo.

MODELO: Me lavo los dientes. →
Me lavo los dientes antes de hablar con alguien por la mañana y después de comer.

1. Me pongo el pijama.
2. Le compro ¿ ? a mi novio/a (esposo/a, mejor amigo/a).
3. Voy a la biblioteca.
4. Me pongo muy contento/a.
5. Le hablo a mi profesor(a) de español en español.

B Describa a las personas del dibujo de la página siguiente. Incorpore en cada descripción una cláusula adjectival con **que,** una frase en tiempo progresivo y un infinitivo. Siga el modelo y use el vocabulario que sigue el dibujo.

MODELO: El pájaro que canta en el centro del dibujo está celebrando la llegada de la primavera. (El) Cantar es su manera de expresar su alegría.

Vocabulario útil: el banco, el bateador, el campo (*field*), correr (*jogging*), divertirse, hacer gimnasia, jugar al béisbol, el lanzador (*pitcher*), el paraguas, la pareja, la raqueta, saltar, el tenis

C ENTRE TODOS Estudien la siguiente lista y determinen cuáles de las profesiones nombradas se asocian comúnmente con los hombres, cuáles se asocian normalmente con las mujeres y cuáles son ejercidas por ambos sexos. Luego, nombren algunos deportes o pasatiempos que se han asociado tradicionalmente con los hombres o con las mujeres, y comenten si estas ideas están cambiando en la sociedad actual.

abogado	boxeador	físico	misionero
ama de casa	cocinero	ingeniero	policía
arquitecto	electricista	juez	sacerdote
barbero	enfermero	jugador de fútbol	soldado

D ¡NECESITO COMPAÑERO! Trabajando en parejas, comenten el anuncio de la página siguiente. ¿Qué se ofrece? ¿Qué razones se dan para convencer a los posibles clientes? Háganse y contesten preguntas sobre los datos presentados en el anuncio para llenar el formulario que éste trae. ¿Qué curso escogería cada uno de Uds.? ¿Por qué?

Luego, en una hoja de papel aparte, clasifiquen los cursos que ofrece el anuncio en las cuatro categorías indicadas en la siguiente tabla. Después, comparen sus respuestas con las de sus compañeros. ¿En qué puntos coinciden? ¿En cuáles difieren? ¿Cómo explican Uds. estas diferencias en cuanto a sus opiniones?

	Oficios	Pasatiempos
principalmente para hombres		
principalmente para mujeres		

E ¿Debe ser función de la universidad preparar a los estudiantes para futuros empleos? ¿Cuál era la función de la universidad en el siglo XIX? ¿Cuáles de los siguientes conocimientos ha adquirido Ud. y qué habilidades ha desarrollado como resultado de todos sus años de educación? ¿Cuáles cree que lo/la han preparado para la vida profesional? Explique sus respuestas.

aceptar el fracaso

aprender de memoria

colaborar con otros como miembro de un equipo

escribir trabajos de investigación

estudiar sólo para sacar buenas notas

hablar con elocuencia

hablar español

leer mucho y rápidamente

organizar bien el tiempo

prepararse para un examen

tener paciencia

trasnochar

vivir con otros en una residencia estudiantil

¿Cuáles de estos conocimientos y habilidades *no* lo/la van a ayudar en el futuro? ¿Por qué no? Nombre algo que no haya aprendido en la universidad ni en la escuela pero que cree que le sirva en el futuro. ¿Debería ser parte de la educación formal en el futuro? ¿Por qué sí o por qué no?

En kayac* por Chiloé y carros de viento en Llay Llay, Chile

En kayac por Chiloé, Chile

En carro de viento por Llay Llay, Chile

«El trabajo sin reposo, convierte al hombre en un soso.»[†] Este refrán tradicional subraya (*underscores*) la importancia del ocio para el ser humano. No se puede llevar una vida feliz sin divertirse, sin tener tiempo libre. La definición de «ocio» varía de persona a persona, pero el significado común es descanso del trabajo y de las obligaciones diarias.

Antes de ver

■ ¿Cómo se divierte Ud.? ¿Cómo pasa su tiempo libre? ¿Prefiere las actividades emocionantes o peligrosas, o prefiere las actividades más tranquilas?

■ Teniendo en cuenta sus respuestas a las preguntas anteriores, ¿cree Ud. que la personalidad determina qué actividades le gustan más a una persona? Explique.

■ ¿Por qué cree Ud. que actividades como acampar, el montañismo y el buceo son populares hoy en día? ¿Qué tienen en común? Explique sus respuestas.

■ Ahora lea con cuidado la actividad en **Vamos a ver** antes de ver el vídeo por primera vez.

Vamos a ver

Indique si las siguientes afirmaciones son ciertas (**C**) o falsas (**F**), según lo que Ud. aprenda en el vídeo. Corrija las oraciones falsas.

		C	F
1.	Para ir a Chiloé, se recomienda viajar en autobús.	❑	❑
2.	Chiloé es una península.	❑	❑
3.	Una buena manera de conocer Chiloé es en kayac.	❑	❑
4.	Los carros de viento navegan por las calles de Llay Llay.	❑	❑
5.	Los carros de viento se controlan con cuerdas y con el peso del cuerpo del tripulante (*rider*).	❑	❑
6.	No hay peligro de accidentes en los carros de viento.	❑	❑

Después de ver

■ ¿Cuál de las dos actividades —pasear en kayac o navegar en carro de viento— le interesa más? ¿Por qué?

■ Trabajando en grupos, hagan una lista de varios pasatiempos y actividades que les interesan hacer durante los ratos de ocio. Expliquen brevemente por qué les parece interesante o divertido cada actividad o pasatiempo. Luego, presenten sus ideas a la clase.

---

*Since **kayac** is not a Spanish word, you will see some variation in its rendering in Spanish. Many Spanish speakers spell it **kayak.**

[†]Literally, "Work without rest turns a man into a dull person." The English equivalent of this saying is, "All work and no play makes Jack a dull boy."

- Busque información sobre la actividad o el pasatiempo que más le interesa a Ud. Esto puede incluir información sobre organizaciones dedicadas a esa actividad o pasatiempo, lugares donde se practica, el equipo (*equipment*) que se necesita y cualquier otro tipo de información. Comparta su información con sus compañeros de clase.

Enlace

▪▪▪ ESCENARIOS

Primer paso: Por sí solo/a

Imagínese que Ud. ya está listo/a para solicitar un puesto en su campo preferido. Utilice el siguiente formato para preparar una hoja de vida (*resumé*). ¡Suponga que ha realizado sus sueños más ambiciosos!

Hoja de vida

Nombre y apellido(s): _____ N° de teléfono: _____

Dirección: _____

Preparación profesional

Graduado/a (B.A./B.S.)° en _____, _____
                   (año)   (universidad)

    Especialización principal: _____ secundaria: _____

Maestría (M.A./M.S.)/Doctorado (Ph.D.)/Estudios profesionales en _____, _____
                                                      (año) (universidad)

    Area(s) de especialización: _____

Experiencia laboral

    Fechas   Institución   Tipo de trabajo

1. _____
2. _____
3. _____

Otras actividades relevantes

(Investigaciones, publicaciones, participación en proyectos relacionados con el área en que Ud. busca trabajo, viajes, idiomas que hable, conocimientos que Ud. pueda aportar a su trabajo, cursos no formales que Ud. haya seguido, etcétera)

_____
_____
_____

°Estas siglas no se usan en el mundo hispano. Allí, los individuos que se interesan en ciencias o filosofía y letras (*Humanities*) estudian cuatro años para llamarse «Licenciado/a». Los que quieren seguir una carrera en ingeniería o derecho, por ejemplo, estudian cinco años para recibir el título «Profesional». «Doctor(a)» equivale al Ph.D.

Segundo paso: En grupos de tres

Escojan una de las hojas de vida que Uds. ya completaron y trabajen juntos para dramatizar una entrevista de trabajo que dure de 5 a 10 minutos. Debe haber dos entrevistadores. Uno/a es amable y quiere subrayar lo positivo del candidato / de la candidata. El otro / La otra es hostil y hace preguntas con el propósito de probar las reacciones del candidato / de la candidata en situaciones que exigen decisiones rápidas. Aquí tienen algunas ideas para redactar sus preguntas.

- ¿Podría Ud. comentar… ?
- ¿Qué fue lo que más le interesó de sus estudios (una de las experiencias mencionadas, etcétera)?
- ¿Qué razones tuvo Ud. para solicitar este puesto?
- Este puesto exige… Buscamos una persona que… ¿Se considera Ud. capacitado/a para… ?
- ¿Cuáles son sus aspiraciones o planes profesionales? ¿Qué espera lograr en los próximos cinco años?
- ¿Qué haría Ud. si… ? ¿Cómo reaccionaría en caso de que… ?

Después de que todos los grupos hayan presentado sus entrevistas ante la clase, comenten lo siguiente.

- ¿Qué profesiones se incluyeron en las entrevistas? ¿Qué otras habían escogido los estudiantes que no fueron entrevistados? ¿Cuáles de esas profesiones les parecen típicas de su generación (clase social, sexo)? ¿Cuáles *no* les parecen típicas? ¿En qué sentido?
- En cuanto a las preguntas hechas durante las entrevistas, ¿cuáles se consideran más difíciles? ¿más fáciles? ¿Cuáles podrían ser contra la ley (hacen alusiones a la edad, al sexo, a la nacionalidad, a la raza, a la orientación sexual, a la vida personal, etcétera)?

■■■ ¡OJO!

Las actividades en esta sección son un repaso de todas las secciones **¡Ojo!** de este libro.

PRÁCTICA

A Dé la palabra española que mejor corresponda a las palabras *en letra cursiva azul*.

1. It *looked* like we would never be able to do it, *but* my family *saved* for years and finally *succeeded* in buying a cottage by the lake.

2. *Because* the food was awful, he *became* angry and refused *to pay the bill. Both* the chef *and* the maitre d' talked to him *because* they were afraid the scene *would hurt* business in the restaurant.

3. They *both* lived only three miles from here and *attended* services regularly every *time* Rev. Miles spoke. *Since they moved* to Peakwood we don't see them much anymore.

4. She works very hard *to support* her family; her parents *insist on* helping *to take care of* the children *since they realize* that she cannot afford *to take* them to a sitter.

5. *I don't care* if you *miss* two or three meetings, but I *get* upset if you *stop* others from *attending*. If you *feel* dissatisfied, fine, but *don't try to* influence others.

6. When the man *left* the room, he *did not realize* that he *had left* his briefcase next to the chair. I *think he returned* the next day *to look for* it.

B Elija la palabra que mejor completa cada oración.

1. Estoy pensando (con/de/en) hacerme ingeniera.

2. El niño (se movía / se mudaba) constantemente. Por fin se cayó de la cama (pero / sino que) no se (hizo daño / ofendió).

3. (Echaron de menos / Faltaron a / Perdieron) el autobús porque estaban trabajando y no (realizaron / se dieron cuenta) de (la hora / el tiempo / la vez) hasta que era demasiado tarde.

4. ¿Te (cuida/importa) si fumo? He (probado / tratado de) (dejar/detener) este hábito varias veces por nunca he tenido (éxito/suceso).

5. ¿No quiere Ud. (probarse/tratar) el suéter antes de (llevárselo/tomárselo) a casa?

6. Es (un dato / una fecha / un hecho) muy conocido/a que en los parques nacionales los osos (*bears*) dependen demasiado (a/de/en) los seres humanos. Precisamente, si queremos (ahorrarlos/salvarlos) tenemos que (dejar de / detener) «civilizarlos» tanto.

7. Si Uds. quieren (suceder / tener éxito) en el mundo de los negocios, tienen que (pagar/prestar) mucha atención a toda esta información. Es (cuestión/pregunta) de dedicación y disciplina.

■■■ **REPASO**

A Complete el siguiente diálogo, dando la forma apropiada de los verbos entre paréntesis y expresando en español las frases en inglés. Cuando se dan dos palabras entre paréntesis, escoja la palabra apropiada.

Una decisión importante

Luis visita a su amigo Ernesto, quien a sólo cuatro meses antes de graduarse piensa dejar la universidad para viajar alrededor del mundo.

LUIS: (Mirar: tú)[1], Ernesto, yo creo que (ser/estar)[2] una idea excelente viajar (por/para)[3] el mundo. Es bueno que todos (ver)[4] otros países y que (conocer)[5] a la gente (*who*)[6] vive allí. Algún día, cuando yo (tener)[7] la oportunidad, yo también (hacerlo)[8]. (*What*)[9] yo todavía no (entender)[10] es por qué diablos tienes que (hacerlo)[11] ahora mismo. (*You must realize*)[12] que en sólo cuatro meses, te (haber)[13] graduado y (tener)[14] tiempo para (hacer)[15] todos los viajes que quieras. Me parece increíble que no (poder: tú)[16] esperar un poco más.

ERNESTO: Cuatro meses o cuatro años... (ser/estar)[17] igual, Luis. (*I feel*)[18] como hipócrita aquí y siempre (*I have felt*)[19] así. Tú sabes que yo (venir)[20] a estudiar aquí (por/para)[21] mis padres, (*who*)[22] insisten en que su hijo (tener)[23] una buena preparación académica. Sabes que ahora me (especializar)[24] en derecho porque mi abuelo (querer)[25] que yo (*become*)[26] abogado. (Haber: yo)[27] trabajado mucho y (haber)[28] sacado buenas notas a fin de que todos (estar)[29] orgullosos de mí...

LUIS: ¿Qué (haber)[30] de malo en eso? Es verdad que (haber: tú)[31] trabajado mucho. No conozco a nadie que (ser/estar)[32] un estudiante más serio que tú. Sin embargo, yo siempre pensaba que tú (ser/estar)[33] contento.

ERNESTO: Contento con los amigos, sí, pero con los estudios, jamás. ¿Es que voy a (ser/estar)[34] una persona culta porque me sé una serie de nombres y fechas? La sabiduría no (consistir)[35] en (*what*)[36] se sabe (sino / pero / sino que)[37] en (*what*)[38] se entiende y no hay nada aquí que me (haber)[39] ayudado a entender nada.

LUIS: Y tan pronto como (haber: tú)[40] visitado cinco o seis países, ¿crees que lo (ir)[41] a entender todo? No (ser/estar: tú)[42] tonto. Es posible que (*studying*)[43] no (ser)[44] la mejor manera de «instruirse», (pero / sino / sino que)[45] el viajar tampoco lo es. Si (ser)[46] así, todos (*would become*)[47] pilotos y azafatas, ¿verdad que sí?

ERNESTO: (Reírse: tú)[48] si quieres, Luis, pero ya (haber: yo)[49] tomado mi decisión.

 B **¡NECESITO COMPAÑERO!** ¿Se identifica Ud. más con el punto de vista de Luis o con el de Ernesto? Si Ud. decidiera dejar los estudios por un tiempo indefinido para viajar, ¿cómo se sentirían sus padres? ¿Por qué? ¿Tendrían la misma reacción si dejara los estudios para trabajar en vez de viajar?

Trabaje con un compañero / una compañera de clase para preparar una lista de cuatro razones o motivos para dejar la universidad y cuatro para no hacerlo. Luego, compartan su lista con el resto de la clase. ¿Hay mucha diferencia de opiniones? Expliquen.

■■ 1 Syllabication and Stress

A. Syllabication

■ The basic rule of Spanish syllabication is to make each syllable end in a vowel whenever possible.

    ci-vi-li-za-do   ca-ra-co-les   so-ñar   ca-sa-do

■ Two vowels should always be divided unless one of the vowels is an unaccented **i** or **u.** Accents on other vowels do not affect syllabication.

    fe-o   bue-no   ac-tú-e   des-pués
    pre-o-cu-pa-do   ne-ce-sa-rio   rí-o   a-vión

■ In general, two consonants are divided. Although the **Real Academia Española** no longer considers the consonant combinations **ch, ll,** and **rr** to be single letters, for syllabication purposes they are still treated as such and should never be divided. Double **c** and double **n,** however, *are* separated.

    en-fer-mo   ban-de-ra   mu-cha-cha   ac-ci-den-te
    doc-to-ra   cas-ti-llo   a-rroz   in-na-to

■ The consonants **l** and **r** are never separated from any consonant preceding them, except for **n** and **s.**

    ha-blar   a-trás   a-brir   pa-dre   En-ri-que
    com-ple-to   is-la   o-pre-si-vo si-glo

■ Combinations of three and four consonants are divided following the rules above. The letter **s** should go with the preceding syllable.

    es-truc-tu-ra   con-ver-tir   ex-tra-ño   obs-cu-ro
    cons-tan-te   es-tre-lla   in-fle-xi-ble ins-truc-ción

B. Stress

How you pronounce a specific Spanish word is determined by two basic rules of stress. Written accents to indicate stress are needed only when those rules are violated. Here are the two rules of stress.

1. For words ending in a vowel, **-n**, or **-s**, the natural stress falls on the next-to-last syllable. The letter **y** is *not* considered a vowel for purposes of assigning stress.

   ha-blan   pe-*rri*-to   tar-*je*-tas   a-me-ri-*ca*-na

2. For words ending in *any other letter,* the natural stress falls on the last syllable.

   pa-*pel*   di-fi-cul-*tad*   es-*toy*   pa-re-*cer*

If these stress rules are violated by the word's accepted pronunciation, stress must be indicated with a written accent.

re-li-*gión*	e-*léc*-tri-co	fran-*cés*	ha-*blé*
ár-bol	*Pé*-rez	*cés*-ped	ca-*rác*-ter

Note that words that are stressed on any syllable other than the last or next-to-last will always show a written accent. Particularly frequent words in this category include adjectives and adverbs ending in **-ísimo** and verb forms with pronouns attached.

   mu-*chí*-si-mo   la-*ván*-do-lo   *dár*-se-las   *dí*-ga-me-lo

Written accents to show violations of stress rules are particularly important when diphthongs are involved. A diphthong is a combination of a weak (**i, u**) vowel and a strong (**a, e, o**) vowel (in either order), or of two weak vowels together. The two vowels are pronounced as a single sound, with one of the vowels being given slightly more emphasis than the other. In all diphthongs the strong vowel or the second of two weak vowels receives this slightly greater stress.

   *a*i: paisaje   u*e*: vuelve   *i*o: rioja   u*i*: fui   i*u*: ciudad

When the stress in a vowel combination does not follow this rule, no diphthong exists. Instead, two separate sounds are heard, and a written accent appears over the weak vowel or the first of two weak vowels.

   a-*í*: país   *ú*-e: acentúe   *í*-o: tío   *ú*-i: flúido

C. Use of the Written Accent as a Diacritic

The written accent is also used to distinguish two words with similar spelling and pronunciation but different meaning.

■ Nine common word pairs are identical in spelling and pronunciation; the accent mark is the only distinction between them.

dé	*give*	**de**	*of, from*	**sí**	*yes*	**si**	*if*
él	*he*	**el**	*the*	**sólo**	*only*	**solo**	*alone*
más	*more*	**mas**	*but*	**té**	*tea*	**te**	*you*
mí	*me*	**mi**	*my*	**tú**	*you*	**tu**	*your*
sé	*I know*	**se**	*(pronoun)*				

■ Diacritic accents are used to distinguish demonstrative adjectives from demonstrative pronouns, although this distinction is disappearing in many parts of the Spanish-speaking world.°

°The **Real Academia Española** formally eliminated the use of diacritic accents to distinguish demonstrative pronouns from demonstrative adjectives from the Spanish language in 1994. Nonetheless, this distinction has been retained in the *Pasajes* series as a matter of style.

aquellos países	*those countries*	**aquéllos**	*those ones*
esa persona	*that person*	**ésa**	*that one*
este libro	*this book*	**éste**	*this one*

■ Diacritic accents are placed over relative pronouns or adverbs that are used interrogatively or in exclamations.

cómo	*how*	**como**	*as, since*	**por qué**	*why*	**porque**	*because*
dónde	*where*	**donde**	*where*	**qué**	*what*	**que**	*that*

■■ 2 Spelling Changes

In general, Spanish has a far more phonetic spelling system than many other modern languages. Most Spanish sounds correspond to just one written symbol. Those that can be written in more than one way are of two main types: those for which the sound/letter correspondence is largely arbitrary and those for which the sound/letter correspondence is determined by spelling rules.

A. In the case of arbitrary sound/letter correspondences, writing the sound correctly is mainly a matter of memorization. The following are some of the more common arbitrary, or *nonpatterned*, sound/letter correspondences in Latin American Spanish.

SOUND	SPELLING	EXAMPLES
/b/ + *vowel*	b, v	barco, ventana
/y/	y, ll, i + *vowel*	haya, amarillo, hielo
/s/	s, z, c	salario, zapato, cielo
/x/ + e, i	g, j	general, jefe
		gitano, jinete

Note that, although the spelling of the sounds /y/ and /s/ is largely arbitrary, two patterns occur with great frequency.

1. /y/ Whenever an unstressed **i** occurs between vowels, the **i** changes to **y**.

leió → leyó   creiendo → creyendo   caieron → cayeron

2. /s/ The sequence **ze** or **zi** is rare in Spanish. Whenever a **ze** or **zi** combination would occur in the plural of a noun ending in **z** or in a conjugated verb (for example, an **-e** ending on a verb stem that ends in **z**), the **z** changes to **c**.

luz → luces   voz → voces   empez- + é → empecé   taza → tacita

B. There are three major sets of *patterned* sound/letter sequences.

SOUND	SPELLING	EXAMPLES
/g/	g, gu	gato, pague
/k/	c, qu	toca, toque
/gʷ/	gu, gü	agua, pingüino

1. /g/ Before the vowel sounds /a/, /o/, and /u/, and before all consonant sounds, the sound /g/ is spelled with the letter **g.**°

   gato   gorro   agudo   grave   gloria

   Before the sounds /e/ and /i/, the sound /g/ is spelled with the letters **gu.**

   guerra   guitarra

2. /k/ Before the vowel sounds /a/, /o/, and /u/, and before all consonant sounds, the sound /k/ is spelled with the letter **c.**

   casa   cosa   curioso   cristal   club   acción

   Before the sounds /e/ and /i/, the sound /k/ is spelled with the letters **qu.**

   queso   quitar

3. /g^w/ Before the vowel sounds /a/ and /o/, the sound /g^w/ is spelled with the letters **gu.**

   guante   antiguo

   Before the sounds /e/ and /i/, the sound /g^w/ is spelled with the letters **gü.**

   vergüenza   lingüista

These spelling rules are particularly important in conjugating, because a specific consonant sound in the infinitive must be maintained throughout the conjugation, despite changes in stem vowels. It will help if you keep in mind the patterns of sound/letter correspondence rather than attempt to conserve the spelling of the infinitive.

/ga/ = **ga**	lle**ga**r		/ge/ = **gue**	lle**gue** (*present subjunctive*)
/ga/ = **ga**	lle**ga**r		/ge/ = **gué**	lle**gué** (*preterite*)
/gi/ = **gui**	se**gui**r		/go/ = **go**	si**go** (*present indicative*)
/gi/ = **gui**	se**gui**r		/ga/ = **ga**	si**ga** (*present subjunctive*)
/xe/ = **ge**	reco**ge**r		/xo/ = **jo**	reco**jo** (*present indicative*)
/xe/ = **ge**	reco**ge**r		/xa/ = **ja**	reco**ja** (*present subjunctive*)
/g^{w}a/ = **gua**	averi**gua**r		/g^{w}e/ = **güe**	averi**güe** (*present subjunctive*)
/ka/ = **ka**	sa**ca**r		/ke/ = **qué**	sa**qué** (*preterite*)

■■ 3 Verb Conjugations

The chart on pages A-5–A-6 lists common verbs whose conjugations include irregular forms. The chart lists only those irregular forms that cannot be easily predicted by a structure or spelling rule of Spanish. For example, the irregular **yo** forms of the present indicative of verbs such as **hacer** and **salir** are listed, but the present subjunctive forms are not, since these forms can be consistently predicted from the present indicative **yo** form. For the same reason, irregular preterites are listed, but not the past subjunctive, since this form is based on the preterite. Affirmative **tú** commands are listed, but not **Ud.** or **Uds.** commands (affirmative or negative), since these are identical to the present subjunctive forms for those persons. Spelling irregularities such as **busqué** and **leyendo** are also omitted, since these follow basic spelling rules (Appendix 2).

°Remember that before the sounds /e/ and /i/ the *letter* **g** represents the *sound* /x/: **gente, lógico.**

	Verb Conjugations								
Infinitive	**Indicative**					**Present Subjunctive**	**Affirmative _tú_ Command**	**Participles**	
	Present	Imperfect	Preterite	Future	Conditional			Present	Past
1. abrir									ab**ierto**
2. andar			and**uve**						
3. caber	**quep**o		**cupe**	**cabré**	**cabría**				
4. caer	ca**ig**o								
5. conocer	cono**zc**o								
6. cubrir									cub**ierto**
7. dar	d**oy**		d**i** d**iste** d**io** d**imos** d**isteis** d**ieron**			d**é**			
8. decir (i)	dig**o**		d**ije** d**ije**ron	**diré**	**diría**		d**i**	**dicie**ndo **dich**o	
9. escribir									escri**to**
10. estar	est**oy**		est**uve**			est**é**			
11. haber	he has ha **hemos** habéis han		h**ube**	**habré**	**habría**	**haya**			
12. hacer	hag**o**		h**ice** h**izo**	**haré**	**haría**		**haz**		h**echo**
13. ir	**voy** **vas** **va** **vamos** **vais** **van**	**iba**	**fu**i **fu**iste **fue** **fu**imos **fu**isteis **fue**ron			**vaya**	**ve**	**yendo**	
14. morir (ue, u)									m**uerto**
15. oír	o**ig**o o**yes** o**ye** o**í**mos o**í**s o**yen**								

Infinitive	Indicative					Present Subjunctive	Affirmative *tú* Command	Participles	
	Present	Imperfect	Preterite	Future	Conditional			Present	Past
16. oler (ue)	**h**uelo **h**ueles **h**uele olemos oléis **h**uelen								
17. poder (ue)			**p**ude	**podr**é	**podr**ía			**pu**diendo	
18. poner	pon**g**o		**p**use	**pondr**é	**pondr**ía		**p**on		**p**uesto
19. querer (ie)			qu**ise**	**querr**é	**querr**ía				
20. reír (i, i)	río ríes ríe reímos reís ríen							**r**iendo	
21. romper									**r**oto
22. saber	**s**é		**s**upe	**s**abré	**s**abría	**s**epa			
23. salir	sal**g**o			**s**aldré	**s**aldría		**s**al		
24. ser	**soy** **eres** **es** **somos** **sois** **son**	**era**	**fu**i **fu**iste **fu**e **fu**imos **fu**isteis **fue**ron			**sea**	**s**é		
25. tener (ie)	ten**g**o		**t**uve	**tendr**é	**tendr**ía		**t**en		
26. traducir	traduz**c**o		traduj**e** traduj**e**ron						
27. traer	tra**ig**o		tra**j**e tra**j**eron						
28. valer	val**g**o			**valdr**é	**valdr**ía				
29. venir (ie)	ven**g**o		**v**ine	**vendr**é	**vendr**ía		**v**en	**v**iniendo	
30. ver	**v**eo	**v**eía	**v**i						**v**isto
31. volver (ue)									**v**uelto

■■ 4 Prepositional Pronouns

A. Forms of Prepositional Pronouns

mí	nosotros/as
ti	vosotros/as
Ud., él, ella	Uds., ellos, ellas

With the exception of the first- and second-person singular forms (**mí, ti**), the prepositional pronouns are the same as the subject pronouns. They are used when preceded by **para, por, a, de, en, sin,** and most other prepositions. The preposition and pronoun together form a prepositional phrase.

¿Piensas mucho **en ella**?   *Do you think of her a lot?*
Toma, es **para ti**.   *Take it, it's for you.*

When **mí** or **ti** occurs with **con,** the special forms **conmigo** and **contigo** are used.

Lo siento, pero no puedo ir **contigo**.   *I'm sorry, but I can't go with you.*

Note that the prepositions **según** and **entre** are always used with subject pronouns.

Según tú, el partido fue aburrido,   *According to you, the game*
¿verdad?   *was boring, right?*
Entre tú y yo, él es un imbécil.   *Between you and me, he's an idiot.*

B. Uses of Prepositional Pronouns

Third-person indirect-object pronouns may have more than one meaning: **le** = *to you, to him, to her;* **les** = *to you all, to them.* This ambiguity is often clarified by using a prepositional phrase with **a.**

Le doy el libro $\begin{cases} \textbf{a él.} \\ \textbf{a ella.} \end{cases}$ *I'm giving the book* $\begin{cases} \textit{to him.} \\ \textit{to her.} \end{cases}$

Les escribo $\begin{cases} \textbf{a Uds.} \\ \textbf{a ellos.} \end{cases}$ *I'm writing* $\begin{cases} \textit{to you all.} \\ \textit{to them.} \end{cases}$

The prepositional phrase with **a** is also used with object pronouns for emphasis.

Me da el libro **a mí,** no **a ella.**   *He's giving the book to me, not to her.*

■■ 5 Possessive Adjectives and Pronouns

Spanish possessive adjectives have two forms: a short form that precedes the noun and a long form that follows it.

A. Possessive Adjectives That Precede the Noun*

English possessive adjectives (*my, his, her, your,* and so on) do not vary in form. Spanish possessive adjectives, like all adjectives in Spanish, agree in number with the noun they modify—that is, with the *object possessed.* The possessive adjectives **nuestro**

---

*The forms of the Spanish possessive adjectives appear in the **A propósito** box on page 114, **Capítulo 4.**

and **vuestro** agree in gender as well. These forms of the possessive adjective always precede the noun.

Mi coche es viejo.	*My car is old.*
Mis coches son viejos.	*My cars are old.*
Nuestra abuela falleció el año pasado.	*Our grandmother passed away last year.*
Nuestros tíos viven in New Jersey.	*Our aunt and uncle live in New Jersey.*

Since **su(s)** can express *his, her, its, your,* and *their,* ambiguity is often avoided by using a prepositional phrase with **de** and a pronoun object. In this case, the definite article usually precedes the noun.

El padre de él se sentó al lado de **la madre de ella** y viceversa.	*His father sat next to her mother and vice versa.*
Así que su coche venía por esta calle. ¿Y **el coche de él**?	*So, your car was coming up this street. And what about his car?*

B. Possessive Adjectives That Follow the Noun

Emphatic Possessive Adjectives				
	Singular		Plural	
	Masculine	Feminine	Masculine	Feminine
mine	mío	mía	míos	mías
your (informal)	tuyo	tuya	tuyos	tuyas
your (formal) *his* *her*	suyo	suya	suyos	suyas
our	nuestro	nuestra	nuestros	nuestras
your (pl. informal)	vuestro	vuestra	vuestros	vuestras
your (pl. formal) *their*	suyo	suya	suyos	suyas

The long, or emphatic, possessive adjectives are used when the speaker wishes to emphasize the possessor rather than the thing possessed. Note that all these forms agree in both number and gender and that they always follow the noun, which is usually preceded by an article.

José es **un amigo mío.**	*José is a friend of mine.*
Mi cartera está en la mesa; **la cartera tuya** está en el estante.	*My wallet is on the table; your wallet is on the bookcase.*

Compare the preceding sentences, in which emphasis is given to the possessor, with the following sentences expressed with the nonemphatic possessives.

José es **mi amigo.**	*José is my friend.* (more emphasis on *friend*)
Mi cartera está en la mesa; **tu mochila** está en el estante.	*My wallet is on the table; your backpack is on the bookcase.* (more emphasis on the item)

C. Possessive Pronouns

Whenever a noun is modified by an adjective or an adjective phrase, the noun can be omitted in order to avoid repetition within a brief context (one or two sentences). In such an instance, the definite article and the adjective or adjective phrase are left standing alone.

Prefiero el café regular sobre **el** (café) **descafeinado.**

I prefer regular coffee over decaf (coffee).

Los jóvenes de este país, como **los** (jóvenes) **de otras partes del mundo,** a veces tienen problemas con sus padres.

Young people in this country, like those (the young people) in other parts of the world, sometimes have problems with their parents.

When possessive adjectives stand for nouns, the emphatic form is used, preceded by the appropriate definite article.

Mi disfraz es más impresionante que **su disfraz.** → Mi disfraz es más impresionante que **el suyo.**

My costume is more impressive than her costume. → My costume is more impressive than hers.

Su presentación y **nuestra presentación** recibieron un premio. → Su presentación y **la nuestra** recibieron un premio.

Their presentation and our presentation received a prize. → Their presentation and ours received a prize.

Su foto se encontró mezclada con **mis fotos.** → Su foto se encontró mezclada con **las mías.**

His photo was found mixed in with my photos. → His photo was found mixed in with mine.

The definite article is usually omitted after forms of **ser.**

—¿**Es tuyo** ese libro?
—No, no **es mío.** Será de Ramón.

—Is that book yours?
—No, it isn't mine. It must be Ramón's.

■■■ 6 Demonstrative Adjectives and Pronouns

A. Demonstrative Adjectives

To indicate the relative distance of objects from the speaker, English has two sets of demonstrative adjectives: *this/these* for objects close to the speaker and *that/those* for objects farther away. English has two corresponding place adverbs: *here* and *there.* In Spanish, there are three sets of demonstrative adjectives: **este, esta, estos/as** for this/these, **ese, esa, esos/as** for that/those (near), and **aquel, aquella, aquellos/as** for that/those (far).

If **libro** is the noun being described, the phrase **este libro** indicates a book near the speaker: **este libro, aquí. Ese libro** indicates a book away from the speaker but close to the person addressed: **ese libro, allí.°** **Aquel libro, allí (allá)** indicates a book that is at a distance from both the speaker and the person addressed. These relationships are indicated in the following diagram.

°**Ese libro** can also indicate a book away from both speakers. **Aquel libro** would then indicate a book even farther away from both speakers.

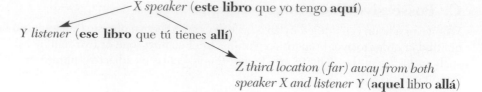

X *speaker* (**este libro** que yo tengo **aquí**)

Y *listener* (**ese libro** que tú tienes **allí**)

Z *third location* (*far*) *away from both speaker X and listener Y* (**aquel** libro **allá**)

B. Demonstrative Pronouns

You can replace demonstrative adjectives and nouns with demonstrative pronouns to avoid unnecessary repetition by following the pattern that you have already seen with adjectives and possessive constructions (Appendix 5). Like demonstrative adjectives, demonstrative pronouns agree with the noun in number and gender. Note that demonstrative pronouns are accented on the stressed syllable.°

Este coche es de mi padre y **ese coche** es de mi madre. → Este coche es de mi padre y **ése** es de mi madre.

This car is my father's and that car is my mother's. → *This car is my father's and that one is my mother's.*

Esta mujer es mi madre y **aquellas mujeres** son mis tías. → Esta mujer es mi madre y **aquéllas** son mis tías.

This woman is my mother and those women are my aunts. → *This woman is my mother and those are my aunts.*

C. Neuter Demonstrative Pronouns

The neuter pronouns **esto, eso,** and **aquello** refer to concepts or processes that have no identifiable gender. The neuter forms are also used to ask for the identification of an unknown object. They have no written accent.

No comprendo **esto**.

I don't understand this (concept, idea, action, etc.).

Voy al laboratorio todos los días y **eso** me ayuda.

I go to the lab every day, and that (going there often) helps me.

¿Qué es **esto**?

What is this?

■■ 7 *Tener* and *hacer* Expressions

In addition to **ser** and **estar,** Spanish uses the verbs **tener** and **hacer** to express the concept of *to be.*

Tener combines with certain nouns that are usually expressed with *to be + adjective* in English.

tener (mucho/a) _____ años	*to be (very)* _____ *years old*
cuidado/prisa	*careful / in a hurry*
éxito/suerte	*successful/lucky*
frío/calor	*cold/hot*
hambre/sed/sueño	*hungry/thirsty/sleepy*
miedo/vergüenza	*afraid/embarrassed*
razón (no tener razón)	*right (to be wrong)*

°The **Real Academia Española** formally eliminated the accents distinguishing demonstrative pronouns from demonstrative adjectives in 1994. Nonetheless, this distinction has been retained in the *Pasajes* series as a matter of style.

Another common **tener** expression is **tener ganas de** + *infinitive,* which expresses English *to feel like* + *present participle.*

Tengo ganas de dormir.   *I feel like sleeping.*

Weather conditions expressed with *to be* in English are usually expressed with **hacer** in Spanish.

Hace (mucho) frío/calor/fresco.   *It is (very) cold/hot/cool.*
            sol/viento.   *sunny/windy.*
Hace (muy)   buen tiempo.   *It is (very) nice out.*
            mal tiempo.   *The weather is (very) bad.*

Verbs that refer to precipitation, such as **nevar (ie), llover (ue),** and **lloviznar,** are conjugated only in the third-person singular. There is no **hacer** expression to describe these conditions.

Nieva mucho en Colorado.   *It snows a lot in Colorado.*
Llueve ahora, pero antes sólo   *It's raining now, but before it was*
    lloviznaba.   *only drizzling.*

■■ ■ 8 Answers to *Repaso* Activities

Capítulo 1

1. son   **2.** están (estamos)   **3.** Es   **4.** las   **5.** considera   **6.** expresa
7. son   **8.** producen   **9.** causan   **10.** muchos   **11.** intentamos
12. estamos   **13.** un   **14.** es   **15.** son   **16.** comprenden (comprendemos)
17. vive   **18.** forma   **19.** hay   **20.** grandes   **21.** hay   **22.** son

Capítulo 2

1. son   **2.** están   **3.** son   **4.** son   **5.** están   **6.** ser   **7.** están   **8.** Es
9. son

Capítulo 3

Here is one possible answer to this exercise.

Una conversación en la clase de español del profesor O'Higgins

O'H: Bueno, estudiantes, es hora de entregar la tarea de hoy. Todos tenían que escribirme una breve composición sobre la originalidad, ¿no es cierto? ¿Me *la* escribieron?

J: Claro. Aquí tiene Ud. *la (composición) mía.*

O'H: Y Ud., Sra. Chandler, ¿también hizo la tarea?

CH: Sí, *la* hice, profesor O'Higgins, pero no *la* tengo aquí.

O'H: Ajá. Ud. *la* dejó en casa, ¿verdad? ¡Qué original!

CH: No, no *la* dejé en casa. Sucede que mi hijo tenía prisa esta mañana, el coche se descompuso y mi marido *lo* llevó al garaje.

O'H: Ud. me perdona, pero no veo la relación. ¿Me *la* quiere explicar?

CH: Bueno, anoche, después de escribir la composición, *la* puse en mi libro como siempre. Esta mañana salimos, mi marido, mi hijo y yo, en el coche. Siempre dejamos a Paul —mi hijo— en su escuela primero, luego mi marido me deja en la universidad y entonces él continúa hasta su oficina.

Esta mañana, como le dije, mi hijo tenía mucha prisa y cogió mi libro con *los suyos* cuando bajó del coche. Desgraciadamente no vi que cogió *el mío.* Supe que *lo* cogió cuando llegamos a la universidad. Como ya era tarde, no pude volver a la escuela de mi hijo. Así que mi marido se ofreció a buscarme el libro. Entonces…

O'H: Bueno, Ud. me *la* puede traer mañana, ¿no?

CH: Sin duda, profesor.

Capítulo 4

1. era **2.** parecía **3.** llegaron **4.** estoy **5.** le dijo **6.** recibió **7.** quien **8.** decidió **9.** tenía (tuve) **10.** me gustaba (me gustó) **11.** me dijo **12.** corto **13.** quería **14.** que **15.** me puse **16.** salí **17.** hacía **18.** estaba **19.** caminamos **20.** comenzó **21.** me preguntó **22.** era **23.** me escuchaba **24.** tenía **25.** volvió **26.** lo visitaba **27.** le pedía **28.** vez

Capítulo 5

1. sea **2.** pasar **3.** Escuche **4.** sea **5.** Compre **6.** se la prepare **7.** se la lave **8.** se preocupe **9.** se lo haga **10.** empiece

Capítulo 6

1. levanté **2.** vi **3.** estaba **4.** pensaba **5.** Sabía **6.** podía **7.** grité **8.** salí **9.** pensaba **10.** llegué **11.** abrí **12.** salía **13.** me preguntó **14.** respondí **15.** sonrió **16.** explicó **17.** venía **18.** le gustaba **19.** Quise **20.** tenía **21.** dije **22.** necesitaba **23.** conocía **24.** pudo **25.** le dije **26.** éramos **27.** hacías **28.** quería **29.** Nos poníamos **30.** me miró **31.** sugirió **32.** volvió **33.** balbuceé **34.** había **35.** Me senté

Capítulo 7

1. vinieron **2.** llegaron **3.** es **4.** significó **5.** se llamaba **6.** debía **7.** daba **8.** necesitaba **9.** recibía **10.** había **11.** tuvieran **12.** Era **13.** produjeran **14.** se cultivaban **15.** pudiera **16.** odiaban **17.** les imponían **18.** se convirtieron

Capítulo 8

1. hace muchísimos años **2.** fuera **3.** se reunieron **4.** habló **5.** necesitamos **6.** vean **7.** apareció **8.** habitaran **9.** devoraron **10.** destruyeron **11.** pusieron **12.** empezaran **13.** admiraran **14.** devastaron **15.** de los que **16.** pudieron **17.** tuviera **18.** la cual (que) **19.** cubrió **20.** decidieron **21.** Sabían **22.** iban **23.** hicieran **24.** se preparaban **25.** se arrojaron **26.** descubrieron **27.** vivieran **28.** arrojó **29.** sino **30.** estaba **31.** me den **32.** se arrojaron **33.** comió

Capítulo 9

1. Hace veinte años **2.** por **3.** parecía **4.** tiene **5.** se ven **6.** Es **7.** ayudó **8.** es **9.** tienen **10.** Por **11.** se presta (se prestó) **12.** que **13.** para **14.** está **15.** Hace poco **16.** fueron exhibidas **17.** por **18.** se realizó **19.** para **20.** es acogido **21.** se dirigen **22.** son **23.** que **24.** había **25.** se encuentra

Capítulo 10

1. se oyen   **2.** se organizan   **3.** que   **4.** apoye   **5.** causan   **6.** afirman
7. fueran eliminadas (se eliminaran)   **8.** empieza   **9.** acompaña   **10.** conocen
11. Se compra   **12.** se consume   **13.** es   **14.** es   **15.** mantener
16. afecta   **17.** causa   **18.** provoca   **19.** produzca

Capítulo 11

1. para   **2.** Tanto Yogi como Mark (Yogi tanto como Mark)   **3.** que
4. han trabajado   **5.** hacen   **6.** sino   **7.** son   **8.** utiliza   **9.** entrenados
10. colaborar   **11.** perdidas   **12.** por   **13.** se han usado los perros (los
perros han sido usados)   **14.** se establecieron   **15.** para   **16.** se desarrolla
17. aprenden   **18.** sean   **19.** las repitan   **20.** lleguen a ser (se hagan)
21. sea entrenado por   **22.** obedezca   **23.** será   **24.** que   **25.** cuidar
26. se establezcan   **27.** los dos (ambos)   **28.** no serán   **29.** sino

Capítulo 12

1. Mira   **2.** es   **3.** por   **4.** vean (veamos)   **5.** conozcan (conozcamos)
6. que   **7.** tenga   **8.** lo haré   **9.** Lo que   **10.** entiendo   **11.** hacerlo
12. Debes de darte cuenta   **13.** habrás   **14.** tendrás   **15.** hacer
16. puedas   **17.** es   **18.** Me siento   **19.** me he sentido   **20.** vine
21. por   **22.** que (quienes)   **23.** tenga   **24.** especializo   **25.** quería
(quiere)   **26.** me hiciera (me haga)   **27.** He   **28.** he   **29.** estén
30. hay   **31.** has   **32.** sea   **33.** estabas   **34.** ser   **35.** consiste
36. lo que   **37.** sino   **38.** lo que   **39.** haya   **40.** hayas   **41.** vas
42. seas   **43.** (el) estudiar   **44.** sea   **45.** pero   **46.** fuera
47. se harían (nos haríamos)   **48.** Ríete   **49.** he

SPANISH-ENGLISH VOCABULARY

This vocabulary does not include exact or close cognates of English. Also omitted are certain common words well within the mastery of second-year students, such as cardinal numbers, articles, pronouns, possessive adjectives, and so on. Adverbs ending in **-mente** and regular past participles are not included if the root word is found in the vocabulary or is a cognate. Terms are generally defined according to their use(s) in this text.

The gender of nouns is given except for masculine nouns ending in **-l, -o, -n, -e, -r,** and **-s,** and feminine nouns ending in **-a, -d, -ión,** and **-z.** Nouns with masculine and feminine variants are listed when the English correspondents are different words (*grandmother, grandfather*); in most cases, however, only the masculine form is given (**abogado, piloto**). Adjectives are given only in the masculine singular form. Based on the **Real Academia Española**'s 1994 decision, the letter combinations **ch** and **ll** are no longer treated as separate letters and are alphabetized accordingly. Verbs that have a spelling change in the first-person present indicative indicate the change with **(g), (j), (zc),** and so on. Both present-tense and preterite (if any) stem changes are given for stem-changing verbs. Finally, verbs that have further irregularities are followed by *irreg.*

The following abbreviations are used in this vocabulary.

abbrev.	abbreviation	*interj.*	interjection
adj.	adjective	*inv.*	invariable
adv.	adverb	*irreg.*	irregular
coll.	colloquial	*m.*	masculine
conj.	conjunction	*n.*	noun
f.	feminine	*pl.*	plural
fig.	figurative	*p.p.*	past participle
gram.	grammar	*prep.*	preposition
inf.	infinitive	*s.*	singular

A

abajo *adv.* below
abandonar to abandon
abarcar to include
abeja bee
abierto (*p.p. of* **abrir**) open; opened
abogado lawyer; **abogado defensor** defense attorney
abordar to address
aborto abortion
abrazar(se) to hug (each other)
abrazo hug
abrelatas *m. s., pl.* can opener
abrigo coat; shelter
abrir (*p.p.* **abierto**) to open
abrochar to fasten, button
absoluto absolute
absorber to absorb
absorto: estar (*irreg.*) **absorto** to be entranced, amazed
abuela grandmother
abuelo grandfather; *pl.* grandparents
aburrido bored; boring
aburrir to bore
abusivo abusive
abuso abuse
acá (over) here; **acá y allá** here and there
acabar to end, finish; **acabar de** + *inf.* to have just (*done something*); **acabarse** to run out of
academia academy
académico academic
acampar to camp
acaparar to hoard
acceso access; **tener** (*irreg.*) **acceso a** to have access to
accidente accident
acción action; **Día** (*m.*) **de Acción de Gracias** Thanksgiving; **entrar en acción** to take action
accionista *m., f.* stockholder
aceptable acceptable
aceptar to accept
acerca de about, concerning, with regard to
acercarse (a) to approach, draw near (to)
aclarar to clarify, clear up
acogedor welcoming
acoger (*like* **coger**) to welcome
acomodar to settle, make comfortable; to place, arrange
acompañar to accompany
aconsejar to advise

acontecer (zc) to happen, occur
acontecimiento happening, event
acostar (ue) to go to sleep; **acostarse** to lie down; to go to bed
acostumbrarse (a) to become accustomed (to)
acrobacias *pl.* acrobatics
actitud attitude
actividad activity
activista *n. m., f.* activist
activo active
acto act; ceremony
actriz actress
actual current, present-day
actualidad: en la actualidad at the present time, currently
actualmente at present, now
actuar (actúo) to act, behave
acuerdo agreement, pact; **de acuerdo con** in accordance with; **estar** (*irreg.*) **de acuerdo** to be in agreement; **llegar a un acuerdo** to reach an agreement; **ponerse** (*irreg.*) **de acuerdo** to come to an agreement
acusado *n.* accused
acusar to accuse
adaptación adaptation
adaptarse (a) to adapt (to)
adecuado appropriate
adelante: de ahora en adelante from now on
además (de) in addition (to)
adentro *adv.* inside, indoors
adherencia bond, connection
adhesivo: tira adhesiva adhesive strip; bandage
adicción addiction
adicto addict
adinerado wealthy, well-to-do
adivinar to guess
adjetival: cláusula adjetival *gram.* adjective clause
adjetivo *gram.* adjective
administración administration
admiración admiration
admirar to admire
admisible admissible
admitir to admit
adolescencia adolescence
adolescente adolescent
adonde where
¿adónde? where?
adoptación adoption
adoptar to adopt
adormecido sleepy, drowsy

adquirido: síndrome de inmunodeficiencia adquirida (**SIDA**) acquired immune deficiency syndrome (**AIDS**)
adquirir (ie) to acquire
adulto adult
adverbio *gram.* adverb
advertencia warning
aéreo: controlador aéreo air-traffic controller
aeróbico *n. pl.* aerobics; *adj.* aerobic; **ejercicio aeróbico** aerobics
afabilidad affability
afectar to affect
afeitar(se) to shave (oneself); **cuchilla de afeitar** razor blade
afición hobby
aficionado *n.* fan; *adj.* enthusiastic; fond of
afiliación affiliation
afirmación statement
afirmar to state
afirmativo affirmative
afligido sorrowful, grieving
afortunado fortunate, lucky
africano African
afroamericano *n., adj.* African American
afrocubano *adj.* Afrocuban
afuera *adv.* outside, outdoors; *pl.* suburbs, outskirts
agencia agency
agente *m., f.* agent; **agente de cambio y bolsa** stockbroker; **agente doble** double agent; **agente secreto** secret agent
agnosticismo agnosticism
agnóstico *n.* agnostic
agobiado overwhelmed
agotamiento exhaustion, using up
agradable pleasant
agradar to please
agradecer (zc) to thank
agregar to add
agresividad aggressiveness
agrícola *m., f.* agricultural
agricultor farmer
agricultura agriculture
agrupar to group, assemble
agua *f.* (*but* **el agua**) water; **agua corriente** running water; **agua potable** drinking water
aguantar to put up with
águila *f.* (*but* **el águila**) eagle
agujero hole
ahí there

ahora *adv.* now; **ahora mismo** right now; **ahora que** *conj.* now that; **de ahora en adelante** from now on

ahorrar to save

ahorros savings; **cuenta de ahorros** savings account

aire air

aislado isolated

¡ajá! *interj.* aha!

ajedrez *m.* chess

ajuste adjustment

alarma alarm

alarmante alarming

albergar to shelter

albergue shelter

alcachofa artichoke

alcalde mayor

alcaldía mayor's office

alcanzar to reach

alcohólico alcoholic

alegrar to make happy; **alegrarse (de)** to get happy (about)

alegre happy

alegría happiness

alemán *n.* German (*language*)

Alemania Germany

alerto alert

alfabetización literacy

alfarería pottery (*making*)

alfarero potter

algo something; *adv.* somewhat

alguien someone

algún, alguno some; **algún día** some day; **alguna vez** sometime; once; ever (*with a question*); **algunas veces** sometimes

alimentación nourishment; food

alimento food

alistar(se) to enlist

aliviar to alleviate, relieve

alivio relief

allá (over) there; **acá y allá** here and there; **el más allá** the hereafter

allegado follower, supporter

allí there

alma *f.* (*but* **el alma**) soul

almacén department store

almacenar to store

almorzar (ue) to eat lunch

almuerzo lunch

alquiler rent

alrededor de *adv.* around, about

alternar to alternate

alternativa alternative

altiplano high plateau

alto tall; high; **en alta mar** on the high seas; **en voz alta** aloud; in a loud voice

altruista *n. m., f.* altruist; *adj.* altruistic

altura height; altitude

alucinógeno *n.* hallucinogen; *adj.* hallucinogenic

aludir (a) to allude (to), refer (to)

alumno student

alusión allusion

amable friendly; kind

amante *m., f.* lover

amar to love

amarillo yellow

amarrado tied, bound

amasar to knead

amazónica: Selva Amazónica Amazon Forest/Jungle

ambición ambition

ambicioso ambitious

ambiental environmental

ambientalista *m., f.* environmentalist

ambiente atmosphere; **medio ambiente** environment

ámbito ambit, scope, realm

ambos both

ambulante: vendedor ambulante street vendor

amenazar to threaten

americano *n., adj.* American; **fútbol americano** football

amigo friend

amistad friendship

amnistía amnesty

amo master; **ama** (*f., but* **el ama**) **de casa** homemaker

amontonado piled up

amor love

analfabetismo illiteracy

analfabeto illiterate

análisis *m.* analysis

analizar to analyze

análogo analogous

ancho wide

anciano elderly person

andar *irreg.* to walk

andino Andean

ángel angel

anglicano *n., adj.* Anglican

anglohablante *adj.* English-speaking

anglosajón *n.* Anglo-Saxon

anillo ring; **anillo de compromiso** engagement ring; **anillo de diamantes** diamond ring

animado: dibujo animado cartoon

animar to encourage

aniversario anniversary

anoche last night

anónimo anonymous; **Alcohólicos Anónimos** Alcoholics Anonymous; **sociedad anónima (S.A.)** corporation (Inc.)

ansia *f.* (*but* **el ansia**) yearning

ansiedad anxiety

ansioso anxious

ante *prep.* before, in the presence/face of; **ante todo** above all

antecedentes *pl.* background; **antecedentes penales** criminal record

antena parabólica satellite TV

antepasado ancestor

anterior *adj.* previous; **año anterior** previous year

antes *adv.* before; **antes de** before; **antes (de) que** *conj.* before

anticipación anticipation

anticipar to anticipate

antifantasma *adj., inv.* antighost, ghostbusting

antiguo old; ancient; former

antónimo antonym

antropología anthropology

anual annual, yearly

anular to annul

anunciar to announce

anuncio announcement; advertisement, commercial

añadir to add

año year; **año anterior** previous year; **año escolar** school year; **año pasado** last year; **cada año** every year; **cumplir… años** to turn . . . years old; **este año** this year; **hace… años…** years ago; **tener** (*irreg.*) **años** to be . . . years old; **todos los años** every year

apagar to turn off (*a light*); to blow out (*candles*)

aparato appliance; machine

aparecer (zc) to appear

apariencia appearance

apartamento apartment

aparte separate; **aparte de** apart from; **hoja de papel aparte** separate sheet of paper

apellido surname

apenas barely; hardly

apilado piled; stacked

aplacar to assuage

aplaudir to applaud

aplicación application

aplicado studious
aplicar to apply
apoderarse (de) to take power (over) / control (of)
aportación contribution
aportar to contribute; to bring
aporte contribution
apoyar to support
apoyo *n.* support
apreciar to hold in esteem, think well of
aprecio esteem
aprender to learn; **aprender a** (*+ inf.*) to learn to (*do something*); **aprender de memoria** to memorize
aprendizaje apprenticeship; learning
aprobar (ue) to approve
apropiado appropriate, correct
aprovechar to make use of; **aprovecharse (de)** to take advantage (of)
aproximadamente approximately
aptitud aptitude
apuntar to note; to write down
apuntes *pl.* notes
apurado *adj.* hurried, rushed
apuro: sacar de una apuro to get out of a pinch
aquel, aquella *adj.* that (over there); **en aquel entonces** back then
aquél, aquélla *pron.* that one (over there)
aquello that; that thing
aquí here
árabe *n.* Arab; Arabic (*language*)
árbol tree; **tala de árboles** logging
arcilla clay; **arcilla cocida** fired clay
ardiente: capilla ardiente funeral chapel
arena sand
arete earring
argentino *n., adj.* Argentine
argumento reasoning; argument
árido arid
arma *f.* (*but* **al arma**) weapon; **arma de fuego** firearm
armonía harmony
arquitecto architect
arquitectura architecture
arraigado deeply rooted
arreglar to arrange
arresto arrest
arriba *adv.* above
arrodillar to kneel down
arrogante arrogant
arrojar(se) to throw, fling (oneself)

arroz *m.* rice
arte art
artesanal *adj.* pertaining to handicrafts
artesanía handicrafts
artículo article
artificial artificial; **fuegos artificiales** fireworks
artilugio gadget
artista *m., f.* artist
artístico artistic
asa handle
asaltar to attack, assault
asalto attack, assault
ascendencia descent, ancestry
asegurar to assure, guarantee
asesinar to murder, assassinate
asesinato murder, assassination
asesino murderer, assassin
así *adv.* so, thus, in this/that manner; **así como** as well as; **así que** *conj.* so, then
asiático *adj.* Asian
asignar to assign
asimilación assimilation
asimilarse to become assimilated
asimismo in like manner, in the same way, likewise
asistencia attendance; assistance; **asistencia médica** health benefits
asistente *m., f.* assistant; **asistente de vuelo** flight attendant
asistir to attend
asociación association
asociar to associate
asombrado surprised; amazed
asopado de pollo *a spicy, brothy soup from Puerto Rico, composed mainly of rice and chicken*
aspecto appearance; aspect
aspiración aspiration, goal
aspirar (a) to aspire (to)
aspirina aspirin
astrología astrology
astucia cunning
astuto astute
asumir to assume (*responsibilities*)
asunto matter, affair, issue
asustar to frighten; **asustarse** to become frightened
atacar to attack
ataque attack; **ataque al corazón** heart attack
ateísmo atheism
atención attention; **prestar atención** to pay attention

atender (ie) to take care of; to wait on; to attend to
atento attentive
ateo atheist
aterrador frightening
aterrorizar to terrify, frighten
atípico atypical
Atlántico: Océano Atlántico Atlantic Ocean
atleta *m., f.* athlete
atlético athletic
atracar to hold up
atracción attraction
atraco hold-up, mugging
atractivo *n.* attraction; *adj.* attractive
atraer (*like* **traer**) to attract
atrapar to catch
atrasado late
atrasarse to get, become behind
atravesar (ie) to cross
atrayente attractive
atributo attribute
atrocidad atrocity
atrofiar to atrophy
auditorio auditorium
aumentar to increase
aumento increase
aun *adv.* even
aún *adv.* yet, still
aunque although, even if
ausencia absence
australiano *adj.* Australian
autobús *m.* bus
autoedición desktop publishing
autómata *m.* robot
automático automatic; **cajero automático** ATM machine
automóvil automobile
automovilístico *adj.* automobile, automotive
autopista freeway, superhighway; **autopista de la información** information highway
autoprueba self-test
autor author
autoridad authority
autorización authorization
auxiliar *adj.* auxiliary; **auxiliar** (*m., f.*) **de vuelo** flight attendant; **llanta auxiliar** spare tire
auxilio help, aid, assistance
avance advance
avanzado advanced
avanzar to advance
avena oat(s); **pan de avena** oatmeal bread

avenida avenue
aventura adventure
aventurero adventurous
averiguar to find out
avestruz *m.* ostrich
avión *m.* airplane
avisar to warn; to notify
ayer yesterday
ayuda help, assistance
ayudar to help
ayuntamiento town hall
azafata flight attendant
azteca *n., adj. m., f.* Aztec
azúcar sugar
azul blue

B

bahía bay
bailar to dance
bailarín dancer
baile dance
bajar to lower; to get (down), out of; to descend; **bajar de peso** to lose weight
bajo *adj.* short (*height*); low; *adv.* below; *prep.* under; **bajo riesgo** at risk; **barrio bajo** slum; **en voz baja** in a low (quiet) voice
balbucear to stutter, stammer
baloncesto basketball
bancario *adj.* bank
banco bank; bench
bandera flag
bañar to bathe; **bañarse** to take a bath
baño bath; **cuarto de baño** bathroom; **darse** (*irreg.*) **un baño** to take a bath
baraja deck of cards
barato cheap, inexpensive
barbero barber
barco ship, boat
barrer to sweep
barricada barricade; **predicador de barricada** soapbox orator, soapbox preacher
barrio neighborhood; **barrio bajo** slum
basar(se) (en) to base, found (*an opinon*); to be based (upon)
base *f.* base; **base de datos** database
básico basic
basílica basilica
basquetbolista *m., f.* basketball player
bastar (con) to suffice, be enough
basura trash; **sacar la basura** to take out the trash

basurero garbage collector
bateador batter
batidora beater
bautizar to baptize
bebé baby
beber to drink
bebida beverage, drink
beca scholarship
béisbol baseball
beisbolista *m., f.* baseball player
belgo *n.* Belgian
belleza beauty; **sala de belleza** beauty parlor/salon
bello beautiful; **Bella Durmiente** Sleeping Beauty
bendecir *irreg.* to bless
bendición blessing
beneficiar to benefit
beneficio benefit; profit, gain
beneficioso beneficial
besar to kiss
beso kiss; **dar** (*irreg.*) **un beso** to kiss; to give a kiss
bíblico Biblical
biblioteca library
bibliotecario librarian
bicicleta bicycle
bien *adv.* well; **bien educado** well-mannered; well-educated; **caer** (*irreg.*) **bien** to strike (one) well, make a good impression; **(no) llevarse bien (con)** to (not) get along (with); **pasarlo bien** to have a good time; **portarse bien** to behave
bienestar well-being
bienvenido *adj.* welcome
bilingüe bilingual
bilingüismo bilingualism
billar billiards, pool; **salón de billar** billiards/pool hall
billete ticket
biología biology
bisabuela great-grandmother
bisabuelo great-grandfather; *pl.* great-grandparents
bisnieta great-granddaughter
bisnieto great-grandson; *pl.* great-grandchildren
blanco white; **espacio en blanco** blank space
boca mouth
boda wedding
bofetada slap in the face
boicoteo boycott
bola ball
boleto ticket

bolígrafo pen
boliviano *n.* Bolivian
bombardear to bombard
bolo: cancha de bolos bowling alley
bolsa bag, sack; **agente** (*m., f.*) **de cambio y bolsa** stockbroker; **Bolsa** stock market
bolsillo pocket
bombero firefighter; **mujer** (*f.*) **bombero** (female) firefighter
bombilla lightbulb
bondad goodness, kindness
bonito pretty
borrachera drunkenness
borracho *adj.* drunk
bosque forest; **bosque primario** old-growth forest
bota boot
bote boat
botón button
boxeador boxer
brazo arm
breve brief
brillante brilliant, bright
británico *adj.* British
broma joke; **broma pesada** practical joke; **gastar una broma** to play a joke; **hacer** (*irreg.*) **bromas** to play jokes
bromista *m., f.* joker
bruja witch; **Día** (*m.*) **de las Brujas** Halloween
brutalidad brutality
bruto stupid
buceo scuba diving
budista *n., adj. m., f.* Buddhist
buen, bueno *adj.* good; kind; **hacer** (*irreg.*) **buen tiempo** to be good weather
bufanda scarf
burlarse (de) to make fun (of), poke fun (at)
buscar to look for
búsqueda search

C

caballo horse; **a caballo** on horseback
cabello hair
caber *irreg.* to fit; **no cabe duda** there is no doubt
cabeza head
cabo: al cabo de at the end of; **al fin y al cabo** after all; at last
cacería *n.,* hunting
cachorro puppy
cacto cactus

cada *inv.* each; every; **cada año/mes/semana** every year/month/week; **cada día** every day; **cada mañana/noche/tarde** every morning/evening (night)/afternoon; **cada vez** every time; **cada vez más** more and more; **cada vez que** whenever, every time that

cadáver corpse, body

cadena perpetua life imprisonment

caer *irreg.* to fall; **caer bien/mal** to strike (one) well/badly, make a good/bad impression; **dejar caer** to drop

café coffee; cafe

cafeína caffeine

cajero cashier; teller; **cajero automático** ATM machine; **tarjeta de cajero** ATM card

cajón drawer

calamidad natural natural disaster

calcetín sock

calculadora calculator

calcular to calculate

cálculo: hoja de cálculo spreadsheet

calendario calendar

calentarse (ie) to get warm, warm up

calidad quality

cálido warm

caliente hot (*temperature*)

calificado described

callado quiet

calle *f.* street

callejero *adj.* (of the) street

calmar(se) to calm (down)

calor heat; **hacer** (*irreg.*) **calor** to be hot (*weather*); **tener** (*irreg.*) **calor** to be hot

caloría calorie

calvario suffering

calvo bald

cama bed

camarero waiter

cambiar to change; **cambiar de idea** to change one's mind; **cambiar de opinión** to change one's mind

cambio change; **a cambio de** in exchange for; **agente** (*m., f.*) **de cambio y bolsa** stockbroker; **en cambio** on the other hand

caminar to walk

caminata *n.* walk, hike; **hacer** (*irreg.*)/**darse** (*irreg.*) **una caminata** to go on/for a walk/hike

camino road, path

camioneta pickup truck

camisa shirt

camisería shirt making

camiseta T-shirt

campamento camp

campana bell

campaña campaign

campesino peasant, country person

campo countryside; field

canadiense *n.* Canadian

canal channel

canalizar to channel

Canarias: Islas Canarias Canary Islands

cancelar to cancel

cáncer cancer

cancha court (*sports*); **cancha de bolos** bowling alley; **cancha de racket** racquetball court; **cancha de squash** squash court

canción song

candidato candidate

cansado tired

cantar to sing

cantidad quantity

caos *m.* chaos

capacidad ability; capacity

capacitado qualified, having the aptitude

capaz capable

Caperucita Roja Little Red Riding Hood

capilla chapel; **capilla ardiente** funeral chapel

capital *f.* capital; **pena capital** capital punishment

capítulo chapter

captar to capture

cara face

carabela caravel (*ocean-going ship*)

carácter character

característica *n.* characteristic

característico *adj.* characteristic

cárcel *f.* jail, prison

cargar to charge (*to an account*)

cargo post, office; **estar** (*irreg.*) **a cargo (de)** to be in charge (of); **hacerse** (*irreg.*) **cargo (de)** to take charge (of)

Caribe *n.* Caribbean

caribeño *adj.* Caribbean

caricatura caricature; cartoon

caricaturista *m., f.* cartoonist

cariño affection

cariñoso affectionate

carnaval carnival, Mardi Gras

carne *f.* meat; **carne de res** beef

carnet (de identidad) *m.* I.D. card

carnicero butcher

carnívoro carnivorous

caro expensive

carrera career, profession; university specialty, major; race (*contest*)

carrito shopping cart

carro car

carta letter

Cartago Carthage

cartera wallet, billfold

casa house; **ama** (*f., but* **el ama**) **de casa** homemaker; **ir** (*irreg.*) **a casa** to go home

casarse (con) to get married (to someone)

casco helmet

casi *inv.* almost

caso case; **en caso (de) que** *conj.* in case; **hacer** (*irreg.*) **caso (de)** to pay attention (to), take into account

castaño brown, chestnut

castellano Spanish (*language*)

castigar to punish

castigo punishment

castillo castle

casualidad chance

catalán *n. language from the Spanish region of Catalonia*

Cataluña Catalonia

catarata waterfall

catástrofe *f.* catastrophe

catedrático university professor

categoría category

catolicismo Catholicism

católico Catholic

causa cause; **a/por causa de** because of

causar to cause

celebración celebration

celebrar to celebrate

celebre famous

celos *m. pl.* jealousy

celoso jealous

celular: teléfono celular cellular telephone

cementerio cemetery

cena dinner/supper

cenar to eat dinner/supper

centro center; downtown; **centro comercial** shopping center/mall

Centroamérica Central America

centroamericano Central American

cerámica ceramics, pottery

cerca *adv.* nearby, close by; **cerca de** near, close to

cercano *adj.* near, close
cerebro brain
ceremonia ceremony
cerrajería locksmith's trade
cerrar (ie) to close
cerveza beer
césped lawn
cesto basket, hamper
champaña champagne
chantaje blackmail
chantajear to blackmail
chaqueta jacket
charla chat, discussion
chatarra: comida chatarra junk food
cheque check; **cobrar un cheque** to cash a check
chicano *n., adj.* Mexican American
chicle gum
chico boy
chile (hot) pepper
chileno *n., adj.* Chilean
chimenea chimney
chisme gossip
chismear to gossip
chiste joke
chistoso funny
chocar to collide, crash
chófer chauffeur
choque crash
chupete pacifier
churrasco grilled steak
churrasquería steakhouse
cielo heaven; sky
cien, ciento one hundred; **por ciento** percent
ciencia science
científico scientist
cierto certain; sure; true
cigarrillo cigarette
cima top, summit
cine movie theater
cinta tape; **libro grabado en cinta** book on tape
cinturón de seguridad seatbelt
circulación circulation; traffic
circunstancia circumstance
cirio candle
cirugía surgery; **cirugía estética** cosmetic surgery; **cirugía plástica** plastic surgery
cirujano surgeon
citar to arrange to meet; to make an appointment with
ciudad city
ciudadanía citizenship
ciudadano citizen

civil: guerra civil civil war
civilización civilization
civilizar to civilize
clandestino clandestine
claro clear; light; **¡claro!** of course!; **claro que no** of course not; **claro que sí** of course
clase *f.* class; **clase media** middle class; **compañero de clase** classmate; **ir** (*irreg.*) **a clase** to go to class
clásico classic
clasificación classification
clasificar to classify
cláusula *gram.* clause; **cláusula adjetival** adjective clause; **cláusula dependiente/independiente** dependent/independent clause; **cláusula subordinada** subordinate clause
clave *n.* key; main element; *adj. inv.* key
clérigo priest, clergyman
clero clergy
cliente *m., f.* client, customer
clima *m.* climate
climatizado air-conditioned
clínica clinic
club *m.* club
cobrar to charge (*someone for something*); **cobrar un cheque** to cash a check
cobre copper
cocaína cocaine
coche car
cocido: arcilla cocida fired clay
cocina kitchen
cocinar to cook
cocinero cook, chef
codificado codified
coexistir to coexist
coger (j) to catch; to take, pick up
cohete rocket
coincidencia coincidence
cojear to limp
cola line; **hacer** (*irreg.*) **cola** to be/stand/wait in line
colaboración collaboration
colaborar to collaborate
colección collection
colectivo collective
colega *m., f.* colleague
colegio secondary school
colesterol cholesterol
colgante *adj.* hanging
colina hill

colocación placement
colocar to place, put
colombiano *n., adj.* Colombian
Colón: Cristóbal Colón Christopher Columbus
colonia colony
colonización colonization, settlement
colonizar to colonize; to settle
coloquial colloquial
colorado: ponerse (*irreg.*) **colorado** to blush
columna column
combatir to fight
combinación combination
combinar to combine
combustible fuel
comedido restrained
comedor dining room
comentar to comment (on); to talk about
comentario comment
comenzar (ie) to begin
comer to eat; **dar** (*irreg.*) **de comer** to feed
comercial *adj.* commercial; **centro comercial** shopping center/mall; **propaganda comercial** advertisement; **secretariado comercial** commercial secretaryship
comercialización commercialization
comercializar to commercialize
comerciante *m., f.* merchant
comerciar to trade
comercio trade; business; **libre comercio** free trade
cometer to commit
cómico funny; **dibujo cómico** cartoon; **tira cómica** comic strip
comida food; meal; **comida a domicilio** take-out food; **comida chatarra** junk food; **comida dietética** health food
comilón heavy eater
como like; as; **así como** as well as; **como consecuencia** as a result; **tal como** such as; **tan... como** as . . . as; **tan pronto como** as soon as; **tanto... como...** both . . . and . . .
comodidad comfort
compacto: disco compacto compact disc (CD)
compañero companion; partner; **compañero de clase** classmate; **compañero de cuarto** roommate; **compañero de trabajo** co-worker
compañía company

comparación comparison
comparar to compare
comparativo *n., adj., gram.* comparative
compartir to share
compasión compassion
competencia competition
competir (i, i) to compete
competitivo competitive
complejo complex
complementar to complement
complemento *gram.* object, complement; **complemento pronominal** object pronoun; **pronombre de complemento directo/indirecto** direct/indirect object pronoun
completar to complete
completo complete; **por completo** completely; **tiempo completo** full-time
complicación complication
complicado complicated
componer (*like* **poner**) to make up, compose
comportamiento behavior
comportarse to behave (oneself)
composición composition
compra *n.* shopping; **hacer** (*irreg.*) **la compra** to go shopping; **ir** (*irreg.*) **de compras** to go shopping
comprar to buy
comprender to understand
comprensión *n.* understanding
comprensivo comprehensive
comprobado proven
comprometerse (a) to make a commitment (to)
compromiso commitment; engagement; **anillo de compromiso** engagement ring
computación programming (*computer*)
computadora computer
común common; **común y corriente** common, everyday
comunicación communication; **medios de comunicación** media
comunicar to communicate
comunidad community
comunista *adj. m., f.* communist
con with
concentración concentration
concepto concept
conciencia conscience
concierto concert
conciso concise

concluir (y) to conclude
conclusión conclusion
concreto concrete
condenar to condemn
condición condition; **a condición (de) que** *conj.* provided that
condicional *gram.* conditional
conducir (zc) to drive; **licencia de conducir** driver's license
conducta conduct; **línea de conducta** course of action
conductor driver
conejo rabbit
conexión connection
confección tailoring; clothing industry; **corte** (*m.*) **confección** ready-made clothing
conferencia lecture
confianza confidence; trust; **tener** (*irreg.*) **confianza en** to have confidence in, trust
conflicto conflict
confundido confused
congelado frozen
congreso congress
conjetura conjecture
conjugación conjugation
conjugar to conjugate
conmemorar to commemorate
conmigo with me
connotación connotation
cono cone
conocer (zc) to know; to meet
conocimiento knowledge
conquista conquest
conquistador conqueror
consecuencia consequence; **como consecuencia** as a result
conseguir (*like* **seguir**) to get, obtain
consejero counselor
consejo advice; **dar** (*irreg.*) **consejos** to give advice; **pedir (i, i) consejos** to ask for advice
conservación conservation
conservador conservative
conservar to conserve
considerar to consider
consiguiente: por consiguiente consequently
consistir en to consist of
consonante consonant
constante constant
construcción construction
construir (y) to build, construct
consultar to consult
consultorio doctor's office

consumidor consumer
consumir to consume; **consumir drogas** to take drugs
consumo consumption
contabilidad accounting; **contabilidad mercantil** mercantile bookkeeping
contador accountant
contaminación pollution
contaminar to contaminate; to pollute
contar (ue) to tell; to count
contemporáneo contemporary
contendiente *m., f.* contender, opponent
contendor contender
contento happy, content
contestar to answer
contexto context
continente continent
continuación: a continuación *adv.* below, following
continuar (continúo) to continue
contra against; in opposition to
contrabandista *m., f.* smuggler
contrabando contraband
contradecir (*like* **decir**) to contradict
contradicción contradiction
contraer (*like* **traer**) to contract
contrario opposite; contrary; **lo contrario** the opposite
contrastar to contrast
contraste contrast
contratar to hire
contrato contract
contribución contribution
contribuir (y) to contribute
contribuyente *adj.* contributing
control de la natalidad birth control
controlador aéreo air-traffic controller
controlar to control
convencer (z) de to convince
convenir (*like* **venir**) to be appropriate; to be convenient; to suit
convento convent
conversación conversation
conversar to converse
conversión conversion
convertir(se) (ie, i) to convert
convicción conviction
convincente convincing
cooperación cooperation
cooperar to cooperate
copa: tomar una copa to have a drink
coqueta *n. f.* flirt; *adj. f.* flirtatious
coquetón *n. m.* flirt; *adj. m.* flirtatious

corazón heart; **ataque al corazón** heart attack

corbata necktie

cordillera mountain range

cordón cord, braid

corona crown

correcto correct

corregir (i, i) (j) to correct

correo post office; mail; **correo electrónico** e-mail; **por correo electrónico** by e-mail

correr to run

corresponder to correspond

correspondiente corresponding

corriente: agua corriente running water; **común y corriente** common, everyday; **cuenta corriente** checking account

corrupto corrupt

cortacésped *m.* lawn mower

cortar to cut

corte *m.* cut; **corte confección** ready-made clothing; **corte de electricidad** blackout; *f.* court (*of law*); **Corte Suprema** Supreme Court

cortesía courtesy

cortésmente courteously

corto short (*length*)

cosa thing

cosecha harvest

costa coast

costar (ue) to cost

costarricense *n. m., f.* Costa Rican

costoso costly

costumbre *f.* custom

creación creation

crear to create

creatividad creativity

crecer (zc) to grow

crédito credit; **tarjeta de crédito** credit card

creencia belief

creer (y) to think, believe

cremallera zipper

creyente *n. m., f.* believer

crianza childrearing

criar (crío) to raise, bring up

crimen crime (*in general*)

criollo *adj.* Creole

crisis *f.* crisis

crisol melting pot

cristianismo Christianity

cristianizar to Christianize

cristiano *n.* Christian

Cristo Christ

Cristóbal Colón Christopher Columbus

criterio criterion

crítica *n.* criticism

criticar to criticize

crítico *adj.* critical

cronología chronology

cronológico chronological

crucifijo crucifix

crucigrama *m.* crossword puzzle

crudo raw

cruz cross

Cruzada Crusade

cruzar to cross

cuaderno notebook

cuadro square; table (*chart*); picture

cual which; who; **el/la/los/las cual(es)** that/he/she/the one which/who; **lo cual** what

¿cuál? what?, which?; **¿cuál(es)?** which (ones)?

cualidad quality

cualquier *adj.* any

cuando when; **de vez en cuando** once in a while

¿cuándo? when?

cuanto *adv.* as much as; **en cuanto** as soon as; **en cuanto a...** as far as . . . is concerned

¿cuánto/a/os/as? how much/many?

cuarto room; **cuarto de baño** bathroom; **compañero de cuarto** roommate

cubano *n., adj.* Cuban

cubierto (*p.p. of* **cubrir**) covered

cubrir (*p.p.* **cubierto**) to cover

cucaracha cockroach

cuchilla de afeitar razor blade

cuenta account, bill; **cuenta corriente** checking account; **cuenta de ahorros** savings account; **darse** (*irreg.*) **cuenta** to realize; to become aware of; **pagar la cuenta** to pay the bill; **tener** (*irreg.*) **en cuenta** to take into account; to keep in mind

cuento story

cuero leather

cuerpo body

cuestión question, matter

cuestionario questionnaire

cuidado care, caution; **con cuidado** carefully, cautiously; **tener** (*irreg.*) **cuidado** to be careful, cautious

cuidar to take care of

culinario culinary

culminar to finish

culpable guilty

cultivar to cultivate

cultivo cultivation

culto well-educated

cultura culture

cumpleaños *s., pl.* birthday

cumplir to complete, fulfill; **cumplir... años** to turn . . . years old; **hacer** (*irreg.*) **cumplir** to enforce

cuñada sister-in-law

cuñado brother-in-law; *pl.* sisters- and brothers-in-law

cura *m.* priest; *f.* cure

curandero healer

curar to cure; **curar el ombligo** to tie off the umbilical cord at birth

curativo curative

curiosidad curiosity

curioso curious

cursivo: letra (*s.*) **cursiva** italics

curso course

custodia custody

cuyo whose

D

daño harm, injury, damage; **hacer** (*irreg.*) **daño** to harm, hurt, injure

dar *irreg.* to give; **dar a luz** to give birth; **dar al mar** to face the sea; **dar consejos** to give advice; **dar de comer** to feed; **dar igual** to be the same to; **dar la gana** to do whatever one feels like; **dar las gracias** to thank; to give thanks; **dar regalos** to give gifts; **dar sepultura** to bury; **dar un beso** to kiss; to give a kiss; **dar una fiesta** to have a party; **darse cuenta** to realize; to become aware of; **darse palmadas en la espalda** to pat on the back; **darse un baño** to take a bath; **darse una caminata** to go on/for a walk/hike

dato fact, result, datum; **base** (*f.*) **de datos** database

deambular to wander

debajo *adv.* underneath

deber *n.* duty

deber to owe; **deber** + *inf.* should, must

debido a due to

débil weak

debilidad weakness

década decade

decadencia decadence

decano dean

decidir to decide

decir *irreg.* to say, tell; **es decir** that is to say; **querer** (*irreg.*) **decir** to mean

decisión decision; **tomar una decisión** to make a decision

declaración declaration

declarar to declare

decorar to decorate

dedicarse (a) to dedicate oneself (to)

dedo finger; toe

deducir (zc) to deduce

defecto defect

defender to defend

defendiente *m., f.* defendant

defensa defense

defensor defender; **abogado defensor** defense attorney

déficit *m.* deficit

definición definition

definir to define

definitivo definitive, final

deforestado deforested

deformar to deform

deidad deity

dejar to leave, leave behind; to allow, permit; to quit; to drop (*a course*); **dejar caer** to drop; **dejar de** + *inf.* to stop (*doing something*); **dejar en paz** to leave alone; **dejar plantado** to stand someone up; **no dejar de** + *inf.* to not neglect to (*do something*), not miss out on (*doing something*)

delante de in front of

deletrear to spell

delfín dolphin

delgado slender, thin

deliberar to deliberate

delicado delicate

delicioso delicious

delincuencia delinquency

delincuente *m., f.* delinquent

delineate *m., f.* draftsman, draftswoman; *m.* drafting (*profession*)

delito crime, criminal act

demanda demand; lawsuit

demandado defendant

demás others; **los demás** the others

demasiado *adj.* too much; *pl.* too many; *adv.* too; too much

demente crazy

democracia democracy

democrático democratic

demografía demography

demorar to delay

demostrar (ue) to demonstrate

dentista *m., f.* dentist

dentro de within, in

denunciar to denounce

departamento department

dependencia dependence

depender (de) to depend (on)

dependiente *n.* sales clerk; *adj.* dependent; **cláusula dependiente** *gram.* dependent clause

deportar to deport

deporte sport

deportista *m., f.* sportsman, sportswoman

deportivo *adj.* sports

depositar to deposit

depresión depression

deprimido depressed

derecha *n.* right; **a la derecha** on/to the right

derechista right-wing

derecho *n.* right; law; *adj.* right; right-hand

derretirse (i, i) to melt

derribar to knock down

derrocamiento overthrow

derrocar to overthrow

derrumbar to tear down; **derrumbarse** to fall apart, collapse

desabrochado unfastened

desafortunadamente unfortunately

desagradable unpleasant, disagreeable

desagradar to displease

desamparado *n.* homeless person

desanimar to discourage

desaparecer (zc) to disappear

desaparición disappearance

desaprobar (ue) to disprove

desarrollar to develop

desarrollo development; **en vías de desarrollo** developing

desastre disaster

desastroso disastrous

desayunar to eat breakfast

desayuno breakfast

descansar to rest

descanso break; rest

descendencia descent

descendiente *m., f.* descendant

descomponer (*like* **poner**) to break down

desconocido unknown

descortés impolite

describir (*p.p.* **descrito**) to describe

descripción description

descrito (*p.p.* **describir**) described

descubrimiento discovery

descubrir (*like* **cubrir**) to discover

desde *prep.* since (*time*); from; **desde entonces** from then on; since then; **desde hace** + *period of time* for + *period of time*; **desde que** *conj.* since

deseable desirable

desear to want, desire

desechable disposable; **producto desechable** disposable product

desempeñar un papel to play (fulfill) a role

desempleado *n.* unemployed person

desempleo unemployment

desenchufado unplugged

deseo desire, wish

desequilibrio imbalance

desesperado desperate

desgraciadamente unfortunately

deshacer (*like* **hacer**) to undo

deshonesto dishonest

deshumanizante dehumanizing

desierto desert

desigualdad inequality

desinflado: llanta desinflada flat tire

deslizarse en trineo to go sledding

desnutrición malnutrition

desnutrido undernourished

desobedecer (zc) (*like* **obedecer**) to disobey

desodorante deodorant

despacho office (*specific room*)

despacio *adv.* slowly

despedir (*like* **pedir**) to fire; **despedirse** to say good-bye

despegar to take off (*airplane*)

despertador alarm clock; **reloj** (*m.*) **despertador** alarm clock

despertar(se) (ie) to awaken, wake up

desplazamiento displacement; shifting (*from one place to another*)

despoblación depopulation; **despoblación rural** movement away from the countryside

despreciar to look down on

desprecio disdain

desprender to loosen, release

después *adv.* afterward; **después de** after; **después (de) que** *conj.* after

destacado outstanding

destinado a destined to, for

destino destiny, fate

destreza skill

destrucción destruction

destruir (y) to destroy

desventaja disadvantage

desvestirse (*like* **vestirse**) to get undressed

detalladamente in detail

detalle detail

detectivismo *n.* investigating

detener(se) (*like* **tener**) to detain; to stop; to arrest

deteriorar to deteriorate

deterioro deterioration

determinar to determine

detestar to detest

detrás de behind

deuda debt

devastar to devastate

devoción devotion

devolución return

devolver (*like* **volver**) to return

devoto *n.* devotee

día *m.* day; **al día** daily; **al día siguiente** the next day; (on) the following day; **algún día** some day; **cada día** every day; **Día de Acción de Gracias** Thanksgiving; **Día de la Independencia** Independence Day; **Día de la Madre** Mother's Day; **Día de las Brujas** Halloween; **Día de los Difuntos** Day of the Dead; **Día de los Muertos** All Souls' Day; Day of the Dead; **Día de Todos los Santos** All Saints' Day; **Día del Padre** Father's Day; **día festivo** holiday; **hoy (en) día** nowadays; **ponerse** (*irreg.*) **al día** to bring oneself up to date; **primer día** first day; **todo el día** all day; **todos los días** every day

diabetes *f.* diabetes

diablo devil

dialecto dialect

diálogo dialogue

diamante diamond; **anillo de diamantes** diamond ring

diario *n.* diary, journal; *adj.* daily

diarrea diarrhea

dibujar to draw

dibujo drawing; **dibujo animado** cartoon; **dibujo cómico** cartoon

diccionario dictionary

dichosamente luckily

dictador dictator

diente tooth

dieta diet; **estar** (*irreg.*) **a dieta** to be on a diet

dietético: comida dietética health food

diezmo tithe

diferencia difference

diferente different

difícil difficult, hard; **llevar una vida difícil** to lead a difficult life

dificultad difficulty

difunto deceased person; **Día** (*m.*) **de los Difuntos** Day of the Dead

difusión spreading

digitalizado digital

dilema *m.* dilemma

diluido diluted

dimensión dimension

dinero money

dios god

Dios God

diplomático diplomat

dirección address; direction

directo direct; **pronombre de complemento directo** *gram.* direct object pronoun

disciplina discipline

disciplinar to discipline

disco disc; **disco compacto** compact disc (CD); **disco duro** hard drive

discoteca discotheque

discreción discretion

discriminación discrimination

discriminar to discriminate

disculpas: pedir (i, i) disculpas to apologize

discurso speech

discutir to argue

diseñar to design

disfraz *m.* costume, disguise

disfrazarse to disguise (oneself); to dress up in costume

disfrutar de to enjoy

disgustar to annoy; to disgust

disminuir (y) to diminish, reduce, lessen

disponible available

dispuesto (*p.p. of* **disponer**): **estar** (*irreg.*) **dispuesto (a)** to be ready (to)

disputar to dispute

distancia distance

distinción distinction

distinguir (g) to distinguish

distintivo distinctive

distinto different

distorsionado distorted

distorsionar to distort

distracción distraction

distribuir (y) to distribute

distrito district

disturbio disturbance

disuadir to dissuade

diversidad diversity

diversión entertainment, amusement

diverso several; diverse

divertirse (ie, i) to have fun, enjoy oneself

dividir to divide

divorciado divorced

divorciarse (de) to get divorced (from)

divorcio divorce

doblar to fold

doble double; **agente** (*m., f.*) **doble** double agent

docena dozen

doctorado doctorate

documento document

dólar dollar

dolencia affliction

dolerse (ue) to hurt

doliente *adj.* mourning

dolor pain, ache

doméstico domestic; **tarea doméstica** household chore

domicilio: comida a domicilio take-out food

dominar to dominate

dominicano *n.* Dominican; **República Dominicana** Dominican Republic

dominio domain; power

don *title of respect used with a man's first name*

donar to donate

donjuán womanizer; a "Don Juan"

doña *title of respect used with a woman's first name*

dorado golden

dormir (ue, u) to sleep; **dormirse** to fall asleep

dormitorio bedroom

drama *m.* play

dramatización dramatization

dramatizar to act out, dramatize

drástico drastic

droga drug; **consumir drogas** to take drugs; **tráfico de drogas** drug trafficking

drogarse to take drugs

ducha shower

ducharse to take a shower

duda doubt; **no cabe duda** there is no doubt; **sin duda** doubtless

dudar to doubt

dudoso doubtful

dueño owner
dulce candy, sweet
duradero lasting
durante during
durar to last
durmiente: la Bella Durmiente Sleeping Beauty
duro hard; **disco duro** hard drive

E

e and (*used instead of* **y** *before words beginning with* **i** *or* **hi**)
echar to throw; **echar de menos** to miss
ecología ecology
ecológico ecological
ecologista *n., adj. m., f.* ecologist
economía economy
económico economical
economizar to economize
ecuatoriano *n.* Ecuadorian
edad age; **Edad Media** Middle Ages
edificio building
Edipo Oedipus
educación education; up-bringing
educado: bien educado well-mannered; well-educated; **mal educado** ill-mannered; poorly educated
educativo educational
efectivo *n.* cash; **pagar en efectivo** to pay in cash; *adj.* effective
efecto effect, result
efectuar (efectúo) to carry out
eficaz effective
Egipto Egypt
egoísta *n. m., f.* egotist; *adj.* egotistical, selfish
ejecutivo *n., adj.* executive
ejemplo example; **por ejemplo** for example
ejercer (z) to practice (*a profession*); to exert (*influence*)
ejercicio exercise; **ejercicio aeróbico** aerobics; **hacer (irreg.) ejercicio** to exercise
ejército army
elaborar to elaborate
elección election
electricidad electricity; **corte (m.) de electricidad** power outage
eléctrico electric
electrodoméstico appliance
electrónico electronic; **correo electrónico** e-mail; **por correo electrónico** by e-mail

elegante elegant
elegir (i, i) (j) to elect; to choose
elemento element
elevado elevated, high
eliminar to eliminate
elocuencia eloquence
embarazada pregnant
embargo: sin embargo nevertheless, however
embelesado fascinated; delighted
emborracharse to get drunk
embriagador intoxicating
embrujado bewitched
emigración emigration
emigrante *m., f.* emigrant
emigrar to emigrate
emoción emotion
emocionado excited
emocional emotional
empanada *turnover pie or pastry*
emparejar to match, pair
empeorar to get worse
empezar (ie) to begin, start
empleado employee
emplear to employ, use
empleo job; work, employment
empollón bookworm
empresa business; corporation
empresarial managerial
empresario employer; manager
empujar to push
enamorarse (de) to fall in love (with)
encabezado led
encantador charming
encantar to delight
encarcelar to imprison
encargarse (de) + *inf.* to take charge (of)
encender (ie) to light; to turn on (*television, radio*)
encima *adv.* on, on top
encontrar (ue) to find; **encontrarse** to be located
encuesta survey
enemigo enemy
energía energy; **energía solar** solar energy
enfadado mad
enfadarse (con) to get angry (with)
énfasis *m.* emphasis; **poner (irreg.) énfasis** to emphasize
enfermarse to get sick
enfermedad illness, sickness
enfermero nurse
enfermo sick
enflaquecer (zc) to make, get thinner

enfocar(se) (en) to focus (on)
enfrente de in front of
enfriarse (enfrío) to get cold, cool down
enlace link
enlatado canned
enojarse (con) to be angry (with)
enorme enormous, huge
ensalada salad
enseñar to teach
entender (ie) to understand
enterarse (de) to find out (about)
entero entire
enterrar to bury
entierro burial
entonces then, at that moment; **desde entonces** from then on; since then; **en aquel entonces** back then
entrada entrance; admission ticket
entrar to enter; **entrar en acción** to take action
entre between; among
entregar to turn over; to hand in
entrenador trainer
entrenamiento training
entrenar to train
entretenimiento entertainment
entrevista interview
entrevistado *n.* interviewee; *adj.* interviewed
entrevistador interviewer
entusiasmado enthusiastic; excited
entusiasmar(se) to become enthusiastic
entusiasmo enthusiasm
envase (food) container; **envase de lata** (tin) can; **envase de vidrio** (glass) jar
enviar (envío) to send
¡epa! *interj.* hey!
época period (*time*)
equilibrar to balance
equilibrio balance
equipo team
equivaler (a) (*like* **valer**) to equal, be equivalent (to)
equivocarse to be mistaken, wrong
erradicar to eradicate
erupción: estar (irreg.) en erupción to be erupting
escala scale
escandalizarse to be scandalized
Escandinavia Scandinavia
escandinavo *n.* Scandinavian
escapar(se) (de) to escape (from)
escaso scarce

escena scene
escenario setting
escéptico skeptic
esclavo slave
escoger (j) to choose
escolar *adj.* school; **año escolar** school year
esconder to hide
escribir (*p.p.* **escrito**) to write; **máquina de escribir** typewriter
escritor writer
escritorio desk
escritura writing
escuchar to listen
escuela school; **escuela primaria** elementary school; **escuela secundaria** middle/high school
ese/a *adj.* that
ése/a *pron.* that (one)
esencial essential
esforzarse (*like* **forzar**) to strive, make an effort
eso *neuter pron.* that (stuff); **por eso** for that reason
espacio space; **espacio en blanco** blank space
espagueti spaghetti
espalda back; **darse** (*irreg.*) **palmadas en la espalda** to pat on the back
español *n.* Spaniard; Spanish (*language*); *adj.* Spanish; **de habla española** Spanish-speaking
españolizar to Hispanicize
especia spice
especial special
especialista *m., f.* specialist
especialización specialization; major (*university*)
especializarse (en) to specialize (in); to major (in)
especie *f.* species
especificar to specify
específico specific
espectáculo show
especular to speculate
espejo mirror
espera: sala de espera waiting room
esperanza hope
esperar to hope, wish; to wait for
espiar (espío) to spy
espinacas *pl.* spinach
espionaje spying, espionage
espíritu *m.* spirit
espiritual spiritual
espléndido splendid, magnificent

esplendor splendor, magnificence
esplendoroso magnificent, radiant
esposa wife; **esposas** handcuffs
esposo husband
esquela obituary notice
esqueleto skeleton
esquema outline; diagram
esquiar (esquío) to ski
esquina corner
estabilizarse to stabilize
estable stable
establecer (zc) to establish; **establecerse** to get settled, established
establecimiento establishment
estación season; station
estadística statistic
estado state; **Estados Unidos** United States; **golpe de estado** military coup
estadounidense *n. m., f.* person from the United States; *adj. m., f.* U.S., from the United States
estafa graft, fraud
estafador person who commits graft, fraud
estallar to break out
estante bookshelf; shelf
estaño tin
estar *irreg.* to be; **estar a cargo (de)** to be in charge (of); **estar a dieta** to be on a diet; **estar a favor de** to be in favor of; **estar a la venta** to be on/for sale; **estar absorto** to be entranced, amazed; **estar de acuerdo** to be in agreement; **estar en erupción** to be erupting; **estar de vacaciones** to be on vacation; **estar dispuesto (a)** to be ready (to); **estar para** + *inf.* to be about to (*do something*); **sala de estar** living room
estatura stature, height
este/a *adj.* this; **esta noche** tonight; **este año** this year
éste/a *pron.* this (one)
estereotipado stereotyped
estereotipar to stereotype
estereotípico stereotypical
estereotipo stereotype
estética: cirugía estética cosmetic surgery
estilo style
estimación estimation, valuation
estimar to esteem
estimulante stimulant
estimular to stimulate

esto *neuter pron.* this (stuff)
estrategia strategy
estrechar(se) to shake (oneself); **estrechar(se) la mano** to shake hands
estrecho tight
estrella star
estrellado starry
estrenar(se) to debut, premiere
estreno debut, premiere
estrés *m.* stress
estresante stressful
estricto strict
estructura structure
estudiante *m., f.* student
estudiantil *adj.* student; **residencia estudiantil** dormitory
estudiar to study
estudio study
estudioso *n.* bookworm; *adj.* studious
estupendo wonderful
estúpido stupid
etcétera et cetera
ético ethical
Europa Europe
europeo *n., adj.* European
euskera *m.* Basque (*language*)
evangélico evangelical
evangelizador evangelist
evento event
evidencia evidence
evidente evident
evitar to avoid
evolucionar to evolve
exactitud accuracy, exactness
exacto exact, accurate; correct
exagerar to exaggerate
examen exam, test
examinador examiner
examinar to examine
exceder to exceed
excelente excellent
excepción exception
excesivo excessive
exceso excess
exclusivo exclusive
excursionismo hiking
excusa excuse
exequias *pl.* funeral rites
exhibir to exhibit
exigente demanding
exigir (j) to demand; to require
exiliado *n.* exile (*person*)
existencia existence
existir to exist
éxito success; **tener** (*irreg.*) **éxito** to be successful

exorcizar to exorcize
exótico exotic
expandir to expand
expansión expansion
expectativa expectation
expedición expedition
experiencia experience
experimentación experimentation
experimentar to experience
experimento experiment
experto expert
explicación explanation
explicar to explain
explicativo explanatory
exploración exploration
explotar to exploit
exponer (*like* **poner**) to explain, expound
exportar to export
exposición exposition
expresar to express
expresión expression
éxtasis *f.* ecstasy
extendido extended; spread out, widespread
extenso extensive, vast
externo external
extracto extract
extradición extradition
extranjero *n.* abroad, overseas; *adj.* foreign; **idioma** (*m.*) **extranjero** foreign language
extrañar to miss, long for
extraño strange
extraordinario extraordinary; **hacer** (*irreg.*) **horas extraordinarias** to work overtime
extraterrestre extraterrestrial
extremista *m., f.* extremist
extremo *n., adj.* extreme
extrovertido extroverted, outgoing

F
fábrica factory
fabricación manufacture, production
fabricar to manufacture, make
fácil easy
facilidad facility, ease
facilitar to facilitate, make easier
facultad faculty, power
falda skirt
fallecer (**zc**) to die
falsificación forgery
falsificar to forge
falso false
falta lack

faltar a to miss, not attend
fama reputation; **tener** (*irreg.*) **fama de** to have a reputation for
familia family
familiar *n.* relative; *adj.* familiar; (of the) family
famoso famous
fanatismo fanaticism
fantasma *m.* ghost
fantástico fantastic
farmacéutico *adj.* pharmaceutical
farmacia pharmacy
fascinar to fascinate
fase *f.* phase, stage
fastidiar to bother, annoy
favor favor; **estar** (*irreg.*) **a favor de** to be in favor of; **hacer** (*irreg.*) **el favor** to do a favor; **por favor** please
favorito favorite
fe *f.* faith
fecha date
felicidad happiness
feliz happy; **llevar una vida feliz** to lead a happy life
femenino feminine
feminista *n., adj. m., f.* feminist
fenómeno phenomenon
feo ugly
feroz ferocious
fertil fertile
fertilidad fertility
festejar to celebrate; to wine and dine
festividad festivity
festivo: día (*m.*) **festivo** holiday
fibra fiber
ficticio fictitious
fidelidad fidelity
fiel loyal; faithful
fiesta party; **dar** (*irreg.*) **una fiesta** to have a party
figura figure; shape
fijarse to notice
Filadelfia Philadelphia
filmado filmed
filosofía philosophy; **filosofía y letras** humanities
fin end; purpose; **a fin de que** *conj.* so that; **a fin de que** + *inf.* in order to (*do something*); **al fin y al cabo** after all; at last; **en fin** in short; **fin de semana** weekend; **por fin** finally
final end; **a finales de** at the end of; **al final** at the end
financiar to finance

firma signature
firmar to sign
fiscal prosecuting attorney
física *s.* physics
físico physical
flaco skinny
flautista *m., f.* flautist
flor *f.* flower
florecer (**zc**) to flourish
fluidez fluidity
folleto brochure
fomentar to promote
fondo background; **en el fondo** if the truth be told; **ingresar fondos** to deposit funds; **retirar fondos** to withdraw funds
fonógrafo phonograph, record player
forma form, shape; manner, way
formación training, education; formation
formar to form, shape; **formar parte** to make up
formato format
formular to formulate
formulario form
fortalecer (**zc**) to strengthen
forzar (**ue**) to force
foto *f.* photo; **sacar una foto** to take a photo(graph), picture
fotografía photograph
fracaso failure
fraile friar, monk
francamente frankly
francés *n.* French (*language*); French person; *adj.* French
Francia France
frase *f.* phrase
fraternal: vínculo fraternal fraternal bond
frecuencia frequency; **con frecuencia** frequently
frecuente frequent
frente a faced with; in front of; **hacer** (*irreg.*) **frente a** to face
fresa strawberry
fresco fresh
fricasé: pollo en fricasé chicken fricassee
frigorífico refrigerator
frío *n., adj.* cold; **hacer** (*irreg.*) **frío** to be cold (*weather*); **tener** (*irreg.*) **frío** to be cold
frito fried; **patatas fritas** French fries; **pollo frito** fried chicken
frontera border
frustrado frustrated

fruta fruit

fruto fruit (*as part or name of a plant*); fruit (*product, result*)

fuego fire; **arma** (*f., but* **el arma**) **de fuego** firearm; **fuegos artificiales** fireworks

fuente *f.* fountain; source

fuera *adv.* outside; **por fuera** from the outside

fuerte strong

fuerza force

fumador smoker

fumar to smoke

función function

funcionamiento functioning, operation

funcionar to function

fundar to found

fúnebre *adj.* funeral

furioso furious

fusilar to shoot

fútbol soccer; **fútbol americano** football

futbolista *m., f.* soccer/football player

futuro *n., adj.* future

G

gabinete cabinet

gafas (eye)glasses

galería gallery

gallego Galician (*language*)

galleta cookie; cracker

gallina hen

gallo rooster

galón gallon

gamín street child

gana: dar (*irreg.*) **la gana** to do whatever one feels like doing; **tener** (*irreg.*) **ganas de** + *inf.* to feel like (*doing something*)

ganadería cattle industry

ganado cattle

ganancia earning, profit

ganar to win; to earn

gandul pigeon pea

ganga bargain

garaje garage

garantizar to guarantee

gasolina gasoline

gastar to spend; **gastar una broma** to play a joke

gasto expense

gato cat

gemelo twin

generación generation

general *adj.* general; **en general** in general; **por lo general** in general

generalización generalization

generoso generous

genético genetic; **ingeniería genética** genetic engineering

genio genius

gente *f. s.* people

geografía geography

geográfico geographical

gerencia management

gerente *m., f.* manager

gerundio *gram.* gerund

gestión management

gigante *n., adj.* giant

gimnasia *s.* gymnastics

gimnasio gymnasium

girar to turn

giro tour; **hacer** (*irreg.*) **un giro** to take a tour

glotón glutton

gobernador governor

gobernante *m., f.* ruler

gobierno government

goloso sweet-toothed; greedy (*about food*)

golpe de estado military coup

golpear to hit

gozar to enjoy

grabado recorded; **libro grabado en cinta** book on tape

grabadora recorder

gracia grace; *pl.* thanks; **dar** (*irreg.*) **las gracias** to thank; to give thanks

grado degree

graduarse (me gradúo) to graduate

gráfica graph, diagram

grafología graphology

gramática grammar

gran, grande great; large; big; **no es gran novedad** it's nothing new

grano grain

gratis free

gratitud gratitude

grave serious

gravedad seriousness

gritar to shout

grocería *n.* grocery store

grúa tow truck

grueso thick

grupo group; **grupo de presión** lobbyist

guante glove

guapo handsome

guardar to keep; to set aside; to save

guatemalteco *n.* Guatemalan

guerra war; **guerra civil** civil war

guerrillero guerilla

guía *f.* guidebook; *m., f.* guide (*person*)

guión script

guisado stewed

guitarra guitar

guitarrista *m., f.* guitarist

gustar to be pleasing to

gusto taste; pleasure

H

haber *irreg.* to have (*auxiliary*); **hay** there is; there are

habilidad ability, skill

habitación room

habitante *m., f.* inhabitant

habitar to live, reside

hábito habit

habla: de habla española Spanish-speaking

hablador talkative

hablar to talk, speak

hacelotodo *m., f.* do-it-all

hacer *irreg.* (*p.p.* **hecho**) to do; to make; **desde hace** + *period of time* for + *period of time*; **hace...** *period of time . . . period of time* ago; **hace... años...** years ago; **hace un mes / una hora** one month/hour ago; **hacer bromas** to play jokes; **hacer buen/mal tiempo** to be good/bad weather; **hacer calor/frío/sol** to be hot/cold/sunny (*weather*); **hacer caso (de)** to pay attention (to), take into account; **hacer cola** to be/stand/wait in line; **hacer cumplir** to enforce; **hacer daño** to harm, hurt, injure; **hacer ejercicio** to exercise; **hacer el favor** to do a favor; **hacer frente a** to face; **hacer horas extraordinarias** to work overtime; **hacer la compra** to go shopping; **hacer la maleta** to pack a suitcase; **hacer noticia** to make the news; **hacer referencia a** to refer to; **hacer trampa(s)** to cheat; **hacer travesuras** to play tricks/pranks; **hacer trucos** to play tricks/pranks; **hacer un giro** to take a tour; **hacer un sondeo** to conduct a survey; **hacer una caminata** to go on/for a walk/hike; **hacer una pregunta** to ask a question; **hacerse** to become; to turn into; **hacerse cargo (de)** to take charge (of); **máquina para hacer palomitas de maíz** popcorn popper

hacia toward

hacinado stacked up

hada *f.* (*but* **el hada**) fairy; **hada madrina** fairy godmother

hallazgo finding, discovery

hambre *f.* (*but* **el hambre**) hunger; **tener** (*irreg.*) **hambre** to be hungry

hamburguesa hamburger

hasta *adv.* even; *prep.* until; up to; **hasta luego** see you later; **hasta que** *conj.* until

hecho *n.* fact; **de hecho** in fact; (*p.p. of* **hacer**) done; made; **hecho a mano** handmade

helado ice cream

hemisferio hemisphere

heredero heir

herencia inheritance; heritage

hermana sister

hermano brother; *pl.* siblings; **hermanos políticos** brothers- and sisters-in-law

hermoso beautiful

héroe hero

heroína heroin; heroine

heroinómano heroin addict

heroísmo heroism

herrería blacksmithing

hervido boiled

heterogéneo heterogeneous

hija daughter

hijo son; *pl.* children; **hijo único** only child; **hijos políticos** sons- and daughters-in-law

hipermercado large supermarket, large discount store, hypermarket

hipnotismo hypnotism

hipócrita *m., f.* hypocrite

hipotético hypothetical

hispánico *n., adj.* Hispanic

hispano *n., adj.* Hispanic

Hispanoamérica Hispanic America

hispanoamericano *n., adj.* Latin American

hispanohablante *n. m., f.* Spanish speaker; *adj.* Spanish-speaking

historia history

histórico historical

hogar home

hoguera bonfire

hoja leaf; **hoja de cálculo** spreadsheet; **hoja de papel aparte** separate sheet of paper

holgazanería laziness

hombre man; **hombre de negocios** businessman

hombro shoulder

homicidio homicide

homogéneo homogeneous

homosexualidad homosexuality

hondureño *n.* Honduran

honesto honest

honradez honesty, integrity

honrar to honor

hora hour; time of day; **¿a qué hora?** at what time?; **hace una hora** one hour ago; **hacer** (*irreg.*) **horas extraordinarias** to work overtime; **¿qué hora es?** what time is it?

horario schedule

horno oven; **horno microondas** microwave oven

horrendo horrendous

horrorizar to horrify, terrify

hostil hostile

hotelería hotel industry

hoy today; **hoy (en) día** nowadays

huelga strike

huella track; trace

huérfano orphan

hueso bone

huésped *m., f.* guest

huir (y) to flee

humanidad humanity; **humanidades** humanities

humano *adj.* human; **ser humano** human being

humilde humble

humo smoke

humor mood; humor

huracán hurricane

I

ida: pasaje de ida one-way passage/ticket

idea idea; **cambiar de idea** to change one's mind

idéntico identical

identidad identity; **carnet** (*m.*) **de identidad** I.D. card

identificar to identify

ideología ideology

idioma *m.* language; **idioma extranjero** foreign language

idiomático idiomatic

iglesia church

ignorancia ignorance

ignorante ignorant

igual equal; same; **al igual que** just as; **dar** (*irreg.*) **igual** to be the same to

igualdad equality

ilegal illegal

iluminado enlightened

ilustrar to illustrate

imagen *f.* image; picture

imaginación imagination

imaginario imaginary

imaginarse to imagine

impacientarse to become impatient

impacto impact

impedir (*like* **pedir**) to impede, prevent

imperativo *gram.* imperative

imperfecto *gram.* imperfect

implicar to imply

imponer (*like* **poner**) to impose

importancia importance

importante important

importar to matter; to import

imposible impossible

imposición imposition

imprescindible indispensable

impresión impression

impresionar to impress

impresora printer

imprimir to print

improvisación improvisation

improvisar to improvise

impuesto *n.* tax; (*p.p.* **imponer**) imposed

impulsar to impel, force

impulsivo impulsive

impulso impulse

inadmisible inadmissible

inalámbrico: teléfono inalámbrico cordless telephone

inca *n. m., f.* Inca; *adj.* Incan

incaico *adj.* Incan

incautado confiscate

incendio fire

incitar to incite

inclinación inclination

incluir (y) to include

inclusive including

incluso including

incómodo uncomfortable

incorporar to incorporate

increíble incredible

incriminar to incriminate

incurable incurable; hopeless; irremediable

indeciso indecisive

indefinido indefinite

independencia independence; **Día** (*m.*) **de la Independencia** Independence Day

independiente: cláusula independiente *gram.* independent clause

indeterminado undetermined
indicación indication
indicar to indicate
indicativo *gram.* indicative
índice index; rate
indígena *n. m., f.* native; *adj.* indigenous, native
indio Native American
indirecto: pronombre de complemento indirecto *gram.* indirect object pronoun
individuo *n.* individual
indulto *n.* pardon
industria industry
industrialización industrialization
ineficaz ineffective
inestabilidad instability
inevitable unavoidable
inexacto inexact
infancia infancy
infantil *adj.* children's; **tasa de mortalidad infantil** infant mortality rate
infección infection
infeliz unhappy
inferior lower; inferior
inferioridad inferiority
inferir (ie, i) to infer
infiel *n m., f.* infidel, unbeliever
infinitivo *gram.* infinitive
infinito infinity
inflación inflation
influencia influence
influenciar to influence
influir (y) to influence
información information; **autopista de la información** information highway
informado informed
informal: mandato informal *gram.* informal command
informarse to find out
informe report
infracción infraction; crime
ingeniería engineering; **ingeniería genética** genetic engineering
ingeniero engineer
ingenio ingenuity
ingestión ingestion
Inglaterra England
inglés *n.* English person; English (*language*); *adj.* English
ingrediente ingredient
ingresar (fondos) to deposit (funds)
inhalar to inhale
iniciar to initiate, begin

injusticia injustice
injusto unjust
inmaduro immature
inmediato immediate
inmensamente immensely
inmigración immigration
inmigrante *m., f.* immigrant
immortal immortal
inmunodeficiencia: síndrome de inmunodeficiencia adquirida (SIDA) acquired immune deficiency syndrome (AIDS)
innecesario unnecessary
inocente innocent
inolvidable unforgettable
inquilino tenant, boarder
inquisición inquisition
inquisitivo inquisitive
inscribirse (*p.p.* **inscrito**) to enroll, join
insecto insect
inseguro unsure
insignificante insignificant
insistir (en) to insist (on)
insoportable unbearable, intolerable
inspirar to inspire
instante instant
instigar to instigate
institución institution
instituir (g) to institute
instituto institute
institutriz governess
instrucción instruction
instruirse (y) to be informed
insultante insulting
intachable irreproachable; exemplary
integración integration
integrar(se) to integrate (oneself)
intelectual intellectual
inteligencia intelligence
inteligente intelligent
intención intention
intenso intense
intentar to try, attempt
intento attempt
intercambiar to exchange
intercambio exchange, interchange
interés *m.* interest
interesante interesting
interesar to interest
interiormente internally
internacional international
Internet *m.* Internet; **navegar el Internet** to surf the Internet
interpretar to interpret
intérprete *m., f.* interpreter

interrumpir to interrupt
intervención intervention
intervenir (*like* **venir**) to intervene
íntimo intimate
introducir *irreg.* to introduce
introvertido introverted
intuición intuition
inundación flood
inválido disabled person
invasor invader
inventar to invent
invento invention
inversión investment
invertir (ie, i) to invest
investigación investigation
investigador investigator; **investigador privado** private investigator
investigar to investigate
invierno winter
invitación invitation
invitado guest
invitar to invite
ir *irreg.* to go; **ir a** + *inf.* to be going (*to do something*); **ir a casa** to go home; **ir a clase** to go to class; **ir de compras** to go shopping; **ir de vacaciones** to take a vacation; **irse** to go away; **¡vaya!** *interj.* well!; really!
Irak Iraq
irónico ironic
irresponsable irresponsible
irritar to irritate; **irritarse** to become irritated
isla island; **Islas Canarias** Canary Islands
israelita *m., f.* Israeli
Italia Italy
italiano *n., adj.* Italian
itinerante *adj.* traveling
izquierda *n.* left; **a la izquierda** on/to the left
izquierdista *m., f.* leftist
izquierdo *adj.* left

J

jabón soap
jamaicano *n.* Jamaican
jamaiquino *n.* Jamaican
jamás never
Japón Japan
japonés *m.* Japanese (*language*)
jaquemate checkmate (*chess*)
jardín garden
jardinero gardener
jefe boss, supervisor
jerga slang; jargon

Jesucristo Jesus Christ
jesuita *n., adj. m., f.* Jesuit
jornada workday
joven *n. m., f.* young person, youth; *adj.* young
joya jewel
joyería jewelry making
jubilación retirement
jubilarse to retire
judaísmo Judaism
judeocristiano Judeo-Christian
judío Jewish person
juez *m.* judge
jugador player
jugar (ue) (a) to play
juguete toy
juicio trial
junta board; assembly; **junta militar** military junta
junto a near, next to; **junto con** along with
juntos together
jurado jury
juramentar to swear
justicia justice
justificación justification
justificar to justify
juvenil juvenile
juventud youth
juzgar to judge

K
kayac *m.* kayak
kilómetro kilometer

L
labio lip
labor *f.* labor, work, task
laboral *adj.* pertaining to work
laboratorio laboratory
labrar to plow
laca hair spray
lácteo: producto lácteo dairy product
lado side; **al lado de** next to; **ningún lado** nowhere; **por otro lado** on the other hand; **por un lado** on one hand
ladrar to bark
ladrón thief, robber
lamentar to regret, lament
lana wool
lanzador pitcher (*baseball*)
lápiz *m.* pencil
largo long; **a largo plazo** in the long run; **a lo largo de** throughout
lástima shame, pity

lata (tin) can, tin; **envase de lata** (tin) can
latino *n., adj.* Latino, Latin American
Latinoamérica Latin America
latinoamericano *n., adj.* Latin American
lavabo sink
lavaplatos *m. s., pl.* dishwasher
lavar to wash; **lavar los platos** to wash the dishes; **lavarse** to wash (oneself)
lección lesson
leche *f.* milk
lector reader
leer (y) to read
legalización legalization
legalizar to legalize
legumbre *f.* vegetable
lejano distant, far away
lejos far
lema *m.* slogan
lengua tongue; language
lenguaje language, speech
lentamente slowly
lentes *pl.* (eye)glasses; **lentes de sol** sunglasses
lentilla contact lens
leña firewood
león lion
letra letter (*alphabet*); **filosofía y letras** humanities; **letra (s.) cursiva** italics; **sopa de letras** word-search puzzle
levantar to raise, pick up; **levantarse** to get up; to stand up
ley *f.* law; **violar la ley** to break the law
liberación liberation, freedom
liberar(se) to liberate, free (oneself)
libertad liberty, freedom
libre free; **libre comercio** free trade; **tiempo libre** free time
librería bookstore
libro book; **libro grabado en cinta** book on tape
licencia de conducir driver's license
licenciado person holding a university degree
líder leader
lima file (*tool*)
limitar to limit
límite limit; **límite de velocidad** speed limit
limosna: pedir (i, i) limosna to beg, panhandle
limpiar to clean

limpieza cleanliness
línea line; **en línea** on-line; **línea de conducta** course of action
lingüístico linguistic
lío mess
lista list
listo ready; bright, smart
literatura literature
llamar to call; **llamar a la puerta** to knock at the door; **llamar por teléfono** to call on the telephone; **llamarse** to call oneself, be named
llanta tire; **llanta auxiliar / de repuesto** spare tire; **llanta desinflada** flat tire
llanto crying
llanura prairie
llave *f.* key
llegada arrival
llegar to arrive, reach; **llegar a ser** to become; **llegar a un acuerdo** to reach an agreement
llenar to fill (out)
lleno full
llevar to carry; to wear; to take; **llevar una vida (feliz/difícil)** to lead a (happy/difficult) life; **(no) llevarse bien (con)** to (not) get along (with)
llorar to cry
llover (ue) to rain
lluvia rain
lluvioso rainy
local: red local local area network
loco crazy
locución locution, public speaking
lógico logical
lograr to achieve
Londres London
lotería lottery
lucha fight, struggle
luchar to fight, struggle
luego then, next, later; **hasta luego** see you later
lugar place; **en primer lugar** in the first place; **tener (irreg.) lugar** to take place
lúgubre gloomy
lujo luxury
lujoso luxurious
luminoso: señal (f.) luminosa traffic light, signal
luna moon
luz light; **dar (irreg.) a luz** to give birth; **salir (irreg.) a la luz** to come to light

M

machismo male chauvinism

machista *n. m., f.* male chauvinist; *adj.* male-chauvinistic

madera wood

madrastra stepmother

madre *f.* mother; **Día** (*m.*) **de la Madre** Mother's Day; **madre patria** mother country; **madre soltera** single mother

madrina godmother; **hada** (*f., but* **el hada**) **madrina** fairy godmother

madrugada dawn

madurez maturity; adulthood

maestría master's degree

maestro teacher; **maestro particular** tutor

magia magic

magnífico magnificent

maíz *m.* corn; **máquina para hacer palomitas de maíz** popcorn popper; **palomitas de maíz** *pl.* popcorn

mal *adv.* badly; **caer** (*irreg.*) **mal** to strike (one) badly, make a bad impression; **hacer** (*irreg.*) **mal tiempo** to be bad weather; **mal educado** ill-mannered, poorly educated; **portarse mal** to misbehave

mal, malo *adj.* bad; sick

malcriado ill-mannered

maleducado *n.* ill-mannered person; *adj.* ill-mannered

maleta suitcase; **hacer la maleta** to pack a suitcase

maletín small case, bag

malévolo evil

malgastar to waste, misspend

malhablado foulmouthed

maligno evil

mamá mother, mom

mancha stain

manchar(se) to stain (oneself)

mandamiento commandment

mandar to order, command; to send

mandato command, order; **mandato informal** *gram.* informal command

manejar to drive; to handle; to manage

manera way, manner; **de manera que** *conj.* so that

manifestación demonstration, protest, rally

manifestar (ie) to demonstrate, show, express

manipular to manipulate

mano *f.* hand; **a mano** by hand; **de segunda mano** secondhand; **estrechar(se) la mano** to shake hands; **hecho a mano** handmade; **mano de obra** workforce; **pedir la mano** to propose

manso tame; docile

mantener (*like* **tener**) to maintain

mantenimiento maintenance

manual: trabajo manual manual labor

manuscrito manuscript

mañana morning; tomorrow; **cada mañana** every morning; **por la mañana** in the morning

mapa *m.* map

maquillarse to put on makeup

máquina machine; **máquina de escribir** typewriter; **máquina para hacer palomitas de maíz** popcorn popper

mar *m., f.* sea; **dar** (*irreg.*) **al mar** to face the sea; **en alta mar** on the high seas

maratón marathon

maravilla wonder

maravilloso wonderful, marvelous

marca brand

marcar to mark; to dial (*a telephone*)

marcharse to leave, go away

marginado marginalized

marido husband

marihuana marijuana

marinero sailor

martillo hammer

más more; **cada vez más** more and more; **el más allá** the hereafter; **más que nada** more than anything; **más tarde** later

masacre massacre

masaje massage

masculino masculine; **sastrería masculina** tailor's trade

masticar to chew

matar to kill; **matar a puñaladas** to stab to death

matemáticas *pl.* mathematics

materia subject (*school*); **materia prima** raw material

materialista *n. m., f.* materialist

matrícula tuition

matricularse to enroll

matrimonio matrimony; married couple

máximo maximum

maya *adj. m., f.* Mayan

mayor *n.* elder; *adj.* older, eldest; greater, greatest; **la mayor parte** most, the majority

mayoría *n.* majority

mayorista *m., f.* wholesaler

mayoritario *adj.* majority

mecánica mechanics

mecánico mechanic

mecanismo mechanism

media average, mean

mediano medium

medianoche *f.* midnight

medicamento medicine (*drug*)

medicina medicine (*practice; drug*)

médico *n.* doctor; *adj.* medical; **asistencia médica** health benefits; **receta médica** prescription

medida measure, means; **a la medida** in accordance with; **a medida que** as, at the same time as

medio *n.* middle; half; means; environment, milieu; *adj.* average; half; middle, mid; **clase** (*f.*) **media** middle class; **Edad Media** Middle Ages; **medio ambiente** environment; **medios de comunicación** media; **Oriente Medio** Middle East

mediodía *m.* noon

medir (i, i) to measure

mejilla cheek

mejor better, best

mejorar to improve

melancolía melancholy

memoria memory; **aprender de memoria** to memorize; **saber** (*irreg.*) **de memoria** to know by heart

mencionar to mention

menonita *n. m., f.* Mennonite

menor *n.* minor; *adj.* smaller, smallest; younger, youngest

menos less, lesser, least; *conj.* **a menos que** unless; **echar de menos** to miss; **ni mucho menos** not by any means; **por lo menos** at least

menospreciar to underestimate

mensaje message

mensajero messenger

mensual monthly

mente *f.* mind

mentir (ie, i) to lie

mentira lie

mentiroso lying, deceitful

menudo: a menudo often

mercado market

mercantil: contabilidad mercantil mercantile bookkeeping

mercantilismo mercantilism, commercialism

merecer (zc) to deserve

mérito merit

mes month; **cada mes** every month; **hace un mes** one month ago; **mes pasado** last month

mesa table; **poner** (*irreg.*) **la mesa** to set the table

mesero waiter

meta goal, aim

metafórico metaphorical

metálico metal

meterse to get into, enter

método method

metro meter

metrópolis metropolis

mexicano *n., adj.* Mexican

México Mexico

mezcla mixture

mezquita mosque

microondas: horno microondas microwave oven

miedo fear; **tener** (*irreg.*) **miedo** to be afraid

miembro member

mientras *adv.* meanwhile; **mientras que** *conj.* while, as long as

migratorio migratory, migrating

milagro miracle

milanesa chicken-fried steak

milicia militia

militar *n.* career military person; *adj.* military; **junta militar** military junta

milla mile

millonario millionaire

mimar to indulge, spoil (*a person*)

mina mine

minero miner

minidiálogo minidialogue

mínimo minimum

ministerio ministry

ministro minister

minoría *n.* minority

minoritario *adj.* minority

minuta *breaded cutlet of fish, fowl, or meat*

minuto minute

miopía nearsightedness

mirar to watch; to look (at)

misionero missionary

mismo self; same; **ahora mismo** right now; **al mismo tiempo** at the same time; **lo mismo** the same thing

misterioso mysterious

mitad *n.* half

mito myth

mochila backpack

moda fashion; style

modales *pl.* manners

modelo model

moderado moderate

modernización modernization

modernizar to modernize

moderno modern; **lo moderno** modern things

módico reasonable, moderate

modificación modification

modificar to modify

modistería ladies' dress wear

modo way, manner; *gram.* mood; **de modo que** *conj.* so that

mojado wet

mojar(se) to get wet

molde mold

moler (ue) to grind

molestar to bother, annoy

molestia annoyance

molesto annoyed

momento moment

monetario monetary

monja nun

monje monk

mono monkey

monótono monotonous

monstruo monster

montanismo mountain climbing

montañero mountaineer, climber

montar to ride

morado purple

moreno dark-skinned

morir (ue, u) (*p.p.* **muerto**) to die

mortalidad mortality; **tasa de mortalidad infantil** infant mortality rate

mostrar (ue) to show

motivación motivation

motivar(se) to motivate; to provide a reason for

motivo motive

moto(cicleta) *f.* motorcycle

mover(se) (ue) to move (*an object or body part*)

móvil mobile

movimiento movement

muchacha girl

muchacho boy

muchedumbre *f.* crowd, multitude

mucho much, a lot; **muchas veces** often, frequently; **ni mucho menos** not by any means

mudarse to move (*residence*)

mueble piece of furniture

muerte *f.* death; **pena de muerte** death penalty

muerto *n.* dead person; *adj.* (*p.p. of* **morir**) dead; **Día** (*m.*) **de los Muertos** All Souls' Day; Day of the Dead

muestra sample

mujer *f.* woman; **mujer bombero** (female) firefighter; **mujer de negocios** businesswoman; **mujer policía** (female) police officer; **mujer soldado** (female) soldier

mulo mule

multa fine; **poner** (*irreg.*) **una multa** to (give a) fine

multinacional multinational

múltiple multiple

mundial *adj.* world, worldwide

municipio municipality

muñeca doll

muralismo muralism

muralista *m., f.* muralist

muralla wall

museo museum

música music

musicalizar to add music to

músico musician

musulmán *n., adj.* Muslim

mutuo mutual

muy very

N

nacer (zc) to be born

nacido: recién nacido newborn

naciente growing, emerging

nacimiento birth

nación nation

nacional national

nacionalidad nationality

nacionalizado naturalized

nada nothing; **más que nada** more than anything

nadie no one

náhuatl Nahuatl (*indigenous language of the Aztecs*)

naranja orange

narcóticos *pl.* narcotics

nariz nose

narración narration

narrador narrator

narrar to narrate

natal *adj.* native; pertaining to birth

natalidad: control de natalidad birth control

nativo *adj.* native

natural: calamidad natural natural disaster; **recurso natural** natural resource

naturaleza nature

naturismo natural energy, healing

navegar to navigate; **navegar el Internet** to surf the Internet

Navidad Christmas

necesario necessary

necesidad necessity; **tener** (*irreg.*) **necesidad** to have a need

necesitar to need

negar (ie) to deny; **negarse a** + *inf.* to refuse to (*do something*)

negativo negative

negociación negotiation

negociante *m., f.* negotiator

negociar to negotiate

negocio business; **hombre de negocios** businessman; **mujer** (*f.*) **de negocios** businesswoman

negro black; **tener** (*irreg.*) **el pelo negro** to have black hair

neolítico Neolithic

neoyorquino New Yorker

nerviosidad nervousness

nervioso nervous

neutro neutral

nevada snowfall

ni nor; **ni... ni...** neither . . . nor . . . ; **ni mucho menos** not by any means; **ni siquiera** not even

nicaragüense *n.* Nicaraguan

nicotina nicotine

nieta granddaughter

nieto grandson; *pl.* grandchildren

nieve *f.* snow

Nilo Nile

ningún, ninguno none, no; **ningún lado** nowhere

niña little girl

niñero babysitter

niñez childhood

niño little boy; *pl.* children; **de niño** as a child

nivel level; standard

noche *f.* night; **cada noche** every evening/night; **esta noche** tonight; **por la noche** in the evening, at night

Noel: Papá Noel Santa Claus

nombrar to name

nombre name; **nombre de pila** first name

noreste northeast

norma rule

noroeste northwest

norte north

Norteamérica North America

norteamericano *n., adj.* North American

nota grade

notar to notice, note

notario notary public

noticia (piece of) news; **hacer** (*irreg.*) **noticia** to make the news

notorio notorious

novedad: no es gran novedad it's nothing new

novela novel

novia girlfriend; fiancée; bride

noviazgo courtship; engagement

novio boyfriend; fiancé; bridegroom; *pl.* (engaged) couple; bride and groom

nuera daughter-in-law

Nueva York New York

nuevo new; **de nuevo** again; **Nuevo Testamento** New Testament

número number

numeroso numerous

nunca never, not ever

nutrición nutrition

nutriente nutrient, nourishment

O

o or

oaxaqueño person from Oaxaca

obedecer (zc) to obey

obediencia obedience

obediente obedient

obesidad obesity

objetivo objective

objeto object

obligación obligation

obligar (a) to oblige, force

obligatorio compulsory

obra work; **mano** (*f.*) **de obra** workforce

obrero worker

observación observation

observador observant

observar to observe

obsesión obsession

obstáculo obstacle

obtener (*like* **tener**) to obtain

obvio obvious

ocasión occasion

océano ocean; **Océano Atlántico** Atlantic Ocean; **Océano Pacífico** Pacific Ocean

ocio leisure time, relaxation

ocultar to hide

ocupación occupation

ocupar to occupy

ocurrencia occurrence

ocurrir to occur

odiar to hate

odio hatred

oeste west

ofender to offend; **ofenderse** to get one's feelings hurt, be offended

oferta offer

oficial official

oficina office (*general*)

oficinista *m., f.* office clerk

oficio trade, occupation

ofrecer (zc) to offer

oír *irreg.* to hear; **¡oye!** *interj.* hey!, listen!

ojalá I wish that; I hope that

ojo eye; **¡ojo!** *interj.* watch out!

oleada wave

oler *irreg.* to smell

olfato sense of smell

olla pot

olvidar(se) (de) to forget (about)

ombligo navel; **curar el ombligo** to tie off the umbilical cord at birth

omitir to omit

opción option

operación operation

opinar to think, have an opinion

opinión opinion; **cambiar de opinión** to change one's mind

oponerse a (*like* **poner**) to be opposed to

oportunidad opportunity

opositor *n.* opponent; *adj.* opposing

optimista *n. m., f.* optimist; *adj.* optimistic

opuesto (*p.p. of* **oponer**) opposite

oración sentence; prayer

oratoria public speaking

orden *m.* order; arrangement; **a sus órdenes** at your service

ordenación arrangement, putting in order

ordenador computer

ordenar to order; to arrange

organismo organism

organización organization

organizar to organize

órgano organ (*of the body*)

orgullo pride

orgulloso proud

orientación orientation; direction

orientado (a) directed (at)

oriente east; **Oriente Medio** Middle East

origen origin

originalidad originality

originario originating

originarse to originate

orillar to skirt, go around the edge of

oro gold

ortografía spelling

oscuro dark

oso bear

otoño autumn, fall

otorgar to grant, award

otro another; other; **el uno al otro** one another; **otra vez** again; **por otra parte** on the other hand; **por otro lado** on the other hand

oxigenado oxygenated

P

paciencia patience

paciente *n. m., f.* patient; *adj.* patient

Pacífico: Océano Pacífico Pacific Ocean

pacifista *n. m., f.* pacifist

padre *m.* father; *pl.* parents; **Día** (*m.*) **del Padre** Father's Day

paella *rice dish with meat, fish, or seafood and vegetables*

pagano *n.* pagan

pagar (gu) to pay; **pagar a plazos** to pay in installments; **pagar en efectivo** to pay in cash; **pagar la cuenta** to pay the bill

página page; **página Web** webpage

país *m.* country

pájaro bird

palabra word

palacio palace

palmada: darse (*irreg.*) **palmadas en la espalda** to pat on the back

paloma dove; pigeon

palomitas (*pl.*) **de maíz** popcorn; **máquina para hacer palomitas de maíz** popcorn popper

palustre *m.* trowel

pan *m.* bread; **pan de avena** oatmeal bread; **ser** (*irreg.*) **pan comido** to be a piece of cake

panameño/a *n., adj.* Panamanian

pancarta placard

pantalla screen

pantalón *m. s., pl.* pants

pañal *m.* diaper

pañuelo handkerchief

papa *m.* Pope; *f.* potato

papá *m.* dad, father; **Papá Noel** Santa Claus

papel *m.* paper; role; **desempeñar un papel** to play (fulfill) a role; **hoja de papel aparte** separate sheet of paper

papelina *coll.* hit, fix (*drugs*)

paquete *m.* package

par *m.* pair; **un par de** a pair of

para for; in order to; toward; by; **estar** (*irreg.*) **para + inf.** to be about to (*do something*); **para que** *conj.* so that; **para siempre** forever

parabólica: antena parabólica satellite TV

paraguas *m. s., pl.* umbrella

paraguayo *n.* Paraguayan

paraíso paradise

paramilitar *adj.* paramilitary

parapsicología parapsychology

parar to stop, halt

parcial partial; **tiempo parcial** part-time

parecer *n.* opinion; **a mi parecer** in my opinion

parecer (zc) to seem, appear; **parecerse a** to look like, resemble

pared wall

pareja pair; couple; partner

paréntesis *s., pl.* parenthesis

pariente relative (*family*)

parque park

parqueadero parking (*lot*)

parquear to park

párrafo paragraph

parricidio patricide

parrilla *grilled meats*

parroquial parochial, pertaining to the parish

parte *f.* part; **en parte** in part; **en/por todas partes** everywhere; **formar parte** to make up; **la mayor parte** most, the majority; **por otra parte** on the other hand; **por una parte** on one hand

participación participation

participante *m., f.* participant

participar to participate

participio *gram.* participle

particular particular; private; **maestro particular** tutor

particularmente individually

partida: punto de partida starting point

partir to leave, depart; **a partir de** as of, starting from

pasa raisin

pasado *n.* past; *adj.* past, last; **año/mes pasado** last year/month; **semana pasada** last week

pasaje passage; **pasaje de ida** one-way passage/ticket

pasaporte passport

pasar to pass; to spend (*time*); to happen; **pasarlo bien** to have a good time

pasatiempo pastime, hobby

Pascuas *pl.* Easter

pasear to take a walk; to take a ride

paseo walk; ride; **sacar de paseo** to take for a walk/ride; **salir de paseo** to go on a walk; to take a ride

pasillo hallway

pasivo passive

paso step

pastel pastry

pastilla pill

pastor shepherd

pata paw

patata potato; **patatas fritas** French fries

patear to kick

paterno paternal

patinar to skate

patria country; native land; **madre** (*f.*) **patria** mother country

patriótico patriotic

patrocinar to sponsor

patrón boss; **santo patrono** patron saint

pausa pause, break

pauta standard, guide

payaso clown

paz peace; **dejar en paz** to leave alone

pedalear to pedal

pedazo piece

pedir (i, i) to ask for; **pedir consejos** to ask for advice; **pedir disculpas** to apologize; **pedir la mano** to propose; **pedir limosna** to beg, panhandle; **pedir prestado** to borrow; **pedir un préstamo** to ask for a loan

pegar to stick

pegatina sticker

peinado hairstyle

peinarse to comb one's hair

pelear(se) to fight

película movie; **ver** (*irreg.*) **una película** to watch a movie

peligro danger

peligrosidad dangerousness

peligroso dangerous

pelo hair; **secador de pelo** hair dryer; **tener** (*irreg.*) **el pelo negro/rojo/rubio** to have black/red/blond hair

pelota ball; **rebotar la pelota** to bounce the ball

peluquería hair salon

pena penalty; sentence (*jail*); **pena capital** capital punishment; **pena de muerte** death penalty

penales: antecedentes penales criminal record

penicilina penicillin

pensamiento thought

pensar (ie) to think; **pensar + inf.** to plan to (*do something*); **pensar de** to think of (*opinion*); **pensar en** to think about, focus on

peor worse, worst

pequeño small

percepción perception

perder (ie) to lose; to miss (*an opportunity, deadline, mode of transportation*); **perder tiempo** to waste time; **perder el trabajo** to lose one's job; **perderse** to get lost

pérdida loss; waste (*of time*)

perdonar to forgive, excuse

perezoso lazy

perfeccionar to perfect

perfecto perfect

periódicamente periodically

periódico newspaper

periodista *m., f.* journalist

período period (*time*)

perito expert

perjudicar to harm

perjudicial damaging, harmful

permanecer (zc) to remain, stay

permitir to allow

pero but

perpetuo: cadena perpetua life imprisonment

perro dog

persecución persecution

perseguido pursued

personaje character (*in fiction*); personality; personage

personalidad personality

persuadir to persuade

pertenecer (zc) to belong

Perú *m.* Peru

peruano *n.* Peruvian

pesado heavy; dull, uninteresting; **broma pesada** practical joke

pesar to weigh; **a pesar de** despite, in spite of

pescado fish (*to eat*)

pesimismo pessimism

pesimista *m., f.* pessimist; *adj.* pessimistic

peso weight; *monetary unit of Mexico;* **bajar de peso** to lose weight; **subir de peso** to gain weight

petición *f.* petition

pez *m.* fish

pianista *m., f.* pianist

picadillo hash

pie foot; **a pie** on foot; **a pie de** at the bottom of

piel *f.* skin

pierna leg

pieza piece; **traje de tres piezas** three-piece suit

pijama *m. s.* pajamas

pila battery; **nombre de pila** first name

pila: nombre de pila first name

Pilato: Poncio Pilato Pontius Pilate

píldora pill

pintar to paint; **pintarse** to put on makeup

pintor painter

pintura paint

pipa pipe

pirata *m., f.* pirate

piscina swimming pool

piso floor

pista trail; clue

pistola pistol, gun

pizarra chalkboard

pizzería pizza parlor

placa plaque

plagiar to plagiarize

plagio plagiarism

planchar to iron

planear to plan

planeta *m.* planet

planta plant

plantación plantation

plantado: dejar plantado a to stand someone up

plantear to expound, set forth

plástico plastic; **cirugía plástica** plastic surgery

plata silver

platillo volador/volante flying saucer

plato plate; dish; **lavar los platos** to wash the dishes

playa beach

plazo: a largo plazo in the long run; **pagar a plazos** to pay in installments

pleno full

pluscuamperfecto *gram.* pluperfect, past perfect

población population

pobre *n. m., f.* poor person; *adj.* poor

pobreza poverty

poco *n.* a little bit; *adj., adv.* little, few

poder *n.* power

poder *irreg.* to be able to, can; **poder + inf.** to be able to + *inf.*

poderoso powerful

poema *m.* poem

poeta *m., f.* poet

polémica *n.* debate, controversy

polémico *adj.* controversial

policía *f.* police (force); *m.* police officer; **mujer** (*f.*) **policía** (female) police officer

poliéster polyester

polígono handball court

política *s.* politics; policy

político *n.* politician; *adj.* political; **hermanos políticos** brothers- and sisters-in-law; **hijos políticos** sons- and daughters-in-law

pollo chicken; **asopao de pollo** *a spicy, brothy soup from Puerto Rico, composed mainly of rice and chicken;* **pollo en fricasé** chicken fricassee; **pollo frito** fried chicken

Poncio Pilato Pontius Pilate

poner *irreg.* (*p.p.* **puesto**) to put; **poner énfasis** to emphasize; **poner la mesa** to set the table; **poner una multa** to (give a) fine; **ponerse** to put on (*clothing*); to become; **ponerse al día** to bring oneself up to date; **ponerse colorado** to blush; **ponerse de acuerdo** to come to an agreement

por for; because of; by; through; per; **por causa de** because of; **por ciento** percent; **por completo** completely; **por consiguiente** consequently; **por correo electrónico** by e-mail; **por ejemplo** for example; **por eso** for that reason; **por favor** please; **por fin** finally; **por fuera** from the outside; **por la mañana/noche/tarde** in the morning/evening (at night)/afternoon; **por lo general** in general;

por lo menos at least; **por lo tanto** therefore; **por otra parte** on the other hand; **por otro lado** on the other hand; **por primera vez** for the first time; **por teléfono** by telephone; **por todas partes** everywhere; **por un lado** on one hand; **por una parte** on one hand

¿por qué? why?

porcelana porcelain

porcentaje percentage

porque because

portaequipaje trunk

portarse bien/mal to behave/misbehave

portón gate

portugués n. Portuguese (language)

porvenir n. future

poseer irreg. to possess

posesión possession; **toma de posesión** taking over of power

posgrado postgraduate

posibilidad possibility

posible possible

posición position

positivo positive

postal: tarjeta postal postcard

posteriormente after, later

postre dessert

potable: agua potable drinking water

potencial potential

potente potent

práctica practice

practicante m., f. believer, person practicing a religion

practicar to practice

práctico practical

precaución precaution

preceder to precede

precio price

preciso precise

precolombino pre-Columbian

preconcebido preconceived

predecir (like **decir**) to predict

predicador de barricada soapbox orator; soapbox preacher

predicar to preach

predicción prediction

predominar to prevail, predominate

predominio predominance

preescolar pre-school

preferencia preference

preferible preferable

preferir (ie, i) to prefer

pregunta question; **hacer** (irreg.) **una pregunta** to ask a question

preguntar to ask (a question)

prehistórico prehistoric

prejuicio prejudice

premio prize, award

prenda garment

prensa press

preocupación worry, concern

preocupado worried

preocupar(se) to worry

preparación preparation

preparar to prepare; **prepararse** to get ready, prepare oneself

preposición preposition

prescindir to do without

presencia presence

presenciar to witness

presentación presentation

presentar to present, introduce

presente n., adj. present (time)

presidencial presidential

presidente president

presidir to preside

presión pressure; **grupo de presión** lobbyist

prestado: pedir (i, i) prestado to borrow; **tomar prestado** to borrow

préstamo loan; **pedir (i, i) un préstamo** to ask for a loan

prestar to loan; **prestar atención** to pay attention

prestigio prestige

prestigioso prestigious

presupuesto budget

pretérito gram. preterite

prevalecer (zc) to prevail

prevención prevention

prevenir (like **venir**) to prevent

primario: bosque primario old-growth forest; **escuela primaria** elementary school

primavera spring

primer, primero first; **en primer lugar** in the first place; **por primera vez** for the first time; **primer día** first day

primicia early results, news

prima: materia prima raw material

primo cousin

princesa princess

principal main

príncipe prince

principio beginning; **a principios de** at the beginning of; **al principio** at first, in the beginning

prisa: tener (irreg.) **prisa** to be in a hurry

privado private; **investigador privado** private investigator

privilegio privilege

probar (ue) to try; to test; to taste; **probarse** to try on

problema m. problem

problemático problematic

procesador de texto word processor

procesión procession

proceso process

proclamar to proclaim

producción production

producir (zc) to produce

productivo productive

producto product; **producto desechable** disposable product; **producto lácteo** dairy product

profesión profession

profesional professional

profesor professor

profundidad depth

profundo deep

programa m. program

programación programming

programador programmer

progresar to progress

progresivo progressive

progreso progress

prohibir (prohíbo) to prohibit, outlaw

promedio average

promesa promise

prometedor promising, hopeful

prometer to promise

promover (ue) to promote

pronombre gram. pronoun; **pronombre de complemento directo/indirecto** direct/indirect object pronoun

pronominal: complemento pronominal gram. object pronoun

pronto soon; **de pronto** suddenly; **tan pronto como** as soon as

propaganda comercial advertisement

propiedad property

propina tip

propio one's own; appropriate

proponente m., f. supporter

proponer (like **poner**) to propose

proporcionar to provide

propósito purpose; end; goal; **a propósito** by the way

prosperar to prosper

próspero prosperous

prostituta prostitute

protagonista m., f. protagonist

protección protection
proteger (j) to protect
protesta protest
protestante *n., adj. m., f.* Protestant
protestantismo Protestantism
protestar to protest
provincia province
provisión provision
provocar to provoke
próximo next
proyecto project
prudente prudent
publicación publication
publicar to publish
publicidad publicity
publicitario *adj.* advertising, publicity
público *n., adj.* public
pueblo town
puerta door; **llamar a la puerta** to knock at the door
puertorriqueño *n., adj.* Puerto Rican
puesto job, position; (*p.p. of* **poner**) placed; put; set; **puesto que** *conj.* since, given that
pulir to polish
pulmón lung
pulpo octopus
puntaje score
puntiagudo pointy
punto point; **punto de partida** starting point; **punto de referencia** point of reference; **punto de vista** point of view
puntuación punctuation
puntual punctual
puñalada: matar a puñaladas to stab to death
puro pure

Q

quechua Quechua (*language*)
quedar to be left; to have left; to fit (*clothing*); **quedarse** to stay, remain
quehacer household chore
queja complaint
quejarse (de) to complain (about)
quemar to burn
querer *irreg.* to want; to love; **no querer** (*preterite*) to refuse; **querer decir** to mean
queso cheese
quiebra bankruptcy
quien(es) who, whom
¿quién(es)? who? whom?
quieto still, calm

química chemistry
químico *n.* chemist; *adj.* chemical
quirúrgico surgical
quitar to remove, take away; **quitarse** to take off (*clothing*)
quizá(s) perhaps

R

rabino rabbi
racional rational
racket: cancha de racket racquetball court
radicado established
radicalmente radically
radio *m.* radio (*instrument, set*); radium; *f.* radio (*medium*)
raíz root
rana frog
rancho ranch
rápido *adj.* fast, rapid; *adv.* quickly, rapidly
raqueta racket
raro strange, odd, rare
rasgo trait, feature
rastreo tacking
rato brief period of time
ratón mouse
rayo ray
raza race (*ethnic*)
razón *f.* reason
razonamiento reasoning
reacción reaction
reaccionar to react
real real; royal
realidad reality
realista *m., f.* realistic
realización accomplishment, carrying out
realizar to accomplish, carry out; **realizarse** to be realized/completed
rebelión rebellion
rebotar to bounce; **rebotar la pelota** to bounce the ball
recado note, message
recámara bedroom
recepcionista *m., f.* receptionist
receptivo receptive
receta médica prescription
rechazar to reject
recibir to receive
reciclaje recycling
reciclar to recycle
recién + *p.p.* recently, newly + *p.p.*; **recién nacido** newborn
reciente recent
recíproco reciprocal

recluta *m., f.* recruit
recoger (*like* **coger**) to pick up; to collect, gather
recolección harvest
recomendación recommendation
recomendar (ie) to recommend
reconocer (*like* **conocer**) to recognize
reconstrucción reconstruction
recopilar to compile
recordar (ue) to remember
recorrido route
recorte newspaper clipping
recreativo recreational
rector president (*of a university*)
recuerdo memory, souvenir
recuperar to recuperate
recurrir to turn, appeal to
recurso resource; **recurso natural** natural resource
red *f.* net(work); **red local** local area network; **trabajar en red** to be networked
redactar to edit
reducir *irreg.* to reduce
reemplazado replaced
reencarnación reincarnation
referencia reference; **hacer** (*irreg.*) **referencia a** to refer to; **punto de referencia** point of reference
referirse (ie, i) (a) to refer (to)
refinado refined
reflejar to reflect
reflexivo reflexive
reformular to reformulate
reforzar (*like* **forzar**) to reinforce
refresco refreshment
refrigerador refrigerator
refugiado refugee
regalar to give (*a gift*)
regalo gift; **dar** (*irreg.*) **regalos** to give gifts
régimen special diet
región region
registro register
regla rule
reglamento regulation
regresar to return
regular to regulate
regularidad regularity
rehuir (y) to avoid
reír(se) (í, i) to laugh
relación relation
relacionado (con) related (to)
relacionar to relate, connect
relajar(se) to relax

relativo *adj.* relative
relevante relevant
religión religion
religioso religious
reloj *m.* clock; watch; **reloj despertador** alarm clock
relojería watch making, clock making
remedio solution
remontarse to go back (*in time*)
remoto distant, remote
Renacimiento Renaissance
rendir (i, i) culto to worship
rentabilidad profitability
renunciar (a) to quit
reparación repair
reparar to repair
repartir to distribute, divide up
repasar to review
repaso review
repente: de repente suddenly
repercusión repercussion
repetición repetition
repetir (i, i) to repeat
reportar to report
reporte report
reportero reporter
reposo repose, rest
representante *n. m., f.* representative
representar to represent
representativo *adj.* representative
represión repression
reproducirse (zc) to reproduce
república republic; **República Dominicana** Dominican Republic
repuesto: llanta de repuesto spare tire
requerir (*like* **querer**) to require
requeterrico very, very rich
requisito requirement
res: carne (*f.*) **de res** beef
resaca hangover
reservar to reserve
resfriado common cold
residencia residence; **residencia estudiantil** dormitory
residencial residential
residente *m., f.* resident
resistencia resistance
resolución resolution
resolver (ue) to resolve
respectivamente respectively
respecto: al respecto in regard to the matter; **con respecto a** with respect to, with regard to
respetar to respect
respeto respect
respirar to breathe

responder to respond
responsabilidad responsibility
responsable responsible
respuesta answer
restaurante restaurant
resto rest
restricción restriction
resultado result
resultante resulting
resultar to turn out
resumen summary
retener (*like* **tener**) to retain
retirar (fondos) to withdraw (funds)
retoño child, kid (*fig.*)
retornar to return, go back
retraso delay
retrato portrait
reunión meeting; reunion
reunir (reúno) to unite; assemble; **reunirse** to meet, get together
revelar to reveal
revista magazine
revocar to revoke
revolución revolution
revolucionario revolutionary
rey *m.* king
rezar to pray
rico rich; delicious
ridiculizar to ridicule, make fun of
ridículo ridiculous
riesgo risk; **bajo riesgo** at risk; **tomar riesgos** to take risks
rincón corner
riña quarrel, dispute
río river
riqueza wealth, riches
ritmo rhythm
rival *n. m., f.* rival
rivalidad rivalry
robar to rob, steal
robo theft, robbery
rodear to surround
rodilla knee
rojo red; **Caperucita Roja** Little Red Riding Hood; **tener** (*irreg.*) **el pelo rojo** to have red hair
romántico romantic
romería pilgrimage
romero pilgrim
romper (*p.p.* **roto**) to break; to tear
ropa clothing; **ropa vieja** *braised shredded beef*
roquero rock musician
rosbif *m.* roast beef
rubio blond; **tener** (*irreg.*) **el pelo rubio** to have blond hair

rueda wheel
ruido noise
ruidoso noisy
ruina ruin
rumano Rumanian (*language*)
rumbo a on the way to
rural rural; **despoblación rural** movement away from the countryside
ruso *n., adj.* Russian
ruta route
rutina routine

S

S.A. *abbrev. of* **sociedad anónima** corporation (Inc.)
sabelotodo *m., f.* know-it-all
saber *irreg.* to know; (*preterite*) to find out; **saber** + *inf.* to know how to (*do something*); **saber de memoria** to know by heart
sabiduría wisdom, knowledge
sabio wise
sabor flavor, taste
saborear to taste
sabroso delicious
sacar to take out; to obtain, get; **sacar de paseo** to take for a walk/ride; **sacar de una apura** to get out of a pinch; **sacar la basura** to take out the trash; **sacar una foto** to take a photo(graph), picture
sacarosa sucrose
sacerdote priest
sacramento: Santo Sacramento Holy Sacrament
sacrificar to sacrifice
sacrificio sacrifice
sagrado sacred
sala room; **sala de belleza** beauty parlor/salon; **sala de espera** waiting room; **sala de estar** living room
salario salary
salida exit
saliente outgoing, exiting
salir *irreg.* to leave, go out; **salir a la luz** to come to light; **salir de paseo** to go on a walk; to take a ride
salón room, salon, reception room; **salón de billar** billiards/pool hall
saltar to jump
salud health
saludable healthy
saludar to greet
salvación salvation
salvadoreño *n.* Salvadoran
salvaje savage

salvar to save
salvavidas *m., f. s., pl.* lifeguard (*person*)
sandalia sandal
sándwich *m.* sandwich
sangre *f.* blood
sanidad sanitation
sano healthy
santería *a class of religious rites or practices originating from West Africa, a form of voodoo*
santidad: Su Santidad His Holiness
santo *n.* saint; **Día** (*m.*) **de Todos los Santos** All Saints' Day; **santo patrono** patron saint; **Santo Sacramento** Holy Sacrament; **Semana Santa** Holy Week; **Tierra Santa** Holy Land
saqueo sacking, pillaging
sargento sergeant
sastrería masculina tailor's trade
satisfacción satisfaction
satisfecho (*p.p. of* **satisfacer**) satisfied
saturado saturated
secador de pelo hair dryer
secar(se) to dry
sección section
secretariado secretaryship; **secretariado comercial** commercial secretaryship
secretario secretary
secreto secret; **agente** (*m., f.*) **secreto** secret agent
secta sect
secuencia sequence
secuestrar to kidnap
secundario: escuela secundaria middle/high school
sedentario sedentary
segmento segment
seguidamente immediately, forthwith
seguir (i, i) to follow
según according to
segundo second; **de segunda mano** secondhand
seguridad security; **cinturón de seguridad** seatbelt
seguro *n.* insurance; *adj.* sure
selección selection, choice
selva jungle; **Selva Amazónica** Amazon Forest/Jungle
semáforo traffic light
semana week; **cada semana** every week; **fin de semana** weekend; **semana pasada** last week; **semana que viene** next week; **Semana Santa** Holy Week

semántico semantic
semejante similar
semejanza similarity
semestre semester
seminario seminarian
senado senate
sensación sensation
sensibilidad sensitivity
sensible sensitive
sentarse (ie) to sit down
sentido sense (*physical*); meaning; **tener** (*irreg.*) **sentido** to make sense
sentimental emotional
sentimiento feeling
sentir (ie, i) to feel (*with nouns*); to regret; **lo siento** I'm sorry; **sentirse** to feel (*with adjectives*)
señal *f.* signal; **señal luminosa** traffic light, signal
señalar to point out
señalización system of signs, signals (*traffic*)
señor (Sr.) Mr.; sir; man
señora (Sra.) Mrs.; ma'am; lady
señorita (Srta.) Miss; young lady
separación separation
separar to separate
sepultura burial; **dar** (*irreg.*) **sepultura** to bury
sequía drought
ser *n.* being; **ser humano** human being
ser *irreg.* to be; **es decir** that is to say; **llegar a ser** to become; **ser pan comido** to be a piece of cake
serio serious
sermón sermon
serpiente *f.* snake
servicio service
servir (i, i) to serve
sesión session
severo severe
sevillano person from Seville
sexismo sexism
sexo sex
si if
sí yes
sicología psychology
sicólogo psychologist
SIDA *m. s.* (*abbrev. for* **síndrome de inmunodeficiencia adquirida**) AIDS (acquired immune deficiency syndrome)
siempre always; **para siempre** forever
siesta nap
sigla acronym; abbreviation

siglo century
significado meaning
significar to mean
significativo significant, meaningful
siguiente following; **al día siguiente** the next day; (on) the following day
silencio silence
silla chair
sillón armchair
simbolizar to symbolize
símbolo symbol
similitud similarity, resemblance
simpático nice
simpatizante sympathizer
simplemente simply
simplista *m., f.* simplistic
simultáneamente simultaneously
sin without; **sin duda** doubtless; **sin embargo** nevertheless, however; **sin que** *conj.* without
sinagoga synagogue
sincero sincere
sincretismo syncretism
sindicalista *m., f.* union leader
sindicato labor union
síndrome de inmunodeficiencia adquirida (SIDA) acquired immune deficiency syndrome (AIDS)
sino but, except, but rather; **sino que** *conj.* but rather
sinónimo synonym
síntesis *f.* synthesis
sintonía theme song
siquiera: ni siquiera not even
sirviente servant
sistema *m.* system
sitio place
situación situation
sobornar to bribe
soborno bribery
sobre over; on; about; regarding
sobredosis *f. s., pl.* overdose
sobrenatural supernatural
sobrenombre nickname
sobrepoblación *f.* overpopulation
sobrevivir to survive
sobrina niece
sobrino nephew; *pl.* nieces and nephews
socialista *m., f.* socialist
socialización socialization
socializar to socialize
sociedad society; **sociedad anónima (S.A.)** corporation (Inc.)
socio partner, associate
socioeconómico socioeconomic

sociólogo sociologist
sofá *m.* couch, sofa
sofisticado sophisticated
sol sun; *unit of currency of Peru;* **hacer** (*irreg.*) **sol** to be sunny; **lentes de sol** sunglasses; **tomar el sol** to sunbathe
solamente only
solar: energía solar solar energy
soldado soldier; **mujer** (*f.*) **soldado** (female) soldier
soler (ue) to be in the habit of
solicitar to apply (*for a job*)
solicitud application
solidaridad solidarity
solo *adj.* alone; only, sole; **a solas** by oneself
sólo *adv.* only
soltero *adj.* single; unmarried; **madre** (*f.*) **soltera** single mother
solución solution
solucionar to solve
sombrero hat
sombrilla parasol
someter to submit; to subdue
sonar (ue) to ring
sondeo survey; **hacer** (*irreg.*) **un sondeo** to conduct a survey
sonreír (*like* **reír**) to smile
sonriente smiling
soñar (ue) (con) to dream (about)
sopa soup; **sopa de letras** word-search puzzle
soportar to tolerate, put up with; to bear, endure
sordo deaf
sorprendente surprising
sorprender to surprise
sorpresa surprise
sosegar (ie) to calm, quiet
sospechoso suspicious
sostener (*like* **tener**) to hold up, support; to maintain
squash: cancha de squash squash court
suave soft
subir to raise; to go up, climb; to take up; **subir de peso** to gain weight
subjuntivo *gram.* subjunctive
subordinado: cláusula subordinada *gram.* subordinate clause
subrayar to underline
suburbio suburb; slum
subversivo subversive
suceder to happen, occur
suceso event, happening

sucio dirty
Sudamérica South America
sudamericano South American
suegra mother-in-law
suegro father-in-law; *pl.* in-laws
sueldo salary
suelo floor, ground
sueño dream; **tener** (*irreg.*) **sueño** to be sleepy
suerte *f.* luck; **tener** (*irreg.*) **suerte** to be lucky
suéter *m.* sweater
suficiente enough, sufficient
sufrimiento suffering
sufrir to suffer; to undergo
sugerencia suggestion
sugerir (ie, i) to suggest
suicidio suicide
suizo *adj.* Swiss
sujeto *n.* subject; *adj.* fastened, secure
sumamente extremely
sumar to add up
suministrar to supply
superar to overcome
superficie *f.* surface
superioridad superiority
superlativo *gram.* superlative
supermercado supermarket
supermoderno very modern
superserio very serious
suponer (*like* **poner**) to suppose, assume
supremo supreme; **Corte Suprema** Supreme Court
supuestamente supposedly
supuesto: por supuesto of course
sur south
suroeste southwest
suspender to fail, flunk; to suspend
sustancia substance
sustantivo *gram.* noun
sustituir (y) to substitute

T

tabaco tobacco; cigarettes
taberna tavern
tabla table, chart
tacaño stingy
taco stud (*construction*)
tacón heel
tal such (a); **con tal (de) que** provided that; **tal como** such as; **tal vez** perhaps, maybe
tala de árboles logging
talco powder, talc
talento talent

taller shop, workshop
tamaño size
también also
tampoco neither, not either
tan so, as; such; **tan... como** as . . . as; **tan pronto como** as soon as
tanto so much; as much; *pl.* so many; as many; **por lo tanto** therefore; **tanto... como** both . . . and . . .
tardar (en) to take (*time*)
tarde *n. f.* afternoon; *adv.* late; **cada tarde** every afternoon; **más tarde** later; **por la tarde** in the afternoon; **tarde o temprano** sooner or later
tarea homework, assignment; task; **tarea doméstica** household chore
tarjeta card; **tarjeta de cajero** ATM card; **tarjeta de crédito** credit card; **tarjeta postal** postcard
tasa rate; **tasa de mortalidad infantil** infant mortality rate
tatuaje tattoo
tatuarse (tatúo) to get a tattoo
taza mug, cup
teatro theater
teclado keyboard
técnica technique
técnico *n.* technician; *adj.* technical
tecnología technology
tecnológico technological
teja tile
tejer to weave
tela cloth, fabric
tele(visión) television (*programming*)
teleadicción addiction to television
teleadicto television addict
telefónico *adj.* telephone
teléfono telephone; **llamar por teléfono** to call on the telephone; **por teléfono** by telephone; **teléfono celular** cellular telephone; **teléfono inalámbrico** cordless telephone
telenovela soap opera
televisor television (*set*), TV (*set*)
tema *m.* theme; subject
temer to fear
temerario foolhardy
templo temple
temporal temporary
temprano early; **tarde o temprano** sooner or later
tendencia tendency
tender (ie) a to tend to
tener *irreg.* to have; **tener... años** to be . . . years old; **tener acceso a** to

have access to; **tener calor/frío** to be hot/cold; **tener confianza en** to have confidence in, trust; **tener cuidado** to be careful, cautious; **tener el pelo negro/rojo/rubio** to have black/red/blond hair; **tener en cuenta** to take into account; to keep in mind; **tener éxito** to be successful; **tener fama de** to have a reputation for; **tener ganas de +** *inf.* to feel like (*doing something*); **tener hambre** to be hungry; **tener lugar** to take place; **tener miedo** to be afraid; **tener necesidad** to have a need; **tener prisa** to be in a hurry; **tener que +** *inf.* to have to (*do something*); **tener que ver con** to have to do with; **tener sentido** to make sense; **tener sueño** to be sleepy; **tener suerte** to be lucky; **tener tiempo** to have time

tenis *m.* tennis
tenista *m., f.* tennis player
tensión tension
tentación temptation
tentativa attempt
teñir(se) (i, i) to dye
teoría theory
terapéutico therapeutic
tercer, tercero third
terminar to finish, end
término term
terraza terrace
terreno terrain, land
terrestre terrestrial, earthly
territorio territory
terrorismo terrorism
terrorista *m., f.* terrorist
tesis *f. s., pl.* thesis
testamento: Nuevo Testamento New Testament
testigo witness
testimonio testimony
texto text; **procesador de texto** word processor
tía aunt
tiempo time (*general*); weather; *gram.* tense; **a tiempo** on time; **al mismo tiempo** at the same time; **hacer (irreg.) buen/mal tiempo** to be good/bad weather; **perder tiempo** to waste time; **tener (irreg.) tiempo** to have time; **tiempo completo** full-time; **tiempo libre** free time; **tiempo parcial** part-time
tienda store

tierra land, earth; Earth (*planet*); **Tierra Santa** Holy Land
tímido shy, timid
tinaja big jar
tío uncle; *pl.* aunts and uncles
típico typical
tipo type, kin, sort; guy
tiquete ticket
tira: tira adhesiva adhesive strip; bandage; **tira cómica** comic strip
tirar to throw
título title; **título universitario** university degree
tocadiscos *m. s., pl.* record player, stereo
tocar to touch; to knock (*at the door*); to play (*an instrument*); **tocar a** to be someone's turn
todavía still, yet
todo all, everything, all of; **ante todo** above all; **Día (m.) de Todos los Santos** All Saints' Day; **en/por todas partes** everywhere; **todo el día** all day; **todos los años** every year; **todos los días** every day
tolerancia tolerance
toma intake; taking; **toma de posesión** taking over of power
tomar to take; to drink; to eat; **tomar el sol** to sunbathe; **tomar prestado** to borrow; **tomar riesgos** to take risks; **tomar una copa** to have a drink; **tomar una decisión** to make a decision; **tomar (unas) vacaciones** to take a vacation
tonto silly, dumb
torero bullfighter
tormenta storm
torno pottery wheel
toronja grapefruit
torpe clumsy, awkward
torre *f.* tower
tortuga turtle
torturar to torture
toser to cough
toxicomanía (drug) addiction
toxicómano (drug) addict
trabajador *n.* worker; *adj.* hardworking
trabajar to work; **trabajar en red** to be networked
trabajo job; work; paper (*academic*); **compañero de trabajo** co-worker; **perder el trabajo** to lose one's job; **trabajo manual** manual labor
tradición tradition
tradicional traditional

traducción translation
traducir *irreg.* to translate
traer *irreg.* to bring
traficante *m., f.* drug dealer
tráfico traffic; **tráfico de drogas** drug trafficking
traje suit; **traje de tres piezas** three-piece suit
trampa: hacer (irreg.) trampa(s) to cheat
tramposo cheater
tranquilo calm, tranquil
transacción transaction
transformar to transform
tránsito traffic
transmitir to transmit
transplante transplant
transportar to transport
transporte transportation
trasladar(se) to move, transfer (*to another place*)
trasnochar to stay up all night
tratado treaty
tratar to treat; **se trata de** it's a question of, it's about; **tratar de +** *inf.* to try to (*do something*); **tratar de + noun** to deal with (*a topic*)
través: a través de through; across
travesura trick, prank; **hacer (irreg.) travesuras** to play tricks/pranks
travieso mischievous
tremendo tremendous
tren train
tribunal court
tricolor *traffic signals consisting of three colors: red, yellow, and green*
trigo wheat
trimestre trimester
trineo: deslizarse en trineo to go sledding
triplicar to triple
tripulante *m., f.* rider
triste sad
tristeza sadness
trono throne
trozo piece, chunk
truco trick; **hacer (irreg.) trucos** to play tricks/pranks
tubería tubing
tumba tomb, grave
tumbar to knock down, knock over
turco Turkish bath
turismo tourism
turista *m., f.* tourist
turno (work) shift

U

u or (*used instead of* **o** *before words beginning with* **o** *or* **ho**)
últimamente lately
último last; most recent, latest
ultraconservador ultraconservative
ultraliberal ultraliberal
único only, sole; **hijo único** only child
unidad unit
unido united; **Estados Unidos** United States
uniforme *n., adj.* uniform
unir to unite
universidad university
universitario *adj.* university, pertaining to the university; **título universitario** university degree
universo universe
urbanismo urban development
urbanista *m, f.* developer, city planner
urbanización migration to the cities; subdivision or residential area
urbanizar to urbanize
urbano urban
uruguayo *n.* Uruguayan
usar to use; to wear
uso use
usuario user
útil useful
utilizar to use, utilize
uva grape

V

vaca cow
vacaciones *pl.* vacation; **estar** (*irreg.*) **de vacaciones** to be on vacation; **ir** (*irreg.*) **de vacaciones** to take a vacation; **tomar (unas) vacaciones** to take a vacation
vacante vacant
vacío empty
vagabundo bum
valentía bravery
valer *irreg.* to be worth
válido valid
valioso valuable
valor value
valorar to value
vampiro vampire
vaquero cowboy
variado varied
variar to vary
variedad variety
varios several
vascuence Basque (*language*)
vaso glass

¡vaya! *interj.* well!; really!
vecindario neighborhood
vecino neighbor
vegetariano vegetarian
vehículo vehicle
vejez old age
vela candle
velocidad speed; **límite de velocidad** speed limit
vendaje bandage
vendedor salesperson; **vendedor ambulante** street vendor
vender to sell
venezolano *n., adj.* Venezuelan
venir *irreg.* to come; **semana que viene** next week
venta sale; **estar** (*irreg.*) **a la venta** to be on/for sale
ventaja advantage
ventana window
ver *irreg.* to see; **tener** (*irreg.*) **que ver con** to have to do with; **ver una película** to watch a movie
verano summer
veras: de veras really, truly
verbo verb
verdad truth
verdadero real, genuine; true
verde green
verdura vegetable
vergüenza shame
verificar to verify
vestido dress
vestir(se) (i, i) to dress
vez time, instance; **a la vez** at the same time; **a su vez** in turn; **a veces** sometimes, at times; **alguna vez** sometime; once; ever (*with a question*); **algunas veces** sometimes; **cada vez** every time; **cada vez más** more and more; **cada vez que** whenever, every time that; **de vez en cuando** once in a while; **en vez de** instead of; **muchas veces** often, frequently; **otra vez** again; **por primera vez** for the first time; **tal vez** perhaps, maybe
vía: en vías de desarrollo developing
viajar to travel
viaje trip
vicio bad habit, vice
víctima victim
vida life; **llevar una vida (feliz/difícil)** to lead a (happy/difficult) life
vídeo video
videocasetera videocassette recorder (VCR)

videojuego video game
vidrio glass; **envase de vidrio** (glass) jar
viejo *n.* old person; *adj.* old; **ropa vieja** braised shredded beef
vínculo link, bond; **vínculo fraternal** fraternal bond
vino wine
violación rape
violar to rape; **violar la ley** to break the law
violencia violence
violento violent
virtud virtue
visión vision
visitar to visit
víspera eve, day before
vista: punto de vista point of view
viuda widow
viudo widower
vivienda housing, dwelling place
vivir to live
vocabulario vocabulary
vocal *f.* vowel
volador: platillo volador flying saucer
volante: platillo volante flying saucer
volar (ue) to fly; to blow up
volcán volcano
voluntado will
voluntario volunteer
volver (ue) (*p.p.* **vuelto**) to return, come/go back; **volverse** to become
votar to vote
voto vote
voz voice; **en voz alta** aloud; in a loud voice; **en voz baja** in a low (quiet) voice
vudú *m.* voodoo
vuelo flight; **asistente** (*m., f.*) **de vuelo** flight attendant; **auxiliar** (*m., f.*) **de vuelo** flight attendant
vuelta return

W

Web: página Web webpage

Y

y and
ya already; right away; now; **ya no** no longer; **ya que** since, given that
yanqui *n., adj.* Yankee
yerno son-in-law

Z

zapatilla dress shoe
zapato shoe
zona zone

ABOUT THE AUTHORS

Mary Lee Bretz is Professor Emerita of Spanish and former Chair of the Department of Spanish and Portuguese at Rutgers University. Professor Bretz received her Ph.D. in Spanish from the University of Maryland. She has published numerous books and articles on nineteenth- and twentieth-century Spanish literature and on the application of contemporary literary theory to the study and teaching of Hispanic literature.

Trisha Dvorak is Senior Program Manager with Educational Outreach at the University of Washington. She has coordinated elementary language programs in Spanish and taught courses in Spanish language and foreign language methodology. Professor Dvorak received her Ph.D. in Applied Linguistics from the University of Texas at Austin. She has published books and articles on aspects of foreign language learning and teaching, and is co-author of *Composición: Proceso y síntesis,* a writing text for third-year college students.

Carl Kirschner is Professor of Spanish and Dean of Rutgers College. Formerly Chair of the Department of Spanish and Portuguese at Rutgers, he has taught courses in linguistics (syntax and semantics), sociolinguistics and bilingualism, and second language acquisition. Professor Kirschner received his Ph.D. in Spanish Linguistics from the University of Massachusetts. He has published a book on Spanish semantics and numerous articles on Spanish syntax, semantics, and bilingualism, and edited a volume on Romance linguistics.

Rodney Bransdorfer received his Ph.D. in Spanish Linguistics and Second Language Acquisition from the University of Illinois at Urbana-Champaign. He has taught at Purdue University, the University of Illinois at Chicago, and Gustavus Adolphus College. He is currently Associate Professor of Spanish at Central Washington University. He has presented papers at national conferences such as AATSP and AAAL. In addition to his work on the *Pasajes* series, he has authored or coauthored several other McGraw-Hill titles including: *¿Qué te parece?,* Third Edition (2005), *¡Avance!,* First Edition (2004), the instructor's annotations for *Nuevos Destinos: Spanish in Review* (1998), and the instructor's annotations for *Destinos: Alternate Edition* (1997).

CREDITS